KB121342

중독의
시대

중독의 시대
—
2020년 10월 14일 초판 1쇄 발행
2020년 11월 9일 초판 2쇄 발행
—
지은이 데이비드 T. 코트라이트
옮긴이 이시은
펴낸이 이종주
—
총괄 김정수
책임편집 유형일
마케팅 배진경, 임혜솔, 송지유
—
펴낸곳 (주)로크미디어
출판등록 2003년 3월 24일
주소 서울시 마포구 성암로 330 DMC첨단산업센터 318호
전화 번호 02-3273-5135
팩스 번호 02-3273-5134
편집 070-7863-0333
홈페이지 http://rokmedia.com
이메일 rokmedia@empas.com
—
ISBN 979-11-354-8887-0 (03330)
책값은 표지 뒷면에 적혀 있습니다.

• 커넥팅(Connecting)은 로크미디어의 인문 도서 브랜드입니다.
• 잘못 만들어진 책은 구입하신 서점에서 교환해 드립니다.

데이비드 T. 코트라이트 지음
이시은 옮김

나쁜 습관은 어떻게
거대한 사업이 되었는가?

The Age of Addiction

Connecting

"

우리는 너무 많은 것을 더 원하기 때문에 불완전하다.

우리는 원하는 것을 얻고도

과거에 가졌던 것을 바라기 때문에 몰락한다."

"

드라마 〈매드 맨(Mad Men)〉에서 '돈 드레이퍼(Don Draper)'의 대사

지은이 · 데이비드 T. 코트라이트 David T. Courtwright

데이비드 T. 코트라이트는 노스플로리다 대학교의 명예교수이자 마약과 중독의 역사에 대한 미디어 평론가로 활동하고 있다. 그는 세계적인 베스트셀러 작가이자 심리학자인 스티븐 핑커Steven Pinker로부터 "우리 시대의 뛰어난 문장가"라는 찬사를 받을 만큼 뛰어난 작가이다. 그는 경쟁이 치열한 미국 인문학 연구기금National Endowment for the Humanities의 공공 장학 프로그램Public Scholar Program에서 보조금을 받은 첫 수상자였다. 캔자스 대학교 영문학과를 졸업하고, 라이스 대학교에서 역사학 박사학위를 받았다. 그는 자신의 전문 분야인 마약과 중독의 역사만이 아니라 의약품, 폭력, 정치, 정책의 역사도 함께 연구하고 있다. 《다크 파라다이스: 미국의 아편 중독의 역사Dark Paradise: A History of Opiate Addiction in America》와 《습관의 힘: 마약과 현대 세계의 형성Forces of Habit: Drugs and the Making of the Modern World》 등 마약 사용과 약물 정책 그리고 중독이 형성되는 과정을 다룬 다수의 책을 썼다. 또한 미국이 다른 민주주의 국가보다 좀 더 폭력적인 이유를 미국 개척 시대 역사에서 찾은 책《폭력의 땅 Violent Land》을 썼다. 이 책은 스티븐 핑커에게 "폭력에 관한 놀라운 통찰을 담은 최고의 책 다섯 권 중 하나"라는 평가를 받았다.

이 책《중독의 시대》는 그가 오랫동안 연구해온 쾌락과 중독의 형태를 총체적으로 다룬 연구서이자, 우리를 둘러싼 많은 중독 대상을 파헤친 보고서다. 그는 이 책이 중독을 조장하고 충족시켜온 '변연계 자본주의limbic capitalism'의 승리 연대기라 말한다. 데이비드 코트라이트는 점점 심각해지는 쾌락의 무기화에 대한 이 중요한 연구서를 통해 그동안 우리의 뇌 회로를 의도적으로 재구조화한 유혹에 저항할 방법을 찾기를 희망하고 있다.

옮긴이 · 이시은

바른번역의 전문번역가 겸 자유기고가로, 역사학, 경영학을 전공하고 최근에는 심리학에 관심을 갖고 공부하고 있다. 옮긴 책으로는 《당신은 뇌를 고칠 수 있다》, 《인상주의 예술이 가득한 정원》, 《스타트업 3개월 뒤 당신이 기필코 묻게 될 299가지》, 《기예르모 델 토로의 창작노트》, 《세계의 이면에 눈뜨는 지식들》, 《사람의 아버지》 등이 있다.

≋

2010년 여름, 내가 케임브리지 크라이스트 칼리지Christ's College에서 강연을 마쳤을 때, 다니엘 베르그Daniel Berg라는 스웨덴 대학원생이 다가왔다. 그날 강연에서 나는 무심코 인터넷 중독에 대해 언급했는데, 베르그는 내가 아는 것보다 더 큰 진실을 이야기했다고 말했다. 그는 스톡홀름 대학교Stockholm University에서 만난 많은 남자 친구가 학교를 중퇴하고 무료 임시 숙소에 모여 살며 '월드 오브 워크래프트World of Warcraft' 게임을 하는데, 늘 '올 레이딩all raiding'이란 영어 표현을 입에 달고 산다고 했다.

"그들은 자신의 상황을 어떻게 느끼나요?" 내가 물었다.

"화를 내요." 베르그가 대답했다.

"그런데도 계속 게임을 하고요?"

"그러면서 계속 게임을 하지요."

개인과 사회에 모두 해로운 일시적 쾌락을 강박적으로 추구하면서 후회한다는 점에서 이런 행동은 중독으로 보인다. 게임의 경우, 개인이 치르는 대가는 남성이 더 컸다. 베르그는 "제가 대학원 경제

사 과정에 남은 유일한 남학생이에요"라고 말했다.[1]

하지만 내가 사는 플로리다에서는 꼭 그렇지만은 않았다. 디지털 오락은 남녀 모두의 학업에 지장을 주었다. 남학생들 못지않게 여학생들도 강의실 곳곳에서 스마트폰을 깜빡이며 게임을 했다. 내가 학생들에게 베르그의 이야기를 들려주자, 그들은 즉각 어떤 상황인지 알아차렸다. 한 남학생은 자신도 게임 중독에 빠져 1년의 시간을 허비했음을 인정했다. 본인은 회복 중이라고 말했지만, 그의 성적으로 판단하건대 아직 불안정한 상태였다. 다른 학생은 화장실 가는 시간을 아끼기 위해 컴퓨터 옆에 깡통을 쭉 세워두는 게이머들을 안다고 말했다.

컴퓨터 옆에 놓인 깡통은 중독의 의미가 달라지고 있음을 단적으로 보여준다. 1970년대 후반까지만 해도 중독이란 용어는 대체로 강박적인 마약 복용을 지칭했지만, 이후 40년에 걸쳐 개념이 확장되었다. 회고록 저자들은 자신이 도박, 섹스, 쇼핑, 탄수화물 중독이라고 고백했다. 독일의 성 치료사들은 인터넷 포르노를 젊은이들을 중독의 함정으로 끌어들이는 '입문용 마약gateway drug'이라 불렀다. 〈뉴욕 타임스New York Times〉는 한 사설에서 설탕이 '마약과 똑같은 방식으로' 중독성이 있다고 선언했다. 뉴질랜드의 한 젊은 엄마는 날마다 코카콜라를 10리터씩 마시다가 이가 다 빠지고 관상동맥질환으로 사망하여 언론에 대서특필되었고, 장쑤성에 사는 19세 학생은 무단결석을 일삼다가 인터넷 중독을 치료하기 위해 자기 왼손을 잘라버려 화제가 되었다. 중국 관리들은 청소년의 무려 14퍼센트가 비슷한 중독 상태라고 판단해 인터넷 중독 재활 캠프를 열었다. 한국과 일본도 이런 선례를 따랐다. 대만 국회의원들은 인터넷에 중독된 자녀를 방치하는 부모들에게 벌금형을 내리는 데 찬성하여, 미성년자의 흡연, 음주, 마약 복용, 베텔* 씹기를 금지하는 법을 개정했다. 베텔 씹기 외에 모든 중독 증상이 나타나는 미국의 경우, 2000년대 초에 이미 미국인의 47퍼센트가 적어도 한 가지 행동이나 물질에 중독 장애를 보였다.[2]

대체로 미국인들은 한 가지 이상의 중독 증상을 보였다. 의학 연구자들은 물질과 행동 중독이 비슷한 자연적 발전 단계를 거친다는 사실을 발견했다. 물질과 행동 중독은 유사한 뇌 구조 변화, 유사한 내성 패턴, 유사한 갈망, 도취, 금단 현상을 일으킨다. 또 유사한 성격 장애와 강박 행동으로 변해가는, 유사한 유전적 경향을 드러낸다. 조증의 도박꾼과 카지노 술집에서 죽치는 단골손님은 동일인이기 쉽다. 정신의학계의 바이블인 《정신장애 진단 및 통계 편람DSM, Diagnostic and Statistical Manual of Mental Disorders》의 2013년 개정판 《DSM-5》에서는 도박 장애를 약물 중독과 비슷한 언어로 설명했으며, DSM의 편집자들은 인터넷 게임 장애를 '추가 연구가 필요한 진단적 상태Conditions for Further Study'로 지정하였다. 2018년에 세계보건기구WHO는 국제질병분류ICD, International Classification of Diseases에 '게임 이용 장애Gaming Disorder'를 추가하여, 게임의 중독성을 공식적으로 인정했다.[3]

---

* 아시아 남부와 동인도 제도에서 널리 재배되는 후춧과 식물로, 세계 인구의 1/10 정도가 이것을 습관처럼 씹는다. -편집자주

중독을 둘러싼 무성한 이야기를 모든 사람이 반긴 것은 아니었다. 임상의들은 환자를 낙담시키거나 낙인찍을까 봐 중독에 대한 언급을 피했다. 자유의지론자들은 중독을 절제력 부족에 대한 핑계라 일축했고, 사회과학자들은 '의료 제국주의medical imperialism'*라 공격했다. 또 철학자들은 서로 다른 현상을 '중독'이라는 한 단어로 묘사하여 오해를 불러일으키고 있다고 주장했다. 나는 이런 목소리에도 충분히 귀를 기울일 생각이다. 하지만 당장은 '중독'이란 표현을 고수할 것이다. 일반적으로 '중독'은 강박적이고 조건화되고 재발하기 쉽고 유해한 행동 패턴을 의미한다. 이런 행동 패턴이 어째서 시간이 지남에 따라 더욱 두드러지고 다양해졌는지를 설명하는 것이 이 책의 목표이자 중요한 과제다.

이 이야기를 시작하기에 좋은 방법은 현재 중독에 대해 아는 바를 검토하는 것이다. 중독은 소비량의 스펙트럼 상에서 해로운 종말점을 향해 나아가는, 보통은 계획되지 않은 여정이다. 그 여정은 빠를 수도 있고, 느릴 수도 있다. 또 도중에 중단될 수도 있다. 중독성이 매우 강한 헤로인 같은 약물도 한번 탐닉했다고 해서 반드시 중독으로 이어지는 것은 아니다. 설사 중독된다고 해도 그 상태가 반드시 영구적이지도 않다. 중독자들은 영구적으로나 오랫동안 중독을 끊을 수 있고, 실제로 끊기도 한다. 또 과도하게 소비한다고 해서 반드시 중독이라 볼 수도 없다. 음식 중독자가 아니라도 체중이 확

---

* 의학의 과잉 권력화 현상을 의미한다. -옮긴이주

불어날 수 있듯, 도박 중독자가 아니라도 심하게 도박에 빠질 수 있다. 그렇지만 과도한 양을 자주 소비하다 보면 서서히 중독의 길로 접어들게 되는데, 바로 이 점이 치명적이다. 꾸준히 술을 마시던 사람은 점점 술에 대한 갈망이 심해져 완연한 알코올 중독자로 변해간다. 중독은 자신과 타인에게 모두 해를 끼치고, 강력하며, 정신을 빼놓는다는 점에서 매우 나쁜 습관이다. 중독자가 입는 피해의 유형은 중독되는 물질이나 행동에 따라 달라진다. 중독된 게이머들이 학업이나 결혼 생활은 망칠지언정, 간이나 폐는 망가지지 않듯이 말이다.

중독은 사회적인 동시에 생물학적인 과정이다. 스트레스와 또래 행동 같은 사회적 조건도 사람들이 중독에 빠지는 데 영향을 주지만, 궁극적으로 중독 과정은 뇌에서 이뤄진다. 알코올, 마약, 중독성 행동에 자주 의존하다 보면 유전자 발현의 변이 등 뉴런에서 변화가 시작되고, 새하얀 시트에 염료 방울이 번져나가듯 변화는 중추 신경계의 점점 더 많은 부위로 확대된다. 이런 현상은 오랫동안 지속되며, 한창 뇌가 발달하는 중이라면 특히 그렇다. 그래서 중독성 물질이나 오락을 어려서 일찍 경험할수록, 중독을 끊은 후에도 한때 그 물질과 행동에 대한 강렬한 정서적 기억을 간직할 가능성이 높다.[4]

이런 중독의 특성은 습관성 제품을 판매하는 기업들에게 시사하는 바가, 더 정확히는 그들을 부추기는 바가 있다. 즉, 사람들이 가급적 이른 나이부터 자주 소비하도록 유도하라는 것이다. 술집 주인들이 흔히 하는 말처럼, 사내애들을 잘 대접하면 평생 고객을 손에 넣게 되는 데다, 그들이 더 많이 마실수록 더 큰 이익을 얻게 되니

중독성 제품을 만드는 제조업체들은 오래전부터 젊은이들을 끌어들이고, 미심쩍은 행동을 미화하며, 제품의 위험성을 실제보다 가볍게 다루려고 노력해왔다. 주니어 파트너(Junior Partner) 담배의 한 광고에는 이렇게 적혀 있다. "절대 건강을 해치지 않는 담배를 원한다면 '주니어 파트너'를 고르세요. 입에 닿는 부분이 옥수수 껍질이라 니코틴과 흡연용 종이의 나쁜 물질을 추출해내는 효과가 있고, … 아편이나 향료가 포함되지 않으며, 수제품이고, 다른 담배보다 약 6밀리미터 더 깁니다." 1880년대 중반, 기계로 생산한 싸구려 담배가 물밀듯이 쏟아져 나오면서 소수가 누리던 담배에 대중이 중독되기 시작했고, 주니어 파트너 브랜드는 역사 속으로 사라졌다.

출처 Courtesy of the Virginia Historical Society, Richmond, Va.

말이다. 실제로 과다 음주자 상위 20퍼센트가 알코올 판매량의 80퍼센트를 소비하는 것으로 나타났는데, 이는 뇌 보상 비즈니스 전반에 적용되는 패턴이다. 마리화나의 경우에도 하루의 반나절을 약물에 절어 사는 사람들이 전체 마리화나의 절반 이상을 소비한다. 마리화나를 비롯한 모든 중독이 가난한 사람, 소외된 사람, 유전적으로 취약한 사람에게서 가장 많이 나타나는 한, 중독은 온갖 질병뿐 아니라 사회적 불평등까지 야기하게 되지만, 그럼에도 중독과 그 전조인 과도한 소비는 이미 다양한 글로벌 기업들에게 포기할 수 없는 주요 수익원이 됐다.[5]

여러 중독 연구와 공중 보건 커뮤니티도 이런 현실을 잘 이해하고 있다. 하지만 지금껏 이 문제에 어떻게 대응해왔는지, 지역사회에서 최선의 노력을 기울이는데도 왜 문제가 계속 악화되기만 하는지는 잘 이해하지 못한다. 나는 이 문제의 주된 원인이 내가 '변연계 자본주의limbic capitalism'라고 부르는 바라고 주장한다. '변연계 자본주의'란 글로벌 기업들이 종종 정부나 범죄조직과 공모하여 과도한 소비와 중독을 조장하는, 기술적으로는 선진적이지만 사회적으로는 퇴보적인 비즈니스 체제를 말한다.

글로벌 기업들은 과도한 소비와 중독을 조장하기 위해 뇌의 변연계를 공략한다. 변연계는 느낌이나 신속한 반응을 담당하는 반면, 냉철한 사고와는 거리가 멀다. 변연계의 신경 연결 경로는 쾌락, 동기, 장기 기억, 그 외에 생존에 필수적인 정서적 기능을 가능하게 하는데, 아이러니하게도 이 신경회로들이 생존에 위협적인 행동을 부추겨 돈을 벌고 진화의 산물을 사리사욕의 대상으로 바꾸는 비즈니스를 가능하게 한다.

변연계 자본주의 자체도 문화적 진화의 산물이다. 오랜 역사적 과정을 거쳐 최근에 이르러서야 새로운 쾌락과 그에 따른 악덕과 중독이 빠르게 확산되었다. 변연계 자본주의와 가장 두드러지게 연관된 쾌락, 악덕, 중독은 바로 도취intoxication로 인한 것이다.

정부는 치솟는 사회적 비용으로 규제나 금지 조치를 내리기 전까지, 일부 기업의 이익과 세금 수입을 고려해 술과 마약 소비를 한껏 부추겨왔다. 내가 2001년에 술과 마약의 역사에 관해 쓴《습관의 힘Forces of Habit》에서 주장했듯이 말이다. 그때 이미 나는 내 주장이 향정신성 물질뿐 아니라 새롭게 부상하는 변연계 자본주의 체제에 얽힌 모든 쾌락, 악덕, 중독에 적용된다는 것을 알았다.[6]

이런 생각이 완전히 새로운 것은 아니었다. 빅토리아 시대(1837년 6월~1901년 1월)의 개혁가들은 술이나 비의료용 약물 사용을 불운한 악덕의 일부로 간주했다. 물론 악덕의 범주는 명확하게 규정하기 힘들다. 중국 남자들은 선교사와 근대화주의자들에게 전족이라고 비난받기 전까지 여자들의 발을 작고 기형적으로 만들어 냄새 맡고 핥는 것을 정상적인 에로틱한 행동으로 여기지 않았던가.

비록 악덕의 범주가 문화에 따라 큰 차이를 보이긴 해도, 빅토리아 시대 사람들은 악덕에 대해 중요한 두 가지를 알고 있었다. 하나는 악덕이 거대 비즈니스가 되었다는 것이었고, 다른 하나는 그 비즈니스들이 서로 연결되어 있다는 것이었다. 술을 팔지 않는 사창가나 근처에 도박장이 없는 아편굴은 거의 없었다. 또 빅토리아 시대 사람들은 신경학적으로 악덕에 가장 취약한 신경계를 유전적으로 물려받거나 획득한 사람들과 악덕이 관련이 있다고 추측했다.[7]

이 추측은 옳았다. 100년 후 신경과학자들과 유전학자들은 세포와 분자 수준에서 이런 연관성을 밝혀냈다. 그들은 서로 다른 물질과 행동이 유사한 종류의 뇌 보상과 갈망을 유발한다는 사실을 발견했다. 또 물질 중독이나 행동 중독에서 뇌 보상 신호가 동일한 신경 경로를 활성화시킨다는 점을 통해 중독된 뇌는 유사하다는 사실도 입증했다. 연구자들은 중독성 물질이나 행동이 신경전달물질인 도파민의 분비를 증가시킬 때 일어나는 과정을 '병리적 학습pathological learning'이라 불렀다. 유익한 과정으로 진화되어온 것을 병리적 과정으로 바꾼 것이다. 도파민은 쾌락, 고통 같은 감정을 조절하는 핵심 중추인 변연계 중뇌 안이나 그 부근에서 시작된 신경 경로에서 보상과 조건화 기능을 담당한다. 쾌락 효과는 시냅스에 도파민이 분비된 후에 생성되는 신호의 강도에 따라 달라진다.

우리 삶에서와 마찬가지로 뉴런에서도 첫인상이 중요하다. 사람들은 한번 뇌에서 보상이 크다고 인식된 행동을 계속해서 반복한다. 그 행동이 즐겁거나 유익한 단계를 이미 지나버린 시점에도 말이다. 중독자들은 더 이상 중독 대상을 좋아하지 않게 된 후에도, 심지어 그것의 해로운 영향을 깨달은 후에도 여전히 그것을 원한다. 스웨덴의 한 헤로인 중독자는 의사에게 "나는 이 약이 정말 싫어요. 이걸 먹는다고 별로 기분이 좋아지지도 않아요. 그런데도 이 약이

없으면 못 살 것 같아요. 왜 그런지는 모르겠어요"라고 말했다.[8]

연구자들은 중독에 더욱 취약하게 되는 공통적인 위험 요인을 발견했다. 그 요인은 유전적 변이와 스트레스, 사회적 실패, 뇌 발달의 결정적 시기에 받은 학대나 방관 같은 생활환경이다. 이런 요인을 지닌 사람들은 불편감이나 우울을 느끼다가 술, 마약, 설탕, 도박, 컴퓨터 게임, 그 밖에 짜릿한 행동이 일시적으로 우울을 떨쳐준다는 것을 발견하고, 이런 물질과 행동에 자주 의존하다가 신경통제체계와 다른 뇌 부위가 심하게 손상된다. 빅토리아 시대 사람들이 말한 악덕은 이 악순환을 의미한다. 자기 파괴적 습관들은 체질적으로 연결되어 있고, 점점 더 악화되며, 사회적으로 확산된다. 악덕의 성좌에는 계속해서 새로운 별들이 추가되고 있다.[9]

정신과의사 찰스 P. 오브라이언Charles P. O'Brien은 "중독은 기억이고 반사적 반응이다. 중독은 자기에게 해로운 어떤 대상으로 자기 뇌를 훈련시키는 것"이라고 했다. 더 심오한 진실은 우리가 표면상으로는 진보, 건강, 장수를 부르짖지만, 실제로는 퇴보적이고 건강에 해로우며 종종 치명적인 소비를 부추기는 세상에 살고 있다는 것이다. 이 책이 떠안은 부담이기도 한 이런 역설을 이해하려면, 신경과학을 넘어서야 하고, 무질서한 뉴런과 결함 있는 유전자의 수준도 넘어서야 한다. 이런 역설을 이해하려면, 새로운 쾌락, 상업적 악덕, 대중의 중독 그리고 우리의 습관과 욕망을 형성하는 변연계 자본주의 세력이 확장되어온 역사를 이해해야 한다.[10]

변연계 자본주의의 역사는 전반적인 기술의 역사와 마찬가지로 오랜 기간에 걸쳐 점점 변화가 가속화되었다. 변연계 자본주의는 현대사의 무대에 완성된 형태로 등장한 것이 아니다. 태곳적부터 지속적으로 쾌락의 레퍼토리를 확대하려 했던 인류의 노력으로 등장했다. 쾌락의 탐색은 문명보다 앞서 시작되었고, (이 책의 뒤에서 설명하겠지만) 문명의 기틀을 다지는 데 기여했다. 하지만 문명의 발전은 쾌락에 상반되는 결과를 가져왔다. 문명의 발전으로 일부 사람들은 학문, 음악적 기교, 연극, 체스 같은 기술 게임 등에서 더욱 높은 수준의 쾌락을 얻었으나, 나머지 수십억 명은 도취 상태를 더욱 맹렬히 갈구하고 악덕에 더 큰 유혹을 느끼며 중독성이 너무 심해진 나머지 병들고 궁핍하며 예속된 상태에 빠지고 말았다. 게다가 문명의 발전으로 농업의 발전과 전파, 장거리 무역의 확대, 화폐 사용, 도시·제국·산업의 성장 그리고 최근에는 디지털 통신의 폭발적 증가와 같은, 쾌락 추구에 박차를 가하는 기술이 계속 개발되면서, 세계적으로 이런 상황이 확대되고 있다.

또한 모르핀이나 코카인 같은 마약 성분의 알칼로이드(식물 염기) 분리, 포르노에 사진 기술 적용, 가공식품에 설탕과 지방과 소금 혼합, 하나의 오락거리에서 다른 오락거리로의 (때로는 가상공간에서의) 신속한 전환 등 작지만 획기적인 변화도 이뤄졌다. 이런 혁신으로 기업과 정부는 소비자의 쾌락을 확대 및 강화하고 악덕을 조장하여 유해한 소비 규모와 중독의 다양성을 확대하는 수단을 얻게 되었다. 이처럼 문명의 풍부한 창조성이 발휘되면서 쾌락을 제공하는 상품과 오락거리는 무기화되었다. 쾌락 상품이 주는 뇌 보상이 빠르고 강렬할수록, (특히 사회적, 유전적으로 취약한 소비자들에게) 병리적 학습과 갈망을 불러일으킬 가능성은 더욱 높아졌다.

한편 세계화, 산업화, 도시화 추세에 힘입어 광고가 넘쳐나고 아노미(사회적 무질서)를 부추기는 익명의 환경이 형성되면서 유혹적인 상품과 서비스에 접근하기가 한결 쉬워졌다. 대중의 중독을 불러일으키는 5대 요소—접근성, 가격 적절성, 광고, 익명성, 아노미—는 궁극적으로 인터넷 세상에서 기술적으로 가장 완벽하게 구현되었다.[11]

물론 인터넷이 변연계 자본주의를 고안한 것은 아니다. 사실 누구도 변연계 자본주의를 고안하지 않았다. 변연계 자본주의는 새로운 쾌락을 발견하고 개선하고 혼합하려는 고대인들의 노력에서 등장했다. 새로운 쾌락이 새로운 악덕을 낳았고, 새로운 악덕이 새로운 중독을 낳았다. 적어도 일부 사람들에게는 말이다. 다시 말하건대, 중독 행동은 다수의 행동이 아니었다. 기업들이 뇌 보상 제품의 거래를 합리화하고, 보다 과학적이고 효율적으로 제품을 만들어감에 따라 중독 행동의 위험이 점차 증가한 것이다.

궁극적으로 거래의 합리화는 조직화되고 서로 연결되며 적극적인 전략을 구사한다는 점에서 글로벌 경제 및 정치 체계의 한 측면을 나타낸다. 19세기에 이르자 기업가들은 단순히 새로운 쾌락의 기회를 발견하고 교역을 확대하여 제품을 파는 데 그치지 않고, 수요를 늘리고 이익을 극대화하기 위해 잠재적 중독성이 있는 제품을 설계하고 생산하여 판매했다. 나아가 그들은 정치적 압력을 가하는 방법을 배웠고, 수익의 일부로 반대파를 매수하는 방법을 터득했다. 그들은 20세기 초반의 대대적인 개혁의 물결 속에서 살아남기 위해 로비 전략과 대외 홍보 전략을 고안했으며, 20세기 중반에는 여러 중독 행동 중에 일부는 허용되고 일부는 억압당하던 사회적 분위기 속에서 각기 다양한 수준으로 번영을 누렸다. 냉전 이후에 그들의 사업은 점점 다양해졌고 합법화되면서 세계적으로 발전했다. 그들은 단순한 중독의 시대가 아니라 '계획적 중독'의 시대를 열었다. '계획적 중독'은 변연계 자본주의의 대표적 특징인 동시에 변연계 자본주의가 그것을 탄생시킨 이성과 과학의 힘을 역이용하고 있음을 극명히 보여주는 증거다.[12]

목차

01

새로 발견한 쾌락

NEWFOUND PLEASURES

AGE OF ADDICTION

≋

쾌락, 악덕, 중독의 역사는 서로 연관되어 있다. 쾌락의 종류와 강도가 증가함에 따라 악덕의 종류와 중독의 기회 역시 늘어났다. 그렇다고 새로운 쾌락이 모두 나쁘거나 중독적인 것은 아니었다. 오히려 대부분의 쾌락은 유익하고 사회적으로 건설적이었다. 하지만 쾌락의 그림자가 길게 드리워진 곳에서 결국 악덕과 중독이 성행했다. 그러므로 인류 역사의 전반에서 쾌락이 확대되어온 과정부터 이야기해보고자 한다.

쾌락의 확대 과정은 처음엔 느렸으나 점점 속도가 빨라졌고, 쾌락의 궤적은 기하급수적으로 증가했다. 쾌락은 처음에는 오랜 기간에 걸쳐 서서히 퍼져나갔다. 그러다가 17세기와 18세기에 들어 점점 속도를 높이기 시작했고, 19세기와 20세기에는 아찔할 정도로 그 속도가 빨라졌다. 쾌락의 확대 과정은 1,000년 전에 사람들이 사탕수수에서 설탕을 얻듯이 자연에서 쾌락을 발견하고 가꾸고 교환하고 혼합하고 정제하고 상품화하면서 시작되었다. 이어 사람들은 운수 게임같이 자연에서는 찾을 수 없는 쾌락을 만들어 퍼트렸고,

사회적 제약의 위험을 최소화하고 적은 비용으로 새로운 쾌락을 누릴 수 있는 새로운 환경을, 대개는 익명의 도시 환경을 조성해나 갔다.

모든 혁명이 그렇듯 새로운 쾌락의 혁명에도 우발적 요소가 있 었다. 즐거움과 기분전환거리를 찾아내기 위한 집단적 실험은 때로 는 속도를 늦추기도 했고 때로는 속도를 올리기도 했다. 올리버 크 롬웰Oliver Cromwell이 없었다면, 영국 극장들의 폐쇄는 없었다.* 오귀 스트 에스코피에Auguste Escoffier가 없었다면, 피치 멜바Peach Melba도 없 었다.**

하지만 결국 혁명은 몰인격적으로 변했다. 혁명은 산사태로 여 기저기 굴러떨어진 바위들처럼 길 위의 모든 것을 압도하기에 충분 한 추진력을 얻었다. 역사학자들은 그런 바위들의 성격과 힘이 혁명 을 일으킨 쾌락과는 무관하다는 이유로 그 바위들을 '외인外因'이라고 부른다. 1장과 2장에서는 먼 과거의 인류 이동부터 근대 산업혁명과 도시혁명까지 이어지는, 이런 원인들을 살펴볼 것이다. 이런 원인들 은 다양하고 때로는 상충되지만, 한때 점진적이고 부가적이며 종종 무계획적이었던 새로운 쾌락을 찾는 과정을 점차 가속화하고 수적 으로 증가시켰으며 계산적인 과정으로 바꿔놓는 등 공통된 결과를

---

*   1642~1651년의 청교도 혁명으로 왕당파를 물리치고 공화국을 세운 크롬웰은 엄격한 청교도식 생 활과 금욕을 강조했으며, 극장을 퇴폐의 온상이라며 폐쇄했다.-편집자주

** 바닐라 아이스크림에 복숭아 반쪽, 시럽 등을 얹은 디저트 피치 멜바는 1800년대 후반 유명한 프 랑스 요리사 에스코피에가 오페라 가수 넬리에 멜바(Nelie Melba) 부인을 위해 만든 것이다. 아이스 크림, 복숭아, 시럽이라는 조합으로 달콤함의 극대화를 꾀한 디저트로 평가된다.-편집자주

초래했다.

발견된 쾌락

세계사는 오랜 기간에 걸쳐 이뤄진 인류 이동에 따른 확산과 그보다
단기간에 이뤄진 교역에 기초한 수렴convergence으로 구성된다. 호모
사피엔스 무리가 언제 아프리카로부터 흩어지기 시작했는지, 언제
유라시아, 오세아니아, 아메리카의 여러 지역에 도달했는지, 그리
고 네안데르탈인 같은 유사 인간종과 얼마나 많이 교배했는지에 대
해 인류학자와 유전학자들은 의견이 분분하다. 예상보다 일찍 아프
리카를 떠난 발자취를 비롯해 새로운 고고학적 발견은 논쟁에 불을
붙인다. 그렇지만 다음의 세 가지는 합의에 이른 듯하다. 첫째, 호
모 사피엔스의 이동은 적어도 5~6만 년에 걸친 전 세계적 디아스포
라*가 되었다. 둘째, 현생 인류는 수렵·채집자들 무리가 이동해 새로
운 환경에 적응하는 과정에서 다양한 문화적, 생물학적 진화를 겪었
다. 셋째, 이런 대대적 이동으로 유용하고 쾌락을 제공하는 동식물
에 대한 의도치 않은 보물찾기가 시작되었다.[1]

옥스퍼드 영어 사전Oxford English Dictionary에서 쾌락은 '우리가 좋거
나 바람직하다고 느끼는 것을 경험하거나 기대할 때 유발되는 상태

---

* 특정 민족이 기존에 살던 땅을 떠나 다른 지역으로 이동하는 현상-옮긴이주

나 감각, 행복한 만족감이나 즐거움, 기쁨과 욕구의 충족, "고통"의 반의어'라고 정의되어 있다. 당시 떠돌아다니던 인간들이 발견한 새로운 '기쁨'과 '만족감'은 매우 다양했다. 약 2억 년 전쯤부터 초대륙 판게아pangaea가 서서히 분열된 터라, 식물상과 동물상은 분리된 거대한 땅덩어리에서 다양한 특성으로 진화할 수 있었다.[2]

자연에서 발견된 쾌락 자원은 다양한 패턴을 보였다. 양봉꿀벌 apis mellifera은 아시아에서 기원하여 아프리카와 유럽 전역으로 빠르게 전파되었다. 호모 사피엔스 집단은 아프리카 전역으로 확산하다가 아시아와 유럽으로 건너가, 열성적으로 꿀을 찾아다녔고, 그들의 모험을 기록했다(스페인, 남아프리카, 인도에서 암각화가 발견되었다). 하지만 그들은 동쪽의 아메리카 대륙을 찾아 나서면서 꿀벌을 남겨두고 갈 수밖에 없었다. 북아메리카 동부에 정착한 사람들은 사탕단풍의 수액에서 벌꿀의 대용물을 발견했다. 중앙아메리카와 남아메리카까지 간 사람들은 다른 횡재를 발견했다. 그것은 꿀과 밀랍을 제공해줄 침 없는 벌Meliponinae 군락이었다.[3]

최초의 인간들은 약 4만 5,000~6만 5,000년 전에 오스트레일리아에 도착했을 때도 침 없는 벌을 이용했다. 또 그들은 사냥감인 작은 동물들을 실컷 먹어치워 오스트레일리아에서 가장 큰 동물종을 멸종시킨 것으로 보인다. 오스트레일리아는 대륙 가운데 가장 작고 지대가 낮고 건조하고 척박한데, 생물다양성biodiversity까지 상대적으로 부족하다는 것은 그들의 후손이 벌꿀 외에는 별다른 쾌락 자원 없이 살아가야 한다는 걸 뜻했다. 한 가지 예외가 있다면 니코틴이

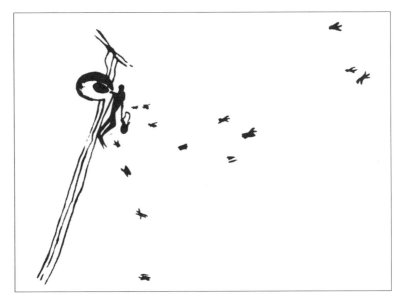

스페인 발렌시아 근처의 라 아라냐(La Araña) 유적지의 중석기 시대 암각화이다. 야생벌 벌집에서 꿀을 모으는 모습이 그려졌다. 꿀은 다른 식약과 마찬가지로 상처를 치료하는 데부터 술을 만드는 데까지 다양한 용도로 사용되었다. 밀랍은 램프의 연료와 조각상 재료로 쓰였으며, 호메로스(Homer)가 이야기하듯이 오디세우스의 선원들이 사이렌의 노래를 듣지 않도록 귀를 막아주는 역할도 했다.

◇ 출처: Copyright the International Bee Research Association. Reproduced with permission

었다. 애보리진(오스트레일리아 원주민)들은 나뭇재를 섞은 토종 담뱃잎을 씹어 니코틴을 추출해냈다. 불을 능숙하게 다루었음에도 담뱃잎은 거의 태우지 않았다. 유럽의 일기 작가들은 베텔 담배를 씹는 동인도인들처럼 애보리진들을 '습관적으로 씹는 사람들'이라 묘사했다. 이들 외에 유일하게 담배를 발견했던 중석기 시대 아메리카 원주민들은 담뱃잎을 씹을 뿐만 아니라 냄새를 맡거나 말아서 피웠다.[4]

담배nicotiana는 환각과 다른 유독성 효과를 비롯해 여러 종류의 쾌락을 제공했다. 아마존 유역의 '바니스테리오포시스 카피

banisteriopsis caapi' 넝쿨 껍질로 만든 술인 야헤yagé, 아야와스카와 중앙 아메리카 토착 식물인 여러 종의 흰독말풀datura도 마찬가지였다. 최초의 아메리카인들이 장밋빛 환각을 일으키는 쓴맛 나는 식물을 즐겼다는 사실이 이상하게 보일 수 있지만, 그들의 샤머니즘 문화는 영적인 세계와 소통하고, 몸과 영혼을 치유하며, 젊은이들을 신성한 의식에 참여시키는 방법의 일환으로 의식이 변화된 상태를 중요하게 여겼다. 불쾌한 부작용에도 신성한 목적을 부여했는데, 일례로 페요테(페요테 선인장에서 채취한 마약) 의식 도중에 토하는 행위는 몸을 정화시킨다고 믿었다.[5]

사람들은 저마다 자신과 우주에 대해 이야기하는 맥락 안에서 새로운 쾌락을 경험했다. '신화', '사회적 구성물', '상상된 현실' 같은 이야기를 지어내어 후손들에게 물려주는 능력이 호모 사피엔스의 대규모 집단 협력과 세계적 확장을 가능하게 했고, 세계적 확장과 그 이후 농업 및 산업 혁명은 사회적 학습으로 효과가 전수되는 향정신성 물질과의 새로운 접촉 기회를 제공했다.[6]

미국의 심리학자 티모시 리어리Timothy Leary와 정신분석학자 노먼 진버그Norman Zinberg는 이런 학습 과정에 이제는 잘 알려진 '약물, 세트, 세팅'이란 명칭을 붙였다. 여기서 '세트set'는 사용자의 성격, 특성, 의도 등을 의미하는 마인드세트mindset의 줄임말이다. 세트는 약물 경험에 본질적인 영향을 미친다. 약물을 복용하는 물리적, 사회적 환경을 의미하는 '세팅setting' 역시 마찬가지다. 리어리와 진버그는 주로 LSD나 헤로인 같은 강력한 약물에 대한 사용자들의 반응에 관심이 있었고, 후속 연구자들은 이 원칙이 광범위하게 적용된다는 사실을 입증했다. 실제 프랑스에 사는 알제리인들은 신선한 민트차를 마시면서 어릴 적 기억이나 가족 의식을 떠올리기 때문에, 다른 문화적 맥락에 속한 비알제리계 프랑스인에 비해 민트 향을 맡을 때 훨씬 더 많은 신경 활동이 이뤄진다. 또 프랑스인이든 아니든 와인을 마시는 사람들의 경험은 당시의 배경음악에 따라 달라진다. 〈카르미나 부라나Carmina Burana〉는 카베르네 소비뇽 한잔에 강하고 무거운 느낌을 더해주고, 〈호두까기 인형The Nutcracker〉의 '꽃의 왈츠Waltz of the Flowers'는 같은 와인에도 미묘하고 세련된 느낌을 더한다. 값비싼 브랜드의 라벨은 5달러짜리 싸구려 포도주의 맛에도 기적을 일으키는데, 이 효과는 와인 감정사들의 뇌 보상 회로의 이미지 스캔에서도 측정할 수 있고, 자기들이 최고급 나파napa 카베르네를 마시고 있다고 믿는 저녁 파티 손님들의 칭찬에서도 확인할 수 있다.[7]

세트와 세팅은 위약효과를 일으키는 데도 핵심적이다. 익숙한 치료 의식으로 환자의 뇌에서 신경전달물질 분비를 자극하여 환자의 기분에 영향을 주고 면역 반응을 개선할 수 있다. 우리 뇌는 기대하는 법을 학습하고, 또 기대를 통해 엔도르핀, 엔도카나비노이드, 도파민, 기타 신경전달물질 체계를 활성화하는 법을 학습하기 때문에, 생물학적으로 특정 쾌락과 치료 효과를 유발하는 실제 물질은 필요하지 않다. 초창기 인류의 뇌가 우리와 유사한 방식으로 작동했다고 가정한다면, 쾌락의 초기 역사는 신경전달물질의 분비를 자극하거나 모방하는 분자가 포함된 물질을 동식물에서 우연히 발견하

고 그 연관성을 찾는 과정으로 이뤄졌을 것이다.[8]

최음제는 그런 과정을 잘 보여주는 예다. 예로부터 인류는 생식력, 성욕, 성기능을 강화하는 향신료, 음식, 동물 부위를 귀하게 여겼다. 《카마수트라Kama Sutra》에서 ("수천 명의 여성들과 잠을 자면서 막판에는 그녀들이 애원하는 소리를 들을 수 있다"라고) 귀띔하는 달콤한 스와얌굽타 씨앗 비스킷 같은 일부 최음제는 실제 생리적 효과가 있었다. 스와얌굽타 씨앗이 들어 있는 우단콩mucuna pruriens에 대한 실험 연구를 통해 그것이 테스토스테론과 정자의 운동에 긍정적인 영향을 미친다는 사실이 입증됐다. 그러나 다른 음식들의 최음제 속성은 단순한 연상에서 비롯되었을 가능성이 높다. 아보카도는 매달린 쌍으로 자라는데, 그래서인지 아즈텍족은 아보카도를 고환을 의미하는 '아후아카틀ahuacatl'이라 불렀다. 아보카도는 묵직한 타원형 모양 때문에 인기 있는 최음제가 되었다. 일각고래 상아, 바나나, 아스파라거스, 그리고 '인간 뿌리'를 의미하는 인삼 역시 그 모양 때문에 최음제로 인기가 있었다. 이 중 인삼은 리비도와 음경의 혈관 확장을 촉진하는 피토에스트로겐phytoestrogen* 성분이 풍부하여, 심리적으로나 생화학적으로 모두 효과가 있었는데,[9] 이는 인간이 특정 물질과 행동을 즐기는 데 연상 작용 이외의 이유가 있음을 보여준다. 생물학도 나름의 역할을 한 것이다. 우리는 다양한 식물성 음식을 즐기지만 선천적으로 달콤한 음식을 선호한다. 아마도 영양가가 높고 독성

---

* 식물에 포함된 호르몬 유사 물질-옮긴이주

이 적으며 단맛이 나는 음식을 선호한 종족이 진화 과정에서 살아남
았기 때문일 것이다. 모든 초식 동물이 비슷한 음식을 선호하고, 침
팬지들이 초창기 인간처럼 벌통에 담긴 꿀을 먹으려고 성난 벌들의
공격을 참아낸 것도 우연이 아니다.[10]

　새로운 쾌락을 찾는 과정은 생물학적 단서들에 유도되었다. 어
떤 사회적 목적과 문화적 환경에서든, 쾌락을 이끌어내고 고통을 진
정시키는 신경전달물질의 분비를 유도하는 식물들은 더 가치 있게
여겨져 재배되고 전파될 가능성이 높았다. 그런 효과가 강할수록 해
당 식물은 인기를 얻었다. 쾌락(과 고통)의 강도는, 의사결정 과정에
서 큰 비중을 차지했다. 인간이 항상 짜릿한 쾌락을 기억한다는 것
은 신경과학, 행동경제학, 민속식물학, 동물행동학의 기본적인 원리
다. 동물들 역시 취하게 만드는 물질을 게걸스럽게 먹어치운다. 세
트와 세팅에서 그들을 유인할 요인이 거의 없는 경우라도 말이다.
한때 태즈메이니아에서 양귀비를 재배하던 농부들을 어리둥절하게
했던, 원인 불명의 거대한 원형 무늬인 크롭 서클은 양귀비를 따먹
고 아편 성분에 취한 왈라비들의 흔적으로 밝혀졌다.[11]

　인간은 다양한 방법으로 새로운 쾌락 자원을 활용했다. 초기 유
럽인들은 식용 씨앗과 오일, 강력한 알칼로이드(식물 염기)를 제공하
는 양귀비를 소중히 여겼다. 아메리카 원주민들은 담배로 만든 약과
의식ritual을 이용해서 경련, 산통, 곤충과 뱀에 물린 상처, 치통, 염
증, 그 밖의 많은 질병은 물론 개의 병까지 치료했다. 그들은 담뱃잎
을 구워 먹기도 했다. 쾌락을 얻거나 강요에 따르려고 담배를 피웠

고, 담배를 구할 수 없을 때는 나무파이프의 담뱃대를 물어뜯거나 분말용 파이프를 피웠다.[12]

쾌락 자원에는 일반적으로 여러 용도가 있었다. 아보카도는 발기를 자극하는 것뿐 아니라 귀 감염을 치료하는 데도 도움이 되었다. 꿀은 상처를 진정시키고 주름살을 펴고 아이들의 시신을 보존하는 데 효과가 있는데, 실제 보물 사냥꾼이 피라미드 근처에서 발견된 고대 꿀단지에 빵을 담갔다가 그 안에서 아이의 시신을 발견하기도 했다. 알렉산더 대왕도 입관할 때 온몸에 꿀을 발랐다고 전해진다. 학자들은 알렉산더 대왕이 또 다른 방부제인 알코올을 너무 많이 섭취하여 사망했을 것으로 추측한다. 대마초는 도취 효과 외에도 섬유질, 식용 씨앗과 오일 그리고 연구자들이 여전히 그 치유적인 속성을 밝혀내고 있는 복잡한 카나비노이드 혼합물을 제공했다. 기분 전환용 약물, 영양 식품, 치료제를 별개의 영역으로 구분하는 현대인과 달리, 문명화와 산업화 이전의 사람들은 쾌락 자원을 다용도로 이해하고 활용했다.[13]

인류학자들은 '식약food-drug'이란 표현을 선호하지만, 그것을 어떻게 부르든 간에, 쾌락 자원은 전 세계에 골고루 분포하지 않았다. 환경사학자 겸 지리학자인 재레드 다이아몬드Jared Diamond는 각 지역에서 재배되는 식물상과 동물상의 분포가 달라 확장 가능성이 다른 다양한 문명이 형성될 수 있었다고 주장했는데, 이 주장은 식물상과 동물상의 차이로 인해 지역별로 달라지는 쾌락의 레퍼토리에도 똑같이 적용되었다. 즉 지역에 따라 누릴 수 있는 쾌락은 달라졌지만,

누구도 모든 쾌락을 다 누릴 수는 없었다.[14]

예를 들어, 초콜릿은 아마존 상류에서 기원하여 메소아메리카*로 전파된 카카오콩을 발효하고 건조하고 볶고 갈아서 만든 것이다. 마야인과 아즈텍인이 최초로 초콜릿을 만들지는 않았겠지만, 그들은 카카오나무를 재배하여 영양가 있고 자극적으로 쓴맛이 나는 초콜릿 음료를 만드는 법을 배웠고, 나뭇재, 고추, 바닐라, 기타 향신료를 첨가하여 쓴맛을 잡았다. 황제가 매일 먹는 음식이자 제물로 바쳐진 희생자들이 마지막으로 먹는 음식이던 초콜릿은 그들의 문화에서 매우 가치 있게 여겨졌다. 카카오는 전리품, 지위의 상징, 돈의 역할까지 했다. 그러나 콜럼버스 교환Columbian Exchange**으로 동반구와 서반구 사이에 동식물이 교환되기 전까지는 아무도 이 식약 자원에 접근하지 못했다.[15]

쾌락의 초기 역사는 기본적으로 지역별로 자원의 종류만 달라지는 초콜릿의 역사라 할 수 있다. 장차 초콜릿의 가장 중요한 첨가물이 될 자당(수크로오스)이 풍부한 사탕수수는 남아시아와 동남아시아 지역에서만 생산되었다. 인간이 사냥해서 닭으로 길들여 키운 적색야계도 마찬가지였다. 원주민들은 닭의 고기와 알은 음식에, 뼈는 점술이나 바느질, 또는 문신이나 악기에, 수탉은 고대의 오락과 도박의 수단이던 닭싸움에 이용했다. 한때 콜라 나무 열매는 서아

---

* 고고학·문화인류학상의 문화 영역 중 하나로 멕시코, 온두라스, 엘살바도르 등 중앙아메리카 지역을 일컫는다. - 편집자주
** 1492년 콜럼버스의 신대륙 발견 후에 일어난 구세계와 신세계 간의 생태계, 문화, 인구/노예, 병원균, 철기 등의 광범위한 교환 -옮긴이주

프리카 숲에서만, 아편 양귀비는 유럽에서만, 대마초는 중앙아시아에서만, 차는 중국 남서부에서만, 후추는 남아시아에서만 재배되었다. 농업과 문명, 장거리 무역이 발전한 뒤에야 이런 유용하고 기분이 좋아지는 물질이 전 세계로 전파되었다. 그리고 수세기에 걸쳐 정제, 혼합, 가공 실험을 거친 뒤에야 비로소 훨씬 더 많은 보상을 제공하는 물질이 될 수 있었다.[16]

재배되는 쾌락

자연적 쾌락 자원은 저마다 일부 지역에 국한되어 생산되었다. 하지만 한 가지 예외가 있었는데, 그것은 알코올 안에 든 식약 분자인 에탄올이었다. 잘 익고 멍이 든 과일이 있는 곳이라면 어디든 알코올이 있었다. 공기 중에 떠다니는 효모균 세포들이 과일에 내려앉아 과당의 혐기성(무산소성) 발효를 일으켜 알코올이 생산되는 것이다. 미국의 소설가 커트 보니것Kurt Vonnegut이 신랄하게 말했듯, 알코올은 효모균의 배설물이지만, 고농축 상태가 되면 결국 그것을 생산한 효모균까지 죽일 만큼 유독성이 강해진다.[17]

발효 과일은 초파리부터 무스*까지 다양한 동물을 유혹한다. 진화생물학자들은 칼로리, 영양분, 쾌락을 얻을 수 있기는 해도 질병,

---

* 북아메리카와 유럽에 분포하는 큰 사슴 - 옮긴이주

변덕스런 생각, 어설픈 행동 역시 유발할 위험이 있는 알코올을 왜 마시는지 오래전부터 궁금해했다. 분명 건강에 해로운 만큼, 알코올은 선택하지 말아야 할 대상으로 보였기 때문이다.

어쨌든 간에 알코올이 지금까지 남아 있는 이유 중 가장 가능성 높은 건 호르메시스hormesis라 볼 수 있다. 호르메시스는 술과 마약의 역사뿐만 아니라, 더 광범위하게 쾌락, 악덕, 중독의 역사에서 중요한 역할을 하는 생물학적 원리다. 호르메시스의 기본 개념은 간단하다. 많은 화학 성분이 소량만 섭취하면 영양가가 있거나 유익하지만, 다량을 섭취하면 유해하거나 치명적이라는 것이다(도박처럼 가끔씩만 즐기면 해로울 게 없지만 자주 즐기다 보면 습관이 되어버리는 행위도 마찬가지다). 유명한 저널리스트 데이비드 카David Carr는 알코올 호르메시스를 이렇게 설명했다. "늘 많이 마셔라. 그러면 당신의 내장이 부풀어 올라 당신 모습이 두 다리 달린 배처럼 보일 테고, 혹여 장기부전으로 고생하지는 않더라도 식도에서 피가 흐를 것이다. 아니면 영원히 의식이 흐려지고 땅바닥에 얼굴이 닿을 듯 고꾸라져가며 얼간이처럼 다니게 될 것이다."[18]

카나 다른 주정뱅이들이 땅바닥에 얼굴이 닿을 정도로 고꾸라질 가능성은 결국 알코올 소비량에 달려 있는데, 이는 소비량이 증가할수록 위험도가 증가하는 모든 쾌락 물질에 해당하는 원칙이다. 생물인류학자 윌리엄 맥그루William McGrew는 호르메시스가 알코올과 알코올 중독에 적용되는 방식이 소금의 과다 섭취가 고혈압에, 설탕의 과다 섭취가 당뇨병에, 과도한 포화지방이 관상동맥질환에 적용되는 방식과 동일하다고 지적했다. "본래 자연에서 희귀했던 물질을, 식물 재배와 가축 사육 또는 산업 기술의 부산물로서 주변에서 흔히 접할 수 있게 됐다. 우리 인간은 스스로 맥주 양조업자, 포도주 생산자, 증류주 생산자가 되었기 때문에 에탄올 섭취에 지나치게 몰두한다. 이렇듯 문화적 진화는 인류를 와인에서 맥주로, 또 증류주로 계속 내몰아왔다."[19]

이는 거꾸로 설명할 수도 있다. 즉, 알코올을 소비하려는 열망이 문화적 진화에 영감을 주었을 수도 있다. 인류학자들은 적어도 1만 1,000년 전에 세계 각지에서 동식물을 길들이는 과정인 신석기 이행Neolithic Transition이 시작된 원인에 대해 오랫동안 논쟁해왔다. 이 논쟁은 과연 필요성이나 편리함이 발명의 어머니였는지 여부로 귀결된다. 일부 학자들은 멀리까지 먹을거리를 찾아 헤매던 수렵·채집자들에게 신석기 이행이 편리하고 안전하게 식량을 확보하는 방안이었다는 유인 요인pull factor을 강조했다. 다른 학자들은 증가하는 인구 압력이나 기후 악화와 같은 추진 요인push factor을 강조했다. 1953년에는 새로운 주장이 제기되었다. 인류가 전분이 많은 음식(굵게 빻은 옥수수, 곤죽, 빵)을 위해 재배한 곡물보다 영양가 높고 기분 좋게 취하며 세균 없는 맥주를 만들기 위해 재배한 곡물이 더 많았을 가능성에 주목한 것이다. 보리 같은 풀의 씨앗에 들어 있는 탄수화물은 물에 담그고, 발아시키고, 말려서 소화가 잘되는 맥아당으로 전환시킬 수 있었다. 농업은 양조용 맥아를 연중 내내 공급할 수 있는 하나의, 때로는 유일한 방법이었을 것이다. 효모균을 배양하는 것도 같은 이

유로 합당했다. DNA 분석 결과, 배양된 효모균주가 재배된 곡식만큼이나 오래된 것으로 밝혀졌다.[20]

빵보다 맥주가 더 우선이었다는 가설은 경쟁적인 잔치를 벌였다는 또 다른 가설로 보완되었다. 이 가설에 따르면, 족장이 되려는 사람은 술을 미끼로 사람들을 잔치에 끌어들였는데, 이 잔치는 호혜적인 채무를 만들고, 집단적 신념과 위계질서를 공고히 다지며, 사회적 유대관계를 강화하고, 새로운 음식과 기술을 선보이는 자리였다. 한마디로 정치 집회이자 사교 파티이자 신제품 출시 행사였던 셈이다. 잔치를 벌이려면 선견지명과 사전 준비가 필요했다. 농업이 처음 출현한 레반트와 메소포타미아에서 잔치를 벌인다는 것은 양조하기에 충분한 곡물을 재배하고 저장한다는 것을 의미했다. 다른 지역에서 개발된 축제의 자원들, 예를 들어 중국의 청주나 미국의 담배와 카카오 등도 사전 계획과 준비의 대상이었을 것이다. 옥수수의 경우 "아메리카 원주민들은 옥수수를 먹기 전에 이미 마시고 있었다."[21]

이런 잔치는 농업의 발명을 부추겼을 뿐 아니라 계급과 지위도 바꾸어놓았다. 가장 성대한 잔치를 연 지도자가 마을을 지배했다. 인지과학자 그레그 웨들리Greg Wadley와 고고학자 브라이언 헤이든Brian Hayden에 따르면, 이런 사회적 역학은 농업과 함께 사회적 불평등의 기원을 설명하는 데 도움이 된다. (한 지역에 정착하는 것만으로는 사회적 계급 형성이 설명되지 않는다. 일부 수렵·채집자들은 한곳에 머물면서도 복잡한 위계질서를 발전시키지 않았지만, 일부 목축민들은 유목을 하면서도 군주와 황제를 정했다.) 농경 사회가 점차 불평등해지면서, 술과 다른 식약들은 고된 농사일을 하는 사람들에게 부차적이지만 결코 중요성이 뒤처지지 않는 보상이 되었다. 술과 다른 식약들은 스트레스, 피로, 불안, 그리고 농업 사회에 만연해 있던 질병으로부터 일시적 위안을 주었다. 그런 쾌락 자원들은 순식간에 해방감, 이완감, 연대감, 쾌감을 제공했다.[22]

즉, 쾌락 자원들은 세력을 확대하려는 야심가에게는 필수적인 수단이자, 무력한 패배자에게는 작은 위로의 선물이었다. 여기에서 우리는 쾌락의 양면성을 다시금 확인하게 된다. 술과 다른 식약들은 영양적, 의학적, 심리적으로 여러 유익한 측면이 있었지만, 사람들을 덫에 걸리게 했다. 다윈의 관점에서 술과 다른 식약들은 우리의 건강에 크게 도움이 될 것이라는 거짓 신호를 보냈다. 기분을 좋게 해주는 이 음식이 틀림없이 몸에도 좋을 것이라는 신호 말이다. 쾌락 경험과 관련된 의식 절차와 그것을 주관하는 사람들의 중요성이 강조됐고, 사람들은 그들에게 경의를 표해야 했다. 다시 말해, 술과 다른 식약들은 사람들의 세트와 세팅을 통해 주관적으로 경험되었을 뿐만 아니라 그들의 세트와 세팅에도 적극적으로 영향을 미쳤다.

결국 술과 다른 식약들의 반복적인 소비에 대한 갈망이 심해져 농민들은 잉여 농산물을 계속 생산하게 되었고, 통치자들은 술과 다른 식약들을 이용해 계속 지배자로 군림할 방법을 강구했다. 생물학적으로 이런 과정에는 전혀 놀라울 것이 없었다. 쾌락은 어디에서나 항상 동기 부여와 연결되어 있어서 늘 손쉬운 착취의 대상이 되니 말이다.

그렇기는 해도 맥주 잔치만으로는 문명 형성을 설명하기에 불충분해 보인다. 웨들리와 헤이든은 더 좋은 영양분을 찾는 것과 같은 다른 동기도 신석기 이행에 기여했다는 사실을 흔쾌히 인정했다. 하지만 신석기 이행은 일괄적으로 진행되지는 않았다. 각기 다른 시대에, 다양한 기후와 환경에, 다양한 기술로 대처했던 세계 곳곳에서 이루어졌다. 시간 여행을 하지 않는 한, 초기 농업공동체의 설립자들은 누구라도 그 동기와 전술을 재구성하는 데 투기적 요소를 감수해야 했다.[23]

농경 사회가 충분히 정착되고 나서 벌어진 일들은 좀 더 명확하다. 인간의 쾌락에 도움이 되는 식물들이 빠르게 전파되었는데, 그 전파 속도는 대부분 주식용 곡물보다 더 빨랐다. 노동집약적이고 토양을 황폐화시키는 작물인 담배가, 아메리카 대륙의 옥수수와 콜럼버스 교환 이후 아프리카의 수수나 아시아의 쌀 같은 영양가 있는 곡물을 대체하기 시작했다. 고고학자 이안 호더Ian Hodder는 담배를 인간이 걸려든 덫이라 불렀고, 역사학자 유발 노아 하라리Yuval Noah Harari는 '사치의 덫luxury trap'이라 명명했다. 하라리는 "역사의 몇 안 되는 철칙 가운데 하나는 사치품이 필수품이 되고 새로운 의무를 낳는 경향이 있다는 것이다. 일단 사치에 길들여진 사람들은 그것을 당연하게 받아들인다. 그다음에는 거기에 의존하기 시작한다. 마침내는 그것 없이는 살 수 없는 지경이 된다"고 말했다.[24]

식물종의 관점에서 사치의 덫은 해당 식물종의 성공적인 번식을 보장했다. 인간은 그런 식물 없이는 살 수 없어서 자신들이 원하는 식물을 널리 퍼뜨렸다. (또한 육즙이 많은 고기, 단맛 나는 우유, 부드러운 털, 쟁기를 끄는 근육을 가진 동물들을 가축으로 길들이고 번식시켰다. 차이가 있다면, 동물들은 종의 성공적 번식을 위해 우리에 갇히고 신체 일부가 절단되고 때 이른 도살을 당하는 등 큰 대가를 치러야 했다는 것이다.) 선망의 대상이 되는 식물들은 쾌락, 아름다움, 도취감, 통제의 용이성 같은 네 가지 매력으로 인간을 사로잡았다. 음식 역사가 마이클 폴란Michael Pollan의 주장에 따르면, 달콤한 사과주 때문에 전 세계에 사과 과수원이 등장했다. 근사하게 생긴 꽃들은 깔끔하게 손질된 튤립 밭에 영감을 주었다. 몽롱한 환상 때문에 수지가 풍부한 새로운 품종의 대마초도 개발되었다. 또 값싼 단백질, 비타민, 탄수화물을 얻을 수 있다는 이유로 수백만 에이커의 땅에 감자를 심게 되었는데, 감자는 쾌락을 주는 식량으로 시작해서 프렌치프라이로 결론이 나버린 다루기 쉬운 식물이었다. 유용한 식물과 동물을 인위적으로 선택할 수 있게 되자 세계 경작지의 풍경은 눈에 띄게 단조로워졌다. 쾌락과 편의성의 추구는 생물 다양성의 적이 됐다.[25]

대추야자나 포도덩굴처럼 당이 풍부한 열매를 맺는 식물들은 특히 보급하기 좋은 후보들이었다. 이런 식물들은 단맛과 술, 칼로리와 영양분의 신뢰할 만한 공급원이었다. 영양분이 적고 쓴맛이 나는 식물이라도 적절한 향정신성 알칼로이드만 포함되어 있다면 재배종이 되었다. 코카나무 덤불 잎에서 딴 코카인도 그런 알칼로이드

가운데 하나였다. 코카인은 뇌 보상 경로의 시냅스에서 도파민이 사라지는 속도를 늦추어 쾌락을 증가시킨다. 또한 배고픔과 갈증을 느끼는 감각을 완화해 고통을 줄여준다. 잉카인들은 15세기에 동쪽으로 진출하면서 코카나무 덤불을 대규모로 재배하기에 적합한 토양과 기후를 발견했다. 코카나무가 잉카 제국에서는 잘 자라지 못했던 것이다. 이 새로운 플랜테이션으로 코카나무의 생산량이 크게 확대되었고, 왕실의 후원도 늘었다. 코카나무의 소비량은 제국의 제재가 필요할 정도였고, 이로써 쾌락은 다시 한 번 권력의 수단 및 이권과 얽히게 되었다.[26]

문명화된 쾌락
....

인간 사회는 가족 기반의 작은 무리에서 농업 공동체로 변모하면서 훨씬 더 커지고 한곳에 정주하게 되었으며 사회적으로 복잡해졌다. 인간 사회는 농작물을 심고 돌보기 위해 노동력을 조직했다. 또 도공이나 대장장이 같은 숙련된 장인과 씨족 같은 배타적 집단들이 발전했다. 중앙 집중적으로 자원의 집결 및 배분을 관장하는 엘리트들이 생겨났고, 그들은 자원의 일부를 공동체의 건축물, 의식과 향연에 바쳤다. 그들은 상당히 먼 거리에 사는 외지인들과도 교역했다. 카호키아Cahokia(현재 미국 이스트세인트루이스 근처의 거대한 미시시피강 정착지)의 원주민들은 정화 의식에 사용하던 카페인 음료의 재료인 보미토리아호랑가시 잎을 얻기 위해 수백 마일 떨어진 남쪽 원주민들과 교역했다. 또 이 잎을 공급하던 플로리다주의 북동부 원주민들은 애팔래치아나 중서부 북부처럼 먼 지역에서 구리 장식을 얻었다.[27]

고고학자들에게 더 잘 알려진 것은 수메르어를 사용하는 메소포타미아인들의 경험이다. 5,000년 전에 메소포타미아인들은 장벽이 있는 도시들의 거대 문명, 쟁기와 관개 기반의 농업, 청동제 도구, 글자 체계(최초로 알려진 술을 의미하는 단어와 최초의 맥주 제조법을 포함), 수레와 선박을 이용한 정기 무역 등을 발전시켰다. 이 활동을 감독한 이들은 도시에 기반을 둔 필경사, 관리자, 상인, 전사, 성직자로, 이들은 점점 더 많은 잉여 농산물과 거의 모든 수입된 사치품을 소비했다. 이후 유라시아, 아프리카, 아메리카 대륙에 등장한 문명들도 이와 유사하게 계층화되었다. 하층민들은 농작물을 나눠 갖거나 노동력을 제공하여 임대료와 세금을 냈고, 그 대가로 보호 조치를 받고 생계유지 방법을 얻었다. 하지만 이것은 통치자들이 언제든지 철회할 수 있는 것이었다. 수렵·채집 사회에서 합의로 이뤄지던 일들은 특권 계층의 강압에 따랐다.[28]

쾌락의 정치도 변화했다. 과거 어느 때보다 엘리트, 특히 엘리트 남성들이 향락을 즐기는 과두제 집권층이 되었다. 근동과 지중해 문명의 통치자들은 최고급 고기와 와인, 향을 대부분 소비했다. 그들이 살아서 누리던 사치품의 일부는 그들의 사후세계에까지 동행했다. 1957년에 터키에서 발견된 한 프리지아 봉분에는 고르디오스 왕King Gordios의 유해가 보관되어 있었다. 그는 미다스 왕King Midas의 부친으로 아들 못지않은 부자였다. 그의 유골은 삼나무관 안의 염색된 직물 위에 놓여 있었고, 관 주변은 청동 장신구, 무늬를 새긴 가구, 장식용 항아리와 큰 냄비들로 둘러싸여 있었다. 퇴적물을 분석한 결과, 호화로운 장례식 연회가 열렸던 것으로 밝혀졌다. 퇴적물에서 강렬한 맛의 렌틸콩 스튜와 뼈를 발라내고 꿀, 와인, 올리브오일로 양념한 양 또는 염소 고기 바비큐가 나온 것이다. 고르디오스 왕의 조문객들은 포도주와 보리맥주, 벌꿀주로 만든 펀치를 고기와 함께 마셨다.[29]

엘리트 남성들은 미식의 특권뿐 아니라 성적인 특권도 누렸다. 리디아의 왕 알뤼아테스King Alyattes는 그의 기념비적인 무덤 위에 다섯 개의 남근 기둥을 얹었는데, 그중 하나는 매춘부들이 세웠다. 아우구스투스 카이사르Augustus Caesar는 처녀를 선호했다. 그의 의붓아들 티베리우스Tiberius는 젖먹이 아기를 포함해 누구에게나 욕망을 발산했다. 대부분의 통치자들은 재담과 에로틱한 기교에 능숙한 아름다운 여인인 코르티잔courtesan*을 선호했다.[30]

엘리트들은 모든 종류의 쾌락에 대해 우선권을 즐겼지만, 쾌락을 독점하지는 않았다. 포도밭이 확대되면서 늦어도 서기 30년에는 로마의 평민들도 와인을 즐기게 되었다. 도시와 마을에 사는 사람들은 선술집에서 술을 마셨는데, 그곳에서는 값싼 식사를 제공하고 매춘부와의 밀회도 주선했다. 로마와 다른 제국 도시에서는 선술집이

---

* 귀족이나 부자들을 상대하는 고급 기녀-옮긴이주

우마차와 욕설을 일삼는 짐마차꾼들로 가득한 거리의 고밀집 다세대 주택인 인술라이insulae에서 피난처가 되기도 했다. 지칠 대로 지친 노동자들은 주점의 음식과 음료, 주사위 게임으로 위안을 삼았다. (고대 로마의 풍자시인 유베날리스Juvenal의 말로는 로마에서 잠깐이라도 휴식을 취했던 유일한 사람들인) 황제와 귀족들은 선술집의 주사위 게임이 난동과 범죄 행각으로 이어질 수 있다는 이유로 이를 반대했다. 이들의 비난은 사실이었지만 위선적이었다. 그들도 도박을 좋아했기 때문이다. 클라우디우스Claudius 황제는 여행 도중 도박을 할 수 있도록 마차에 탁자를 달았다. 세네카Seneca the Younger의 작품으로 추정되는 한 풍자극에서는 클라우디우스 황제가 사후 세계에서 신들에게 영원히 주사위를 굴리라는 형벌을 받고 계속 주사위를 굴리는 장면이 나온다.[31]

고귀한 출신이든 천한 출신이든 간에, 로마나 다른 고대 도시에서 흥청망청 마시고 노는 것은 대부분 남자들이었다. 음주는 남자들의 위상을 높였다. 반면 잘못된 상황에서의 음주는 여자들의 위상을 떨어뜨렸다. 집에서 맥주를 마시며 아이를 돌보는 여자는 좋은 어머니였으나, 선술집에서 와인을 마시는 술 취한 여자는 매춘부였다. 이런 성역할이 여자들의 알코올 소비에 제동을 걸었다. 남성이라 해도 계층에 따라 알코올 소비가 달라졌다. 로마 군인과 노예들은 물을 탄 와인을 마셔야 했다. 은빛 고블릿goblet이나 거품이 이는 소라 껍질에 진하고 달콤한 와인을 벌컥벌컥 마시며 풍성한 음식을 즐기는 여유는 오직 부유한 사람들의 몫이었다. 통풍이 주로 앉아서 지내고 비만인 엘리트들의 대표적인 질병이 된 것은 놀라운 일이 아니다. 발의 통풍인 포다그라podagra는 이집트와 그리스의 의학서에 일찌감치 등장했는데, 당시 부유한 환자를 상대하던 의사들에게 든든한 수입원이었던 것으로 밝혀졌다. 이는 변치 않는 원칙을 보여준다. 탐닉에 따른 고통은 누군가의 이익으로 바뀔 수 있다는 원칙 말이다.[32]

이 시기에 또 다른 일반적 원칙이 밝혀졌다. 기술의 발전은 농업의 발전과 마찬가지로 쾌락의 다양성과 정교함을 증가시킨다는 것이다. 도박 용품을 예로 들어보자. 부족 사회에도 도박이 널리 퍼져 있긴 했지만 원시적인 수준이었다. 아메리카 원주민들은 막대기, 조개, 과일 씨, 동물 이빨로 만든 앞뒷면이 다른 도구를 이용해 두 가지 선택지의 제비를 뽑았다. 중국인들은 더 많은 선택지가 있었다. 2,300년 전의 제나라 무덤에서 14면으로 조각된 이빨 주사위가 발견되었는데, '육박'이란 게임에서 사용된 것으로 알려졌다. 초나라의 궁정 시인 송옥Song Yu은 이렇게 썼다. "그들은 함께 전진하면서 빈틈없이 서로를 위협한다. 말들이 왕이 되고, 득점은 2배가 되었다. '백에 5점!'이란 함성이 터져 나온다."[33]

청동기 시대에 근동 지역의 주사위 게임은 더 간단했다. 게임을 하는 사람들은 4면으로 된 동물 복사뼈를 던졌다. 일단 스튜로 한 번 끓여 먹고 난 양과 염소의 관절뼈였다. 철기 시대가 되자 6면 주사위가 이를 대체하기 시작했다. 헤로도토스Herodotus는 6면 주사위가 기원전 7~6세기에 서부 아나톨리아에서 전성기를 누렸던 리디아 왕국 사람들의 업적이라고 치켜세웠다. 리디아인들은 계속되는 기근 동안 정육면체 주사위와 주사위 게임을 고안했다고 전해진다. 그들은 배고픔을 잊기 위해 끊임없이 게임을 하며 놀았다. 그들에게 게임은 오락거리 이상이었을 것이다. 그들은 게임을 통해 기분을 조절하고 역경에 대처했다. 게임이 마약과 같은 역할을 했던 셈이다.[34]

비록 많은 고대 게임의 규칙은 유실되었지만, 게임판 일부는 남아 있다. 게임판도 시간이 흐를수록 점점 더 정교해졌다. 한 예로, 고대 도시 우르의 왕릉에서 나온 초창기 게임판에는 영역을 표시하기 위해 동물 형상이 사용됐다. 2,500년이 지난 후 로마인들은 세 줄로 정교하게 배열되어 새겨진 36개 문자 위에서 게임을 벌였다. 그 내용은 'INVIDA PUNCTA IUBENT FELICE LUDERE DOCTUM'로 '주사위의 짓궂은 장난은 가장 솜씨 좋은 도박사조차 운에 맡기도록 강요한다'라는 조롱조의 농담이었다. 이 말은 영리한 도박사들조차 주사위 게임에서 이기려면 행운이 필요하다는 사실을 일깨워주었다.[35]

쾌락의 지형도는 그 자체가 궁극적인 주사위 던지기였다. 메소아메리카인들은 식량과 복사뼈를 얻기에 좋은 양과 염소, 그 밖의 많은 가축이 부족했다. 그들은 투계용 수탉도 없었고 경주용 말도 없었다. 그렇지만 메소아메리카인은 약 3,500년 전에 그들이 가진 자원 중 하나인 고무로 공을 만들었고, 화려하게 장식된 I자 모양의 코트에서 진행되는 빠른 속도의 팀 경기들을 고안해냈다. 경기가 열리는 날은 의식, 스포츠, 내기를 벌일 절호의 기회였다. 관중과 선수들 모두 경기 결과에 내기를 걸었고 때로는 목숨까지 걸었다. 여기에서 다시 호모 사피엔스의 가장 특징적인 쾌락 자원이 빛을 발했다. 무엇이든 주변에서 구할 수 있는 재료를 사용하여 풍부한 상상력으로 추상적인 규칙과 의식ritual에 따르는 몰입도 강한 소일거리를 발명해내는 능력 말이다.[36]

단련되는 쾌락

우리는 쾌락 하면 보통 대화나 음악, 문제 해결과 같은 일상적인 쾌락보다는 강렬하고 관능적이며 충격적인 종류의 쾌락을 떠올린다. 상업적 악덕과 대중의 중독이 어디에서 기원했는지에 초점을 맞추다 보면 불가피하게 이런 경향이 강해질 수밖에 없다. 이런 편견을 바로잡고 사회적으로 용인될 수 있는 쾌락은 무엇인가 하는 질문을 제기하기 위해, 여기서는 문명이 인간의 쾌락 레퍼토리에 좀 더 은밀하게 기여했던 바를 몇 가지 생각해보려 한다.[37]

처음에 시작하기 좋은 주제는 '몰입'이다. 사람들은 도전적인 과제에 몰두할 때 몰입 상태를 경험한다. 몰입한 사람들은 평온하게 일상의 근심을 다 잊고, 심지어 시간의 흐름조차 잊는다. 그들은 무엇을 해야 할지를 분명히 알고, 그 일을 해낼 자신의 능력을 확신한다. 불안과 지루함에서 해방된 그들은 몰입 상태에서 본질적으로 보람을 느낀다. 더 뛰어난 기술이 요구되는 까다로운 과제일수록, 성취했을 때의 보람은 더 커진다. 외과 의사들은 어려운 수술이 '뿌듯하고' '심미적으로 만족스러우며' '재밌다'고 느낀다. 문제는 몰입에 이르려면 집중적인 노력과 심지어는 고통이 요구된다는 것이다. 에피쿠로스Epicurus를 필두로 한 철학자들은 쾌락이 항상 좋고 고통이 항상 나쁠지는 몰라도 장기적인 이익을 고려하면 쾌락만 선호해서는 안 된다고 주장했다. 전문적인 음악가가 되고 싶은가? 그렇다면 7년 동안 매일 네 시간씩 꾸준히 연습해야 하고, 까다로운 구절에는 특히 '심혈을 기울여야 한다.' 체스와 암벽 등반 같은 여가활동을 즐기는 사람들도 몰입을 경험할 수 있는데, 이들 역시 장기적이고 부지런한 연습을 통해 필요한 능력을 개발해야 한다.[38]

문명화된 생활의 기반인 노동 분업은 몰입할 수 있는 기회를 크게 늘렸다. 농경사회의 발달로 도시, 교통, 교역망이 발전하면서, 석공, 목수, 직공, 회계사, 기타 전문가들은 기술을 연마할 기회를 얻었다. 하지만 그만큼의 대가가 따랐다. 질병, 부상, 권태는 파괴적인 영향을 미쳐서, 숙련된 노동자들이 수입과 정체성뿐 아니라 일에서 느끼는 정신적 보상까지 잃을 위험이 있었다. 또 문명은 소수의 특권층에게 학습한 과업에서 탁월해질 기회를 제공했다. 타키투스Tacitus가 썼듯이, 법정 연설가가 신중하게 준비한 연설로 얻는 보상은 순수한 만족이었다. 그런데 만약 그가 용기를 내어 즉흥 연설을 시작한다면 묘하게 달콤한 기쁨을 느낄 수 있다. 그것이 바로 몰입이 최고조에 달했을 때 경험하는 희열이다.[39]

웅변 기술을 키우는 데 필요한 정식 교육은 그 나름대로 쾌락의 기회를 제공했다. 학습한 정보가 통찰을 불러일으켜서 '흐음'이 '아하'가 되었을 때, 학생들은 심리학자들이 '인지적 오르가슴'이라고 부르는 벅찬 기쁨을 느꼈다. 다소 과한 표현일지 몰라도, 신경과학 분야 연구를 통해 사람들이 새로운 추상적 개념을 발견하고 거기에 가치를 부여하는 일을 즐긴다는 것이 입증됐다. 문명이 발전하여 추상적 개념과 그것을 전파할 수단이 증가하는 한, '아이디어 보상'을 얻을 기회도 증가했다. 물론 일부 새로운 개념들, 예컨대 영벌* 같은 개념으로 불안과 근심을 얻기도 했지만, 문명화된 학습으로 그런 두려움에 맞서 인간 조건의 비애와 불안을 달래주는 아름다움과 지식을 추구할 새로운 기회도 얻었다.[40]

역설적으로 추상적인 사고에서 벗어나려는 심신수련 운동 역시 나름의 보상이 되었다. 많은 문명화된 종교는 그들의 공통된 목표인 '지금 이 시점의 평온한 각성'을 추구하는 명상 학파를 설립했다. 그 가운데 가장 오래된 형태인 디야나 요가Dhyana yoga는 곰곰이 생각하고 통합한다는 의미의 산스크리트어에서 명칭을 따왔다. 요가의 자연스러운 통합감과 평정심은 산만한 정신 활동을 억제시키는 수련 활동에서 비롯되었다. 《슈베타슈바타라 우파니샤드Svetashvatara Upanisad》에서는 요가를 야생마들이 이끄는 마차를 멈추려는 현자에 비유했다. 이 과업의 어려움을 의심하는 독자가 있다면, 이 책을 잠시 내려놓고 5분 동안 아무 생각도 하지 말아보라고 권하고 싶다.[41]

---

* 지옥에서 받는 영원한 벌 - 옮긴이주

몰입의 만족감, 문제 해결의 전율, 명상의 평온함은 모두 단련된 쾌락의 예다. 이런 쾌락을 얻기 위해서는 선술집이나 사창가에 불쑥 들어가는 것과는 전혀 다른 일련의 준비 과정이 필요하다. 아리스토텔레스Aristotle부터 존 스튜어트 밀John Stuart Mill에 이르는 많은 사상가가 인간과 다른 동물이 공유하는 본능적인 쾌락보다 단련된 쾌락에 우선순위를 두었다. 철학적 우선순위를 차치하더라도, 단련된 쾌락은 종종 중뇌 변연계의 범위 밖으로까지 확장되는 신경망의 인내심 있는 개발과 관리가 요구된다. 외국어로 문학 작품을 즐기는 능력은 습득하기까지 몇 년이 걸릴 수 있고 계속 연마하지 않으면 금방 사라질 수 있다. 단련된 쾌락의 학습 곡선이 상승하든 하강하든 간에 한 가지만은 확실하다. 이런 활동이 빠른 뇌 보상을 제공하는 도취 물질의 남용 같은 행위보다는 비판을 불러일으킬 가능성이 훨씬 적다는 것이다.

물론 성직자들은 체스 같은 일부 여가활동에 몰입한 상태를 비난했다. 1660년대 초 아이작 뉴턴Isaac Newton을 비롯한 트리니티 칼리지Trinity College 학생들도 이 '기발한' 게임으로 시간을 낭비하는 덫에 빠졌다는 경고를 받았다. 그런 불안은 순수하게 종교적인 것만도 아니었다. 슈테판 츠바이크Stefan Zweig 같은 대단히 세속적인 소설가가 훗날 그의 등장인물 중 하나에게 '체스 중독'의 비운을 안겨준 것을 보면 말이다. 이에 반해 일에 몰입하는 상태는 모든 문화권에서 검열을 통과했고, 개인에게는 즐거우며 남들에게는 유익하다고 평가되었다. 기술자는 휘파람을 불며 송수로를 건설했고, 승려는 명상으로 평정심을 얻었다. 불교에서는 고통에서 해방되려면 먼저 갈망에서 해방되어야 한다는 믿음에 근거하여, 악덕에 맞서는 심신의 단련을 전형적으로 제시했다. 그러나 불교권이 아닌 문화에서는 어떤 일이 개인이나, 다른 사람, 사회에 나쁘거나, 혹은 이 세 가지의 조합이 아닌 한, 일반적으로 악덕, 즉 부도덕한 관습이나 습관으로 간주되지는 않았다.[42]

후대에 등장하는 개념인 '중독'은 극단적 형태의 악덕으로 드러나는 경우가 가장 많았다. 지금과 마찬가지로, 당대에도 중독자는 유별나게 강한 욕구와 통제력 상실이 특징적인, 파괴적으로 나쁜 습관을 지닌 사람으로 인식되었다. 중독 행위에 대한 최초의 문학적 기록은 베다어 찬가 〈도박꾼의 회환The Gambler's Lament〉에서 찾아볼 수 있는데, 주사위를 던지는 광경만 봐도 취할 정도로 인사불성인 도박꾼이 모든 것을 잃고 가족을 절망에 빠뜨리는 내용이 그려져 있다.[43]

도박이 고대 세계 전역에서 불미스러운 평판을 얻고 있었음을 시사하는 근거는 중국 한나라의 사료부터 아메리카 원주민의 사기꾼 신화에 이르기까지 무수히 많다. 그러나 도박의 모든 형태와 기회가 다 비난을 받은 건 아니다. 언제나 지나친 탐닉이 문제였고, 이는 비단 도박만의 문제도 아니었다. 《신명기Book of Deuteronomy》에서는 폭음과 폭식을 도박과 함께 비난했다. 공개 석상에서의 과도한 탐닉이 가장 많은 비난을 받았다. 악명 높은 술주정뱅이였던 마르쿠스 안토니우스Marc Antony는 결혼식 연회에서 너무 많이 먹고 마신 나머지, 다음날 아침 공개연설 도중에 자신의 옷에 토하고 말았다. 로마의 웅변가 키케로Cicero는 두 번째 연설에서 안토니우스를 공격하기 위해 이런 망신을 상기시키는 데 주력했고, 플루타르크Plutarch도 뻔뻔스러운 향락에 관한 구절에서 이 행동을 꼬집었다.[44]

고대 사회는 도덕적으로 쾌락을 크게 세 가지 범주로 분류했다. 몰입과 같은 한 범주는 거의 또는 항상 좋다는 평가를 받았다. 근친상간과 같은 또 다른 범주는 거의 또는 항상 나쁘다는 평가를 받았다. 마지막 범주는 호르메시스의 절충안에 해당하여, 적당하면 좋지만 지나치면 나쁘다는 평가를 받았다. 인도, 중국, 유럽 등지에서 흔한 비소 화합물은 소량만 사용하면 강장약과 최음제로 효과가 있었지만, 많은 양을 사용하면 질병을 얻거나 심하면 사망에 이르렀다. 탐닉에 대한 사회적 판단은 연령, 성별, 결혼 상태, 계급, 건강, 동기, 의식ritual 같은 맥락은 물론 유해성에 대한 상식적인 평가가 고려되었다. 즉, 점괘를 보기 위해 제비를 뽑는 것과 도박 내기를 위해 제비를 뽑는 것은 전혀 다른 문제였다. 그리고 모든 판단 기준을 뛰어넘는 금기가 있었다. 힌두교도에게 소고기, 유대인과 무슬림에게 돼지고기는 양이 많든 적든 간에 무조건 금기 사항이었다.[45]

역사적 상황 역시 탐닉에 대한 사회적 판단에 영향을 미쳤다. 음주 행위는 상수도가 수시로 오염되던 기원전 1900년보다 수돗물이 훨씬 안전해진 서기 1900년에 더 해롭게 여겨졌다. 또 리디아 왕국의 아나톨리아에서는 매춘이 사회적으로 규제되지 않았지만, 터키의 아나톨리아에서는 매춘이 철저히 규제되었다. 리디아 왕국에서는 경제적 수단이 빈약한 미혼 여성들이 지참금을 마련하기 위해 일상적으로 성을 팔았던 반면, 터키에서는 초창기 공화국 관료들이 매춘부를 매독의 감염원으로 여겼기 때문이다.

새로운 지식을 습득하면 새로운 쾌락을 얻을 수도 있지만, 오히려 쾌락을 위험한 악덕으로 재조명해 사람들이 거기에 등을 돌리게 만들 수도 있었다. 과학과 산업화를 추구하던 문명의 다음 대전환기에 온 세계가 더욱 유혹적인 쾌락과 그것의 해로운 영향에 대해 더 많은 지식을 얻게 되면서, 악덕에 반대하는 행동주의가 세계적인 정치 세력으로 부상한 것은 결코 우연이 아니었다.[46]

교환되는 쾌락

나는 이야기를 너무 앞질러 가고 있다. 공장들이 쾌락을 전파하기 훨씬 오래전에 캐러밴과 캐러벨선*이 그 일을 했다. 문명은 행정, 예배, 저장, 제조, 무역의 중심지인 도시들을 탄생시켰다. 이런 패턴은 일찌감치 메소포타미아에서 정착되었다. 기원전 3000년쯤에 길가메시Gilgamesh**의 고향이자 글쓰기의 본거지인 진정한 최초의 도시 우루크Uruk는 인구 3만~5만 명의 성벽으로 둘러싸인 상업 중심지로서 번영을 누렸다. 장인들은 아프가니스탄에서 수입해온 목재, 금

---

* 15~16세기경 스페인, 포르투갈의 쾌속 소형 범선 - 옮긴이주
** 바빌로니아의 대표적인 문학 작품 《길가메시 서사시》의 주인공 영웅 - 옮긴이주

속, 광석으로 제품을 만들었다. 다른 도시 국가들처럼 우루크도 엘리트층이 영토에 대한 통제력과 교역을 확대하며 부와 권력을 손에 넣었다. 이처럼 제국주의의 야망과 상업적인 야망이 역동적으로 뒤엉키고 선교사들의 열망까지 가세하면서, 이후 5,000년에 걸쳐 수렴하는 세계가 창조됐다. 세계 각지의 정치 및 교역 네트워크는 처음에는 지역에 국한되다가 점점 대륙을 횡단하게 되었고, 그 후에는 대양을 넘나들게 되었다.[47]

최초이자 최대의 대륙 횡단 네트워크는 실크로드Silk Road, 더 정확히는 여러 개의 실크로드Silk Roads였다. 실크로드는 여러 도시와 오아시스를 관통하는 거미줄처럼 얽힌 동서남북 교역로의 연결망으로, 유라시아 상업의 척추와 갈비뼈 역할을 했다. 실크로드는 포르투갈인과 광둥민족을, 바이킹족과 바그다드 칼리프국을 연결했다. 실크로드를 따라 거래되는 교역량은 한나라(기원전 206년~서기 220년)에서 몽골 제국(1206년~1368년)까지 이어진 왕국들의 흥망성쇠에 따라 증감의 변화를 반복했다. 그 후 1490년대에 이뤄진 크리스토퍼 콜럼버스Christopher Columbus의 아메리카 항해와 바스쿠 다가마Vasco da Gama의 인도 항해가 세계 무역에 획기적 변화를 야기했다. 새로운 해상 항로와 무역항들이 생겨나면서 통신과 상업의 중심지가 서유럽으로 이동했고, 이와 더불어 권력의 중심지도 옮겨갔다.

실크로드가 번영하는 동안, 실크로드 상인들은 스스로 이동할 수 있는 교역용 가축과 무게에 비해 가치가 높은 상품들을 밀거래했다. 중국의 무사들과 격구 선수들은 중앙아시아에서 수입해온 말을 탔다. 로마, 페르시아, 비잔틴의 엘리트들은 반쯤 비칠 정도로 섬세한 중국 비단으로 위세를 과시했다. 교역용 상품들은 놀라울 만큼 먼 거리를 이동했다. 다산, 풍요, 상서로움의 여신인 락슈미Lakshmi의 작은 인도 상아 조각상이 폼페이의 잿더미 속에서 발견됐는데, 79년 베수비오Vesuvius 화산이 이 여신을 잿더미 속에 파묻었을 당시 인도 상점가에서는 고대 로마의 은화가 유통되고 있었다. 부유한 로마인의 부엌에서는 인도 향신료의 냄새가 물씬 풍겼다. 그들은 작은 쥐를 후추로 양념하고 거기에 꿀과 양귀비 씨앗을 뿌린 진미를 전채 요리로 대접했다.[48]

양귀비 씨앗은 먹을 뿐만 아니라 심을 수도 있었다. 양귀비 재배지는 7~8세기에 아랍의 무역상들과 함께 동쪽으로 이동했다. 양귀비 재배 기술이 정확히 언제 인도에 널리 보급되었는지는 확실하지 않다. 인도에서 양귀비에 대한 최초의 의학적 언급은 서기 1000년경에야 나타난다. 인도를 침략한 무굴 제국은 인도의 유럽 식민지 개척자들처럼 양귀비 재배를 장려했다. 네덜란드인과 영국인은 아편이 이상적인 무역품이라는 것을 깨달았다. 아편은 제국의 부를 늘리는 원천이자 노동력을 통제하는 도구였고, 향신료, 비단, 도자기, 차 값을 지불하는 수단도 되었다. 역사학자 피터 프랭코판Peter Frankopan에 따르면, "서구의 사치품 중독과 중국의 마약 중독은 정확한 거울상mirror image을 이루며 효과적으로 거래되었고, 곧 양쪽이 거의 맞먹는 수준에 이르렀다."[49]

쾌락을 얻기 위한 상품뿐 아니라 쾌락을 얻기 위한 아이디어도

폴 세잔(Paul Cezanne)의 그림 〈카드놀이를 하는 사람들(Les Joueurs de cartes)〉(1890~1892)은 세계 쾌락의 융합에 대한 알레고리로 읽힐 수 있다. 그림의 제목인 카드놀이를 하는 사람들은 엑스(Aix) 근처에 위치한 세잔의 아버지 소유지에서 일하던 노동자들로, 이 장면은 본질적으로 프랑스적인 풍경으로 보인다. 하지만 카드놀이는 한국과 중국의 발명품에서 유래했고, 파이프 속 담배는 아메리카의 토속 식물에서 유래했으며, 게임판(아마도 서양의 주사위놀이판)은 고대 메소포타미아의 경주 놀이에서 유래한 것이었다. 심지어 올리브 단지(왼쪽 위 구석)에 든 올리브도 한때는 소아시아에서만 자라던 나무에서 유래했다. 사람들이 집중하는 모습과 선술집 분위기는 이 게임이 액수를 알 수 없는 판돈이 걸린 도박임을 암시한다.

◇ 출처: Courtesy of the Barnes Foundation, Philadelphia, Pa

거래되었다. 체스는 서기 600년 전에 인도 북서부에서 발명되어 페르시아, 아라비아를 거쳐 1000년경에 마침내 유럽으로 전해졌다. 체스는 전파되는 동안에도 계속 진화하여 15세기 후반부터 18세기 중반 사이의 유럽에서 현재와 같은 형태로 완성되었다. 한국과 중국에서 기원한 카드 게임 역시 교역로를 따라 서쪽으로 서서히 이동하다가 유럽에서 진화의 비옥한 토양을 찾게 되었다. 카드 게임은 주사위보다 더 많은 조합의 가능성을 제공하여 도박에 더 적합했기 때문에 15세기에 목판 인쇄술이 출현한 이후 유럽에서 보편화되었다. 카드 게임은 계속 정교하고 복잡해지는 변화를 거듭했고, 특히 현대식 한 벌짜리 카드의 본고장이자 최초 형태의 피켓, 바카라, 블랙잭이 탄생한 프랑스에서 발전했다.[50]

무역과 여행으로 쾌락을 강화하는 기술도 전파됐다. 쾌락을 강화하는 두 가지 핵심 기술인 농축과 증류는 알코올과 다른 물질들이 물과는 다른 온도에서 얼거나 끓는다는 관찰 결과를 통해 얻어졌다. 서기 290년에 장화Zhang Hua라는 학자는 중국의 추운 서쪽 지방에서 취기가 오랫동안 지속되는 특이한 포도주를 생산했다고 기록했는데("한번 취하면 며칠 동안 깨어나지 못할 것이다."), 이것은 냉동 농축된 브랜디를 의미했을 가능성이 높다. 심한 한파가 닥치면서 불가피하게 유사한 발견이 이어졌다. 벌꿀주나 발효된 사과주에서 얼지 않는 부분은 알코올 도수가 66프루프(약 33도)에 이를 정도로 높았다. 유럽 농부들은 북아메리카의 온대 지역으로 이주했을 때 발효된 사과주를 생산하기 위해 과수원을 열심히 가꾸었다. 꿀벌이 많지 않던 지

역으로 꿀벌을 몰고 온 것도 이 때문이었다.[51]

이 개척자들은 과일주를 브랜디로 증류하는 방법도 알고 있었다. 중세 초기에 유럽의 연금술사와 의사들은 알코올이 물보다 낮은 온도에서 끓기 때문에 그 증기가 증류주로 응축될 수 있고, 증류 과정을 매번 반복할 때마다 도수가 높아진다는 사실을 알게 되었다. 당시 대부분의 증류는 의학적인 목적을 위해서였다. 증류주는 아쿠아 비테aqua vitae, 즉 생명수였다. 일부 성직자들은 증류주를 악마의 물이라 생각했고, 증류 기술은 연금술과, 연금술은 마술과 관련이 있다고 여겼다. 15세기 말에 이르러서야 약제사와 의사들은 일반적으로 약용주를 증류하고 처방하는 데 자유로워졌다. 그들은 종종 약용주를 약초나 향신료와 혼합했다. 만약 한 가지 식약의 엑기스가 좋다면, 여러 식약의 엑기스는 몸에 더 좋을 것이라는 논리였다. 많을수록 좋다는 논리가 위약 효과를 발휘하는 한, 그들의 생각은 아마도 옳았을 것이다.

그들의 문제이자 결국 모두의 문제는, 증류주를 치료 목적으로만 국한시키기가 불가능하다는 것이었다. 증류주 도수가 높아질수록 뇌 보상이 더 커지기 때문이다. 관료들이 처음에는 증류주 소비량을 소량의 약 복용량 수준으로 제한하려 했지만, 증류주 혁명은 거스를 수 없는 움직임이 되었다. 특히 유럽의 추운 지방과 러시아처럼 포도를 재배하기가 사실상 불가능하고 주민들이 검은 빵과 산패된 과일을 발효시켜 만든 약한 도수의 크바스kvass보다 위스키와 보드카를 선호하는 지역에서는 더욱 그러했다. 증류는 이제 물건이 아닌 하나의 아이디어가 되어, 인쇄술이라는 신기술을 통해 **빠르게** 확산되었다. 글을 모르는 과부와 장인들이 증류주 생산자들을 관찰하여 증류 기술을 배운 후 남몰래 장사를 시작하면서 2차 혁명이 일어났다. 17세기 말에 이르자 유럽 정부들은 규제 정책의 패배를 인정했다. 그들은 최종 용도와 상관없이 증류주에 세금을 부과했는데, 이는 정부와 증류주 생산자 모두 소비를 진작시켜야 할 이해관계를 갖게 만든 전례가 되었다.[52]

그 결과 실제로 증류주 소비가 증가했다. 프랑스 남부의 항구인 세트Sète의 브랜디 수출은 1698년에 2,250헥토리터(약 6만 갤런)에서 1755년에 6만 5,926헥토리터(약 174만 갤런)로 급증했다. 역사가 페르낭 브로델Fernand Braudel의 표현대로, 증류주 혁명은 16세기에 태동하여 17세기에 공고해졌고 18세기에 대중화되었다. 이런 일이 유럽에서만 일어난 것도 아니었다. 멕시코인들은 메스칼주(화주)를 만드는 법을 배웠고, 태평양의 섬 주민들은 코코넛 브랜디를 만드는 법을 배웠다. 상륙 허가를 받은 포경선원들은 열정적으로 술을 마셔댔다.[53]

흡연에 대한 지식은 술과는 반대로 아메리카 토착민에서 유럽인에게로 전파됐다. 마약을 태워서 그 가스를 흡입하며 즐길 수 있다는 발상은 충격적이라 논란이 많았다. 사실 너무 충격적이어서 월터 롤리Walter Raleigh 경의 하인은 담배 피는 롤리 경의 얼굴에 불이 붙은 줄 알고 그에게 에일을 끼얹었을 정도였다. 성직자들은 이 '마른 주취 상태'를 비난했고 군주들은 본보기로 흡연자를 처형하기도 했지만 소용없었다. 결국 흡연은 17세기와 18세기에 유라시아 지역을 정복했다. 흡연의 매력은 신속하고 반복적인 뇌 보상이다. 몸속에 흡입된 니코틴은 약 15초 안에 쾌락 회로에 도달한다. 이에 흡연자들은 한 모금 빨아들인 후 곧바로 다음 모금을 빨아들이게 된다. 흡연은 한 번 큰 보상을 주기보다 작은 보상을 자주 제공하여 동물의 행동을 조형하는 효율적인 학습 형태이다.[54]

흡연이 확산되면서 여러 다른 문화권에서는 물파이프 같은 다양한 기구와 대마초, 아편, 설탕, 꿀, 감초, 계피, 향수 등을 섞은 담배 등 다양한 혼합물이 만들어졌다. 20세기에 들어서도 한참 동안 영국 선원들은 더 향기롭고 짙은 연기를 내뿜기 위해 담배에 그로그주(물탄 럼주)를 뿌렸다. 마오리족은 이 과정을 뒤바꾸었다. 그들은 알코올에 담배를 첨가했고, 사람 소변으로 알코올에 맛을 더했다. 오클랜드의 한 정신과 의사는 "마오리족이 집에서 만든 술은 그 내용물을 모르고 마시는 한 짜릿하고 맛있다"고 말했다. 하지만 이는 어디까지나 그 의사의 세트와 세팅에 국한된 이야기다. 마오리족이 술에 넣는 재료를 더 많이 알면 알수록 술의 맛과 도수도 개선되었을 것이다. 이는 상인들과 제국주의자들이 전 세계에 퍼트린 새로운 쾌락을 현지 문화에서 받아들여 변경하고 배가시키고 강화시킨 수천 가지 사례 중 하나였다.[55]

콜럼버스의 항해로 시작된 요리 혁명은 세계화globalization와 현지화localization를 결합시킨 이른바 글로컬리제이션glocalization의 고전적 사례다. 각지 요리사들은 지구 반대편에서 생산된 재료들을 가져다가 그들의 기호에 맞고 그들이 사는 땅과 밀접한 관계가 있는 요리와 제품으로 탈바꿈시켰다. 인도의 카레에는 멕시코산 칠리가, 이탈리아의 토마토소스에는 안데스 산지 토착 식물의 열매가 들어갔다. 자메이카의 펀치는 유럽인들이 들여온 사탕수수로 만든 럼주를 가미해서 만들어졌다. 이후 19세기와 20세기에는 무역과 이민이 새로운 요리 혁명을 일으켰다. 세계적인 동시에 지역적인 특성을 가진 글로컬 요리가 글로벌 음식이 되었다. 오늘날에는 정말 따분한 도시가 아닌 한, 현지의 기호와 재료를 반영해 한결 입맛에 맞게 만든 카레, 피자, 럼주 펀치가 어디선가 판매되고 있을 것이다.

콜럼버스의 항해 이후 수세기는 때때로 호모제노센Homogenocene, 즉 동질화된 세계라 불린다. 동식물종의 이식과 무역은 전 세계 동물상과 식물상을 뒤섞어놓아, 한때 저마다 특색 있던 환경을 엇비슷하게 만들어버렸다. 식약 작물이 맞이한 이런 운명은 카페와 제과점에서 판매하는 가공제품에도 똑같이 적용되었고, 동네 약재상들도 점점 표준화되었다. 18세기에 이르자 보스턴에 사는 의사의 구급상자 내용물은 베를린이나 베오그라드 의사들의 구급상자 내용물과 거의 차이가 없었다.[56]

그렇지만 동질화는 결코 완벽하지도 완전하지도 않았다. 새로운 쾌락의 실험은 아래에서 위로의 상향식뿐 아니라 하향식으로도 진행되었다. 후대에는 변연계 자본주의가 기업 형태를 띠면서, 하향식 혁신이 상향식 혁신을 지배하거나 흡수했다. 동네 수선공이 아니라 스티브 잡스Steve Jobs가 차세대 혁신 제품Next Big Thing을 소개한 것이다. 하지만 아마추어들이 혁신에 개입할 여지는 아직 충분했다. 대마초를 재배하는 사람들은 각 지역의 우선순위와 문화적 취향에 따라 긴 섬유, 기름기가 풍부한 종자, 향정신성 수지가 포함된 품종 등을 선택했다. 아프가니스탄의 대마초 생산자들은 숙성한 싹들을 굴리고 으깨고 체로 쳐서 순수하고 극도로 입자가 고운 해시시로 만드는 법을 배웠다. 사제와 관료의 감시를 피해 오늘날 마리화나로 불리는 칸나비스 사티바cannabis sativa라는 중독성 품종을 개발한 이들도 멕시코 토착민들이었다.[57]

또 사람들은 수입품에 대해서도 새로운 사용법을 찾아내어, 새로운 식약 만큼이나 손쉽게 섞어서 사용하게 되었다. 18세기의 한 사무라이는 중국의 랑파(무늬 있는 명주), 비단, 금박 띠로 만든 진바오리(갑옷 겉옷)를 걸치고, 어깨에 은실의 양단으로 장식한 유럽의 드레스 천과 선홍색으로 염색된 수입 양모를 둘러 뽐냈다. 양모를 염색한 코치닐 염료는 멕시코 농민들이 선인장을 먹는 곤충 사체로 만든 것이었고, 코치닐 염료를 착색하는 매염제는 네덜란드와 영국의 화학자들이 개발한 것이었다. 결국 그 사무라이는 얽히고설킨 전 세계를 그의 자랑스러운 두 어깨에 짊어지고 다녔던 셈이다.[58]

화폐화된 쾌락
....

그 사무라이는 많은 빚을 지고 있었을지도 모른다. 18세기가 되자

엘리트들은 보통 현금을 내거나 외상으로 사치품을 구입했다. 물물
교환은 점점 제국주의 체제의 변방 지역으로 국한되었다. 증류주는
북아메리카 원주민의 모피와 동부 시베리아인의 개떼와 교환되었
다. 유럽인들은 진과 담배를 판매하여 북부 오스트레일리아 요릉우
Yolngu 해역의 해삼 어업권을 손에 넣었다. 하지만 북아프리카와 유
라시아에서는 장거리 무역의 결과가 디나르dinar,[*] 레알real,[**] 그 밖에
가치가 알려진 다른 화폐로 표시될 가능성이 더 높았다.

　현금화된 상거래는 쾌락 상품의 불순화 등 몇 가지 변화를 야기
했다. 상인들은 종종 평범한 음식에도 분필이나 점토 등을 섞어 이
익을 늘렸다. 보통 제품의 무게만큼 값을 매겼기 때문인데, 무엇보
다 마약, 향신료, 최음제와 같이 수익성 높은 시장에서는 부정행위
의 유혹이 훨씬 압도적이었다. 이론적으로는 중간상들이 값비싼 제
품을 구입하기 위해 가치가 낮은 돈이나 위조 화폐를 사용할 수도
있었지만, 이는 매우 위험한 짓이었다. 화폐 위조범은 반역자들과
똑같은 운명을 맞이했으니 말이다(영국에서 위조범은 화형에 처했다). 그
러므로 본인이 군주가 아닌 한, 판매하는 제품에 석고, 백반, 그 밖
에 쉽게 혼합되는 불순물을 섞어 구매자를 속이는 편이 훨씬 더 안
전했다.

　제품에 불순물을 혼합하여 구매자의 쾌락과 이익이 어느 정도나
감소했는지는 사실 알 길이 없다. 구매자가 바라는 효과 가운데 적

---

[*]　중동과 북부 아프리카 일부 국가들의 화폐 단위-옮긴이주
[**]　스페인과 포르투갈의 옛 화폐 단위-옮긴이주

어도 일부는 그의 기대치가 차지하기 때문이다. '절반은 의사'나 다름없다던 훌륭한 중세 요리사라면 불순물이 섞인 재료로도 멋지게 치료하는 마술을 부렸을지도 모른다. 후추와 계피는 워낙 악명 높은 최음제여서, 신부들은 고해성사를 하러 온 신도들에게 '향신료' 때문에 죄를 저질렀냐고 질문할 정도였다. 그러니 아무리 뼛가루와 견과류 껍데기가 잔뜩 섞인 향신료라도 자극적인 냄새를 풍겼으리라고 짐작해볼 수 있지만, 어디까지나 짐작일 뿐 확실하지는 않다. 유일하게 확실한 사실은 나쁜 식약에 좋은 값을 지불했던 사례를 폭로하는 자료가 역사적 기록에 많이 남아 있다는 것이다.[59]

불순물의 혼합 여부와 상관없이, 화폐 기반 경제에서 식약은 한층 더 저렴해졌다. 화폐를 사용하면서 교환 과정이 단순해지고, 지출을 통해 수입이 증가했으며, 은행과 외상 거래가 가능해졌고, 현대 초기 유럽 제국의 무역과 해외 플랜테이션의 재원이 마련되었기 때문이다. 자본주의와 제국주의가 결합되고 곧이어 과학과 산업까지 합세하자 사치품은 더 이상 사치품이 아닐 정도로 유통량이 급속도로 증가했다. 셰익스피어Shakespeare가 살았던 시대의 영국에서는 과일설탕절임 2파운드(약 900그램)를 판매해 그의 연극 60편을 1층 바닥에 서서 관람할 수 있었다. 1세기 후인 1700년에는 영국 남녀가 각각 1년에 평균 4파운드의 설탕을 소비했다. 1800년이 되자 설탕 소비량은 1인당 평균 18파운드로 증가했고, 많은 사람이 한때 부유층의 전유물이던 차에 타서 마시는 용도로 설탕 소비량의 절반을 사용했다. 독일인은 커피를 선호하여, 1743년에는 독일의 가장 작은 마을을 제외한 전국 각지에서 커피가 발견되었다. 아일랜드에서는 18세기 동안 위스키를 비롯한 증류주 소비량이 750퍼센트 증가한 반면, 인구는 50퍼센트 증가하는 데 그쳤다. 유럽의 어느 지역에도 담배가 없는 곳은 없었다. 1620년에 약 5만 파운드(약 22.6톤)였던 체서피크만Chesapeake 담배 수출량은 1770년대에 연간 1억 파운드(약 4만 5,359톤)까지 증가했다. 한편 농가에서 1파운드당 10펜스 이상 받았던 담배 원가는 2펜스 수준으로 떨어졌다.[60]

하지만 쾌락 상품의 가격 하락이 화폐 기반 경제와 더불어 곧바로 시작된 건 아니다. 1540년대부터 1640년대까지 스페인의 신세계 광산이 개발되어 암스테르담부터 푸젠성까지 각지의 시장, 회계 사무소, 은행, 세무서를 통해 은화가 홍수처럼 쏟아지면서 인플레이션이 장기화되었다. 땅이 없는 소작농들은 설탕은커녕 빵을 살 돈도 없어 굶주렸다. 그러나 아시아에서는 은이 대량 유입되어 사치품의 교역을 부추겼다. 특히 서양 수입품 중에 은의 수요가 가장 높았던 중국에서 사치품의 유통이 활발해졌다. (이런 이유로 중국에서는 훗날 은을 '재배하는' 편법, 즉 수지 균형 문제를 해결하기 위해 화폐 대신 아편을 사용하는 편법이 등장했다.) 유럽의 인플레이션은 17세기 후반기가 되어서야 마침내 누그러졌다. 18세기 동안 무역량이 증가하고, 특히 식약의 거래량이 증가하면서 일반인들도 한때 이국적이었던 상품들을 즐길 수 있게 되었다. 이로써 이들이 세상을 경험하는 방식에 획기적인 변화가 일어났다.[61]

마지막으로, 화폐가 보급되고 상업의 범위가 확대되면서 해롭거나 중독적인 제품의 판매에 반대하는 조치 등 사회적 규제에 대한 사람들의 사고방식도 바뀌었다. 도덕적이고 종교적인 금지 조치들이 완벽하게 시행된 적은 결코 없었다. 그럼에도 그런 조치들은 판매자가 보이지 않는 땅에 사는 보이지 않는 사람들에게 보이지 않는 상품을 팔아서 이익을 얻는 화폐 기반의 글로벌 경제보다는, 현지에서 직접 만나 거래하는 지역 경제에서 더 큰 위력을 발휘했다. 화폐는 사치의 덫을 보여주는 궁극적인 예였다. 리디아인이 처음 발명한 화폐는 이제 교환의 매개수단으로서도, 먼 곳의 외지인들과 거래의 신뢰를 쌓는 수단으로서도 없어서는 안 될 물건이 되었다. 그렇지만 사람들이 신뢰를 쌓고 투자하는 대상은 외지인들이 아니었고, 어떤 사람도 아니었다. 사람들이 신뢰하고 투자하는 대상은 돈 자체와 돈으로 살 수 있는 모든 것이었다. 설령 다른 사람의 파멸을 대가로 얻게 되는 거라 해도 문제 삼지 않았다. 17세기 후반부터 18세기에 걸쳐 서서히 윤곽이 드러나기 시작한 변연계 자본주의는 결국 입을 크게 벌리고 기다리던 사치의 덫에 사람들이 하나둘씩 걸려든 결과였다.[62]

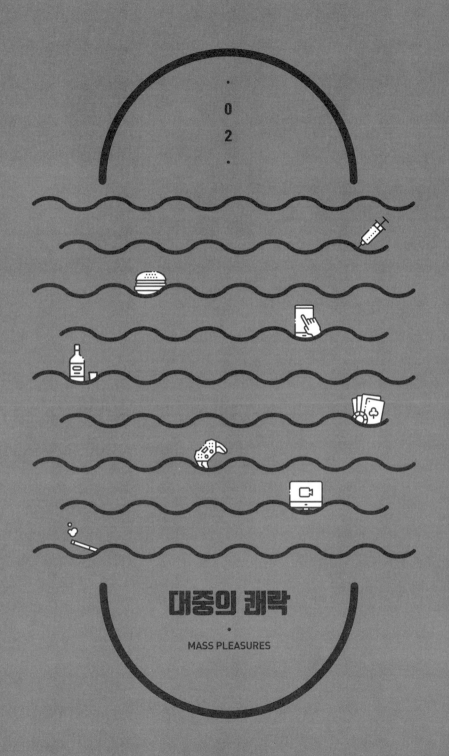

대중의 쾌락

MASS PLEASURES

1899년 당대의 유행을 선도하던 프랑스 작가 피에르 루이Pierre Louÿs는 단편소설 〈새로운 쾌락A New Pleasure〉을 발표했다. 이 소설은 자신의 묘비가 루브르 박물관에 인수된 후에 파리를 배회하게 된 고대 그리스 코르티잔의 이야기다. 어느 날 밤 여주인공인 칼리스토Callisto는 한 시인과 마주친다. 그녀는 시인에게 칙칙한 집들과 우둔한 파리 사람들에 대해 불평하며, 어느 누구도 그녀의 학식, 아름다움, 에로틱한 매력을 능가하지 못한다고 말한다. 그녀는 이 시인을 침실로 끌어들여 자신의 주장을 입증한다. 칼리스토는 2,000년 동안 쾌락이 조금도 개선되지 않았다고 선언한다. 그녀가 간직한 과거의 쾌락에 대한 멋진 기억 앞에서 현대의 즐거움은 빛이 바랜다.

그러자 시인이 칼리스토에게 담배를 권한다. "당신도 이 어리석은 습관에 빠져든 사람 중 하나로군요?"라고 그녀가 묻자, 시인은 "하루에 여섯 대씩 피우죠"라고 대답한다. 호기심을 느낀 그녀는 연기를 들이마신다. 그리고 갑자기 입을 다물어버린다. 그녀는 손으로 부드럽게 담뱃갑을 잡는다. 그런 다음 "천천히, 가장 소중한 물건을

다루듯이 조심스럽게" 담뱃갑을 누워 있는 자신의 몸 옆에 내려놓는다.[1]

루이는 니코틴 애호가이자 말년에는 모르핀, 코카인, 샴페인 애호가로서, 55세의 나이에 아내가 그의 마지막 담배에 불을 붙여주고 얼마 지나지 않아 사망했다고 전해진다. 그의 묘비명은 아마 "새로운 쾌락으로 사망하다"였을 것이다. 그는 1893년을 배경으로 쓴 이 단편소설에서 벨 에포크Belle Époque*의 새로운 쾌락을 얼마든지 다양한 방법으로 보여줄 수 있었다. 소설에서 시인은 칼리스토에게 담배를 권하는 대신 그녀를 봉마르쉐Bon Marché**로 데려가 구경을 시켜줄 수도 있었다. 이 세계 최고의 백화점은 오리엔탈 양탄자, 향수, 태피터 가운, 의복 등을 호화롭게 진열해놓은 부르주아 소비자의 천국으로 변해갔다. 이 백화점은 쇼핑 이상의 즐거움을 원하는 손님들을 위해 오페라 콘서트, 와인과 달콤한 간식이 나오는 뷔페 식사, 하루에 5,000명의 식사를 만들어내는 주방에서 구운 비프스테이크 등을 제공했다.[2]

만약 시인이 쾌락의 상류세계부터 하류세계까지 두루 경험해봤다면, 당시 파리에 수백 개나 있던 '카페-콩세르' 중 한 곳으로 칼리스토를 데려갔을 수도 있다. 카페-콩세르는 이국적인 음료, 유행하는 음악, 다리를 높이 쳐들며 춤추는 댄서들, 썰렁한 코미디, 그리고 뒷방에서의 밀회가 모두 갖추어진 연기 자욱한 야간 업소였다. 또

---

* 제1차 세계 대전 이전의 평화롭던 시절-옮긴이주
** 1852년에 개관한 파리의 가장 오래된 백화점-옮긴이주

시인은 칼리스토를 물랑루즈Moulin Rouge로 데려가 앙리 드 툴루즈 로트레크Henri de Toulouse-Lautrec에게 소개할 수도 있었다. 물랑루즈의 단골손님이던 로트레크는 속이 들여다보이는 속바지를 입고 공연하는 인기 캉캉 댄서 루이스 웨버Louise Weber를 그린 석판화로 명성을 얻었다. 웨버가 춤을 추는 동안 툴루즈 로트레크는 칼리스토에게 설탕이 든 압생트Absinthe 한잔을 권했을지도 모른다. 대량 생산품으로 가벼운 환각을 유발하는 이 술의 소비량은 10년 만에 거의 3배나 증가했다. 만약 로트레크가 칼리스토에게 좀 더 흔치 않은 것을 대접할 생각이 있다면, 그가 개발한 칵테일 중 하나를 만들어줄 수도 있었다. 그의 칵테일은 에두아르 뷔야르Édouard Vuillard와 피에르 보나르Pierre Bonnard 같은 동료 화가들을 기절시킬 정도로 강력했다. 또 툴루즈 로트레크는 매독과 알코올 중독에 시달리던 바람둥이였으니, 만약 그가 칼리스토에게 반했다면, 코르티잔인 그녀를 데리고 친구인 폴 세스코Paul Sescau를 찾아갈 수도 있었다. 폴 세스코는 관능적인 인물 사진에 조예가 깊은 사진작가였다. 1893년 당시 파리는 전 세계의 에로틱한 사진의 중심지였고, 번창하는 포르노 산업의 본산이었다.

영화는 1895년에 파리에서 첫선을 보였는데, 오귀스트 뤼미에르와 루이 뤼미에르 형제Auguste and Louis Lumière가 리옹의 공장을 떠나는 노동자들을 촬영하여 무료로 제공한 작품이었다. 이후 불과 1년 만에 파리에서는 좀 더 선정적인 영화들이 등장했다. 그중 하나는 외젠 피루Eugène Pirou와 알베르 키르히너Albert Kirchner가 가상의 결혼식 날 밤에 옷을 벗는 여배우 루이스 윌리Louise Willy의 모습을 촬영하여 무료로 공개한 영화였다. 이 영화 〈부부의 잠자리Le coucher de la mariée〉는 엄청난 센세이션을 일으켰고, 피루와 키르히너는 니스의 카지노를 포함한 여러 장소에서 이 영화를 상영했다. 영화계의 전설들로 영화 광고를 개척한 조르주 멜리에스Georges Méliès와 훗날 영화의 산업화에 성공한 찰스 파데Charles Pathé도 당시에는 신예로서 이런 스트립쇼 영화의 시류에 편승했고, 외설적 영화의 새 장르인 짜릿한 캐릭터들의 짓궂은 장면들scenes grivoises d'un caractere piquant을 탄생시켰다.³

이국적인 쾌락이든 익숙한 쾌락이든 간에, 벨 에포크 당시 파리에서는 1세기 전에는 상상할 수도 없던 방법으로 쾌락이 조장되고 대중화되었다. 파리 시민들은 아스팔트 위부터 옥상 광고판까지 눈길이 닿는 어디에서나 광고를 접할 수 있었다. 또 사진사들은 열심히 자신들의 서비스를 홍보했다. 사진사 길드는 작은 카드에 인화된 값싼 알부민 인쇄물인 명함 사진carte de visite 덕분에 19세기 중반부터 번창했다. 1890년대에는 사진이 실린 잡지들이 호황을 누릴 차례였는데, 저렴한 종이와 목판화에 비해 가격이 훨씬 싼 하프톤 사진 덕분이었다. 1889년 7월에 갓 완공된 에펠탑을 찍은 최초의 컬러 하프톤 사진들이 〈파리 일뤼스트레Paris Illustré〉 잡지를 화려하게 수놓았다. 사람들은 굳이 에펠탑을 감상하려고 멀리 찾아갈 필요가 없었다. 1880년대 후반 파리에서는 1789년 프랑스 혁명 당시보다 열 배나 많은 3만 개의 술집이 영업을 했는데, 대체로 아연 카운터와 다양한 알코올음료를 갖춘 새로운 아메리카 스타일의 바였다.⁴

1926년에 그런 바의 단골손님이던 망명 작가 어니스트 헤밍웨이 Ernest Hemingway는 《태양은 다시 떠오른다 The Sun Also Rises》를 출간했다. 이 소설에는 알코올 중독자인 여러 인물이 나오는데, 그중에는 자기 가 두 가지 방법으로, 즉 '천천히 그러다 갑자기 Gradually and then suddenly' 파산했다고 설명하는 스코틀랜드인 마이크 캠벨 Mike Campbell도 있었 다. 그의 표현은 인류가 어떻게 쾌락의 레퍼토리를 확장해왔는지 설 명하는 데도 적용할 수 있다. 인류는 1천 년 동안 쾌락을 발견하고 발명하고 개선하고 교환해왔지만, 진정한 대중 시장이 열린 건 약 1660년에서 1800년 사이였다. 그 후 과학과 산업이 크게 발전하고 기술과 도시가 급변하면서, 19세기와 20세기에 들어 쾌락의 대중화 속도도 다시 빨라졌다. 심지어 루이나 헤밍웨이가 살던 파리의 가장 가난한 지역에도 조간 경마신문과 싸구려 포도주를 리터 단위로 판 매하는 연기 자욱한 카페들이 들어섰고, 부유한 사람들은 집에서 손 님들을 대접하며 컷글라스 디캔터로 과일향 리큐어를 따라주었다.[5]

사회사학자들은 상류층 이외의 사람들이 언제부터, 어떻게 '최저 수준의 생활에 필수적이지 않은 상품과 상업적 서비스를 획득하고 전시하며 즐기는 데' 주력하는 소비자들이 되었는지 의문을 제기해 왔다. 학자들의 집단적 결론은 서양에서는 산업혁명이 일어나기 훨 씬 전인 17세기와 18세기 동안 소비지상주의가 발달했다는 것이다. 1743년에 뽐내듯이 도자기 잔으로 커피를 마시던 독일의 지방 사람 들은 이미 소비자였다. 이후 공장, 도시, 백화점, 광고의 발전이 이 어지며 더 많은 소비자가 생겨났을 뿐이다. 쾌락의 역사는 소비지상주의의 역사와 구별된다. 명백히 쾌락의 역사가 더 오래되었지만, 양쪽의 속도가 동시에 빨라진 것은 결코 우연이 아니었다.[6]

18세기 후반과 19세기에 산업화가 시작되면서 이들 역사의 속도는 한층 더 빨라졌다. 영국을 필두로 유럽의 나머지 국가들과 북아메리카, 그리고 일본에서는 정부와 기업가들이 과학, 기술, 에너지, 금융 분야에서 획기적인 혁신을 이루며 제조, 운송, 통신에서 일대 혁명을 일으켰다. 급성장하던 도시들은 이민, 행정, 무역뿐만 아니라 대량 생산과 소비의 중심지가 되었다. 이 도시들의 공장과 창고에서 배출되는 상품은 곳곳으로 흘러들어가 전 세계 쾌락의 풍경을 동질화시켰고, 그 과정에서 도시는 악덕과 중독의 온상이 되었다.

증기의 쾌락

마크 트웨인Mark Twain으로 더 잘 알려진 미국 작가 새뮤얼 클레멘스Samuel Clemens는 자서전에 그가 태어난 미주리주 플로리다의 작은 마을에 있던 삼촌의 가게를 묘사했다. 이 가게는 매우 작았다. 선반 위에는 캘리코 옷감 몇 필이 놓여 있고, 계산대 위에는 소금, 고등어, 커피, 화약, 탄환, 치즈가 진열돼 있었다. 계산대 뒤에는 뉴올리언스산 설탕과 당밀 한두 통 그리고 마을에서 만든 옥수수 위스키 한 통이 따르기 편리하게 놓여 있었다. 클레멘스의 회고에 따르면, "아이들이 들어와 5~10센트 정도의 물건을 사기만 하면 나무통에서 설탕을 반 움큼 꺼내 먹을 수 있었다. 여자들이 캘리코 옷감을 몇 야드 사면 보통 공짜인 '테두리 장식' 외에 실 한 타래를 더 얻을 수 있었고, 남자들은 아무리 하찮은 물건이라도 사기만 하면 원하는 만큼 위스키를 따라서 마실 수 있었다." 만약 그가 담배를 원한다면 100개비를 30센트에 살 수도 있었다. "하지만 대부분 담배를 사서 피울 생각을 하지 않았는데, 담배를 재배하는 지역에서는 공짜로 파이프 담배를 피울 수 있었기 때문이다."[7]

동부 미주리주가 비옥한 토양과 풍부한 강우량을 자랑하긴 했지만, 이 시골 가게의 관대함은 풍작에서만 비롯된 건 아니었다. 그 이상의 요인이 있었다. 클레멘스가 나중에 청년이 되어 조종하게 될 증기선이 없었다면, 커피, 설탕, 당밀은 미시시피강을 거슬러 낮은 비용으로 운송되지 못했을 것이다. 1815년부터 1860년까지 미시시피강 상류로 향하는 운송비는 적어도 10분의 1 수준으로 폭락했고, 하류로 가는 운송비는 4분의 1 정도로 떨어졌다. 그 결과 전국 시장이 형성되어, 미주리주의 상점들이 매사추세츠주에서 생산된 면직물을 판매할 수 있게 되었다.[8]

상점에서 덤으로 주던 위스키는 그 마을에서 생산되었을 가능성이 높다. 위스키 가격 역시 크게 떨어져, 럼주 대신 위스키가 전 국민의 술로 떠오른 지 오래였다. 연료와 노동력을 절감하기 위해 열교환과 지속적인 매시mash(가축 사료) 공급을 이용하는 영구 증류기, 고른 열기를 신속히 제공하는 증기 증류 등의 기술 혁신으로 질 좋은 위스키를 더 많이 생산할 수 있게 되었다. 1823년에 이미 미국 특허청Patent Office을 문턱이 닳도록 드나들던 증류기 제작자들은 이전 세대에 비해 곡류 1부셸bushel*당 위스키 생산량이 두세 배 증가했다고 자랑했다. 그들은 숙성된 위스키의 맛을 향상시키기 위해 참나무 통을 사용하는 것 외에는 기존의 방식을 전부 바꾸었다. 그리고 이 유서 깊은 전통도 19세기 후반에 가서는 결국 비용을 절감하려는 사람들의 먹잇감이 되었다. 소위 블렌더**들은 순수한 증류주에 탄 설탕, 말린 자두 주스, 황산, 코치닐, 황산암모늄, 그 밖에 소비자를 속이는 색과 맛을 내는 다른 성분들을 첨가하여 위스키를 '숙성'시켰다.[9]

세계 어디에서나 증류주 생산자들은 비용을 절감할 수 있는 방법을 찾았다. 멕시코인들은 전통적으로 지하 구덩이에서 용설란술, 메스칼주, 데킬라의 기본 재료인 아가베agave를 구웠는데, 19세기 후반에 들어서는 벽돌 가마를 지어 증가하는 수요를 충족시켰고, 나중에는 기관차 크기의 증기 오토클레이브(가압 멸균 처리기)로 가마를 대체했다. 다른 지역에서도 숯 여과기 같은 현지 기술의 혁신과 매시 가열 장비 같은 수입 기술을 이용해 더 낮은 비용으로 더 개선된 음료를 생산하게 되었다. 그 결과는 특히 러시아에서 극적으로 나타났다. 러시아에서 연한계약***을 맺은 농민들은 쥐꼬리만 한 돈을 받고 원재료를 수확한 다음, 과중한 세금을 부과한 증류주를 마실 특권을

---

* 과일, 곡물 등의 중량 단위. 1부셸은 소맥, 대두의 경우 27.2kg(60파운드), 옥수수의 경우 25.4kg(58파운드)이다. 또한 영국에서는 1부셸이 28.1kg, 미국에서는 27.2kg으로 사용되고 있다.-편집자주
** 알코올음료의 맛을 내는 사람-옮긴이주
*** 보수를 사전에 지불받고 체결한 일정 기간의 노동 계약-옮긴이주

얻기 위해 생산비의 100배도 넘는 가격을 지불해야 했다. 이는 역사상 가장 부패하고 장기간 지속된 중독 기반의 착취 체계임에 틀림없었다.[10]

19세기에는 진이나 보드카 같은 '산업' 음료와 와인이나 맥주 같은 '자연' 음료를 구분하여 이야기하는 것이 일반화되었다. 이런 구분은 다소 인위적이었는데, 특히 포도주 제조상이 와인을 저온 살균하기 시작하고 맥주 양조업자들이 병맥주를 만들기 시작한 후로는 더욱 그러했다. 그래도 당대 사람들이 왜 그렇게 구분했는지는 짐작할 수 있다. 당시 큰 화젯거리이자 큰 걱정거리는 기계화된 공장에서 물밀듯이 쏟아져 나오는 증류주의 엄청난 공급량이었다. 1824년부터 1874년 사이에 영국 인구는 88퍼센트 증가했는데, 맥주 판매량은 거의 인구 증가와 맞먹는 수준인 92퍼센트 증가했다. 반면 영국의 국내 증류주 매출은 237퍼센트, 수입 증류주 매출은 152퍼센트, 와인 매출은 250퍼센트나 증가했다.[11]

수입 증류주와 와인 매출에 관한 통계는 운송비의 감소를 반영하기도 했다. 사탕무당과 같이 지역에 특화된 상품들이 1860년대부터 40년간 세계로 전파되었다. 강철선들은 함부르크 항구에 정박하여 환금작물換金作物을 내려놓고는, 독일의 화학 기술과 폴란드인의 노동력으로 만들어진 가공된 사탕무당을 산처럼 싣고서 수에즈 운하를 건너 인도와 중국으로 향했다. 약물과 음식에 사탕무당을 첨가한 최초의 문명들 가운데, 인도인과 중국인이 유럽의 자당(수크로오스) 덤핑의 타깃이 된 것이다.[12]

1830년부터 1880년 사이에 대서양을 횡단하는 운송비는 이전에 비해 절반 수준으로 떨어졌고, 1914년까지 다시 절반 수준으로 떨어졌다. 19세기 후반 증기선의 규모와 속도는 2배 증가했다. 20세기 초에 이르자 5일간의 대서양 횡단이 일반화되었다. 멋쟁이 미국 외과의사 윌리엄 할스테드William Halsted는 제대로 세탁하기 위해 자신의 와이셔츠를 파리 세탁소로 보냈다. 장차 인도 총리가 될 자와할랄 네루의 아버지, 판디트 모틸랄 네루Pandit Motilal Nehru도 수에즈 운하를 이용하여 세탁물을 보낸다는 소문이 돌았다. 그보다 덜 까다로운 사람들은 증기선에 진을 가득 실어 아프리카 식민지로 보냈다. 1900년부터 1910년 사이에 오스트레일리아 골드코스트의 증류주 수입량은 50퍼센트 이상 증가했고, 남부 나이지리아에서는 100퍼센트 이상 증가했다.[13]

항구나 강이 없는 지역에서는 증기 기관차가 화물과 승객을 점점 더 빠르게 실어 나르면서 대도시의 통제력을 강화하고 증가하는 사치품에 대한 욕구를 충족시켰다. 1926년에 H. G. 웰스H. G. Wells는 프로방스 농부들이 올리브 나무를 베어 장작불에 던져버렸다고 묘사했다.

농부들은 재스민을 위해 올리브를 포기하고 있는 듯 보인다. 이들은 파리, 런던, 뉴욕의 덧없고 불안정한 사치품의 세계를 떠받드는 그라스Grasse의 향수 공장들을 위해 재스민을 재배하고 있다. 다른 향수로 유행이 바뀌거나 어느 화학자가 독창적인 향을 개발해내면 이 화훼 재배

사업의 이윤은 단숨에 사라지고 말 텐데, 그때 가서야 이 산비탈 마을들은 문제를 깨닫게 될 것이다. 그들이 잘라버린 올리브 나무들이 영원히 사라져버렸다는 사실을 말이다. … 이 시골 마을은 자급자족하는 것처럼 보여도 실은 거대한 소비 중심지에 의존하고 있다고 생각된다. 이런 작은 마을에 숨겨진 철도들은 모든 지방의 자치권을 박탈하는 도시 곰팡이들의 빨판과도 같다. 이곳 농촌 사람들의 삶은 오래전부터 암암리에 은밀하고도 완전하게 파리에 예속되어 있었다.

물론 누군가 덧붙였듯이, 그라스에서 니스로 가는 부유한 파리 사람들의 질 좋은 자동차 타이어를 위해 고무를 모으다가 완전히 녹초가 되어버린 베트남인들은 이 재스민 농장 사람들보다 더 심하게 파리에 예속되어 있었다. 증기, 강철, 케이블로 연결된 식민화된 세계에서 열대 지방은 식민지 지배자들의 쾌락을 위해 샅샅이 파헤쳐야 할 거대한 창고인 셈이었다.[14]

존 메이너드 케인스John Maynard Keynes는 저서 《평화의 경제적 결과The Economic Consequences of the Peace》에서 거의 독립적인 국가 경제들의 집합이던 1870년의 유럽을, 1914년 8월의 세계적인 유럽과 비교했다. 케인스에 따르면, 새로운 유럽에서는 상류층과 중산층이 "낮은 비용으로 별다른 문제 없이 이전의 다른 시대에 가장 부유하거나 막강했던 군주들이 누렸던 수준 이상으로 안락함과 쾌적함을 즐길 수 있었다. 런던 시민들은 아침에 침대에 걸터앉아 차를 마시면서 전화로 온 세상의 다양한 제품을 원하는 만큼 주문하고, 그 물건이 금방 자기 집 앞으로 배달될 것이라고 합리적으로 기대할 수 있었다." 런던 시민은 여행을 가려고 마음먹으면 "다른 형식적 절차 없이 어떤 나라나 기후로 이동하는 저렴하고 편안한 교통수단"을 쉽게 확보할 수 있었고, 심지어 현지 언어나 관습에 대한 지식과 충분한 현금도 확보할 수 있었다.[15]

케인스가 말한 1870~1914년의 유럽 황금기는 현대적 세계화의 첫 번째 단계에 해당한다. 두 번째 세계화는 전쟁, 혁명, 불황, 또 다른 전쟁 등의 정치적 공백 기간이 지나고 나서 20세기 후반에 재개되었는데, 두 단계에 걸친 세계화는 악덕의 전파를 한껏 부추겼다. 이제는 국경을 넘나들 수 있게 되었고, 밀수품을 숨길 수 있게 된 것이다. 한 프랑스 회사는 '조심스러운 경우에' 독일 의사와 약사들이 다른 데서 구하기 힘든 약품을 우편으로 받을 수 있다고 광고했다. 독일의 한 의사는 그 완곡어법에 모르핀이 포함되어 있는지 서신으로 물었고, 그렇다는 답을 받았다. 하지만 바로 주문하지 않자 두 번째 편지를 받게 되었는데, 원하는 약품을 반값에 주겠다는 내용이었다.[16]

세계화는 논란의 여지가 적은 많은 상품을 대중화시켰다. 싱가포르 사람들은 파인애플 통조림을 실어 나르고, 이탈리아 사람들은 정어리를 실어 날랐다. 여가활동도 똑같이 세계화의 물결을 타기 시작했다. 1907년에 하와이 태생인 조지 프리스 주니어George Freeth Jr.는 소설가 잭 런던Jack London에게 칼뱅주의 선교사들의 영향력이 약해지면서 고대 스포츠인 서핑이 부활하고 있다고 알려주었다. 칼뱅주의자가 아니었던 잭 런던은 이 이야기에 감명을 받아, 인기 있는 미국 잡지에 캘리포니아를 방문할 계획이 있던 프리스를 극찬하는 소개 편지를 썼다. 프리스는 미국 서부 해안에 도착해 군중 앞에서 서핑 시범을 보였고, 현지 기자들의 눈길을 사로잡았다. 결국 프리스는 캘리포니아의 뱃사공과 인명구조원으로 일하면서 1919년에 인플루엔자 바이러스로 목숨을 잃을 때까지 서핑 공연을 계속했다. 캘리포니아주의 레돈도 비치 피어Redondo Beach Pier에 세워진 반신상은 이 수상 스포츠 전도사를 기리기 위한 것이다.[17]

서핑은 장식용 문신이나 대마초 흡입과 마찬가지로 새로운 글로벌 체계의 주변부에서 중심부로 전해진 문화다. 하지만 새로운 쾌락은 대체로 산업의 중심부에서 주변부로 확산되었다. 뤼미에르 형제는 파리에서 첫 영화를 선보인 지 2년 만에 웁살라부터 시드니까지 여러 도시들로 훈련된 운영 인력을 파견했고, 그 도시들에서 영화를 처음 접한 관객들은 차르 니콜라이 2세Nicholas II의 대관식과 같은 스펙터클을 넋을 잃고 바라보았다. 4년 후 뤼미에르 형제는 베이징과 도쿄에서 그들의 영화를 상영했다. 임시로 마련된 스크린에서 볼 수 없는 것들은 책과 사진이 수록된 잡지에서 찾아볼 수 있었다. 독일 사학자 위르겐 오스터함멜Jürgen Osterhammel에 따르면, "19세기의 신문물은 사람들이 먼 거리나 문화적 경계를 넘어 소식을 전할 수 있고 먼 땅에서 생겨나는 사상과 제품들에 친숙해지게 만드는 미디어의 확산이었다."

이런 과정은 비대칭적으로 진행되었다. 핵심적인 사상과 제품은

새로운 문물의 충격 : 1925년 4월 11일, 식물탐험가 조셉 록(Joseph Rock)은 간쑤 마을 칭수이(Qingshui)
에서 휴대용 축음기를 틀었다. 이 마을은 워낙 외딴 지역이라 일부 주민들은 여전히 만주식 변발을 하
고 있었다. 록은 일기에 "축음기를 한 번도 보지 못한 마을 사람들이 축음기 주변으로 몰려들어 카루소
(Caruso)의 〈청아한 아이다(Celeste Aida)〉, 〈리골레토(Rigoletto)〉의 4중창 등을 들으며 깜짝 놀란 채 서
있었다"고 썼다. 몇몇 주민들은 록이 가져온 또 다른 신기한 기계인 카메라에 관심을 보였다.

사회학자들이 준거 사회reference society라고 부르는 곳에서 만들어졌다. 중국은 한때 일본인, 한국인, 베트남인에게 문화적 실마리를 제공하고 중동인과 유럽인에게는 유행하는 상품을 제공했던 위대한 준거 사회였다. 하지만 19세기 후반에 가장 중요한 준거 사회는 영국과 프랑스였고, 독일과 미국이 그 뒤를 잇는 등 모두 서구권 국가였다. 영어나 불어를 구사하는 비서구권의 엘리트들은 서구권 국가의 영향력에 매우 민감했다. 모틸랄 네루가 정말로 그의 셔츠를 파리 세탁소로 보냈는지는 잘 모르겠다. 하지만 확실한 것은 그가 수영장과 테니스 코트를 지었고, 세상물정에 밝은 아들을 케임브리지 대학교로 보내어 과학을 공부하게 했다는 사실이다.[18]

우연의 쾌락

1세기 후였다면 모틸랄 네루는 아마 세계화 2단계 때의 지배적인 준거 사회이자 쾌락의 혁신에서 단연 앞서가던 미국의 대학으로 아들을 유학 보냈을 것이다. 하지만 근대에서 대부분의 시간 동안 그런 영예를 누린 곳은 서유럽이었다. 유럽인들은 관현악, 그랜드 오페라, 공공 미술관, 산업용 양조, 미식 레스토랑, 고급 호텔, 백화점, 전기 진동기, 알칼로이드와 합성 약품, 피하주사기와 앰플, 라디오 송신기, 칵테일파티, 나체촌, 사진엽서, 입체사진, 자동차, 경주 등과 세계에서 가장 인기 있는 스포츠들을 발명했다. 제국들, 특히 대영 제국은 축구, 크리켓, 럭비 같은 스포츠 경기를 전파했다. 이런 스포츠는 세 가지 측면, 즉 몰입을 이끌어낼 수 있는 단련된 쾌락, 내기를 거는 수단, 그리고 소수만이 아는 내부자의 언어로 정체성, 동료애, 가벼운 농담의 즐거움을 제공하는 복잡한 스펙터클이란 점에서 뛰어난 여가활동이었다.[19]

'복권lottery'이나 '카지노casino'와 어원이 같은 말들이 전 세계 언어에 등장하는 빈도는 유럽인들이 혁신시킨 도박이 세계로 확산되었음을 입증한다. 17세기 중반 이전까지 도박은 열정적인 아마추어들이 종종 사기꾼들에게 희생당하는 사교 활동으로서, 바로크 장르 화가들이 즐겨 그리던 주제였다. 전문 도박사가 된다는 것은 곧 사기꾼이 된다는 의미였다. 순전히 우연에 결과를 맡기는 게임으로 지속적인 생계를 유지할 수 있을 만큼 운이 좋은 사람은 아무도 없었기 때문이다. 교활한 속임수를 둘러싼 논쟁이 도박으로 큰돈을 잃은 사람들의 절망감과 도박에 중독된 사람들에 의해 악화되면서, 도박은 폭력이라 불러 마땅하다는 평판마저 얻게 되었다.

그 후에 수학자들이 도박에 통계적인 질서를 부여했다. 지롤라모 카르다노Girolamo Cardano가 쓴 《확률 게임에 관한 책Liber de Ludo Aleae》은 도박의 확률에 대한 선구적인 연구로, 그의 사후인 1663년에 공개되었다. 인명사전 《후즈후Who's Who》에는 근대 초기 수학자들—블레즈 파스칼Blaise Pascal, 피에르 드 페르마Pierre de Fermat, 크리스티안 하위헌스Christiaan Huygens, 피에르 레몽 드 몽모르Pierre Rémond de Montmort, 야코프 베르누이Jakob Bernoulli, 아브라함 드 무아브르Abraham de Moivre──에 대한 상세한 지식이 담겨 이를 통해 모든 운수 게임의 승률을 정확히 추정하는 것이 가능해졌다. 게임의 승산이 얼마나 되는지, 또 승률을 어떻게 조정해야 할지(예컨대 룰렛 휠에 더블 제로를 더하는 방법 등)를 알게 되자, 프로 도박사들은 정직한 게임을 하고도 일정한 이익을 확보할 수 있게 되었다. '하우스 엣지'*가 등장한 후로 도박 사기가 근절된 것은 아니었지만, 유혹이 줄어들기는 했다.

정부와 기업가들은 복권이나 카지노를 통해 하우스 엣지의 혜택을 누렸다. 복권은 유럽과 청교도의 매사추세츠주를 포함한 유럽 식민지에서 공공 및 자선 사업에 재원을 조달하는 인기 있는 수단이었다. 1756년에 매사추세츠주의 지방집회General Court는 하버드 대학교가 복권을 판매하여 기숙사 신축 자금을 조달하도록 허가했다. 이 사업은 1772년에 시작되었는데, 미국 독립 전쟁이 끝나고도 한참 지나서야 완공되었다. 미국 독립 전쟁의 경제적 피해자로 잘 알려진, 조지 워싱턴George Washington의 전속 보좌관 페레그린 피츠휴Peregrine Fitzhugh는 자기 가문의 재산을 회복하기 위해 개인 복권을 발행했다. 그는 옛 동료들에게 돈을 달라고 조르는 대신, 고상한 구걸의 형태로 개인 복권을 사달라고 부탁했다.[20]

이와는 대조적으로, 17세기와 18세기에 유럽 전역에 등장한 카지노들은 모두 영리 사업이었다. 최초의 카지노인 베니스의 리도토Ridotto는 1638년에 개장했는데, 다양한 게임, 점점 가열되는 분위기,

---

* 수수료 명목으로 하우스가 유리하도록 설정해놓은 하우스와 고객들의 승률 차이 - 옮긴이주

긴 시간, 커피와 초콜릿부터 고급 와인과 치즈에 이르기까지 다양하게 즐길 수 있는 요깃거리 등 기본적인 카지노의 패턴을 갖췄다. 또한 성적 모험의 기회도 있어, 카사노바Casanova는 리도토의 단골이 되었다. 카사노바는 파로 게임*에서 이기면 하인들에게 팁을 주고 숙녀들에게 선물을 뿌렸다.

쾌락을 추구하는 부자들에게 인기 있던 온천 마을은 자연히 카지노가 들어설 입지로 적합했고, 지역의 통치자들은 카지노에 허가를 내주고 세금을 부과했다. 독일의 바덴바덴Baden-Baden 같은 마을은 정원, 극장, 살롱으로도 유명했지만, 중독된 도박꾼들의 무덤으로도 악명이 높았다. 도박꾼들은 표도르 도스토옙스키Fyodor Dostoevskii처럼 룰렛에 미친 사람부터 헤센주의 빌헬름 1세Wilhelm I처럼 낭비벽 있는 통치자들까지 다양했다. 카지노를 비롯한 여러 하우스 도박들이 도박꾼들과 특히 귀족들의 재산을 너무 심하게 탕진시켜, 19세기 들어 통일된 민족국가들은 그런 도박을 규제하거나 불법화하기 시작했다. 맨 먼저 프랑스에 이어 독일이 도박에 대한 단속을 벌였는데, 그 풍선 효과로 작은 모나코 공국이 도박 산업의 발판을 다지게 되었다. 모나코 공국은 1868년에 철도망까지 연결되어, 1등석 기차와 고급 대형 4륜 마차를 타고 모나코에 도착하는 부유한 유럽인들의 주요한 겨울 놀이터가 되었다.

유럽인들이 모나코를 떠날 때, 그들의 지갑은 상당히 가벼워진

---

* 물주가 내는 한 쌍의 카드 숫자에 거는 내기 트럼프 -옮긴이주

상태였다. 1873년에 〈런던타임스London Times〉의 한 통신원은 이렇게 썼다. "전 세계 금의 4분의 1이 흘러든 까닭에 현재 도박 테이블들의 영업권을 보유한 M. [=프랑수아] 블랑은 영업권을 양도받자마자 모나코 대공과 그의 신하들에게 했던 비현실적인 약속을 이행할 수 있게 되었다."

그때부터 모나코 공국의 대공은 모든 세금을 폐지할 수 있었고, 이 행운의 나라가 기분 좋게 햇볕을 쪼이는 동안, 다른 모든 나라는 어리석은 판단으로 이 나라의 국부를 증가시키는 데 기여했다. … 이 꾸며낸 이야기 같은 장면에서, 자신이 가진 마지막 프랑을 도박대 위에 내놓고 나온 방문객은 자신의 머리통을 날려버리기 전에 M. 블랑이 지은 이 호텔에서 가장 알맞은 가격에 최고급 저녁 식사를 할 수 있을 것이다. 여기에 매년 8,000파운드씩 쏟아 붓기 때문에 방문객은 음식이 비싸다고 불평할 이유가 없다. 이 멀리 내다볼 줄 아는 사업가는 방문객의 이성을 수천 가지 유혹에 노출시키기 위해 무엇 하나 등한시하지 않았다. 가장 근사한 음악을 연주하는 훌륭한 밴드가 있고, 카지노 안팎으로 코스모폴리탄 매춘부들이 지나다니며, 그들의 기계적인 미소 뒤로는 딜러들이 갈퀴로 긁어 은행 금고에 쌓아둔 금이 짤랑거리는 소리가 울려 퍼진다.

이 외에도 많은 유혹이 있었다. 화려하고, 아름다운 휴양 도시 몬테카를로는 완벽한 조합으로 방문객의 정신을 쏙 빼놓아 그 '자발적

인 희생자들'을 송두리째 사로잡는 향기로운 거미줄이었다.[21]

이와는 대조적으로 저소득층용 도박 시장은 점점 기계화되었다. 1898년에 발명된 릴 슬롯머신은 빠르게 인기를 끌었다. 경마장 운영자들은 기계화된 '전광게시판'을 통해 효율적으로 마권 판매 금액을 집계하고, 수시로 변하는 승률을 계산하며, 승자에게 경마장 커미션을 제외한 베팅 금액 전부를 지급할 수 있게 되었다. 경마장의 트랙은 줄어들었지만, 내기 당구장을 마권업자의 천국으로 바꾼 전신인 '경마 전보race wires'를 통해 베팅 액수는 늘어났다. 단골손님들은 자기가 베팅한 말이 1,000마일이나 떨어진 결승선을 향해 질주하는 모습을 볼 수 있다고 믿을 정도로 미친 듯이 빠져들었다. 이 광경을 본 한 미국인은 "남녀노소 가릴 것 없이 다들 소리를 지르고, 자기가 돈을 건 말에게 이기라고 외치고, 흥분해서 고함을 지르고, 손가락을 딱딱 퉁기고, 위아래로 방방 뛰었다. 그들은 마치 자신이 경마 코스 위를 질주한다고 생각하는 것 같았다"고 썼다.[22]

윌리엄 F '빌' 하라William F. "Bill" Harrah는 도박을 대중화하기 위해 또 다른 종류의 흥분을 생각해냈다. 하라는 1937년에 캘리포니아주에서 네바다주로 이주해 빙고 팔러*를 그만두고 리노와 타호 호에서 도박 클럽을 시작했다. 하라는 블랑과 마찬가지로 세트와 세팅을 훤히 꿰뚫고 있어, 고객의 기대감과 분위기를 효과적으로 조성하는 데 달인이었다. 그는 당시 상류층이나 하층민 중 어느 한쪽만 공략하

---

* 카지노 내 빙고 게임을 진행하는 공간 - 옮긴이주

던 관행에서 벗어나 이국적인 휴가를 꿈꾸는 중산층 부부를 끌어들여 전체 시장 규모를 키울 수 있다고 판단했다. 하지만 그러기 위해서는 먼저 중산층 고객이 도박에 대해 느끼는 양심의 가책에서 벗어나도록 해야 했다. 그는 도박 테이블 양쪽에 진치고 있던 사기꾼들을 내쫓았고, 쇼 비즈니스 스타들과 친절한 여직원들을 모집한다고 전국적으로 광고를 냈다. 그는 잊힌 지 오래인 옛 동의어를 새삼스레 끄집어내어, 도박을 '게임'이라고 다시 명명했다. 그리고 눈이 휘둥그레진 손님들이 성대하고 짓궂다고 느끼면서도 결코 지저분하다고 느끼지는 않을 만한 쇼를 벌였다. "그냥 음악만 흘러나와도 '와우! 우리가 굉장히 근사한 곳에 있구나'라고 느끼죠." 하라는 한 방문객의 목소리를 떠올리며 이렇게 회상했다. "아마 남자는 도박을 하고 싶을 테고, 여자는 도박에 별로 관심이 없겠지만 그래도 음악이 잔잔히 흐르니 여기에서 시간을 보내고 싶어 할 거예요. 그러니 좋은 사업이지요."[23]

쾌락 패키지

블랑의 몬테카를로 카지노와 하라의 네바다 클럽들에는 하우스 엣지와 어색함을 해소하는 술 외에도 공통점이 있다. 쾌락을 추구하는 단일한 환경에서 더할 나위 없는 훌륭한 쾌락과 음란한 쾌락을 결합시켰다는 점이다. 이런 발상은 새로운 게 아니었다. 셰익스피어의 뱅크사이드(런던 템스강 남안의 옛 극장 지구)에는 초가지붕 극장들과 함께 사창가와 곰 구덩이가 있었다. 교토의 '우키요浮世'를 찾는 방문객들은 강가에서 사케, 담배, 싱싱한 생선, 현을 뜯는 음악, 추파를 던지는 게이샤들의 눈길을 즐겼다. 블랑과 하라가 이전과 달랐던 점은 그들이 운영하는 시설의 규모와 디자인의 품격, 그리고 작은 일까지 집요할 만큼 신경 쓰는 세심함이었다. 블랑은 자신의 호텔이 "지금까지 지어진 모든 호텔, 심지어 파리의 루브르 호텔Hôtel du Louvre이나 그랜드 호텔Grand Hôtel까지도 능가해야 한다. 나는 사람들이 호텔 드 모나코Hôtel de Monaco에 열광해서 이곳이 매우 영향력 있는 광고 매체가 되었으면 좋겠다"고 말했다. 하라도 같은 목표를 추구하여, 급기야 바에서 금박을 긁어내기까지 했다. 금박이 품위 있어 보이지 않는다고 생각했기 때문이다. 그는 호텔 스위트룸에 꼭 욕실을 두 개씩 만들었는데, 그래야 고급스런 느낌이 강해지고, 커플이 볼일을 보고 도박장에 더 빨리 도착할 수 있다고 생각해서였다.[24]

하라는 자기가 여는 파티에 참석하는 것을 부끄러워하지 않았다. 흡연과 음주, 일곱 번의 결혼 끝에 1978년에 심장병으로 세상을 떠났을 때, 그의 나이는 66세였다. 그래도 그는 복잡한 구조로 디자인되고 도덕적으로 미화된 쾌락의 메카가 방문객들의 돈을 청소기처럼 빨아들이는 라스베이거스와 다른 도박 타운의 표준이 되는 광경을 목격할 만큼은 오래 살았다. 하라식의 카지노 리조트는 19세기 후반과 20세기의 주요 트렌드 중 하나였다. 다양한 쾌락을 뒤섞어 대중 고객에게 유혹적인 패키지 조합으로 만들어 파는 트렌드 말이다.

가장 유혹적인 쾌락의 조합은 환경 디자인을 통해서든 제품 농축을 통해서든, 우리의 뇌 보상을 강화한다. 설탕, 지방, 소금의 조합으로 이미 거부하기 힘든 유혹이었던 아이스크림은 바삭바삭한 초콜릿과 과일이 더해지면서 더욱 유혹적인 상품이 되었다. 터키 물파이프의 수입업자들은 손님들에게 향수를 한두 방울만 뿌리면 흡연할 때 더욱 기분 좋은 향이 날 것이라고 조언했다. 바텐더들은 훨씬 더 많은 것을 추가했다. 1917년 AA Alcoholics Anonymous(익명의 알코올 중독자들) 모임의 공동 창립자인 빌 윌슨Bill Wilson이 본격적으로 알코올 중독의 궤도에 오른 건 브롱크스 칵테일Bronx Cocktail―진과 달콤하고 드라이한 베르무트, 오렌지 주스를 섞은 아주 맛있는 칵테일―을 마시고 나서였다.[25]

역사학자들은 종종 특정한 시대와 사회의 특정한 쾌락, 악덕, 중독에 초점을 맞추어 연구를 진행하기 때문에, 이런 조합의 중요성을 간과할 수 있다. 하지만 실제로 당대 사회에 살았던 사람들은 계속 늘어나는 쾌락을 한 번에 하나씩, 또는 한 가지씩 별개로 경험하지 않았다. 그들은 새로운 쾌락을 상업적 환경에서 패키지 형태로 경험했다. 퍼브와 살롱 주인은 손님들에게 담배 파이프를 제공하고, 손님들의 갈증을 유발하기 위해 소금에 절인 음식을 서비스로 제공하며, 유흥거리로 무성영화를 틀어주면서 치열한 사업 경쟁을 벌였다. 극장 주인들은 사운드를 제공하여 관객들을 영화로 끌어들였다. 배우들은 스크린 뒤에서 대사를 입혔다. 반주자들은 음악적 색채를

더했고, 코러스 소녀들은 반주에 맞추어 노래를 불렀다. 음향효과 담당자들은 말발굽 소리를 냈다.[26]

1880년부터 1910년까지 세계는 역사학자 게리 크로스Gary Cross 와 로버트 프록터Robert Proctor가 말하는 '쾌락 패키지packaged pleasures' 로 넘쳐났다. 쾌락 패키지는 여러 쾌락을 조합한, 자족적이고 기술 혁신적인 대량판매 상품으로, 유행이 빠르게 변하는 소비자 문화의 토대를 마련했다. 전력을 이용한 놀이공원은 대중을 현혹시키는 환

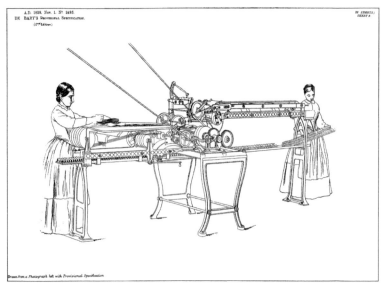

증기 기계류가 발전하고 값싼 원재료와 값싼 노동력이 더해지면서 담배의 경우, 대중의 중독이 등장했다. 1859년에 제출된 이 영국 특허의 도면은 담배를 압축시켜 감싸는 '끝없는 띠'를 이용하여 가공한 잎을 어떻게 시가로 포장할 수 있는지를 보여준다. 1881년 미국인 제임스 본삭(James Bonsack)은 또 다른 증기 기계의 특허를 받았는데, 건조 처리된 담배를 감싼 종이관을 계속 밀어내면 회전하는 칼날이 이를 1분당 200개비의 시가로 잘라내는 기계였다. 1930년에 이 기계를 개선한 독일 기계는 시가를 1분당 1,800개비씩 찍어냈다.

출처 Office of the Commissioners of Patents, no. 2493, November 1, 1859

상을 요란하고 유치한 행동, 스릴 넘치는 놀이기구와 한데 묶었다. 축음기는 사운드를 조합하여 패키지로 만들었고, 카메라는 여러 장면을 연결하고, 편집, 영사, 음악의 도움을 받아 설득력 있게 포장했다. 영화 〈전함 포템킨Battleship Potemkin〉에서 이런 편집은 대단히 강렬했고, 에드문트 마이젤Edmund Meisel의 영화음악은 이 영화의 혁명적인 주제를 강화한다는 이유로 금지되었다.[27]

가장 작은 쾌락 패키지인 기계로 만든 담배는, 잘게 썬 담뱃잎, 착향료, 습윤제를 조합하여 값싸고 중독성 있으며 계층과 직업의 경계를 넘어서는 보편적인 제품이 되었다. 작가나 왕족이나 똑같이 이런 담배를 피웠을 것이다. 카이로에서는 장의사들이 부업으로 담배를 팔았다. 이집트 상인들은 손님들에게 흥정을 위한 예비품으로 담배를 주는 풍속을 선호했다.[28]

1880년대 대서양 양안兩岸에서는 쾌락 패키지의 패키지라 할 수 있는 자동판매기가 등장했다. 대영 제국의 자판기에서는 우표를 팔았고, 미국의 자판기에서는 투티프루티Tutti Frutti 껌을 팔았다. 규격과 가격이 정해진 어떤 작은 물건이든 자동판매기로 팔 수 있어, 곧 초콜릿 빵부터 오페라글라스까지 온갖 종류의 상품이 판매되었다. 자동판매기는 슬롯(구멍)에 동전을 집어넣어 사용하기 때문에 '슬롯머신'이라 불렸지만, 처음에는 악덕의 기미가 전혀 없었다. 또 자동판매기는 익명의 편의시설이어서, 어떤 점원이나 식료품점 주인도 손님을 직접 목격하지는 못했다.[29]

슬롯머신은 1890년대 도박에 이용되기 시작하면서 본래의 순수함이 사라졌다. 1899년 〈로스앤젤레스 타임스Los Angeles Times〉는 "거의 모든 살롱에서 1~6대의 슬롯머신을 발견할 수 있는데, 수많은 도박꾼이 아침부터 밤까지 그 주변을 둘러싸고 있다"고 보도했다.

> 예전에는 이 기계들이 시가와 음료를 상품으로 제공하도록 설정되어 있었지만, 이제는 많은 기계가 당첨금을 지급하고 있다. 또 그런 기계들이 가장 인기를 끈다. … 살롱에 들어간 젊은이는 매번 도박의 유혹에 맞닥뜨리게 되는데, 수중에 푼돈이나 단돈 5센트만 있어도 욕망을 충족시킬 수 있다. 그래서 쉽게 습관이 되고, 결국 광적인 집착으로 변한다. 젊은 남자들이 한 번에 몇 시간씩 이 기계 앞에 붙어 있는 모습을 보았을 것이다. 그들은 결국 패자가 될 것이 분명하다. 극히 예외적으로 돈을 따는 경우에도, 도박꾼과 친구들의 술값을 지불하는 데 그 돈을 몽땅 '날리기' 때문이다. 그 결과 젊은이들은 두 가지 나쁜 습관을 동시에 갖게 된다.

새로운 도박 열풍은 모든 면에서 하나의 패키지였다. 하우스 엣지는 기계화되어, 톱니바퀴, 기어, 릴이 들어 있는 상자가 되었다. 이 기계를 회전시키는 레버는 술을 윤활유로 삼았다. 살롱 안의 모든 것, 즉 동전 부딪히는 소리부터 퀴퀴한 냄새의 연기와 맥주까지 모든 것이 신호였다. 보상 자체는 물론이고 불확실한 보상에 대한 기대감 역시 강렬한 흥분을 불러일으켰다. 이런 흥분을 습관적으로 추구하다 보면 '광적인 집착'인 중독이 되었다. 도박꾼의 사교적인 성격조차 그에게 불리하게 작용했다. 설사 거액의 당첨금을 받게 되더라도 술에 목마른 친구들을 달래느라 다 탕진해버렸기 때문이다. 유일한 승자는 살롱의 주인이었다. 그는 손님들을 유인하고 오래 붙잡아둘 확실한 방법을 발견한, 이 경쟁 치열한 사업의 일원이었다.[30]

악덕 사업가들은 통신의 획기적 발전을 사업적으로 이용하는 데도 발 빨랐다. 전신이 생기자 경마 전보를 만들었고, 전화가 생기자 콜걸을 만들었다. 1891년에 오스트레일리아 멜버른의 앞서가는 마담들은 가장 좋아하는 매춘부를 미리 예약하고 싶어 하는 사업가들을 위해 전화 예약 서비스를 만들었다. 뉴올리언스의 마담들은 가끔 《블루 북Blue Book》에 그들의 전화번호를 올렸는데, 이 책은 식당, 연주자, 시가, 위스키, 약국, 변호사, 성병 치료제, 그 밖에 유흥업소의 방문에 수반되는 온갖 부대용품과 합병증의 광고가 실린 사창가의 안내책자였다.[31]

제약업계와 의료계에서는 여러 가지 악덕을 받아들여 새로운 발전을 이루었다. 제약 기술자들은 제빵사의 믹서, 무기 제조업자의 총알 주형, 제과업자의 코팅 팬, 그 밖의 여러 기기들을 응용하고 여기에 증기, 디젤, 전력을 추가하여 새로운 기계를 만들었다. 이 기계는 하루에 200만 개씩의 알약을 빠르게 찍어냈다. 이는 당시 노동자들의 하루 생산량인 5,000개와 비교되는 수치로, 대단히 획기적인 변화였다. 그 많은 알약 속에 마취제, 신경 안정제, 그 밖의 강력한 유독성 약물이 들어 있다는 사실을 제외하면 말이다. 더 심각한 건 이런 알약을 용해시켜 피하주사기로 체내에 주입할 수 있고, 그러면 행동의 발작을 촉진하고 뇌 보상을 강화할 수 있다는 사실이었다. 19세기 중반에 찰스 프라바즈Charles Pravaz와 다른 사람들이 발명한 피하주사기는 의사들이 환자들이나 때로는 자기 자신에게 모르핀을 주입할 수 있는 손쉬운 수단이 되었다. 유럽에서는 모르핀 중독이 피하주사기와 매우 밀접하게 연관되어, '프라바즈'란 말이 주사기나 모르핀 중독 중 하나를 지칭했다.[32]

1880년대 중후반에 의사들은 또 하나의 극찬 받는 알칼로이드인 코카인을 주입하기 시작했고, 비슷하게 습관화되는 결과를 낳았다. 일부 중독자들은 코카인과 모르핀을 섞는 법을 배웠고, 나중에는 코카인과 헤로인을 섞는 법도 배웠다. 이런 방법은 20세기 초반에 미국의 암흑가로 전파되었고, 그 후에는 쇼 비즈니스계로 전해졌다. 한 연기자는 "연극계에서는 술을 먹고 춤출 수 없다"고 말했지만, 큐 사인 들어가기 15분 전에 스피드볼(헤로인과 코카인을 섞은 마약 주사)을 주사하면 충분히 효과가 있었다. "밴드가 당신을 소개하는 음악을 연주할 때… 당신은 무대에 나갈 준비가 되어 있다. 정말로 그렇다."[33]

쾌락의 혁신은 하향식뿐 아니라 상향식으로도 진행되었다. 하지만 결정적인 차이가 있었다. 개인 발명가와 달리, 기업가들은 연구 시설, 자본, 대중 매체에 접근할 수 있으므로 자신의 창의성이나 입소문에 의존하지 않았다. 그들은 본인의 연구실에서 발견된 것이든, 다른 사람이 발견한 것이든 간에 성공적인 혁신을 이루어 신속하게 보급했다. 1930년대에 네덜란드의 담배 공장들은 더 부드럽고 인기 있는 '미국의 맛'을 내기 위해 감미료를 섞는 미국 담배를 모방하기 시작했다. 저작권과 특허권이 어느 정도 독점권을 보호해줄 수는 있었지만, 완벽하지는 않았다. 1940년대에 제약업계의 복제품들은 아드레날린과 노르에피네프린과 유사한 합성 약품으로 세계적인 인기를 끌게 된 암페타민의 특허권을 무시하거나 우회했다.[34]

그래도 거대 기업들은 언제나 불법 복제자들을 고소할 수 있었고, 또 언제나 그들의 생산과 판촉을 확대할 수 있었다. 자본은 말 그대로 새로운 쾌락을 퍼뜨렸다. 음악의 경우에도 개인 기술자와 음악가가 만들어낸 증폭된 현악기들이 새로운 쾌락을 만들어냈다. 가장 변화무쌍한 인물인 조지 뷰챔프George Beauchamp(본인은 '비첨Beechum'이란 발음을 선호했다)은 중부 텍사스에서 로스앤젤레스로 도망쳐 하와이안 기타 연주자, 심한 술주정꾼, 집 수선공이 되었는데, 그는 어느 날 픽업*을 통해 형성된 전자기장을 이용하면 강철 기타줄을 진동시킬 때 생기는 파장이 라디오파처럼 증폭될 수 있을 거라 생각했다. 결국 그는 세 명의 동료와 협력하여 최초의 생산 모델인 전기 기타를 만들었고, 1932년 캔자스주 위치타에서 열린 핼러윈 파티에서 이 현을 팅기는 듯한 새로운 소리를 선보여 관객들을 열광케 했다. 그러나 현대 음악과 음향에 전기 기타를 접목시키기까지는 이 악기의 독특한 화음을 가장 가까운 주크박스나 자동차 라디오에서도 들을 수 있게 해줄 음반 회사와 라디오 방송국이 필요했다.[35]

---

* 소리나 빛, 진동을 전기 신호로 바꾸는 장치-옮긴이주

달콤한 쾌락
....

초콜릿의 역사를 통해 재료의 혼합, 기업가의 혁신, 다른 요소들의 접목과 결합, 생산 확대, 영리한 패키지가 어떻게 더 매혹적이고 합리적인 가격의 제품을 생산하는 데 기여했는지를 알 수 있다. 이 이야기는 주목할 만한 인물들로 가득 차 있지만, 하나도 특별할 것 없는 사실에서 시작된다. 바로 초콜릿은 쓰다는 사실이다. 초콜릿의 원료인 카카오콩은 사실 써도 너무 써서 네덜란드와 영국의 사나포선* 선원들은 양 똥 맛이 난다며 나포한 배에 있던 카카오콩을 내다버렸다고 전해진다.

아즈텍인은 초콜릿에 고추와 바닐라를 섞어서 이 문제를 해결했고, 아스테카 왕국을 정복한 스페인 사람들은 설탕, 계피, 그리고 유럽인의 입맛에 익숙한 다른 향신료를 첨가하였다. 이런 형태로 초콜릿은 17세기와 18세기 동안 유럽의 상류층과 중산층에 퍼져나갔다. 초콜릿은 고형으로 판매되어 음료로 소비되었는데, 일단 뜨거운 물이나 우유에 고형 초콜릿을 녹인 다음 때때로 와인을 추가했다. 새뮤얼 존슨Samuel Johnson은 초콜릿 음료에 크림이나 녹인 버터를 넣었다. 그러나 가장 인기 있는 첨가제는 다른 재료의 맛을 바꾸거나 압도하지 않고 음료의 쓴맛을 없애주는 설탕이었다.[36]

1770년부터 1819년까지 아마존 지역의 카카오 생산이 증가하면

---

* 민간 소유이지만 교전국의 정부로부터 적선을 공격하고 나포할 권리를 인정받은 배-옮긴이주

서 유럽의 카카오 수입량도 50퍼센트나 증가했다. 그럼에도 초콜릿은 여전히 값이 비쌌기에 한가한 숙녀들이 화장하면서 홀짝거리는 음료 정도로 취급되었다. 네덜란드, 영국, 스위스, 미국의 제조업자들이 몇 가지 기술적 문제를 극복하기 전까지 초콜릿은 본격적인 인기를 얻지 못했다.

우선 카카오콩의 절반 이상을 차지하는 코코아 버터를 해결해야 했다. 코코아 버터의 기름은 감자가루와 같은 전분질 첨가제에 흡수되지 않는 한 음료의 표면으로 보기 싫게 둥둥 떠올랐기 때문이다. 영국 퀘이커교도*가 세운 회사로 세계적인 초콜릿 왕국이 된 캐드버리Cadbury는 혼합된 코코아 죽을 만드는 작업부터 시작했다. 캐드버리의 한 브랜드였던 '아이슬란드 모스Iceland Moss'는 이끼를 사용한 것이 특징이었는데, 완전히 실패했다. 회사를 다시 일으켜 세운 리처드와 조지 캐드버리Richard and George Cadbury 형제는 남은 자본을 몽땅 투자하여 네덜란드의 코코아 제조업자인 카스파루스와 코엔라트 판 후텐Casparus and Coenraad van Houten이 개발한 탈지 압축기를 구입했고, 1866년 말에 과도한 기름과 감자 전분을 제거하는 데 성공하여 캐드버리의 코코아 에센스Cocoa Essence를 출시했다. 캐드버리는 이 제품을 "완전히 순수하다, 그래서 최고다"라고 홍보했는데, 이런 홍보는 대중의 마음을 사로잡기에 더할 나위 없었다. 당시 코코아

---

* 1647년 영국인 조지 팍스(George Fox)가 창설한 프로테스탄트의 한 교파. 인디언과의 우호(友好), 흑인노예무역과 노예제도의 반대, 전쟁 반대 등을 주장했다. 영국과 식민 아메리카 등지에서 일어난 급진적 청교도 운동의 한 부류다. -편집자주

는 색깔을 내기 위해 벽돌 가루를 섞거나 대량 생산을 위해 아무 재료나 섞어 불순물이 많은 것으로 악명 높았기 때문이다. 캐드버리는 그런 대중의 불안을 이용해 돈을 벌어들였다.

또 캐드버리 형제는 분리한 코코아 버터로 식용 초콜릿 제품을 만들 수 있다는 사실을 알았다. 그들은 코코아 가루 반죽과 설탕을 섞어 질 좋은 고급 초콜릿을 만들어 멋진 상자에 포장해 판매했다. 퀘이커교도들이 쾌락 패키지 중에서도 가장 퇴폐적인 제품을 개발한 것은 확실히 이상한 일이었다. 하지만 어디까지나 사업은 사업이었고, 리처드는 기쁨을 창조해내는 예술가적 감각을 지니고 있었다. 그가 화려하게 디자인한 상자 뚜껑을 여는 순간, 아주 달콤한 사탕에서 풍기는 아몬드 마르지판, 오렌지, 딸기 향과 함께 향긋한 초콜릿 향기가 물씬 피어올랐다. 리처드의 또 다른 발명품인 하트 모양의 밸런타인데이 박스 안에 빼곡히 담긴 사탕들을 보고, 대체 누가 초콜릿, 세트, 세팅의 조합을 거부할 수 있었겠는가?[37]

한편 유럽 대륙의 제과점들은 성공으로 가는 다른 길을 발견했다. 스위스의 쇼콜라티에 다니엘 페터Daniel Peter는 몇 번의 시행착오 끝에 1875년에 농축 우유와 초콜릿을 결합하여 맛좋고 부드러운 음료를 만드는 방법을 찾아냈다. 페터는 1886년에 밀크 초콜릿 바를 선보이면서 두 번째로 대성공을 거두었다. 그때쯤 또 다른 스위스인 로돌프 린트Rodolphe Lindt는 콘칭conching 기법을 생각해냈는데, 이는 입안에서 살살 녹는 고운 입자의 초콜릿을 만들기 위해 지속적인 롤러 분쇄와 코코아 버터 주입을 이용하는 것이었다. 그 비법으로 코

코아 고형물과 설탕 결정의 조각들을 혀가 껄끄러움을 감지할 수 없는 수준까지 줄일 수 있었다.[38]

캐러멜 제조업자인 밀턴 허쉬Milton Hershey는 1893년 시카고 만국박람회에서 독일 초콜릿 공장의 축소모형을 보고 아이디어를 얻었다. 증기 기관차나 사진 잡지처럼, 국제박람회 역시 기계화된 쾌락의 복음을 전파했다. 허쉬는 초콜릿 로스터와 롤러를 확대하는 쪽으로 방향을 전환하고, 박람회 마지막 날 전체 공장의 축소모형을 구입했다. 하지만 밀크 초콜릿을 만드는 꽁꽁 숨겨진 비결은 얻기가 어려웠다. 산업 스파이 활동에 실패한 그는 우유를 태우지 않고 증발시키는 데 성공할 때까지 실험을 계속했고, 결국 설탕, 코코아 분말, 코코아 버터를 첨가하여, 유지방이 발효될 때 생기는 식욕을 돋우는 가벼운 신맛이 가미된 부드러운 밀크 초콜릿을 생산해냈다. 이제 남은 일은 대중의 구매력 범위 내에서 가격을 매기는 것뿐이었다.

1904년 12월, 허쉬는 펜실베이니아 낙농장 지대에 대규모 현대식 공장을 짓고 근로자들의 편의시설을 고루 갖춘 기업 도시를 건설하기 시작했다. 그는 몇 가지 표준화된 제품을 위한 간소화된 생산 공정과 전국적인 유통 시스템을 구축해 비용을 절감했다. 이는 포드 이전의 포드주의로, 허쉬는 자동차 대신 플레인 및 아몬드 초콜릿 바를 대량생산했다. 1905~1906년의 첫 회계연도에 허쉬는 100만 달러의 순매출을 올렸다. 1931년에 이르자 매출액은 3,100만 달러에 달했다.

허쉬도 다른 기업가들과 마찬가지로 수직적 통합을 추구했다.

그는 이미 우유와 카카오는 손에 넣은 상황이었다. 카카오나무는 포르투갈인이 1824년에 브라질에서 그들의 아프리카 식민지로 들여온 이후 세계적인 열대작물이 되었으니 말이다. 하지만 값싼 설탕을 확보하는 것이 문제였고, 특히 제1차 세계 대전으로 유럽의 설탕 생산량이 감소하면서 문제가 되었다. 허쉬는 1916년에 쿠바를 방문하여 아바나 동쪽의 1만 에이커를 시작으로 사탕수수 재배지를 매입하기 시작했다. 그곳에서 허쉬는 마음에 드는 제2의 고향을 발견했다. 아내를 잃고 자식이 없었던 허쉬는 환락가에서 위안을 찾았다. 그는 작은 쾌락을 판매하여 번 돈으로 사치스러운 쾌락, 즉 훌륭한 시가와 수입 샴페인, 쇼걸, 손놀림만 보고 그의 패를 예측하는 딜러들과의 룰렛 게임 등을 즐길 수 있었다. 메노파교도*의 농장 소년으로 인생을 시작한 한 남자에게는 대단한 출세 또는 타락의 길이었다.

공적으로 그의 회사는 전혀 다른 얼굴을 내보였다. 유럽과 미국의 경쟁사들과 마찬가지로, 허쉬는 초콜릿을 순수한 놀이, 건전한 음식, 싹트는 로맨스와 결부시켜 어린이와 여자들을 겨냥한 광고를 제작했다. 그는 브랜딩을 염두에 두고 초콜릿색 제품 포장지 위에 굵은 은색 글자로 브랜드를 표시했는데, 그 특유의 초콜릿색은 '허쉬 마룬Hershey Maroon'이란 이름을 얻게 되었다. 그리고 이 준비된 초콜릿 제조업자에게 절호의 기회가 찾아왔다. 미국이 제1차 세계 대전에 참전하면서, 엄청난 양의 군수물자를 주문했던 것이다. 그는

---

* 은둔과 엄격한 규율을 강조하는 비세속적인 재세례파의 한 교파-옮긴이주

보병들의 초코바를 포장할 여자 자원봉사자 300명을 황급히 모집했다. 1916년부터 1918년 사이에 허쉬의 매출은 거의 2배가 되었다.[39]

미국이 전후에 주류 판매를 금지시킨 전국적인 실험 역시 허쉬에게는 또 한 번의 기회였고, 비단 허쉬에게만 그런 것도 아니었다. 술이 구하기 힘들고 비싸고 질이 떨어지자, 술꾼들은 대안을 모색하기 시작했다. 1922년에 미국인들은 1920년에 비해 1인당 22퍼센트나 더 많은 설탕을 소비하고 있었다. 1917년부터 1922년 사이에 아이스크림 제조업체들은 설탕 구매량을 2배 이상 늘렸다. 설탕 소비량의 증가율은 금주법 이전의 추세를 훌쩍 뛰어넘어, 관측자들은 "알코올을 금지당한 미각이 설탕에서 허용 가능한 위안을 찾고 있다"고 추론했다.[40]

오늘날의 연구자들은 '미각'을 '뇌'로 바꾸는 것 외에는 이 말에 동의한다. 설탕은 알코올이나 모르핀, 니코틴과 마찬가지로 도파민이나 오피오이드*의 수용체를 활성화하기 때문에 알코올을 대신해 뇌 보상을 제공할 수 있다. 20세기 초에 의사들은 이런 신경화학적인 원리를 전혀 모르면서도, 설탕 사용 증가가 건강에 미칠 영향을 크게 걱정했다. 1919년에 이미 의사들은 (전국적인 금주법인 볼스테드법 Volstead Act이 시행되기 수년 전에) 강력한 금주법을 시행하는 주의 주민들이 술이 합법화된 주의 주민들보다 훨씬 더 많은 설탕을 소비한다는 사실을 알고 있었다. 알코올을 대체할 자극에 대한 갈망이 사탕, 초

---

* 아편 비슷한 작용을 하는 합성 진통 마취제-옮긴이주

콜릿, 콜라 같은 무알코올 제품의 구매를 부추긴 것이다. 그러나 8온스(약 236밀리리터)짜리 콜라 한 병에는 '알코올만큼이나 극도로 인공적인 방식으로 농축된 제품'인 설탕 5티스푼이 들어 있었다. 당뇨의 위험을 고려할 때 건강에 좋을 리 없었다.[41]

마약 정책 전문가들이 즐겨 쓰는 '억누르면 튀어나온다push-down, pop-up'는 말은 어느 한 지역에서 생산이나 밀거래를 억제하면 다른 지역에서 생산이나 밀거래가 증가한다는 뜻이다. 동남아시아에서 양귀비가 줄어들었다는 말은 중앙아시아에서 양귀비가 더 늘어났다는 의미이고, 발칸 반도를 통한 밀수가 줄어들었다는 말은 이탈리아를 통한 밀수가 더 늘어났다는 뜻이다. 그런데 일반적으로 뇌 보상의 관점에서 생각해보자면, '억누르면 튀어나온다'는 말에는 더 큰 의미가 담겨 있다. 산업화된 쾌락에 급속도로 영향을 받는 문화에서 금지, 규제, 징벌적 세금 부과 등 어떤 방법으로든 한 제품에 대한 수요를 억제하면 다른 상품에 대한 수요가 증가하게 된다. 살롱에 모여든 인파를 조금씩 해산시키면, 아이스크림 가게가 사람들로 붐비게 된다. 아주 많은 선택지가 주어진다면, 세계의 소비자들은 하나의 쾌락 패키지를 다른 쾌락으로 대체할 수 있을 것이다. 따라서 마약 중독자도 어느 정도는 그럴 수 있다.

1919년에 뉴욕시의 공공 약물치료 클리닉은 점진적인 중독 치료 프로그램에 길거리의 중독자들을 등록시켰다. 이 클리닉 의사는 중독자들이 식욕이 거의 없다는 것을 알아챘다. 그런데도 그들은 사탕을 걸신들린 듯 먹어치웠고, "특히 견과류 초콜릿 바를 많이 먹었다. 중독자들은 항상 단것을 아주 좋아하고, 단것을 주면 결코 거절하지 않았다." 이는 하나의 물질을 다른 물질로 대체하고 둘 다 오피오이드 수용체에 영향을 미친다는 점에서 대용품을 사용한다는 말로 들린다. 혹은 많은 중독자가 마약 복용량을 점차 줄이는 것을 피하거나 미루기 위해 속임수를 쓰므로 이는 병행 사용을 의미할 수도 있다. 단 음식이 마약의 효과를 부추기거나 거꾸로 마약이 단 음식의 효과를 부추기기 때문에 중독자들은 모르핀이나 헤로인과 설탕이 들어간 초콜릿을 함께 즐겼다. 설탕과 마약의 결합은 비단 중독자에게만 국한된 것도 아니었다. 1910년에 독일 보건당국은 일부 상점에서 '예민해진 신경'을 위해 할인된 모르핀 주사와 함께 모르핀이 든 사탕을 팔고 있다고 불평했다. 이런 사탕에는 봉봉 캔디(부드러운 잼 같은 것이 든 사탕)와 프랄린(설탕에 견과류를 넣고 졸여 만든 사탕) 두 종류가 있었다.[42]

당대 사람들은 제과업자를 마약 및 주류 밀매업자와 동일시하지 않았다. 사람들은 캐드버리나 밀턴 허쉬를 계몽된 자본가로 여겼다. 하지만 지나고 나서 보면 으레 역사의 아이러니가 드러나게 마련이다. 설탕의 대량 소비는 어두운 역사의 아이러니 중 하나였다. 허쉬의 펜실베이니아 공장 벽들이 높아지기 시작하던 1903년에 미국의 연간 감미료 첨가제 소비량은 1인당 약 50파운드였다. 2003년에 이르자 소비량은 2배 이상 증가했고, 미국의 성인 3명 중 2명은 과체중 상태가 되었다.[43]

도시의 쾌락

쾌락 패키지는 불균형적으로 도시에 집중되었다. 콘스탄티노플에
사는 터키인은 작은 마을에 사는 터키인보다 하루에 더 많은 양의
담배를 피웠는데, 이는 현대화된 모든 사회에서 나타나는 패턴이었
다. 도시인의 음주율과 알코올 중독률이 더 높았고—담배와 음주를
결합시킨 개혁가들 때문에 놀라운 일도 아니었다—, 도박장과 사창
가도 도시에 더 많았다. 사창가에는 여자들을 유혹하거나 속이거나
강압해서 매춘으로 내모는 인신매매범, 이른바 '백인 노예 알선업자'
가 넘쳐났다. 흥미 위주의 보고와 불분명한 정의 때문에 백인 노예
포주들이 실제로 얼마나 많았는지는 파악하기 어렵지만, 세 가지만
은 확실했다. 이 시장이 도시에 집중되어 있었다는 점, 가난하고 순
진한 이민자들이 대거 유입되면서 구인이 용이했다는 점, 그리고 당
시 성매매가 널리 퍼져 있어 알래스카 서부의 놈Nome과 요하네스버
그처럼 멀고 외딴 지역에서도 성행했다는 점이다.[44]

성매매업자들은 19세기 말과 20세기 초에 폭발적으로 성장한 만
주 북동부의 철도 중심지인 하얼빈에도 윤락업소를 차렸다. 해외 이
민자, 마약, 사치품, 프랑스 패션 등이 중국 동부 및 남만주 철도를
타고 이 '동양의 작은 파리'로 향했다. 1939년에 하얼빈은 카지노를
자체적으로 운영하기 시작했고, 이곳에서 손님들은 아편, 매춘부,
식사, 차, 술, 도박에 대한 자신의 기호에 따라 룸을 선택했다. 사전
에 몸단장을 원하는 남자들은 카지노 안의 이발소를 이용했다.

카지노에 갈 형편이 안 되는 하얼빈의 빈민들은 다른 곳, 즉 그랜드 비전의 정원Garden of Grand Vision이라는 어울리지 않는 이름의 슬럼가에서 쾌락을 찾았다. 인신매매로 끌려온 여자들은 몇 푼 안 되는 돈을 받고 성매매를 했다. 매춘부들은 손님이 언제 올지를 놓고 자기들끼리 내기를 했다. 쓰레기 수거인은 거리에 죽어 있는 중독자들의 머리를 작살로 찍어 올려 트럭에 넣고는 밭에 있는 구덩이로 가져다 버렸는데, 시체들은 종종 얼어 있거나 늘 벌거벗겨진 상태였다. 살아 있을 때 마약을 사 먹으려고 옷을 팔아버렸거나 쓰레기 더미를 뒤지는 사람들이 옷을 훔쳐갔기 때문이다. 어리면 열세 살 정도밖에 안 되는 매춘부들은 구타에 시달렸고 한바탕씩 매독과 임질을 앓았다. 그들은 이런 고통스러운 생활을 모르핀으로, 때로는 그들의 소변을 녹색으로 바꾸는 유독한 엉터리 약으로 버텨갔다.[45]

20세기 초반이 되자 모든 대도시에 저마다의 '그랜드 비전의 정원'이 생겨났다. 상업적 악덕은 도시 지역뿐 아니라 특정 지구에 집중되었다. 바르셀로나의 악덕지구에는 44 아비뇽 거리calle Avinyó의 사창가가 있었는데, 파블로 피카소Pablo Picasso의 1907년 걸작 〈아비뇽의 처녀들 Les Demoiselles d'Avignon〉은 바로 이 거리에서 제목을 따온 작품이었다. 가장 악명 높은 악덕지구는 상하이의 프랑스인 거류지에 있었는데, 이곳에서는 폭력배들이 경찰의 비호 아래 활동했다. 1920년에 이 지구에는 수만 명의 매춘부와 함께 상하이에서 가장 큰 아편굴과 도박장이 들어와 있었다. 동시대 사람들은 이곳을 '동양에서 가장 더러운 곳'이라 불렀다.[46]

더 작은 도시에도 더러운 곳들이 있었다. 20세기 초 인구 7만 8,000명의 미국 내슈빌에는 이른바 남성 구역으로 알려진 각종 살롱, 호텔, 담배 가게, 이발소, 당구장, 대중목욕탕, 전당포 등이 총집결해 있었다. 이곳에서 총각들은 짧은 정사를 즐겼고 유부남들은 가정의 울타리를 벗어나 성에 찰 때까지 실컷 흡연, 음주, 욕설, 침 뱉기 등을 즐겼다. 가끔 한 번씩 불법 도박장 현장 단속으로 붙잡힌 사람들은 2.01달러의 벌금을 물었는데, 범죄에 대한 벌금은 1페니, 위법 행위에 대한 벌금은 2달러였다. 점잖은 여자들은 이곳을 피해 다녔고, 매춘부들은 밤에 수시로 드나들며 손님을 찾았다.[47]

생산, 수송, 무역, 광고, 부의 중심지인 도시에는 오랫동안 악덕을 포함한 모든 종류의 쾌락이 한데 집결되어 있었다. 산업화의 여파로 도시의 규모는 더 커졌고, 인구밀도도 높아졌다. 1600년에는 세계 5억 6,000만 인구 가운데 9퍼센트만이 도시에 살았지만, 1900년에는 16억 인구의 20퍼센트가 도시에 살았다. 도시 인구는 19세기 후반에 폭발적으로 증가했다. 1900년에 베를린 인구는 1850년에 비해 4.5배나 증가한 상태였다. 시드니는 9배 증가했다. 이와 같은 성장률은 오로지 이주를 통해서만 가능했다. 도시의 사망률은 높은 수준이었고, 특히 어린이들의 사망률이 높았다.[48]

산업화된 도시로 물밀듯이 밀려들어오는 이주민들은 자연히 악덕 공급업자들의 표적이 되었다. 이주민들은 가장 낮은 계층의 사다리에서 가장 지루하고 하찮은 일을 했고, 혼잡하고 불결한 주택에 살면서 가난, 약탈, 소외를 견뎌야 했다. 프리드리히 엥겔스Friedrich

Engels는 1844년에 맨체스터*에 대해 쓰면서 "노동자는 술을 마시라는 모든 유혹을 받고 있다. 증류주는 사실상 그들의 유일한 쾌락이고, 구하기도 매우 쉽다"고 했다. 토요일 밤이면 그는 사기가 꺾인 노동자들이 길거리로 잔뜩 몰려나와 시궁창에서 쓰러질 때까지 술을 마시는 광경을 지켜보았다. 간신히 두 발로 서서 버티던 사람들은 비틀거리며 60여 개 전당포 중 하나나 거리 매춘부의 품으로 들어갔다. 엥겔스는 인간을 짐승처럼 대하면 인간이 짐승처럼 행동하거나 아니면 반란을 일으킨다고 결론지었다.[49]

절제를 옹호하는 사람들은 노동자 계층의 잔인할 만큼 단조로운 삶을 개선하면 도시의 중독과 악덕을 없앨 수 있을 거라 믿었다. 공원이나 경기장 같은 편의시설과 그것을 즐길 여가시간이 늘어난다면 노동자들이 술 대신 다른 곳에 돈을 쓸 것으로 기대한 것이다. 유럽의 개혁안 중 하나로 스웨덴의 예테보리Gothenburg 시스템이 널리 논의되었다. 예테보리는 엄격하게 규제된 술집을 독점 운영하여 얻은 수익을 새로운 공공시설과 여가시설을 마련하는 재원으로 활용했다. 반면 나이지리아의 식민지 정부는 독점 가격을 부과하고, 번 돈을 모아두며, 흑인 노동자들의 맥주홀을 철조망 울타리로 둘러쌌다.[50]

그렇지만 취하지 않는 여가활동을 제공하는 것이 만병통치약은

---

* 프리드리히 엥겔스는 세계 최초의 산업도시인 이곳에서 20년 이상 살았다. 당시 공장 증가와 더불어 도시 인구도 급격히 늘어났는데, 인구 증가는 도시의 빈곤으로 이어졌다. 엥겔스는 맨체스터 인구의 64%를 차지하던 노동자 계급의 비참한 삶을 깊이 연구하며 영국 출판물들에 글을 썼다.-편집자주

아니었다. 1903년에 사회학자 게오르크 지멜Georg Simmel이 관찰한 바로는, 대도시의 생활은 심리적으로 시골 생활과 달랐다. 급속도로 변하고 모든 것이 돈으로 환산되는 과도하게 자극적인 환경에서는, 모든 사회 계층이 냉담하고 계산적으로 변했다. 술집 주인들은 테이블과 의자를 치워 손님들이 바에 앉도록 유도했는데, 바에 앉으면 사람들이 더 많은 술을 더 빠르게 마셨기 때문이다. 마약판매원과 과자점 주인들은 학생들에게 말아서 피우는 담배를 팔았다. 신문배달원은 인쇄할 가치가 있는 신문과 외설적인 신문을 둘 다 취급했다. 남자 바텐더는 카운터 밑에 누드 사진을 보관했다. 매춘부들은 시간 단위로 가격을 매겼기에, 숙소를 잡고 오래 끄는 만남보다 비용이 적게 드는 '문만 닫는' 식의 빠른 만남이 생겨났다. 사람들은 서로의 사정을 뻔히 알던 작은 마을에서는 하지 않았을 행동을, 도시에서는 거침없이 했다. 도시의 익명성에 따른 해방적 효과는 특히 매력 없는 노동자 계층 남자들에게 강하게 나타났다. 그들은 가족의 통제에서 해방되어 같은 생각을 하는 친구들과 어울리면서, 자신들의 행동이 드러나지 않을 거라 안심하며 쾌락을 즐겼다.[51]

만취 상태, 알코올 중독, 마약 중독, 성 상품화 등 어떤 주제를 연구하든 간에, 19세기 말과 20세기 초에 유럽과 북아메리카의 연구자들은 같은 결론에 도달했다. 도시가 커질수록 문제가 커지고, 특히 노동자들이 사는 지역에서 문제가 커진다는 것이었다. 한 가지 예외가 있었지만, 이 역시도 사회학적 원칙을 입증하는 예외였다. 대도시의 발달과 더불어, 교통 및 산업 혁명은 독신이거나 일시적

금주법 시대에 저항하듯 술의 제조 판매를 인정했던 뉴욕시에 배포된 주류 가격 리스트의
표지다. 리스트 안에는 눈길을 끄는 광고와 대량 주문 할인 내역, 그리고 판촉용 증정품으로
주머니 크기의 텀블러를 끼워준다는 소식이 실려 있다. 가격은 터무니없이 비쌌지만, 표지에
명시된 전화 서비스 덕분에 배달은 빨랐다.

출처 Courtesy of the New-York Historical Society, New York City

으로 혼자 지내는 젊은 남성 노동자—운하 굴착 인부, 선로 부설 인부, 변경 지대의 광부 등—를 위한 외지 캠프를 형성했다. 이 캠프들은 아르헨티나 팜파스(대초원 지대)를 배회하던 도박꾼들 같은 프리랜서 악덕 포식자들을 끌어들였다. 또 이 캠프들은 네덜란드 동인도 제도Dutch East Indies의 중국 양철 광부들의 임금을 갈취하던 아편 가게들과 같은 악덕 독점기업의 먹잇감이 되었다. 전통적인 가정이나 공동체 생활과 단절된 독신 남성 집단은 조직화된 기업에 약탈되지 않은 경우에도 뚜렷한 악덕(과 악덕에 관계된 분쟁에서 촉발된 폭력)의 성향을 보였다.[52]

19세기 후반과 20세기 초반에 모든 노동자가 착취당하기만 한 것은 아니었다. 또 모든 노동자가 산업화의 유익한 결실, 통조림 식품, 전등, 철도 교통, 그 밖에 궁극적으로 그들의 삶을 확대하고 더 견딜 만하게 하는 편의시설 등에서 배척당한 것도 아니었다. 상황은 점점 나빠지는 동시에, 점점 좋아지고 있었다. 이런 역설은 쾌락, 악덕, 중독이 서로 연결되어 있다는 데서 비롯되었다. 중독은 대부분 악덕에 노출되면서 시작되는 경우가 많았다. 악덕은 대부분 쾌락의 미심쩍은 부분집합에 속하는 경우가 많았다. 미심쩍은 이유는 쾌락이 중독으로 이어질 수 있었기 때문이다. 쾌락이 늘어나면 악덕도 늘어났고, 악덕이 늘어나면 중독도 늘어났다. 하지만 쾌락이 늘어나면, 분별 있는 소비로 만족, 기쁨, 희열을 느낄 수 있는 상품과 여가 시간을 통해 얻는 행복도 늘어났다.

교통, 통신, 산업화, 도시화의 혁명 역시 맞물리면서 쾌락, 악덕,

중독은 서로 연계된 영역을 확장했다. 쾌락, 악덕, 중독 가운데 어느 하나가 늘어나면 나머지도 늘어난다는 의미였다. 이런 변화가 나타난 데는 여러 가지 요인이 얽혀 있었다. 하나는 교통과 생산 기술의 발전에 따른 경제적 변화로 접근성과 가격 적절성이 향상된 것이다. 또 하나는 정제, 혼합, 포장, 마케팅 등의 새로운 기술이 등장하여 제품이 습관화될 잠재력이 늘어난 것이다. 그리고 익명성과 아노미(사회적 무질서)가 증가한 문제도 있었는데, 이는 애초에 탄광에서 물을 퍼 올릴 용도로 설계된 증기 기관의 발전으로 본격화된 기계 혁명이 인류에게 미친 의도하지 않은 결과였다.

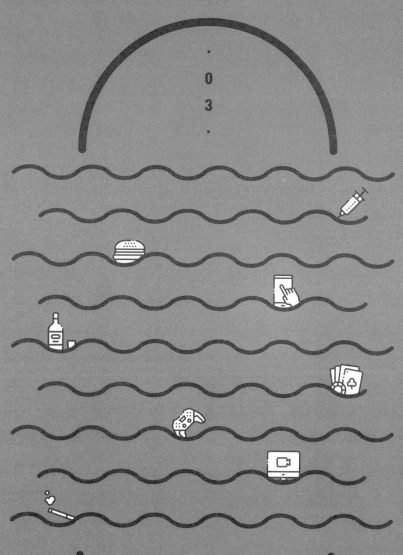

해방과 노예화의 래락

LIBERATING-ENSLAVING
PLEASURES

헤밍웨이는 "진정으로 사악한 모든 것은 순수함에서 시작된다"
고 말했다. 파리에서의 친분이 불륜으로 발전하여 그의 첫 번째 결
혼을 파탄 낸 사건을 염두에 둔 말이었으나, 쾌락을 발견하고 발명
하고 개선하는 과정이 결국 세계적인 악덕과 중독을 초래하게 된 역
사에도 이 말을 적용할 수 있다.[1]

내가 '적용할 수 있다'고 말한 것은 역사학자나 동시대인이 세계
쾌락 혁명의 결과에 모두 의견을 같이하지는 않기 때문이다. 쾌락은
궁극적으로 특정 종교나 철학적 신념의 맥락에서 판단할 문제이니
말이다. 그러나 역사학자들은 쾌락 혁명에 대해 다양한 대응 노선을
펼쳐 보여줄 수 있다. 정책적 논쟁이 어떻게 호르메시스 원리(적게 사
용하면 좋지만 많이 사용하면 나빠지는 것)와 자유 시장 자본주의 논리의 근
본적인 충돌에 뿌리를 두고 있는지를 보여줄 수 있고, 건강과 경제
적 이득 간의 충돌이 어째서 결과적으로 악덕 시장을 규제하거나 억
압하려는 세계적 노력을 촉발했는지도 설명할 수 있다.

보상적 쾌락

인류의 건강과 관련한 최악의 재앙이 무엇이냐고 물으면, 대부분 14세기의 흑사병이나 1918~1919년의 유행성 독감, 또는 1881년에 시작된 담배 제조 혁명이라 답할 것이다. 하지만 인류학자들과 세계사학자들은 이중 어느 것도 택하지 않을 것이다. 그들은 인류 건강과 관련한 세계 최악의 재앙이 수많은 사람이 호의적으로 보는 혁신에서 비롯되었다고 생각한다. 농업 말이다.

이 주장은 다소 비딱하게 보일 수 있다. 농업은 동식물을 길들여 더 많은 인구, 도시, 교역, 유용한 유전자와 생각의 교환을 가능하게 했다. 농업은 문명을 탄생시켰고, 문명은 문화의 진화를 연구한 19세기 학자들에게 인간 진보의 최고 단계를 의미했다. 그러나 전쟁과 대량 학살도 문명의 진보에서 태동했다. 그래서 인류학자들은 농경 이전의 인류 생활의 이점을 면밀히 살피기 시작했다. 마셜 살린스Marshall Sahlins가 1966년에 지적했듯이, 문명화된 사람들은 대부분 인간의 욕구는 무한하지만 자원은 한정적이라고 가정한다. 그래서 그 격차는 오로지 산업화와 경제 성장을 통해서만 좁힐 수 있다고 여긴다. 하지만 인간의 욕구는 극히 소박해 단순한 기술과 최소한의 노동으로도 충족시킬 수 있다는 '풍요로 가는 선Zen의 길'을 주장하는 이도 있다. 살린스는 "선의 길을 택하면 사람들은 낮은 생활수준에서도 비할 바 없는 물질적인 풍요를 즐길 수 있다"고 했다. 실제 이것이 농업 이전의 인류가 살았던 방식이며, 칼라하리 사막 지역의 산족San과 같은 수렵·채집인들이 여전히 살아가는 방식이다. 그래서 인간 조건의 역사를 다시 고찰하는 인류학자들은 이 분야에 큰 관심을 보이기 시작했다.[2]

수렵·채집인들이 얼마나 많은 여가와 안전을 누렸는지는 논란의 여지가 있지만, 농업을 위해 수렵과 채집을 포기한 후 처음에는 대부분 키, 건강, 지위, 수명이 감소하여 엄청난 대가를 치렀다는 사실은 누구나 인정한다. 인류의 불행은 인구가 증가하면서 더욱 늘어났다. 1만 2,000년 전에 인간 종은 500~800만 명이었는데, 모두 수렵·채집인이었다. 2,000년 전에는 수렵·채집인이 100~200만 명으로 줄어든 반면, 농업 인구는 2억 5,000만 명에 달했다. 하지만 농사를 지으며 한곳에 머물러 살게 된 농업 인구는 단조롭고 취약한 식량 공급, 탐욕스러운 엘리트, 오물 축적, 전염병과 기생충 질병, 쥐·벼룩·파리의 기생충 감염, 독성 곰팡이, 충치 등에 시달렸다(이는 수렵·채집인에게는 거의 문제가 되지 않던 것들이다). 그 증거는 그들의 뼛속에도 남아 있다. 구석기 시대 사람들이 후기 신석기 시대 사람들보다 2년 이상 오래 살았고, 키도 6인치나 더 컸다. 농업 혁명의 또 다른 유산인 특권계층은 더 잘살게 되었지만, 그들 역시 결핵, 말라리아, 설사병, 만성 염증, 그 밖의 초기 문명의 흔한 질병으로 고통받았다.[3]

하지만 문명에는 이런 고통을 상쇄시킬 만한 몇 가지 중요한 이점이 있었다. 국가는 무법 상태의 폭력을 진압했고, 지붕과 벽은 쉴 수 있는 거처를 제공했다. 홍역 같은 풍토병은 젖먹이와 아이들은 걸려도 일반적으로 면역력을 얻은 어른들은 걸리지 않아 정주하는 생활 속에서 어른들이 병든 아이들을 간호할 수 있었다. 이런 전염병 감염에 대한 부족민의 취약성은 예컨대 유럽의 북아메리카 정복 같은 농업 정착지의 확대를 가속화했다. 더 일반적으로 문명은 미래 지향성, 노동 분업, 글을 읽고 쓰는 능력, 천연두 접종 같은 지식의 교환을 부추겼다. 이로써 근대 후기에 인류 건강의 개선을 뒷받침하는 과학, 농업, 산업, 공중 보건, 교육, 의학 분야의 진보가 축적될 수 있었다. 결국 모든 요인을 종합해 볼 때, 1950년에 태어난 사람은 1700년에 태어난 사람보다 키가 거의 1피트(약 30센티미터)나 크고, 체중이 50퍼센트 더 무거우며, 2.5배 이상 오래 살 것으로 기대되었다.[4]

이는 인류가 최근 250년간의 급속한 물질적 진보와 125년간의 건강 개선 및 수명 연장을 얻기까지 과거 1만 1,000년 동안의 고통과 짧은 수명을 견뎌야 했다는 의미다. 이 같은 트레이드오프tradeoff* 의 불균형 때문에 인류학자와 역사가들은 농업 기반의 문명을 역사에서 가장 큰 실수 중 하나로 보게 되었다. 농업 기반의 문명은 '역사상 가장 긴 주택 담보 대출'로 비유할 수 있다. 인류는 문명의 대가를 대출금 이자처럼 처음부터 지불해야 했고, 오랫동안 계속 대가를 지불해야 했다. 그러던 어느 날 마침내 집을 소유하게 되었고, 약간의 휴식을 취할 여유를 갖게 되었다.[5]

그렇다면 인류는 집을 온전히 소유할 때까지 그 길고 고된 세월

---

* 두 개의 정책 목표 가운데 하나를 달성하려고 하면 다른 목표의 달성이 늦어지거나 희생되는 경우의 양자 간의 관계를 말한다. —편집자주

동안 어떻게 휴식을 취했을까? 그들은 새롭게 발견되어 점점 널리 보급되는 쾌락을 이용했다. 힘든 수확철의 술, 장거리 이동 전의 신선한 코카나무 다발, 게임과 춤이 있는 축제, 이 모든 것이 보상과 탈출의 수단이었다. 힌두교, 이슬람교, 아프리카, 중남미 사회에서 대마초 흡연은 가난한 자들의 탈출구였다. 럼주 반 병 가격은 40센트지만, "간자(마리화나)는 3센트예요"라고 트리니다드의 한 인도 노동자는 취재기자에게 설명했다.[6]

가장 보편적인 위안이 된 것은 담배였다. 17세기 초 영국부터 중국까지 각국의 통치자들은 낯설지만 급속도로 퍼져나가는 담배 흡연을 억제하려고 노력했으나 허사였다. 1625~1626년 바그다드로 원정을 떠난 술탄 무라드 4세Sultan Murad IV는 이 금지된 행동을 하던 장교 스무 명을 체포했다. 학자 겸 지리학자 카티브 첼레비Kātib Chelebi는 "이들 중 일부 병사는 황제 앞에서 가장 심한 고문을 당할 때도 소매 안에 짧은 파이프를 넣고 있었고, 심지어 처형당하는 중에도 담배 피울 기회를 찾았다"고 썼다. 병사들은 이스탄불로 복귀해서도 흡연을 고집했고, 종종 막사 화장실에서 담배를 피웠다. 아무리 엄격하게 법으로 금지해도 비흡연자보다 흡연자가 많았다.[7]

중국에서도 마찬가지였다. 1639년 명나라 황제 숭정제는 농민들이 곡식 대신 담배를 재배한다는 사실을 염려하여, 수도에서 담배를 팔던 사람들에게 참수형을 내렸다. 1640년에 참수를 당한 첫 번째 희생자는 문관 시험을 보기 위해 푸젠성에서 베이징까지 여행한 어느 학생의 하인이었다. 하지만 사형까지 내리며 단속해도 두 가지 본질적인 사실은 막지 못했다. 농부들은 다른 작물 대신에 담배를 재배함으로써 열 배나 많은 돈을 벌었다. 그리고 모두가 이 새로운 쾌락에 빠져들었다. 청나라의 한 시인은 "온통 당신에게서 뿜어 나오는 연기와 구름인 세상을 보고 있자니 옛 사람들의 시절에는 평범한 잎사귀만 있었다는 생각에 절로 웃음이 나는군요"라고 썼다.[8]

1640년대 중국에서 담배 흡연은 폭발적으로 증가했다. 첼레비는 1656년에 담배가 지구상에 인간이 거주 가능한 모든 지역으로 전파되었다고 보고했다. 인정하건대 흡연만큼 빠르고 반복적인 형태로 뇌에 쾌락적 보상을 주는 행위도 드물다. 하지만 타이밍도 한몫했다. 1640년대와 1650년대는 초기 근대 세계사에서 최악의 시기 중에서도 최악인 20년으로 평가된다. 역사가들이 17세기의 총체적 위기라고 부르는 페스트, 기아, 혹한, 인플레이션, 폭동, 반란, 전쟁, 약탈, 강간 등 대혼란의 호러 쇼가 펼쳐졌던 시기이기 때문이다. 중국에서는 호랑이들이 썩어가는 인간 시체 고기를 먹으려고 도시로 몰려들 정도로 상황이 악화되었다. 쥐들이 합세하여 시체 안에 둥지를 틀고 뼈다귀까지 깨끗이 발라먹었다. 인간 역사상 이런 최악의 순간에 담배와 다른 새로운 식약들이 세계적인 상품으로 발돋움했다. 고통은 동료가 아니라 진정제를 원했던 것이다.[9]

올더스 헉슬리Aldous Huxley는 불행 감소의 원칙이 보편적으로 적용된다고 주장했다. 1958년 그는 인류 역사상 술과 마약에 중독되어 죽은 사람이 수백만 명이란 사실을 알아냈는데, 이 끈질기게 이어지는 대학살은 모든 면에서 다윈설의 원칙에 역행하는 것이었다.

1917년부터 1919년 사이에 중국에서 이 사진을 찍은 사회학자 시드니 갬블(Sidney Gamble)은 '베이징의 죽 배급. 두 소년-한 명은 담배를 피움' 외에 아무런 설명도 달지 않았다. 아마 두 소년은 고아였을 테고, 더 큰 소년은 그가 받으려던 쌀죽만큼이나 담배에서도 큰 만족을 얻었을 것이다. 흡연은 누구나 얻을 수 있는 위안이었다.

출처 Item ID 222-1243, Sidney D. Gamble Photo graphs, courtesy of the David M. Rubenstein Rare Book & Manuscript Library, Duke University, Durham, N.C.

왜 사람들은 향정신성 마약을 계속 복용함으로써 '노예화와 그에 따른 죽음'을 감수할까? 그의 대답은 가혹하고 단조롭기만 한 삶에서 마약이 거부할 수 없는 자기 초월과 신비로운 경험의 수단을 제공한다는 것이었다. 은둔자와 승려는 금욕과 고행, 영성 훈련을 통해 해탈에 이르는 반면, 대중은 화학적인 도움을 받아 일순간 열반을 맛보는 셈이었다. 그들이 잠깐 스쳐가는 쾌락이나 통증 상실 외에 얼마나 자주 일시적 초월을 경험했는지는 알 수 없다. 우리가 아는 것은 고대로부터 사람들이 양귀비, 와인, 코카나무, 초콜릿, 페요테, 그 밖에 의식ritual으로 향정신성 효과가 강화되는 여러 물질에 신성한 속성을 부여해왔다는 사실이다. 식약은 여러 가지가 있었지만, 그중 하나는 복합적 형태의 은총이었다.[10]

해방적인 쾌락

헉슬리의 애독자였던 역사학자 대니얼 로드 스마일Daniel Lord Smail도 쾌락과 탈출을 역사의 중심축으로 보았다. 그러나 그는 마약뿐만 아니라 문화적 특성과 관습도 향정신성 효과를 지닌다고 주장하여 헉슬리를 넘어섰다. 생물학이 문화를 결정한다는 역사학자들의 견해는 잘못된 것이다. 오히려 문화가 생물학을 결정하거나, 가장 중요한 생물학적 요소인 의식과 감정을 지배하는 신경전달물질의 흐름을 결정한다. 모든 사회는 플라시보placebo나 노시보nocebo*처럼 신경 전달물질을 효과적으로 작용하게 만드는 독특한 문화적 관습을 가지고 있다. 이런 관습은 사실 정치의 플라시보와 노시보라고 할 수 있다. 역사가가 할 일은 시간이 흐르면서 그런 관습이 어떻게 변해 왔는지를 설명하는 것이다.

스마일이 보기에 인류 역사에서 두 번의 큰 전환기는 신석기 이행과 18세기의 기나긴 근대였다. 농업 이전에 인간은 다른 고등 영장류와 마찬가지로 사회적 의무, 동맹, 지위에 대한 예민한 감수성을 진화시켜 왔다. 수렵·채집 사회에도 사회적 지위는 존재했지만, 대부분 소규모 집단인 데다 상호의존성, 지속적 이동, 엘리트들이 통제하는 저장 가능한 잉여 식량의 부족 때문에 사회적 차별성은 미미했다. 하지만 농업이 이런 평등주의 사회의 모든 측면을 바꾸었고, 가난한 사람들에겐 제도화된 스트레스에 이를 정도의 계급 차별을 초래했다.

엘리트들은 평민들을 계속 통제하기 위해 스마일이 말하는 '텔레트로픽teletropic' 관습, 즉 의식을 조작해 자신들의 권력을 유지하고 강화할 수 있는 정서적 당근과 채찍을 이용해왔다. 종교적 의식, 기념비적 건축물, 전차 경주, 연극 공연 등이 그런 예였고, 정치철학자 에티엔 드 라 보에티Étienne de La Boétie의 말을 인용하자면 "다른 약물도 있었는데, 그런 약물은 고대인에게 농노제로의 유혹이자 자유의

---

* 환자가 진짜 약을 복용하고도 효과가 없는 약이라고 믿으면 실제로 약효가 발생하지 않는 현상 - 옮긴이주

대가, 폭정의 도구들"이었다. 만약 그런 수단이 실패하면, 권력자들은 언제라도 폭력을 행사했다. 십자가 책형 같은 형벌의 취지는 단순히 사람을 죽이는 데 있는 것이 아니라, 공포를 유발하고 지배 권력에 저항하는 행위의 부질없음을 부각시키는 데 있었다. 스마일은 이런 정서적 효과를 설명하기 위해 '텔레tele-'라는 접두어를 사용했는데, 이런 정서적 효과가 먼 거리에 걸쳐, 이를테면 십자가 책형이 벌어지는 골고다 언덕에서 구경꾼의 학습된 공포를 담당하는 신경 회로 중추인 편도체에 이르는 거리에 걸쳐 발생했기 때문이다. 텔레트로픽 관습은 모든 문명에서 공통적으로 정서적 충격과 경외감을 제공해 대중의 종속 상태를 유지했다.[11]

그러나 문명이란 소수의 이익을 위해 다수를 불행하게 만드는 것 이상을 의미했다. 또 문명에는 새로운 쾌락의 발견, 보급, 개선, 상품화가 뒤따랐는데, 새로운 쾌락에는 식약이 큰 부분을 차지했지만 그 외에도 소설을 읽거나 카페에서 가십을 나누는 것과 같은 문화적 혁신도 있었다. 분위기 역시 중요했다. "그런 대혼란이라니!"라고 1920년대에 몽파르나스의 술집들을 주름잡던 전설적인 바텐더, 지미 차터스Jimmie Charters는 회고했다. 그는 '흥분한 여자들, 사랑에 빠진 커플들, 안절부절못하는 호모들, 돈을 헤프게 쓰는 방탕아들, 이론을 논하는 지나치게 진지한 젊은이들, 그리고 이 모든 광경을 지켜보며 감상하는 관찰자들' 같은 손님들을 위해 술을 따랐다. 이런 집단적 도취 상태는 지나친 음주 때문이었지만, '그들을 집에 가두어두던 모든 관습과 구속으로부터 해방된 정신' 때문이기도 했다. 스마일은 이런 해방적 활동을 '오토트로픽autotropic'이라고 불렀다. '오토트로픽'은 자신의 감정을 바꾸기 위해 스스로 자신에게 할 수 있는 일을 의미한다. 오토트로픽 쾌락이 개인에게 자율권을 부여하면서, 쾌락은 관리당국의 중요한 관심사가 되었다.[12]

고전적 오토트로픽 쾌락인 자위행위는 고대 서양이나 기독교 유럽에서 딱히 큰 걱정거리는 아니었다. 가톨릭 신부들은 자위행위가 널리 퍼졌다고 생각했지만, 특별히 관심을 두지는 않았다. 오히려 남색, 근친상간, 간통 같은 성행위를 문제 삼았다. 하지만 18세기에 들어 상황이 변하였다. 관리당국이 자위행위가 해롭다고 주장했기 때문인데, 자위행위가 사회적 성행위를 강박적 자기학대로 이어지기 쉬운 불온한 사적 행위로 전락시킨다고 본 것이다. 역사학자 토마스 라쿼Thomas Laqueur는 "자위행위는 점점 더 우리가 중독이라 부르는 행위를 닮아갔다. 술, 마약, 또는 억누를 수 없는 다른 욕망의 대상과 마찬가지로 인간을 노예로 만들었다"고 썼다.[13]

자위행위가 인간을 노예화하든 아니든 간에, 그때쯤에는 적어도 교육받은 계층 내에서는 앞서 설명한 대량 중독을 가능하게 하는 5대 요소 가운데 세 가지에 해당하는 '익명성, 접근성, 가격 적절성'이 충족되기 시작했다. (나머지 요소인 '광고'와 '아노미'는 뒤에 나올 것이다.) 부유한 가정들은 복도와 침실이 따로 있어 사생활이 보장되었다. 부유층의 서재에는 책들이 점점 늘어났는데, 당시 책은 계속 인기가 높아졌고, 가격은 하락했다. 그중에는 에로틱한 상상을 자극하려고 쓴 소설도 있었다. 삽화에는 그런 책을 주변에 떨어뜨린 채 자위행위 이후에 거의 옷을 벗은 모습으로 휴식을 즐기는 여자들이 등장했다. 그렇다고 그 책들이 반드시 포르노인 것은 아니었다. 단순히 소설을 읽는 행위, 심지어 고상한 종류의 소설을 읽는 행위로도 "일종의 몰두, 깊은 상상력에의 탐닉, 너무 쉽게 위험하고 과도한 자기 쾌락을 추구하게 될까 봐 두려울 정도의 육체적 강렬함"을 경험할 수 있었다.[14]

아마도 대부분 "그래서 뭐가 문제인데?"라고 물을지도 모르겠다. 계몽주의가 마침내 기대에 부응하여 오랫동안 고통받아온 인류에게 독서와 같이 보상적이고 해방적인 쾌락을 안겨주었다면, 이는 축복으로 여겨야 한다. 오토트로픽 관습이 텔레트로픽 관습을 대체하면서, 분명 삶은 더욱 평화로워졌다. 초콜릿을 마시고 서간체 소설을 읽으며 시간을 보내는 사람들은 18세기와 19세기 초 유럽에서 인기가 시들해진 유혈 스포츠나 공개 처형을 보면서 시간을 보내는 사람들보다 더 정중하게 생각하고 행동했다. 인도주의와 소비자 혁명은 서로 중첩되면서 강화되었다. 일부 소비자들이 스스로를 곤란하게 하거나 강박의 영역에 빠져들긴 했어도, 어쨌든 그들은 그 과정에서 불가피한 사상자였다. 부도덕한 사람들이 악덕의 제국을 건설하여 소비자의 취약성을 악용하는 것 역시 유감스럽지만 불가피한 일이었다. 인쇄기와 포르노 제작자들이 있는 세상에서 사는 편이 둘 다 없는 세상에서 사는 편보다는 나았으니 말이다. 모든 성공에는 대가가 따르는 법이고, 모든 전쟁터에는 쓰레기 더미를 뒤지는 사람들이 있게 마련이다.[15]

쾌락의 대가

근대성 덕분에 우리는 굳이 남의 손을 빌리지 않고도 자신의 기분을 스스로 조절할 수 있는 도구, 그것도 효과적인 도구를 갖게 되었다. 말하자면 마지막 왕이 마지막 사제의 내장으로 목 졸리기만을 기다릴 필요가 없어졌다. 좋은 책과 거기에 곁들일 파이프와 머그잔만 있으면 충분히 자유로웠고, 감정적으로도 자유로워졌다. 우리는 신문을 집어 들거나 BBC에 채널을 맞춤으로써 왕들의 어리석음도 즐길 수 있게 되었다. 에벌린 워Evelyn Waugh는 1936년에 에드워드 8세 Edward VIII가 월리스 심슨Wallis Simpson과 결혼하기 위해 영국 왕위를 포기한 사건을 언급하면서 "심슨의 위기는 모두에게 대단한 즐거움이었다. 메이디스Maidie's 요양원에서는 그때 모든 성인 환자의 상태가 명백히 호전되었다고 보고한다. 그토록 모두에게 큰 즐거움을 주면서 그토록 작은 고통을 초래한 사건은 거의 없었을 것이다"라고 썼다.[16]

민주화된 재미의 개념은 세속화, 개인주의, 평등주의, 소비지상주의 같은 현대화의 다른 속성에도 잘 부합한다. 소비지상주의는 텔레트로픽에서 오토트로픽하게 개혁된 신앙의 새로운 섭리로 부상했다. 스마일은 "한때 개인들이 도파민과 다른 화학적 전달물질의 원천으로 종교와 의식에 의존했다면, 이제는 소비 품목에 의존하면서 마몬(부의 신)을 위해 기존의 신을 포기하고 있다"고 썼다. 그렇지만 스마일도 인정했듯이, 근대성이 오로지 오토트로픽하기만 했던 건 아니었다. 수정의 밤Kristallnacht* 같은 충격적인 사건들과 함께 시대를 역행하는 정권들이 자꾸 등장했다. 1940년에 조지 오웰George Orwell이 말했듯, 아돌프 히틀러Adolf Hitler는 한 가지 위대한 진리, 즉 진보의 쾌락주의 관점이 공허하고 속이 텅 비어 있음을 알아챘다. 그는 집단적 꿈을 위해 대중을 희생하도록 유도할 여지가 있음을 간파했고, 이 점에서 그는 맞았다.[17]

히틀러의 나치 정권 못지않게 무자비했던 정권들은 오토트로픽하게 여겨지던 쾌락을 엄청난 수입원뿐 아니라 향정신성 통제의 수단으로 바꾸는 데 성공했다. 1930년 군대와 전투기가 필요했던 이오시프 스탈린Joseph Stalin은 볼셰비즘이 처음 알코올에 품었던 의혹을 불식시키며, "잘못된 수치심을 없애고, 직접적이고 공개적으로 보드카 생산을 최대한 확대하라"고 지시했다. 중국에서는 마오쩌둥Mao Zedong과 그의 후계자들이 국가가 독점 판매하는 담배의 흡연을 장려했다. 담배는 전국의 흡연 문화에서 아편의 자리를 빼앗았고, 수요가 점점 늘어, 20세기 말에 이르러서는 중국이 세계 최대의 담배 시장이 되었다.[18]

이런 일화들에도 불구하고, 오토트로픽 쾌락으로의 전환, 즉 문명의 가시덩굴에서 뒤늦게 열린 싱싱한 열매들은, 소비자 사치품과 공리주의적 사고에 익숙한 세속적 사회의 관점에서는 순전한 이익처럼 보일 수 있었다. 하지만 과거의 역사적 주체들은 중독 잠재성

---

* 1938년 11월 9일 밤에 나치가 자행한 유대인 학살-옮긴이주

이 있는 쾌락적 관습의 발견을 항상 좋게만 보지는 않았다. 지금까지 스마일과 같은 학계 전문가들이 쾌락을 변호하는 증언들을 살펴봤으니, 이제는 검찰 측 증인으로서 과거의 목소리를 소환해보자. 결론적으로 그들은, 새로운 쾌락이 홍수처럼 밀려들어 악덕을 부추기고 인간의 노예화를 조장했다고 주장한다.

악덕의 위험과 불쾌함에 대한 인식은 문화적, 역사적 상황에 따라 달라진다. 19세기 이전에는 악덕을 대부분 개인의 실패로 인식했다. 악덕vice이라는 단어도 도덕적 약점이나 실패를 의미하는 라틴어 'vitium(악습)'에서 유래했다. 개인들은 미덕을 드러내듯 악덕을 드러낸다. 역사학자와 작가들은 악명 높은 유명인과 캐릭터를 통해 악덕을 의인화했다. 네로Nero의 무자비한 잔인함, 사탄Satan의 반항적 자만심, 타르튀프Tartuffe의 종교적 위선 등이 그 예다. 최악의 범죄자들은 악덕으로 가득하다는 뜻의 라틴어 'vitiosus'에서 유래한 'vicious(악랄하다)'는 말을 들었다. 해적 검은 수염Blackbeard*은 악랄했다. 이는 그의 지위에 어울리는 표현이었다.

개인들은 아무리 많은 악덕을 저지르더라도, 개인적으로 악덕에 책임을 졌고 신에게 형벌을 받기 일쑤였다. 《신약성서New Testament》에는 불경한 헤롯 아그리파Herod Agrippa가 산 채로 벌레에 잡아먹혔다고 적혀 있다. 힌두교의 고대 문헌에도 힌두교의 수많은 지옥 중 하나인 크리미보자나krimibhojana에서 벌레들이 악한 인간을 잡아

---

* 대서양을 휩쓴 18세기의 악명 높은 영국 해적 에드워드 티치의 별명 - 옮긴이주

먹고 산다는 내용이 있다. 18세기 영국의 전도사 조지 화이트필드George Whitefield는 단 하나의 지옥을 이야기하는 데 그쳤는데, 바로 술주정뱅이를 위한 지옥이었다. 술주정뱅이들은 습관적 과음으로 신의 '훌륭한 창조물' 중 하나인 술을 자신의 몸을 파괴하고 영혼을 타락시키는 '치명적인 독'으로 변질시킨 '극악무도한 죄'를 지었는데, 그들에게 한 가지 희망이 있다면 그리스도 안에서 구원을 찾고, 사악한 주변 사람들을 물리치고, 고행과 금욕의 삶을 시작하는 것이었다.[19]

1628년 영국의 청교도 논객 윌리엄 프린William Prynne은 당시 유행하던 늘어뜨린 머리를 뽐내는 사람들에게 비슷한 조언을 했다. 유행에 민감하고 "고대기에 영원히 속박당한 채" 사는 궁정 사람들이 즐겨하던 그 머리는 굽슬굽슬한 머리를 땋아서 리본으로 장식해 얼굴 양쪽으로 길게 늘어뜨린 모양이었다. 프린은 이런 허영이 더 큰 악덕으로 이어지고, 더 큰 악덕은 지옥으로 이어질 것이라고 경고했다. 1648년 또 다른 청교도인 에섹스 목사 랄프 조슬랭Ralph Josselin은 어린 아들의 죽음이 자신의 허영심, 욕망, 과도한 체스 놀이 때문이라고 털어놓았다. 특히 체스 놀이에 대한 언급은 시사하는 바가 컸다. 근대 초기의 성직자들, 기독교도뿐 아니라 유대인과 이슬람교도들은 종종 체스가 경전을 멀리하게 하고 도박을 조장하여 시간을 낭비하는 악덕이라 비난했다. 신학적 관점에서 체스는 죄를 짓도록 하는 유인이었다. 죄 자체뿐 아니라 죄의 결과도 게으른 자의 자식들에게 찾아온다고 했다. 그러니 도박 테이블로 정신없이 달려갈 만큼

어리석은 사람들에게 재앙은 당연한 것이었다. 개신교 도덕주의자들의 눈에 마리 앙투아네트Marie Antoinette와 같은 방탕한 도박꾼은 처형자들이 그녀의 시체를 버리고 석회 무덤에서 머리를 잘라갔을 때 마땅한 대가를 치른 셈이었다.[20]

명백한 금기 위반에 대한 성직자의 분노와 금기 위반이 초래할 집단적 처벌에 대한 두려움 너머에는, 스튜어트 가문의 뺀질거림이나 낭비벽 심한 가톨릭 여왕 등에 대한 경멸이 깔려 있었다. 일반적으로 어떤 쾌락, 악덕, 중독이 환영받지 못하거나 일탈적이거나 이질적인 집단과 연루되면, 새로운 쾌락과 오락거리는 진압될 가능성이 높았고, 사소한 악덕도 중대한 악덕으로 취급되었으며, 잠재적으로 중독성 있는 물질은 엄격히 금지되었다. 중국인 이주 노동자들이 아편 흡연과 연루되고, 디아스포라 유대인들이 증류나 주점 관리와 연루되며, 미국에서 독일 이민자들이 안식일 음주를 위한 노천 탁자와 연루되면 문제가 커졌다. 금주법 시기에는 시카고 경찰이 술을 파는 식당을 불시에 단속하여 유일하게 무정부주의자 한 명만 체포해갔다는 유명한 농담이 있었다. 흥청대는 술잔치를 벌이는 것과 신과 인간의 법을 무시하는 것은 별개의 사안이었다.[21]

쾌락, 악덕, 중독에 관한 논쟁을 종교와 종교적 일탈의 관점에서 바라보는 것은 이치에 맞다. 방종한 생활은 공동체 생활에 녹아 있는 일상적인 정신적 관습을 통해 의식의 변화를 추구하는 주된 종교적 전통과 불화했다. 인류가 인지적, 사회적으로 발달하면서 여러 가지 쾌락과 초월의 방법이 생겨났지만, 종교는 대체로 내적·외적 규율에 입각한 방법을 선호했다. 이와 대조적으로 도박과 술 같은 악덕은 기강 해이와 신성 모독을 조장했다. 타락한 신앙과 관련된 생경한 악덕은 더욱 나빴다. 프린이 화를 냈듯이, 늘어뜨린 머리를 뽐내는 영국인은 프랑스인이나 버지니아인처럼 보였는데, 이는 가톨릭교도나 타락한 영국 성공회교도와 같다는 의미였다. 그가 가장 싫어했던 것이 무엇인지는 알 수 없지만, 그가 내비친 것은 분명 분노였다.[22]

한편 악덕을 반대하는 입장에는 세속적 측면도 있었는데, 이런 특징은 19세기와 20세기에 더욱 뚜렷이 나타났다. 반악덕 운동가들이 가장 문제 삼은 부분은 개인과 가족에 미치는 해악, 집단이 치러야 할 대가, 부족이든 민족이든 국가든 간에 소속된 집단의 미래에 대한 위협이었다. 굶주린 아내와 자식들을 남겨두고 자살하는 도박꾼들은 첫 번째 문제의 전형적 예였고, 흡연자들이 저지르는 우발적 화재는 두 번째 문제의 전형적 예였다. 세 번째 문제인 미래에 대한 위협은 젊은이들의 건강과 동기 부여에 초점을 맞추었다. 20세기 중반에 케냐에서 노인들은 아무 불명예 없이 대마초를 피울 수 있었지만, 40세 이하의 사람들이 대마초를 피우려면 따돌림 받는 신세를 각오해야 했다. 케냐 사회에서는, 사실 어떤 사회에서든, 제 역할을 다하는 부모, 부양자, 옹호자가 필요했기 때문이다.[23]

전쟁이나 전쟁이 일어날 것이란 예측은 젊은이들의 방종에 대한 두려움을 고조시켰다. 나쁜 위스키를 마시다가 죽는 것보다 자유를 위해 싸우다가 죽는 편이 나았다. 이는 미국 독립 전쟁에서 정말 그렇게 행동했던 한 군인의 1778년 장례식에서 나온 말이다. 1904년과 1905년에, 술에 취한 러시아 군인과 선원들이 어처구니없이 패하는 모습을 지켜본 전쟁 기자 프레더릭 매코믹Frederick McCormick은 전략상의 교훈을 간결하게 설명했다. "군대의 주적은 도덕적 질병이다. 위대한 군대를 가진 위대한 민족이 단 한 번도 적을* 물리칠 수 없다면, 이는 적에 희생된 것이 아니라 자기 자신에 의해 먼저 희생된 것이 틀림없다."[24]

10년 후 러시아 정부는 전시 금주령을 내렸다. 제1차 세계 대전은 분수령이었고, 많은 악덕 반대 조치를 내놓은 공공정책이 대실패를 거둔 자연 실험이었다. 1914년 프랑스는 압생트의 판매를 반대하는 비상조치를 내렸다. 1915년 영국은 맥주 공급을 줄였고, 1916년에는 마약 규제를 강화했다. 미국이 참전하기도 전인 1916년 12월에 미국 공중보건국Public Health Service은 군사 구호소에서 헤로인을 금지했다. 1917년에 미국 관료들은 성병 감염을 우려하여 기지촌의 홍등가를 폐쇄했고, 같은 해 필리프 페탱Philippe Pétain 장군은 프랑스 군사지역에서 술을 구입하기 더욱 어렵게 만드는 명령을 내렸다. 당시 폭동 중 4분의 3 이상에 술 취한 프랑스 병사들이 연루되었다.[25]

전시와 평시에는 서로 다른 유형의 악덕 반대 주장이 충돌하기 일쑤였는데, 그 결과는 다음 장에서 살펴볼 것이다. 여기서는 19세

---

* 원문을 그대로 옮기면 '일본군을'이지만 이해를 돕기 위해 의역하였다. –옮긴이주

기와 20세기 초의 개혁가들이 동기와 배경이 무엇이었든지 간에 악덕에 관한 세 가지 중요한 깨달음을 얻었다는 점만 말해도 충분할 듯싶다. 첫 번째 깨달음은 기술이 악덕의 판을 키웠다는 사실이다. 중독은 산업화된 환경에서 더 위험했다. 산업화 자체가 악덕을 더욱 부추겼기 때문이다. 증기 인쇄기와 사진 기술로 생산비가 대폭 줄어들 때까지는 포르노도 사치품이었다. 1872년에 런던에 본부를 둔 악덕근절협회Society for the Suppression of Vice는 물밀듯이 쏟아져 나오는 누드 사진으로 골머리를 앓았다. 당시에 누드 사진은 싼 값으로 제작하여 우편으로 쉽게 보낼 수 있었다. 더 비싼 고급 춘화들은 코담뱃갑 뚜껑 안쪽에 붙여 판매했다. 악덕근절협회는 이런 제품과 5톤 이상의 인쇄물, 수백 점의 조각판, 석판, 목판, 금속 연판 등을 압수했고, 40명의 포르노 제작자를 구속하여 일부에게 강제 노동 판결을 내렸다. 그래도 기계화된 사업을 중단시키기에는 역부족이었다.[26]

두 번째 깨달음은 상업적 악덕에 종사하는 사람들이 조직적이고 정치적으로 활동한다는 사실이었다. 그들은 무허가 도박장처럼 불법 사업을 할 경우 망보는 감시원, 현관 문지기, 경비원, 도박판 사기꾼을 고용하고 임대인과 경찰을 매수했다. 또 허가받은 양조업과 증류업처럼 합법적인 사업을 할 때는 재정 수입에 목마른 정부를 자금력으로 회유해 자신들의 입맛에 맞는 정책을 도입하게 했다. 1895년 캐나다 왕립위원회는 "술 밀거래에 대한 어떤 본격적 개입도 필연적으로… 캐나다 자치령의 특허 은행 전체보다 많은… 막대한 재산 가치를 떨어뜨린다"고 시인했다. 금주법에 반대하는 유권자를 거짓으로 등록하거나 술꾼의 채용을 거부하는 기업을 블랙리스트에 올리는 등의 수법은 흔했다. 뇌물 수수도 마찬가지였다. 성직자라고 예외가 아니었다. 지역의 거물급 주류 판매상을 묵인해준 성직자는 헌금 접시에서 후한 헌금을 기대할 수 있었다. 1928년에 장로교 목사 해리 포스딕Harry Fosdick은 "주류 사업은 언제나 무법이었다"고 말했다. 그는 금주법이 부정 이득을 발생시키고 범죄를 조직화한다는 혐의를 부인했다. 영국의 금주 지지자들도 같은 논지의 주장을 펼쳤다. 주류 사업 자체가 술 못지않게 대중을 위협한다는 것이었다.[27]

더 크게 보자면, 악덕은 더 이상 단순히 나약한 사람의 나쁜 특성만을 의미하지 않았다. 19세기와 20세기 초반에 악덕은 그런 특성을 시스템적으로 부추기는 행태를 의미하게 되었다. 담배 파는 아가씨들이 기모노를 입고 무료 샘플을 나누어 주듯이 말이다. 여기에 반대하는 사람들은 악덕이 상업적이고 조직적이라고 비난하기 시작했다. 포스딕은 '시스템적 주류 밀거래'를 비난하며, '거래trade' 대신 '밀거래traffic'라는 경멸적인 용어를 썼다. 다른 서양 언어에서도 이 같은 용어의 변화가 일어났다.[28]

세 번째 깨달음은 악덕이 과거에는 충분히 인식하지 못했던 방식으로 개인에게 해롭고 사회적으로 비도덕적일 수 있다는 사실이었다. 의사들은 오래전부터 습관적 담배 흡연이 미치는 악영향을 경고해왔다. 19세기에 의사들은 흡연을 출산율 감소처럼 사회적으로 우려되는 상황과 연결 짓기 시작했다. 출산율 감소는 프랑스에서 특히 걱정거리였는데, 많은 프랑스인이 1870~1871년 보불전쟁에서의 패배를 자국의 인구 정체 탓으로 돌렸을 정도였다. 일부 의사들은 니코틴을 불임의 주범으로 지목했고, 다른 프랑스 의사들은 1868년부터 1888년 사이에 2배로 늘어난 알코올 소비 증가와 정신질환 증가율 사이의 상관성을 강조했다. 스위스의 영향력 있는 정신과의사이자 신경해부학자, 우생학자인 오귀스트 포렐Auguste Forel도 술을 공격의 대상으로 삼았다. 그는 수정되는 순간에 부모가 한 명이라도 술에 취해 있다면 태아 손상blastotoxie이 발생할 수 있다고 주장했다. "당신이 술에 취했다면, 바보가 태어날 것이다!"라고 불가리아의 한 금주 잡지는 선포했다. 가난, 영양실조, 산모와 신생아의 부실한 관리 역시 유전적 결함의 원인이라는 사실도 알코올과 코카인 같은 마약을 거세게 비난하는 사람들을 막지는 못했다.[29]

술꾼들은 성병에 걸릴 위험이 더 높았고, 술집과 선술집은 빅토리아 시대의 섹스 산업을 접하는 가장 흔한 관문이었다. 위생사들은 매춘부가 매독을 유발하는 박테리아인 트레포네마 팔리덤Treponema pallidum을 대량 살포하는 원천('트레포네마 기관총')이고, 매독은 시력을 멀게 하고 불구로 만들어 죽음을 초래하는 병이라고 경고했다. 진단검사가 개선됨에 따라 매독이 충격적일 정도로 널리 퍼졌다는 사실이 명백해졌다. 1920년대 중반에는 프랑스 인구의 10퍼센트와 중국 도시 인구의 10~15퍼센트가 매독 감염 증상을 보였다.[30]

이런 통계 수치 뒤에는 몰락하여 황폐해진 삶이 있었다. 전도유망하거나 권력을 가진 자들의 삶도 예외는 아니었다. 나폴레옹

미국 해군 장교 존 다넨하워는 매독에 걸려 시력 상실로 고생하다가 1887년에 자살했다. 시력 상실은 의사들이 '뛰어난 모방자'라고 부르던 이 변화무쌍한 질병의 증상 중 하나에 불과했다. 1875년 이후 반 세기 동안 매독의 원인과 복잡한 증상에 대한 지식이 늘면서, 매독과 다른 성병의 온상으로 여겨지던 매춘을 억제하는 캠페인이 시작되었다.

출처 Courtesy of the New-York Historical Society, New York City

Napoleon을 가장 오래 모신 전속부관 중 하나인 장-앙도슈 주노Jean-Andoche Junot는 매독에 걸려 군사적 기량과 정신을 잃었다. 아나폴리스Annapolis 해군사관학교 졸업생이자 북극 탐험가인 존 다넨하워John Danenhower 중위도 매독성 홍채염에 걸려 시력을 상실했다. 그는 사고로 배를 좌초시키고 나서 1887년에 자살했다. 1890년에 서툴게 자신을 쏘고 혼수상태로 죽은 빈센트 반 고흐Vincent Van Gogh는 말년의 고통스러운 세월 동안 아마 (그의 여러 질병 중에서도) 매독으로 심하게 고생했을 것이다. 고흐가 죽을 때 그를 안고 있던 남자, 즉 고흐의 동생이자 미술상인 테오 반 고흐Theo Van Gogh는 확실히 매독에 감염된 상태였다. 그는 이듬해인 1891년에 마비성 치매 형태로 매독에 굴복했다. 매독의 또 다른 명칭인 보행성 운동실조증은 초콜릿 재벌, 밀턴 허쉬의 아내 캐서린 허쉬Catherine Hershey를 불구로 만들고 마비시켰다. 1915년 병상에 누워 죽어가던 캐서린은 옆에 있던 남편에게 샴페인 한잔을 가져다 달라고 부탁해 남편이 자신의 최후를 목격하지 않게 했다. 9년 후에 레닌Lenin도 비슷한 고통을 겪었는데, 유럽 망명 중에 아마 매춘부에게 옮았을 신경매독으로 사망한 것으로 추정된다. 이 사망 진단은 논쟁의 여지가 있지만, 만약 사실이라면 그 스쳐가는 만남이 러시아, 소련, 그리고 세계사의 흐름을 바꾸어 놓았음에 틀림없다.[31]

노예화의 쾌락

주노, 다넨하워, 반 고흐 형제, 허쉬, 레닌 등은 모두 중년의 나이에 죽었다. 수많은 당뇨병 환자, 흡연자, 폐인이 되어 수명이 한참씩 줄어든 도박꾼 역시 마찬가지였다. 민간에 떠도는 지혜에 출처가 의심스러운 의학 지식이 더해져 술주정뱅이에게는 가장 끔찍한 종말이 예고되었고, 그들은 희미한 푸른 불꽃 속에서 저절로 연소될 것으로 기대되었다. 금주 지지자들은 알코올 중독자의 유병률과 사망률이 계속 높아지는 통계를 인용하며 더욱 확고한 입지를 다졌다. 그들은 알코올 중독에 사망뿐 아니라 노예제의 혐의까지 더했는데, 이는 중독 이상을 시사하는 모욕적 비난이었다. 17~19세기에 걸쳐 가속화된 세계적 쾌락 혁명은 수백만 명의 소비 노예뿐 아니라 수백만 명의 생산 노예를 양산했고, 많은 노예가 플랜테이션 농장에서 죽느니만 못한 삶을 선고받았다.[32]

식약 작물은 농장주와 상인에게는 이익을, 운송업자에게는 무게에 비해 높은 가치를, 대중에게는 값싼 에너지와 쾌락을, 정부에는 꾸준한 수입원을 제공했기 때문에 금세 큰 인기를 얻었다. 정부는 식약 작물에 세금을 부과하거나 국가 독점권을 부여하기 시작했으며, 17세기 후반에는 이런 관행이 표준으로 자리 잡았다. 중상주의자들은 설탕과 같은 수입 소비재에 지불할 정화正貨가 줄어드는 데 안달했다. 그래서 1630년부터 1660년 사이에 영국, 프랑스, 네덜란드, 덴마크 사람들은 이 문제를 해결하고자 스페인인과 포르투갈인에 합세해 신세계로 사탕수수 식민지를 건설하러 나섰다. 이런 식민지에서는 삼림을 평탄하게 다지고 사탕수수를 재배할 집단 노동이 필요했으나, 사라져가는 원주민과 연한계약 노동자들이 그 요구에 응하지 않아서, 농장주들은 대서양을 횡단하는 노예무역에 의존하기 시작했다. 결국 전체 아프리카인 600만~800만 명 가운데 절반 이상이 노예가 되어 설탕 농장에서 생을 마감했다. 대서양 횡단 중에 또는 도착 후 2년 내에 사망하는 노예들도 무려 7명 가운데 3명꼴에 달했다.[33]

살아남은 노예들의 노동은 그들 자신의 대체품을 확보하는 데 도움이 되었다. 농장주들은 1700년부터 1830년까지 사탕수수에서 추출한 럼주를 수출해서 번 돈으로 앙골라에서 브라질로 수입된 노예 4명 중 1명의 값을 지불했다. 아프리카 노예무역에 뛰어든 로드아일랜드 사람들은 '기니만 럼주'를 선호했는데, 도수가 높아 운송비를 절감할 수 있는 독한 토산 증류주였기 때문이다. 럼주 수출품은 인도인 노동력을 확보하는 역할도 했다. 13년 계약의 노동이 고작 럼주 13갤런과 외투 4벌과 교환되었다. 자메이카에서는 노예들에게 덫을 놓아 사탕수수를 갉아먹는 쥐를 제거하도록 초과 근무를 시켰고, 노예들은 자신들이 잘라온 쥐꼬리 개수에 비례하여 보너스 럼주를 받았다.[34]

이처럼 쾌락, 악덕, 중독이 비자발적 생산과 관련이 있었다면(워낙 밀접하게 관련되어 대서양 양안에서 노예제에 반대하는 퀘이커교도들은 서인도 설탕을 보이콧했다), 비자발적 소비와도 점점 눈에 띄게 관련되었다. 17

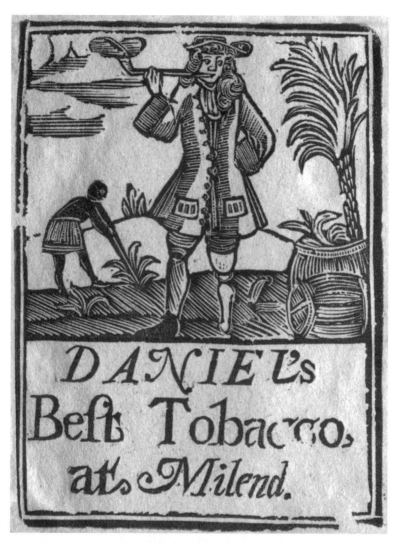

17세기의 버지니아 담배 상표들에는 종종 아프리카인들이 밭에서 힘들게 일하는 동안 파이프 담배를 피우는 한량 같은 농장주들이 묘사됐다. 눈길을 끄는 이런 목판 라벨은 본래 품질을 보장하고 브랜드 충성도를 높이려는 의도였지만, 담배가 그 소비자들뿐만 아니라 생산자들까지 노예로 만들었다는 또 다른 메시지를 전달하고 있었다.

출처 Courtesy of the Virginia Historical Society, Richmond, Va.

세기부터 19세기까지 작가들은 나쁜 습관을 버리지 못하는 사람들을 본능적 노예 상태에 비유하기도 했다.

> 담배가 사람들의 가슴에 갈고리를 걸어놓아, 사람들은 얼마 후에 마치 용서를 구하듯 담배로 되돌아간다. (1620년)

> 이들은 자유를 논하는 사람들이지만, 도박에 대한 열정에 있어서는 어떤 아프리카인보다 더 심한 노예가 된다. (1774년)

> 술을 홀짝홀짝 마시는 불행한 사람들은 이 지독한 증류주에 절대적으로 노예처럼 예속되어 있어, 이 최악의 속박에서 벗어나도록 자신을 인도하는 힘을 잃은 듯 보인다.(1778년)

> 사람이 아편을 먹는 것이 아니라 아편이 사람을 먹어치운다.(1850년)[35]

'중독addiction'이란 단어도 채권자에게 채무자를 배정한다는 의미의 라틴어에서 유래하여 역시 노예 상태를 함축하고 있었다. 18세기가 되자 '중독'은 어떤 행동이나 물질에 사로잡힌 상태를 의미하게 되었다. 탐험가 존 로슨John Lawson은 캐롤라이나 원주민들이 술을 마시고 담배를 피우는 데 '심하게 중독되어 있다'고 표현했다. 1756년에 사전을 편찬한 새뮤얼 존슨은 "이것은 보통 나쁜 의미로 받아들여져, 예를 들면 '그는 스스로 악덕에 중독되었다he addicted himself to vice'처럼 쓰인다"고 설명했다.[36]

여기에서 재귀대명사의 사용이 눈길을 끈다. 존슨의 예시에서 죄인은 스스로를 곤란에 빠뜨렸다. 그러나 18세기 후반과 19세기 초반 미국인 벤저민 러시Benjamin Rush와 영국인 토머스 트로터Thomas Trotter를 비롯한 개혁적 성향의 의사들은 중독의 책임을 중독자가 아닌 습관성 물질, 특히 증류주에 물었다. 이런 생각이 새로운 것은 아니었다. 유럽의 연구자들은 적어도 17세기 초반부터 알코올에 대한 병적인 통제력 상실을, 아시아의 연구자들은 적어도 16세기 후반부터 아편에 대한 통제력 상실을 이야기해왔다. 1574년부터 1595년까지 오스만 제국의 술탄이던 무라드 3세Murad III는 한때 자신이 아편 중독자가 아님을 확인하기 위해 장래의 수상을 네 시간 동안 자신 곁에 세워두기도 했다(그 신하는 침착함을 유지하여 수상 자리를 얻었다). 그런데 러시와 트로터는 이 익숙한 이야기에 정신의학 프레임을 적용했다. 러시는 증류주를 마시는 습관이 여러 정신질환을 유발하는 원인이자 그 자체로 정신질환이라고 설명했다. 1812년에 그가 말했듯, 음주는 처음에는 자유의지로 시작할지 몰라도, 습관화를 통해 결국 건강과 도덕을 고려하지 않는 '불가피한 일'로 발전했다. 1804년에 트로터 역시 "취하는 습관은 정신 질병"이라고 강조했다. 반복이 습관을 강화하고 점점 정신까지 변화시킨다는 것이었다. 그는 점심식사 전인 오후 1시에 늘 증류주를 마시는 한 가족을 언급하며, "이 시간이 지났거나 그들이 집을 떠나 있으면, 그래서 평소처럼 한 모금 마시지 않으면, 상당한 '의식의 감각'이 수반되었다. 쉽게 말해

서 그들은 매우 나쁜 습관에 빠졌고, 술 한잔이 부족해 기분이 울적해진 자신을 발견했다"고 말했다.[37]

이 말은 매우 현대적으로 들린다. 1시 정각이 신호이고, '의식의 감각'이 조건화된 반응이며, '울적함'은 금단 현상의 시작인 것이다. 학계에서는 한때 이런 통찰을 중독의 발견이라고 평가했다. 하지만 그보다는 의료 모델을 향한 길고 논쟁적인 여정에서 주저하는 첫걸음으로 이해하는 편이 더 정확하다. 의료 모델은 중독을 사회적이고 발달적인 맥락에 따라 다양한 위험을 미치는 특정 신경독성의 변화에 기초한 일종의 '병리적 학습'으로 보았다. 러시와 트로터, 그들을 계승한 19세기 학자들은 알코올 중독과 다른 중독에 대한 공통적인 병인론, 치료적인 식이 요법, 용어들을 정립하지 않았다. 질환 모델의 또 다른 선구자인 독일계 러시아 의사 C. 폰 브륄 크래머C. von Brühl-Cramer는 1819년에 알코올 중독을 의미하는 '음주벽Trunksucht' 개념을 제시했다. 18세기 후반에 독일에서 유행하던 '독서벽Lesesucht'이란 용어를 본뜬 것인데, 크래머의 책을 번역한 크리스토프 W. 후프랜드Christoph W. Hufeland는 '색광nymphomania'이란 단어에서 또 다른 유사점을 찾아내어 'Trunksucht'를 '음주광dipsomania'으로 번역했다. '알코올 중독Alcoholism'이란 용어는 1849년에 스웨덴 의사 마그누스 후스Magnus Huss가 처음 만들 때까지 사용되지 않았다. 접미사 '-이즘-ism'은 흔한 곰팡이인 맥각ergot을 먹어서 생기는 맥각 중독ergotism 같은 유독성 질병을 나타내는데, 어느 정도 시간이 지나자 의사들은 거의 모든 중독성 물질에 이 접미사를 붙였다. 영어 사용자들은 아편 중독opiumism과 헤로인 중독heroinism에 대해, 슬라브어 사용자들은 모르핀 중독morfinizm과 코카인 중독kokainizm에 대해, 프랑스어 사용자들은 커피 중독caféisme에 이 접미사를 썼다. 하지만 'Alcoholism' 같은 일부 예외를 제외하고는 어떤 것도 보편적으로 사용되지는 않았다. 많은 저자가 '-벽'이나 '-광' 같은 단어의 변형을 선호했기 때문이다.[38]

학계에서 어떤 용어를 사용했든 간에, 알코올 중독을 관리하려는 최초의 움직임은 증류주가 보편화된 국가들에서 나타났다. 이는 적어도 이치에 맞았다. 속효성의 강렬한 뇌 보상이 중독 사례를 유발할 가능성이 가장 높았고, 따라서 병리적 소비에 대한 의학적 고찰을 자극할 가능성도 가장 높았다. 모르핀 주사에 대해서도 같은 상황이 벌어졌다. 1870년대와 1880년대에 피하주사기의 확산은 서양 의사에 반향을 일으켜, 임의적 모르핀 주입의 위험성을 경고하고 알코올 중독과 모르핀 중독의 유사성에 주목하게 했다. 하지만 그들 역시 공통의 임상적 용어를 정착시키는 데는 실패했다.

19세기 의학계의 분열된 상태를 고려할 때, 중독의 바벨탑을 쌓는 것은 불가피했다. 의사들은 문화적으로도, 파벌적으로도 뿌리 깊이 분열된 상태였다. 진단 범주를 정리할 국제기구(또는 보험사 또는 역병학자)도 없었고, 학술적으로 소통할 공통 언어도 없었다. 또 중독의 유형이 지역에 따라 달랐기 때문에, 의사들이 같은 유형의 중독 행위에 관심을 보인 것도 아니었다. 서유럽과 북유럽 의사들은 증류주의 독성과 유전적 효과, 습관화의 영향에 관심을 보였지만, 중국 청나라 의사들은 거기에 별로 관심이 없었다. 중세 문헌을 보면 중국에서도 '식주食酒'라 부르며 알코올 중독을 인식했으나, 19세기 들어서는 점점 아편 중독癮(은, Yin 중국어로 중독을 뜻한다.-편집자)이나 갈망을 우려하게 되었다.[39]

역사상 최초로 중독에 의학적으로 접근하려던 시도는 용어나 개념, 지리적 요인으로 혼란스럽기는 했어도, 동시대 사람들이 악덕을 이해하는 방식과 악덕의 책임에 대한 생각에 실질적으로 영향을 미쳤다. 정말로 특정 물질에 반복적으로 노출되면 신체가 손상되고 정신이 어지러우며 의지가 꺾여 자신과 타인, 심지어 뱃속의 아이에게까지 심각한 해를 입힌다면, 그 노출을 최소화하거나 제거하는 조치를 취하는 것이 옳았다. 의료 관계자들은 개인의 피해, 사회적 비용, 미래에 대한 위협 등 세 가지 노선의 주장을 모두 강화했다. 그들의 발견이 악덕에 대한 종교적, 문화적 반대를 대체하지는 못했어도 보강하기는 했다. 실제 많은 빅토리아 시대의 의사가, 특히 개신교 선교사를 겸하는 의사가 가장 두드러지게 도덕적 반대 입장을 공유했다. 그들은 개혁의 쟁기에 과학과 신앙이란 멍에를 씌웠다.

사슬의 연쇄 고리

의학계의 비판은 쾌락, 악덕, 중독이 서로 연결되어 있다는 입장도 강화했다. 1870년대부터 미국과 영국의 몇몇 의사는 알코올 중독자

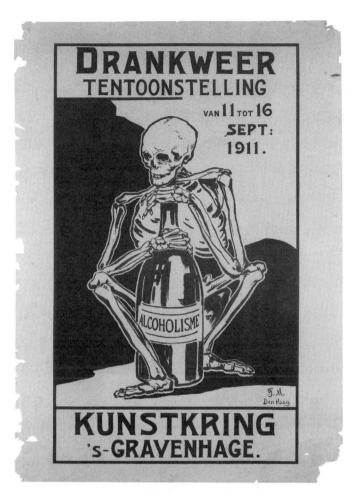

1911년 헤이그에서 열린 제13회 알코올 중독에 반대하는 국제회의(Thirteenth International Congress against Alcoholism)와 공동 개최된 한 전시회 포스터다. 20세기 초에 의학계는 알코올 중독과 조기 사망의 연관성을 인정했고, 잠정적으로 알코올 중독이 정신질환, 즉 사회적이고 유전적인 원인과 결과가 있는 질병이라는 인식을 받아들였다. 영국의 알코올 중독 전문가 R. 웨일스 브란트와이트(R.Welsh Branthwaite)는 1909년 회의에 참석한 대표단에게 "모든 무절제는 잠재적 범죄, 공공 재원의 부담, 자신과 타인에 대한 위험이거나 괴로움, 테러, 추문, 가족이나 주변 사람들의 성가신 골칫거리의 원인"이라고 말했다. 중독자는 본보기, 가르침, 방임, 어쩌면 '직접적인 출산'을 통해 자신과 같은 중독자를 계속 양산했다.

출처 Courtesy of the Wellcome Collection, London

와 약물 중독자가 별개의 악덕에 시달리는 것이 아니라 '무절제'라는 치료 가능한 단일한 신경질환으로 고통받는다는 입장을 취했다. 이 입장을 공개적으로 지지했던 토머스 D. 크로더스Thomas D. Crothers 는 '알코올, 아편, 그 밖의 도취 물질'에 대한 치료법을 광고했고, 그의 코네티컷 정신병원에서는 3개 대륙에서 온 환자들을 치료했다. 무절제 상태에 빠지는 선행 요인에 대해서는 의견이 분분했는데, 여기에는 스트레스, 신경쇠약, 유전적 퇴화, 조기 노출(부모들이 아편을 먹여 아기들을 잠재우는 경우 등)이 포함되거나 그중에 하나도 포함되지 않을 수도 있었다. 마약과 술은 처음에 어떤 쾌락과 위안을 주었든지 간에, '중독 과정에서 신경 중추의 학습'과 내성 등이 축적되면서 갈망과 재발의 원인이 되었다. 술꾼들은 한 가지 자극이 차단당하면 종종 다른 자극으로 옮겨갔다. 크로더스는 젊을 때 심하게 술을 마시다가 끊었음에도 불구하고 중년에 쓰러져 죽은 한 사업가에 대해 썼다. 장의사는 작은 봉지에서 그가 숨겨놓은 모르핀을 발견했을 때 비로소 그의 죽음의 미스터리를 풀었다.[40]

　무절제 이론은 시대를 앞서가는 생각이었지만, 실험적 근거가 부족했다. 이 이론은 외부의 미국과 영국 전문가 집단을 설득하지 못하였고, 제1차 세계 대전 도중과 전후에 폐기되었다. 그때쯤에는 대부분의 관리당국이 '중독'을 강박적인 마약 사용으로 국한하는 입장을 취했다. 20세기 중반에는 많은 연구자가 알코올 중독은 '사교의 조미료'를 잘못 사용하는 소수의 음주자만이 전염되는 특정 질병이라는 산업계의 입장을 지지해, 알코올 중독은 별개의 영역으로 분

리되어 나갔다. 이런 상황은 20세기 후반과 21세기 초반에 신경과
학자들이 과거의 무절제 이론보다 훨씬 더 상세하고 설득력 있는 새
로운 뇌질환 패러다임을 제시할 때까지 계속되었다. 신경과학자들
은 중독의 범주에 술, 담배, 그 밖의 약물을 포함시켰고, 동일한 신
경 경로의 많은 부분을 자극하는 강박적인 도박, 폭식, 소셜 미디어
사용과 같은 행동도 추가했다. 이런 패러다임은 대대적이고 국제적
인 영향을 미쳤다. 중국어 사용자들은 은癮에 약물, 흡연, 섹스, 인터
넷 등의 특성을 추가했다. 연구자들은 심지어 라마르크 사상(용불용
설)을 부활시키고 후생유전학의 언어로 재구성하여, 습득된 중독적
특성이 자손에게 유전될 수 있다고 주장했다.[41]

　이때는 무절제 이론가들이 힘들여 얻은 성공 기회를 놓친 지 1세
기쯤 지난 시점이었다. 중독 행위들의 근본적인 병리학적 통합에 대
한 주장은 아직 설득력을 얻지 못했지만, 의학계는 흡연자들이 독
한 술을 즐겨 마신다는 널리 알려진 사실처럼 다양한 악덕의 연관
성을 확립하고 강화했다. 의사들은 담배를 피우는 소년들이 나쁜 성
적, 나쁜 직업, 음주와 마약 습관, 그리고 조기 사망을 감수해야 할
거라고 경고했다. 이 말에 놀란 어머니들은 '골초' 아들들을 지방 법
원으로 끌고 가서 아이들 목에 예방책으로 추정되는 질산은을 칠했
다. 마케팅에 능수능란한 담배업계가 제1차 세계 대전 이후 그런 두
려움을 어느 정도 잠재우는 데 성공했지만, 흡연의 부정적 이미지
가 완전히 사라지지는 않았다. 헤로인 중독자들은 예외 없이 담배
를 피웠는데, 그들은 종종 불붙인 담배를 입에 문 채 깜빡 졸아 온몸

에 장미 모양의 화상이 남곤 했다. 개인의 건강과 국가의 건강을 이론적으로 분리할 수 없었던 나치 독일에서는 의사들이 흡연을 '폐자위행위'라고 비난하며 건강에 좋지 않은 흡연의 특성을 강조했는데, 이는 중독성 약물과의 투쟁을 위한 제국 위원회Reich Committee for Struggle against Addictive Drugs의 보조를 받은 프로젝트였다.[42]

국가와 종교 당국 모두 악덕의 연계성을 강조했다. 청나라 관료들은 아편 흡연을 하층민들의 도박과 범죄, 그리고 병사들의 사기 저하와 비겁한 행동과 연관 지었다. 랍비들은 유월절 기도문을 제시하는 경전인《하가다Haggadot》에 담배 흡연자를 좀도둑과 불경한 젊은이로 묘사한 삽화들을 수록했다. 개신교 목사들은 호기심 많은 시골 소년들을 제지하지 않는 사악한 도시에 대해 경고했다. 1842년에 한 침례교 목사는 "그들은 극장, 서커스, 꼭두각시 쇼, 술집, 도박장, 사창가를 들락거린다. 그들은 악덕의 현장과 질 나쁜 사람들에 점점 익숙해진다. 그들은 처음에는 역겨워하다가, 다음에는 재밌어하고, 그 후에는 기뻐하더니, 마침내 악덕에 직접 가담한다. 양심의 가책은 시끄러운 격정의 소란 속에 자취를 감춘다"고 경고했다.[43]

도박장만큼 열정이 파괴되고 악덕이 전략적으로 결합된 곳도 없었다. 도박사들은 잘 속아 넘어가는 젊은이들의 비위를 맞추고 바가지를 씌우면서 그들에게 도박을 즐기는 삶의 욕구를 심어주었다. 결국 젊은이들은 성인이 되어 재산을 싸들고 도박 테이블로 돌아왔다. 그들은 음식, 술, 시가를 계속 권유받으며 손실을 만회해보려 애쓰지만, 상대의 패를 읽고 각종 속임수를 쓰는 전문 도박사들 앞에

무릎 꿇을 수밖에 없었다. 결국 그들은 가족의 재산을 날리고 빚과 난봉, 술의 늪에 빠졌다. 도박에는 대단히 파괴적인 영향력이 있어, 일부 개신교 개혁가들은 신이 제일 싫어하는 악덕이 도박이라 말할 정도였다. 찰스 디킨스Charles Dickens의 소설《오래된 골동품 상점The Old Curiosity Shop》을 읽으며 눈물을 흘린 독자라면 이 말에 동의할 것이다. 성스러운 여주인공 '어린 넬Little Nell'을 이른 나이에 죽음으로 내몬 건 후견인 할아버지의 도박 중독이었다.[44]

귀족들이 도박에 가장 깊이 빠져들었다. 1695년 5월에 오를레앙Orléans 공작부인이자 루이 14세Louis XIV의 제수인 엘리자베스 샤를로트Elisabeth Charlotte는 이렇게 썼다. "판돈이 엄청나게 크다. 사람들은 도박할 때 미치광이처럼 행동한다. 한 사람은 소리를 지르고, 또 한 사람은 탁자를 탕탕 쳐서 방이 흔들리게 하고, 다른 사람은 모욕적인 말을 해서 당신 머리를 곤두서게 할 것이다." 그러나 이런 과장된 태도가 일반적인 것은 아니었다. 귀족 도박꾼들은 세심하게 꾸민 태연한 태도를 유지했다. 그들은 이기든 지든 감정을 드러내지 않았다. 신사라면 생사가 걸린 결투에서 그렇듯이 높은 판돈이 걸린 도박판에서도 위기에 맞설 배짱이 있어야 하고 도박 손실을 메울 수 있을 만큼 여윳돈이 두둑해야 한다고 믿었다. 하지만 항상 그렇지만도 않았다. 전직 생선장수가 운영하던 웨스트엔드 도박 클럽 크록포즈Crockford's는 술과 식사를 판매하며 귀족들의 재산을 쥐어짜내는 것으로 유명했다. '다샬롱 경Lord Dashalong'인 윌리엄 몰리뉴William Molyneux는 그곳에 3,300만 달러에 달하는 금액을 지불했는데, 그러고도 1838년에 사망했을 때 클럽 주인에게 500만 달러를 빚진 상태여서 그의 아들인 3대 세프톤 백작Earl of Sefton이 빚을 갚았다.[45]

도박과 그 밖의 다른 악덕은 부자들을 몰락시켰을 뿐 아니라 재산이 없는 사람들을 계속 그 상태에 머물게 했다. 앞서 보았듯, 당대 사람들은 인생을 파멸시키는 중독을 강제 노동 수용소와 슬럼가의 노동자들과 연관시켰고, 또 노동자들이 술집 외상을 갚고 난 뒤에 무엇이든 주머니에 남은 것을 달라고 조르는 매춘부들과 연관시켰다. 선교사들은 수년 동안 간헐적으로 아편을 피우면서도 아무 부작용 없이 오로지 파멸적인 일상 습관에 빠져들 뿐인 중국 노동자들을 보며 의아해했다. 스칸디나비아의 한 성직자는 한 가문이 술에 취하는 습관 때문에 여러 세대에 걸쳐 어떤 저주를 받았는지를 언급하며 스스로를 개조하라고 설교했다. 많은 문화권의 일반인 관찰자들도 공포와 권태와 싸우는 군인들 또는 술을 구하려고 무엇이든 팔려고 하는 고주망태 소작농들의 심한 흡연과 음주에 대해 언급했다. 한 러시아 번역가는 1880년대에 그가 살던 마을을 이렇게 회상했다. "아이들이 술에 취한 모습도 자주 보게 된다. 많은 엄마가 아기의 우유에 보드카를 넣는다. '이게 아기한테 좋아요. 이러면 얼마나 쌔근쌔근 잘 잔다고요'라고 한 여자가 내게 말했다."[46]

계몽된 여론은 그런 관습이 수세대에 걸쳐 멍청이와 술주정뱅이들을 길러냈다고 주장했다. 오늘날 연구자들은 더 이상 태아 손상을 거론하지 않지만, 중독성 물질에 일찌감치 노출되면 심각한 결과를 초래할 수 있고 특히 빈곤층에서 그렇다는 것을 확인했다. 가난, 스트레스, 도취, 중독의 상호작용으로 그 계층을 벗어나기 어려워지는 것이다. 스트레스가 심한 환경에서 자란 가난한 아이들의 뇌는 여느 아이들과 구조적 차이를 보이는데, 특히 행동을 통제하는 영역인 전두엽 피질에서 두드러진 차이가 나타난다. 그들은 나이가 들면서 정신질환을 겪기 쉽고, 부정적 감정을 다스리는 데 힘들어하며, 즉각적인 만족을 얻기 위해 미래의 보상을 쉽게 포기하는 경향을 보인다. 이 모든 조건이 위험한 행동을 예고하며, 수세대에 걸쳐 빈곤, 무력감, 가정불화, 규제받지 않는 악덕이 일상화된 문화나 지역에서 자란 사람들은 위험한 행동을 할 확률이 높아진다. 위험한 행동 중에는 약물 사용이 있는데, 특히 청소년기의 약물 사용은 더욱 심각한 행동 및 인지 손상을 일으킬 수 있다. 약물 남용이나 폭식 등 어떤 강박적인 행동이 집착의 수준에 이르면, 그 사람은 사회적으로 고립되고, 일자리도 얻지 못하며, 낙인이 찍히게 될 것이다. 고립, 실업, 낙인은 강력한 스트레스 요인이므로 그의 중독 행동은 점점 심해질 테고, 자발적이든 비자발적이든 얼마간의 절제 후에 재발할 가능성도 높아질 것이다. 아노미는 중독의 악순환을 완성한다.[47]

이와 대조적으로, 지위와 의미 있는 직업, 배우자, 미래가 있는 사람들은 중독되거나 중독 상태에 머물 가능성이 적다. 물리학자 리처드 파인만Richard Feynman은 코파카바나 해변의 바를 지나다가 갑자기 오후의 술 한잔을 갈망하는 자신을 발견했다. 그는 자기가 왜 그런지 궁금했고, 문득 소름이 끼쳐 그 자리에서 술을 끊었다. 퓰리처상을 받은 전기 작가 더글러스 사우스올 프리먼Douglas Southall Freeman

은 주치의에게 담배를 끊지 않으면 죽을 것이라는 말을 듣고 바로 손을 뻗어 담배를 비벼 끄고는 다시는 담배를 피우지 않았다. 또 상원의원일 때 병원 침대에서 똑같은 말을 들은 린든 존슨Lyndon Johnson은 담뱃갑을 열어 담배 한 개비를 반쯤 꺼내어 탁자 위에 놓아두었는데, 이것이 그가 훗날 대통령직에서 물러날 때까지 15년 동안 일종의 부적이 되었다. 국제 여론 조사 결과 전문직들이 육체노동자들보다 금연에 성공하는 비율이 높고, 노동자들은 상대적으로 그들의 적은 수입 중 많은 비중을 담배 구입에 쓴다는 사실이 일관되게 드러난다. 알코올 중독과 마약 중독의 경우도 마찬가지다. 항공사 조종사와 의사들은 지위가 더 낮고 자원이 더 적은 사람보다 치료가 훨씬 성공적이다. 무엇인가 잃을 게 있는지가 성공의 중요한 요소로 작용하는 것이다.[48]

모든 것을 잃는 경험 역시 문제가 된다. 이 사실은 북극부터 오스트레일리아 아웃백에 이르기까지 정복당한 토착민들의 중독률이 비극적으로 높은 이유를 설명해준다. 재산을 잃고 고향을 빼앗기고 사기가 떨어지고 병이 생긴 이들은 증류주 밀거래 상인들의 손쉬운 먹잇감이 되었다. 토착민들은 절제된 음주에 대한 문화적 규범이 적고 오히려 도취를 통한 영적 탐구를 선호해왔기 때문에 늘 술에 취해 있다는 평판을 얻게 되었고, 북아메리카에서 특히 그러했다. 러쉬는 1798년에 "원주민 부족들 전체가 술로 파괴되었다"고 썼다. 설상가상으로 1850년 캘리포니아 주법에서는 관료들에게 '독주를 판매하는 공공장소'에 자주 방문하는 원주민을 부랑자로 취급하고 그들의 노동력을 경매에 붙여 가장 높은 금액을 쓴 입찰자에게 팔도록 허용했다. 이는 또 다른 이름의 노예제였다. 보다 계몽된 입법자들은 독주 거래를 제지하려고 시도했으나, 무려 400퍼센트에 달하는 이윤 때문에 전국적으로 위법 행위가 기승을 부렸다. 일부 19세기 서부 개척자들은 부츠 안에 숨긴 플라스크로 술을 판매해 부트레거 bootlegger라고 불렸고, 이 용어가 굳어져서 계속 사용되었다.[49]

술 제조 방법에 대해 습득한 지식도 마찬가지였다. 미국 정부가 원주민에 대한 주류 판매를 억제하는 방침을 심각하게 고려한 지 한참 뒤에도 생존자들은 다시 집에서 양조를 했다. 1950년대에 알래스카를 방문했던 한 공중 보건 간호사는 알류트족 Aleut이 영양실조에 걸린 아이들의 접시에 담긴 음식을 포함해 발효시킬 수 있는 모든 음식물 찌꺼기를 술통에 집어넣고 술을 만들었다고 기록했다. 또 교사들은 아이들이 학교에서 숙취에 시달렸다고 보고했다.[50]

이런 생활 조건은 아무리 생각해도 끔찍하다. 오늘날 더 그렇게 보일 텐데, 아동기와 청소년기의 독소 노출이 발달상 유해하다는 근거가 축적되었기 때문이다. 빅토리아 시대의 개혁가들도 이미 이런 사실을 알고 있었고, 그래서 자신들과 원주민 사회를 다 위협하는 중독성 물질과 악덕의 홍수를 막기로 작정했다. 빅토리아 시대의 개혁가들과 그들의 20세기 계승자들이 어떻게 그 과업을 이어왔는지가 이제부터 우리가 살펴볼 주제다.

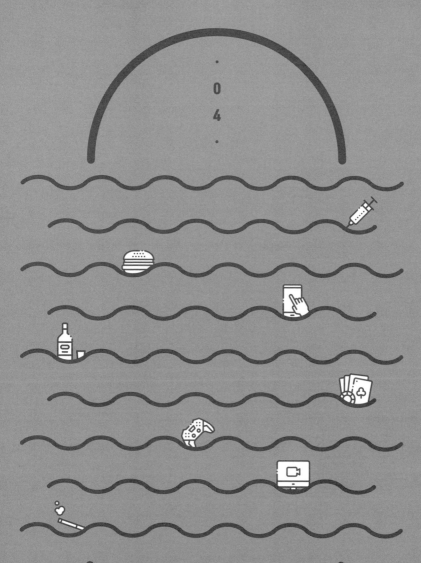

악덕에 반대하는
행동주의

.

ANTI-VICE ACTIVISM

우리는 숙취에 시달리는 알류트족 아이들에 대해 알고 있다. 그곳을 방문했던 간호사가 우연히 아이들의 상태를 보고 분개하는 보고서를 남겼기 때문이다. 아이들이 술을 소비하는 맥락이 달랐다면, 간호사도 더 친절한 어조를 택했을지 모른다. 만약 부모들이 아이들의 코감기를 치료하기 위해 브랜디 한 스푼을 조금 떠먹였다면, 간호사는 그들의 행동을 비난하지 않았을 것이다. 오히려 칭찬했을지도 모른다.

이런 이중성이 쾌락, 악덕, 중독의 역사 전체를 관통한다. 세상에는 유독하지만 종종 즐거움을 주는 물질이 가득하다. 그런 물질은 적은 양만 사용하면 이롭지만 많이 사용하면 해롭고 심지어 목숨까지 잃을 수 있는데, 해가 되는 양은 사람마다 다르다. 결국 술에서 아연에 이르기까지 독성을 결정하는 것은 사용량이고, 이런 생각은 대개 위험을 경고하는 경험칙으로 표현된다. 심하게 취하지 않으려면 포도주를 희석하라. 안락사가 목적이 아니라면 환자에게 투여하는 아편의 양을 주의하라. 식사 때 맥주와 브랜디는 적당히만 마시고 '즐거울 때보다는 꼭 필요할 때' 마셔라. 참을 수 없는 갈증에 시달리지 않으려면 설탕은 자제하라.[1]

이처럼 사람들은 축적된 경험을 통해 유해하고 습관적인 쾌락의 악영향을 제한하는 규칙을 (완벽하진 않더라도) 만들어갔고, 나이에 따라 흡연자에 대한 평가를 달리했던 케냐인들처럼 이에 적응했다. 하지만 항상성을 유지하는 전통적 관습에는 두 가지 한계점이 있었다. 아메리카 원주민이 처음 술을 접했을 때처럼 '순수한' 상황에서는 쾌락의 해로운 영향에 그대로 노출될 수밖에 없었다. 그리고 전통적 관습은 현대의 급속한 기술적, 상업적 발전 속도를 따라갈 수 없어, 점점 값싸고 강렬해지는 쾌락 앞에 전통적 관습의 규칙은 무용지물이 되어갔다.

개혁의 논리
....

이런 상황에서 유해하고 습관적인 쾌락의 악영향을 제한하는 가장 일반적인 방법은 악덕을 엄격하게 통제하는 것이다. 바로 이것이 19세기 말과 20세기 초 절정에 달했던 개혁 운동의 핵심 목표였다. 이 운동은 국제적인 동시에 초국가적이었다. 이 운동은 성매매를 억제하고 마약 생산을 규제하며 식민지의 아프리카인들에게 술을 판매하지 못하도록 금지하는 데 국가들의 공식적 동의를 이끌어냈다는 점에서 국제적이었다. 또 개인들에게 국경을 넘어 개혁을 주장하는 민간 네트워크와 단체를 결성하도록 고무시켰다는 점에서 초국가적이었다. 이런 민간단체 중 최대 규모인 세계여성기독교금주연맹World's Woman's Christian Temperance Union, WWCTU은 1920년대에 이미 회비를 납부하는 회원이 75만 명이었고, 오스트레일리아부터 스웨덴까지 지사를 두었다.[2]

역사가들은 악덕에 반대하는 운동가들을 문화적 제국주의, 도덕적 히스테리, 부정 축재, 노동자와 소수 집단에 대한 편견 등으로 고발하며 호의적으로 보지 않았다. 심지어 광신주의, 유언비어 유포, 출세 지향주의, 계급적·인종적 편견에서 자유로운 운동가들도 종종 명목상의 동지들과 대립되는 동기에 따라 행동하곤 했다. 자칫하면 우리는 이런 결점을 인정하느라, 개혁가들이 종종 풍부한 상상력과 진보적인 방법으로 실제의 위기에 직면해왔다는 사실을 망각할 위험이 있다. 그들은 행동경제학의 핵심 원리를 일찌감치 깨우친 사람들이었는데, 그 원리란 자유 시장이 기만과 조작을 장려하고, 특히 과도한 소비에서 대부분의 이익을 얻는 산업일수록 기만과 조작을 일삼는다는 것이었다. 개혁가들은 인간의 약점을 이용하여 돈을 버는 개인, 기업, 정부, 제국을 맹비난했다. 어떤 사람들은 특정한 민족 집단, 특히 유대인을 원흉으로 지목했다. 하지만 사려 깊은 비판자들은 특정 집단이 아닌 시스템의 문제임을 알았다. 유태인 술집 주인을 체포하면, 바를 닦으며 소년들에게 뒷방으로 가라고 눈짓하는 독일인이나 아일랜드인 술집 주인이 다시 적발되었다. 산업 전반을 감독하고 규제하지 않으면, 책임 있게 규범을 준수하는 사람들이

이익을 목적으로 규범을 무시하는 사람들보다 늘 불리한 입장에 놓였다.[3]

　일부 유명한 반악덕 운동가들은 자본주의를 거부했다. 오귀스트 포렐은 사회주의자였고, 레닌은 공산주의자, 히틀러는 국가사회주의자였다. 그러나 운동가 대다수는 일반 상거래에서의 사적 경쟁을 받아들였다. 누군가 말했듯이 기근은 봉건주의와 공산주의 체제에서 일어났지, 자본주의 체제에서 일어나지 않았다. 악덕의 해결책은 일반 상품에 대한 접근이 아니라 상업적 악덕에 대한 접근을 규제하는 것이었다. 규제가 반드시 금지를 의미하지도 않았다. 금지는 가벼운 규제부터 강제 노동 수용소까지 일련의 스펙트럼상에서 맨 끝에 해당했고, 악덕 공급업자에게 막대한 죄악세를 물리는 간접적인 방식으로 행해지기도 했다. 실제 대부분의 죄악세는 감당하기 힘든 수준이어서, 과중한 죄악세를 물리면 직접적인 금지만큼이나 안정적으로 암시장이 형성되는 역효과가 나타났다.[4]

　개혁가들의 과제는 내부적으로는 어떤 법적 조치를 어떤 악덕에 어떤 제재 방법으로 적용할지 결정하는 것이었고, 외부적으로는 문화적, 정치적 반대에도 불구하고 정부가 이런 조치를 채택하고 시행하도록 설득하는 것이었다. 국가의 법적 조치에 대한 가장 좋은 근거이자 개혁가들이 공통적으로 찾은 근거는 일부 제품과 관습이 너무 유해하여 정부의 개입이 필요하다는 주장이었다. 여기에서 반악덕 행동주의는 진보주의와 제휴했고, 그 후에는 초국가적 세력으로 부상했다. 개혁가들은 자유 시장의 한계를 꼬집으며, 아동 노동과 위스키, 코카인, 포르노, 슬롯머신 등이 자유롭게 거래되고 있는 상황을 비판했다. 또 진보주의자와 금주주의자는 환경, 특히 도시 환경을 개선해야 삶이 개선된다고 믿었다. 사회 공학에는 양면의 논리가 있었다. 불행은 악덕을 조장했고, 악덕은 불행을 조장했다. 그러므로 양면을 동시에 공격해야 했다. 프랜시스 윌러드Frances Willard 같은 운동가는 도취 물질의 남용뿐 아니라 여성과 노동자에 대한 억압도 맹비난했다. 참정권자인 메리 리스Mary Lease는 여자 점원들에게 적정한 임금을 지불하라고, 그러면 그들이 더는 거리에서 몸을 팔지 않을 것이라고 주장했다.[5]

개혁가들의 타이밍은 흠잡을 데가 없었다. 한창 산업화 중인 국가들에서 문맹률이 감소하여 1880년에는 영국 남녀의 4분의 3이 글을 읽을 수 있게 되었고, 다른 사람의 곤경을 동정적으로 이해할 수 있게 되었다. 당대 독자들이 열심히 읽던 금주 문학은 에밀 졸라Émile Zola의 《목로주점L'Assommoir》과 《나나Nana》 같은 소설이 그렇듯 술의 위협을 강조했다. 《목로주점》은 노동자 계급인 파리의 한 부부가 알코올 중독으로 몰락하는 모습을 묘사했으며, 《나나》는 그들의 팜프파탈 딸의 짧고 부박한 삶을 그렸다. 한편 빅토리아 시대와 에드워드 시대의 중산층은 자신들의 가치와 산업이 키워온 걷잡을 수 없는 자본주의에 대해 다시 생각해보고 있었다. 규제받지 않는 시장에서 상업적 악덕보다 더 추하거나 여성과 아이들의 복지에 위협적인 것은 없었다.[6]

집단적 파멸의 조짐이 권력의 지렛대를 움직였다. 1860년대부터

1960년대까지는 집중적 국가 건설의 시대로, 정부는 내부 정비와 더 건강한 인구를 육성하기 위한 위생 개혁 양쪽에 재정을 지원했다. 손쉬운 수단은 당근과 채찍이었다. 당근의 예로 한 프랑스 시장은 모유를 수유하여 자녀가 첫해를 무사히 넘기고 살아남은 모든 어머니에게 포상금을 지불했다. 채찍으로는 독성과 전염성의 위협, 그중에서도 특히 산업적 악덕에 대한 제재가 포함되었다. 미국 해군장관 조지퍼스 대니얼스Josephus Daniels는 "남자들이 똑바로 총을 쏘려면 똑바로 살아야 한다. 특히 매춘과 그 쌍둥이 형제인 음주가 시대착오적 행위가 될 때까지 힘차게 끊임없이 맞서 싸워야 한다"고 말했다.[7]

위생 개혁은 선순환 구조를 만들었다. 사람들이 건강해질수록, 그들이 먹는 음식과 물이 깨끗해질수록, 마약의 진통제나 지사제 성분과 알코올의 항균성 성분의 필요성이 줄어들었다. 금주 운동가들은 술집과 경쟁하기 위해 공공 식수대를 만들었다. 지방 정부들은 콜레라 예방을 비롯해 식수를 공급해야 할 나름의 이유가 있었다. 어느 쪽이든 그 결과는 같았다. 안전한 물을 제공하자 맥주와 다른 알코올성 음료는 소비자들이 포기할 수 있는 여가용 음료로 강등되었다.[8]

공중 보건의 성공은 국제적 모방을 불러일으켰다. 위생 개혁에 필요한 자원이 부족한 국가들조차 위생 관리 정책을 도입해야 할 강제성을 느꼈다. 일례로 중국은 매춘을 규제하고 아편과 담배 소비를 줄이려는 캠페인을 벌였다. 하지만 어느 쪽도 큰 진전을 보지는 못

직업적 책임감을 완전히 상실하고 태만하게 잠들어버린 한 음주자 때문에 무고한 인명과 나라의 재산을 잃을 수 있다는 경고를 담은 스페인 포스터 시리즈 중 하나다. 다른 포스터에는 술에 취한 선원들이 증기선의 경로를 따라 배를 저어가는 모습, 불안해 보이는 일꾼이 지붕에서 떨어지는 모습, 한 술꾼 아버지에게서 태어나 간질병을 얻은 학생의 모습이 그려져 있다.

출처 Courtesy of the National Library of Medicine, Bethesda, Md.

했다. 당시 중국 노동자들 사이에는 담배가 너무 흔해, 가마꾼과 짐마차꾼들이 길을 따라가며 피우는 담배 개비수로 거리를 측정할 정도였다. 그래도 그런 국가적 시도는 의미가 있었다. 1930년대에 이르자 위생 관리 정책이 모든 현대 국가의 특징이 되었고, 파시스트 국가들의 집착 대상이 되었다. 1938년에 독일의 한 중독 권위자가 말했듯 시민들은 자신의 몸을 독성 물질로 파괴할 권리가 없었다. '너의 몸은 너의 것이다'라는 생각은 유태인 마르크스주의자의 헛소리에 불과했다. 진정한 독일인이라면 게르만족의 혈통을 후대에 전달할 의무가 있었다. 그들은 자신의 일족과 백성을 위해 자기 몸을 잘 간수했다. 이렇게 생각하지 않는 알코올 중독자들은 강제 불임 시술을 당할 위험에 처했고, 대부분 하층민이던 심한 술주정뱅이 3만 명이 그런 운명을 맞이했다. 나머지 술주정뱅이는 수용소에 갇혔다.[9]

반악덕 운동가들 가운데 공공연한 파시스트는 거의 드물었지만, 모두가 반자유의지론자이기는 했다. 1926년에 어느 반악덕 운동가는 "문명은 제한을 의미한다"고 했다. 한 세기 동안 규제받지 않는 상업과 억제되지 않는 사회적 비용에 반대하는 반자유의지론의 물결을 타고 규제는 계속 증가했다. 강제적인 악덕 반대 조치를 주장하는 사회복지적인 입장과 천연두 예방 접종을 의무화하자는 미국 금주국Bureau of Prohibition의 주장은 본질적으로 동일했다.[10]

반악덕 행동주의는 다른 측면에서도 타이밍이 잘 맞았다. 현대화 과정에서 악덕이 증가하고 가격이 저렴해진 만큼, 건강에 좋고 단련된 쾌락 역시 그랬다. 모한다스 간디Mohandas Gandhi 같은 개혁가는 이를 '대항력counter-attraction'이라 불렀다. 멕시코의 에밀리오 포르테스 힐Emilio Portes Gil 대통령은 멕시코 근로자들에게 "술이 아닌 책에 돈을 쓰라"고 당부했다. 금주 집회에 참여한 진보적인 스웨덴 노동자들은 독서와 정치 토론이 금주만큼이나 자주적 생활에 반드시 필요하다고 여겼다. 영국의 금주 동맹들은 길거리 수레와 노점을 진저비어, 사르사, 코코아 등으로 채움으로써 노동자들을 술에 취하지 않은 맨 정신 상태로 유도했다. 1870년대에 당구가 노동자 계층의 여가활동으로 인기를 끌자 금주 개혁가들은 무알코올 음료를 제공하는 당구장을 만들었다. 필라델피아에서는 퀘이커교도 조슈아 베일리Joshua Baily가 저렴한 금주 식사를 제공해 다른 유명한 술집에서 제공하는 무료 점심에 맞섰다. 1874년에 베일리는 술집으로 가득한 거리에 노동자중앙커피하우스Workingman's Central Coffee-House를 열었다. 매일 2,000명의 노동자가 이곳에서 건강에 좋은 수프와 달콤한 빵을 먹고 커피를 마셨다. 부유한 방문객들은 고액권을 지불하고 거스름돈을 요구하지 않았다. 이는 모두를 위해 확대해야 할 박애주의적 사업이었다.[11]

이런 대항력을 유지할 자금을 마련하기 위해 악덕이 자행되기도 했다. 페이비언주의자*와 다른 세속적 진보주의자들은 예테보리 시스템의 변형된 형태를 지지했는데, 예테보리 시스템은 술을 독점 판매하여 얻은 이익을 공공 여가시설과 교육 사업에 투자하는, 스웨덴에서 시작된 지방 자치 체계이다. 고정급을 받는 엄격한 술집 주인들—사실상 경찰관들—이 이 시스템의 특징이었다. 이들은 접대, 도박, 매춘, 그리고 미성년자와 많이 취한 사람들에게 술을 파는 행위가 금지되었다. 한 영국 선원은 예테보리에서 상륙 허가를 받고 나갔다가 두 시간 만에 실망하여 배로 돌아와 "나는 그런 곳에 가본 적이 없다. 거기서는 술에 취하는 것이 불가능하다"라고 불평했다.

---

* 1884년에 영국에서 점진적인 사회주의화를 목표로 결성되어, 토지와 산업 자본을 사회가 공동으로 소유하자고 주장했던 집단-옮긴이주

만약 그가 어떻게든 술에 취하는 데 성공했다면, 그가 술값으로 지불한 돈은 공원이나 도서관으로 보내졌을 것이다.[12]

반악덕 운동가들은 새로운 통신 및 운송 기술도 손에 넣었다. 음란 소설을 찍어내던 증기 인쇄기가 이제는 싸구려 개혁 팸플릿을 부지런히 찍어냈다. 사진 제판 인쇄술이 등장하여 추문을 폭로하는 잡지들의 제작비가 절반 이상 감소했다. 관공서에는 선교사들이 전신으로 보낸 식민지 아편 판매 반대 탄원서가 쇄도했다. 금주주의 강연자들은 입체 환등기 프로젝터를 사용하여 지방간과 알코올성 심장을 보여주었다. 고속선들이 개종할 사람을 찾는 선교사들과 청중과 아이디어를 찾는 개혁가들을 실어 날랐다. 아동 성매매 반대 운동을 벌이던 영국 언론인 윌리엄 스테드William Stead는 타이타닉호Titanic로 항해를 예약하는 불행한 운명을 맞이했다. 그러나 대부분의 개혁가들은 목적지에 무사히 도착했다. 19세기에 악덕이 증기를 동력으로 삼았듯, 반악덕 행동주의 역시 증기에서 추진력을 얻었다.[13]

가장 현대적인 책략을 구사한 개혁가 중 하나인 메인주 태생의 장로교 목사 윌버 크래프츠Wilbur Crafts는 가장 청교도적인 사람이었다. 그는 1895년 워싱턴 D.C.에 로비와 정보 교환을 담당할 국제개혁국International Reform Bureau을 설립해 이혼 자유화부터 아편 판매에 이르는 모든 악덕에 반대하는 캠페인을 조직했다. 크래프츠는 악덕을 구원과 공공질서에 대한 위협으로 간주하여, 술, 마약, 도박, 음란물, 담배, 흡혈귀 영화, 안식일을 지키지 않는 신도에 대한 탄압을 요구했다. 그는 투우, 맥주 파티, 경마 등으로 보내는 무신론적인 대류식 일요일보다 지나치다 싶을 정도의 청교도식 일요일이 낫다고 믿었다. 만약 새로운 사회적 상황이 경제적이고 도덕적인 행위에서 개인의 자유를 축소하라고 요구한다면, 그렇게 해야 마땅했다.

크래프츠는 일주일에 5번 강연을 했고 매년 1권의 책을 썼는데, 그중에는 《세계 금주서World Book of Temperance》와 《도취제와 아편으로부터 토착민 보호하기Protection of Native Races against Intoxicants and Opium》와 같이 좋은 반응을 얻은 베스트셀러도 있었다. 그는 아내이자 공동저자인 세계여성기독교금주연맹WWCTU 간사, 사라 제인 티마누스 크래프츠Sara Jane Timanus Crafts와 함께 에스페란토어를 배워 세속적인 개혁가들이 공유하는 보편적 개혁의 핵심으로 이 언어를 홍보했다. 1906년 크래프츠는 원양 여객선 갑판 위에서, "국제적인 여행, 상업, 독서가 '국제인'의 밀집된 집단을 형성한다"라고 선언했다. 그는 1922년에 사망할 때까지 29개국에 반악덕 운동을 전파했다.[14]

초국가적 순수 개혁가들은 다양한 종교적, 정치적 배경에서 등장했다. 복음주의*의 열정과 백인의 책무인 제국주의와 여성의 권리 의제를 결합시킨 윌버와 사라 크래프츠는 서구, 특히 미국의 반악덕 운동가들의 전형적인 예였다. 금주 지도자 프랜시스 윌러드는 30년간 강제 매춘을 반대하는 '순회하는 청교도' 운동을 벌인 의료선교사 케이트 부시넬Kate Bushnell과 같은 부류였다.

---

* 복음을 받아들여 실천하는 것을 중심으로 하는 주의. 특히 믿음으로 구원을 얻는 것을 강조한다. -편집자주

반면 가장 유명한 청교도적 개혁가인 간디는 비슈누파 힌두교와 자이나교를 결합했다. 자이나교는 신지학과 공상적 이상주의의 일환으로 서양 제국주의와 상업주의에 강력히 반발했다. 간디는 인도 독립의 아버지로 역사에 남았는데, 인도인이 진정한 자치를 이루려면 영국인 지배자뿐 아니라 본인들의 악덕도 없애야 한다고 믿었다.

간디는 악덕이 위계적이며 서로 연결되고 있다고 보았다. 그는 특히 유럽의 값싼 독주를 기독교 제국주의자들이 증기선을 이용해 온 세계에 속여 판 술이라며 경멸했다. 이렇게 비판하는 사람은 간디 혼자만이 아니었고, 보츠와나부터 뉴질랜드에 이르는 원주민 지도자와 선교사들도 그와 같은 의견이었다. 간디가 보기에 술은 도덕적으로, 육체적으로 파괴적인 악덕의 연결선상에 놓인 첫 번째 도미노일 뿐이었다. 그는 사랑하는 조국을 더럽히는 전염성 쓰레기(또 다른 집착 대상) 같은 모든 악덕을 깊이 파묻고 싶어 했다. 그는 1925년에 쓴 글에서 만약 본인이 설득할 수만 있다면, '매춘부들'이 무대에 오르는 것을 막고, 음주와 흡연을 금지시키며, '천박한' 광고, 이야기, 사진을 언론에서 배제시키겠다고 했다. 그러면서 유감스럽게도 "나는 간절히 원하지만 그런 설득력이 없다"며 한숨을 쉬었는데, 이 말은 너무 겸손한 나머지 솔직하지 못한 것이었다. 실제 간디는 주류 판매점에 대한 피켓 시위와 불매 운동을 조직화했고, 국민회의파Congress Party의 공약 일부를 금지시켰다. 양귀비 재배 지구에서 아편에 반대하는 캠페인을 벌였고 국제적 마약 반대 단체들을 지원했다. 또 금주 운동가, 기독교 선교사, 사회 위생사들과 의견을 주고받았다. 간디는 그의 기관지에 모든 기사를 옮겨 실어 자신의 건강 조언과 다른 사람들의 조언을 발표했고, 강의에서 대학생들에게 담배의 유혹을 피하라고 경고하며 악덕을 공격했다. 간디는 자신의 명성을 이용해 젊은 청중들을 일깨우는 방법을 완벽하게 알고 있었다.[15]

간디의 적들도 마찬가지였다. 1921년에 간디에 적대적인 담배 제조업자 중 하나가 '마하트마 간디 담배Mahatma Gandhi Cigarettes'를 출시했다. 라벨에는 마하트마(위대한 영혼)의 초상화가 붙어 있었다. 간디는 한 친구에게 그 라벨을 받고서 "내 이름이 남용된 온갖 일들 가운데 이것만큼 굴욕적인 일은 없다"고 했다. 인간을 타락시키는 악덕은 흡연자를 노예로 만들었고, 그의 지갑을 빈털터리로 만들었으며, 그의 숨결을 더럽혔고, "때로는 심지어 암까지 유발했다." 간디는 담배 제조업자에게 그 브랜드를 폐기하라고 요구했고, 대중에게는 그 담배를 보이콧하라고 했다.[16]

개혁의 한계
....

간디는 이 작은 분쟁에서 이겼다. 불쾌한 담배 상표는 사라졌다. 하지만 간디와 그의 동지들은 다른 전투에서 패했다. 아무리 진보주의와 국가통제주의, 민족주의가 유행하고, 종교적, 의학적, 선동적인 순풍이 불어 그들을 앞으로 밀어주더라도, 또 아무리 그들의 개인적 명성이 대단하더라도, 간디와 크래프츠 같은 운동가들이 상업적 악덕보다 우세하지는 못했다. 그들의 개혁적 성과는 변동이 심했고, 그들의 유산은 허물어지기 쉬웠다. 본인이 암살당한 지 6개월도 안 되어 그의 장남인 하릴랄Harilal이 알코올 중독으로 사망한 간디의 경우에는 더 말할 것도 없었다. 제1차 세계 대전 이후 20세기 동안 기업가들은 악덕의 제국을 합법화하고, 미화하고, 확장하고, 중독의 유형을 증가시키는 데 서서히 그러나 확실히 성공을 거두었다. 한때 그토록 위협적으로 보였던 반자유의지론 개혁주의가 어떻게, 또 어째서 상업적인 자유사상에 패했는지가 이 책을 관통하는 핵심적 의문이다.

이것이 의문인 까닭은 다른 많은 국제적인 개혁 노력은 성공했기 때문이다. 몇 가지만 예로 들더라도, 개혁가들은 해적질, 대서양 횡단 노예무역, 덤덤탄과 독가스의 군사적 사용, 고래와 철새의 무차별 포획, 핵무기 대기 실험에 반대하는 지속적인 합의를 이끌어냈다. 어떤 합의도 완벽하게 효과적이지는 않았어도, 더 나은 세상을 위해 변화를 일으킬 정도는 효과적이었고, 이에 원한을 품은 사후 보복도 없었다. 하지만 반악덕 행동주의에 대해서는 아무도 그같이 말할 수 없었다.

물론 적선의 나포 면허장을 발급하거나 머스터드 가스(화학전에 쓰는 독가스)를 방출하는 것이 위스키를 마시거나 주사위를 굴리는 것과 같은 쾌락을 주지는 못했다. 반복 가능한 뇌 보상은 악덕을 독특한 범주로 분류한다. 그 범주 안에는 악덕을 꾸준히 찾는 소비자에

'찻잎의 예언'은 1918년 전 세계의 금주법이 최고조에 달하던 시점에 등장했다. 총 8개국이 알코올음료에 대한 금주법을 시행했다. 프랑스를 포함한 몇몇 다른 나라는 압생트를 금지했다. 그래도 더 많은 국가에서 금주법을 시행할 것이라든가 정부가 술과 관련된 다른 악덕을 진압할 것이라는 예언은 나오지 않았다. 그림 속에서 술을 의인화한 존 발리콘(John Barleycorn)은 세계의 금주법 염소와 절벽 끝에서 힘겨루기를 하고 있다.

출처 J. E. "Jimmy" Murphy cartoon, Literary Digest, August 17, 1918, p. 16.

해당하는 수익성 높은 범주가 있었다. 그들의 수요가 보여주는 상대적 경직성, 특히 단기적인 불가변성은 어떤 공급이든 급격히 감소하면 가격 상승의 압력을 받게 된다는 것을 의미했다. 때때로 공급 부족은 사회적 상황과 관련되기도 했다. 1917년 담배의 공급 부족으로 유럽 변두리 지역에서 미국의 혼합 담배 가격이 사상 최고가를 기록했다. 하지만 공급 부족은 규제, 징벌적 세금, 금지법의 결과일 때가 더 많았다. 각종 법적 제재로 인한 공급 부족으로 이익을 얻게 된 상인들은 사업이 불법화되면서 더 늘어난 위험과 뇌물 등의 간접 비용을 소비자에게 전가했다.[17]

미국에서 1920년대까지 불법이던 포르노와 비의료용 마약 시장은 악덕의 금지가 공급과 가격에 미친 영향을 잘 보여준다. 당시 《응접실의 숙녀들Ladies of the Parlor》 같은 책은 밀수업자를 통해 밀거래되거나 동네 인쇄소에서 복사본으로 구해야 했다. 포르노물 제작자들은 야밤에 인쇄소를 빌려 자기 직원들을 동원해 복사본을 찍어냈다. 비밀 유지가 사업의 핵심이었고, 경쟁업자들은 재빨리 라이벌을 밀고했다. 포르노물 제작자들은 카메라 가게부터 약국에 이르기까지 불법 소매점을 임시로 운영했다. 서점들은 부업으로 하루에 2센트씩 받고 책을 빌려주는 대출 도서관을 운영했고, 음란서적 대출용 표지로 하루에 1달러씩 벌어들였다.

포르노를 구입하는 사람들은 노골적으로 바가지를 썼다. 당시 하드커버 문학 소설이 한 권당 2달러에 팔렸다. 하지만 흔해빠진 성애 도서들은 5달러에서 10달러에 팔렸고, '고품격' 서적은 훨씬 더 비싼 값에 팔렸다. 1920년대와 1930년대에는 16mm 영화 기술의 등장으로 수익을 부풀릴 새로운 기회가 생겨났다. 카메라 한 대, 코러스 걸 한 명, 현상한 필름을 씻을 통 하나만 있으면 여기저기 분산된 제작자들이 1릴당 약 25달러에 포르노 영화를 제작할 수 있었다. 영업사원들은 영화를 50달러에 대여하여 남학생 클럽 하우스나 미국 재향 군인회American Legion 지부에서 일회성 상영을 했다. 자동차 딜러들은 촬영장 사람들이 세일즈 열기에 동참하도록 자동차를 빌려주었다. 다른 사람들은 영화를 구입하고, 호텔 회의실을 예약하여 아무 자리나 2달러에서 25달러까지 받고 티켓을 팔았다. 한 중간 단계 배급업자는 타임스스퀘어Times Square 호텔의 스위트룸을 잡고 잠재 고객들에게 영화를 보여준 뒤 판매 계약을 체결했는데, 1956년까지 오늘날의 달러화로 약 33만 달러 가치의 현금을 축적했다. 그는 모르핀에서 추출한 약물인 딜라우디드Dilaudid에 중독된 상태에서도 그렇게 할 수 있었다.

마약 시장도 포르노 시장과 거의 같은 방식으로 돌아갔다. 타임스스퀘어 포르노 배급업자는 어느 독일인 난민 의사에게 딜라우디드를 구했는데, 그 대가로 의사에게 처방전마다 25달러를 지불하고, 약을 지어주는 약사에게 또 25달러를 지불해야 했다. 거리 중독자들은 상황이 더 좋지 않았다. 그들은 불순물이 95퍼센트나 섞인 가루 '헤로인' 5그레인(아스피린 크기) 분량을 사기 위해 5달러를 모으려고 무슨 짓이든 해야 했다. 아마 순수 헤로인 1밀리그램도 초코바 여섯 개 가격인 약 30센트면 충분했을 것이다.[18]

다른 관점에서 보자면, 이런 수치들은 금지법이 효과가 있었음을 보여준다. 가격이 높아지자 소비가 줄어들었다. 특히 금지법의 주요 표적이었던 도시 노동자들 사이에서 소비가 감소했다. 공급자들도 공공연히 영업을 할 수 없게 되면서, 강제로 지하로 내려가거나 심지어 물속으로 도망갔다. 전설적인 핀란드 밀수업자 알곳 니스카Algot Niska는 그의 배 뒤에 집에서 만든 술 어뢰를 끌고 다녔다.[19]

개혁가들은 이 정도에도 만족했다. 그들은 결코 악덕을 근절시킬 수 없음을 알았기에 그저 대중의 시야에서 악덕을 추방할 작정이었다. 대중의 시야에 들어온 악덕은 미성년자들을 유혹하고 점잖은 사람들을 놀라게 했기 때문이다. 심야 남성 흡연자 모임에서 상연하는 도색 영화는 상업적 규제의 범주를 한참 벗어나 있었다. 하지만 이렇게 악덕이 분리된 상황도 오래 지속되지는 않았다. 20세기 후반이 되자 악덕은 전 세계의 시각적, 상업적 문화에 침투했다. 이는 전통적인 반악덕 운동가들이 오랜 문화 전쟁에서 결국 패배했다는 가장 확실한 신호였다. 그러나 1920년대만 해도 개혁가들은 여전히 고개를 빳빳이 들고 다녔다. 그들은 많은 악덕(담배는 점점 확연히 예외로 취급되었다)이 비싸고, 홀대받고, 낙인이 찍히고, 불법화되거나 엄격하게 규제받고 있다는 사실에 만족했다. 그리고 합리적이게도 상업적 주류를 이루며 공공연히 광고되는 대상보다 불법적이고 위험한 악덕에 맞설 때 그들의 선동이 더 승산이 높다고 믿었다.

이런 승리는 곧 대가를 치렀다. 악덕의 가격이 상승하자 불법 거래상들이 이 시장에 몰려들었다. 그들은 완전히 법의 테두리 밖에서 영업했기 때문에 부정부패, 불순물 혼합, 폭력에 기대는 성향이 훨씬 더 강했다. 중독자들, 특히 마약을 사용하는 중독자들은 약국 강도를 비롯해 점점 더 위험한 범죄를 저지르면서 악덕의 습관을 유지했다. 사치품이 필수품이 되고 필수품이 중독이 되는 과정에는 나름의 철칙이 있었다. 사치품을 엄격히 금지하면 소비자 수는 줄어들어도, 소비자들이 평균적으로 더 가난하고 더 많이 망가진다는 것이었다. 게다가 중독자가 아닌 사람들은 암시장의 위험성과 불편함에 크게 분노했다. 익숙한 환경에서 익숙한 쾌락을 즐기는 일은 노예화만이 아니라 해방의 가능성도 제공했던 것이다. 하지만 셔터문을 내린 선술집과 술집은 노동자들에게서 술뿐만 아니라 동료애, 휴식, 신문, 외상 기회, 정치적 청탁, 일자리 소개, 우편물 배달장소까지 빼앗아갔다. 그들은 이런 박탈에 분노했고, 금지법에 뿌리깊이 자리잡은 계급적 편견에 분개했다.[20]

금주법의 미덕과 결함은 미국에서 가장 명백하게 나타났다. 미국은 알코올음료의 제조, 유통, 판매를 줄이기 위해 오랫동안 전국적인 실험을 벌였고, 그 결과 '취하는 음료'를 금지하는 미국 헌법 수정修正 제18조가 각 주의 승인을 얻어 1920년에 드디어 볼스테드법 Volstead Act이라 불리는 전국 금주법National Prohibition이 시행되었다. 하지만 이 법은 1933년까지 유지되다가 헌법 수정 제21조에 의해 폐지되었고, 알코올 통제권은 주와 지방 정부로 반환되었다. 할리우드 영화와 전 세계 언론은 주류 규제가 너무 야심찰 경우 어떤 문제가 발생하는지를 보여주는 객관적 교훈으로 이 사례를 이용했다. 볼스테드법은 전면적인 금지령은 아니어서 의료용 술이나 성찬식용 술의 사용은 허락되었고, 제한적인 가내 양조도 허용됐다. 그러나 이미 금주법을 제정해놓은 몇몇 시골 주정부는 주류 구입, 소유, 소비를 전면 금지하도록 법령을 강화하여 시행하기도 했다. 지방 당국과 자경단원들은 이 법을 가난한 백인과 소수 민족에게 가장 혹독하게 적용했기에, 그들은 건설 현장에서 인부로 일하며 벌금을 갚아나가야 했다. 반면 뇌물을 쓸 수 있는 범죄조직 보스들은 더 쉬운 방법을 택했다. 사창가와 도박장을 눈감아 달라며 경찰에게 뇌물을 먹이는 데 능숙했던 그들은 비슷한 의도의 경쟁자들을 물리칠 수만 있다면 주류 밀매로 돈을 쓸어 담을 준비가 되어 있었다.

금주법은 그 허점과 위선—의원 휴게실에 있을 때보다 의회장 안에 들어가면 위스키의 적들이 더 많아졌다—에도 불구하고, 술 소비량과 가격에 상당한 영향을 미쳤다. 1인당 술 소비량은 처음에는 금주법 이전의 30퍼센트 수준까지 떨어졌지만 점차 증가하여 1933년에는 60~70퍼센트 수준을 회복했다. 가장 큰 타격을 받은 음료는 맥주였다. 금주법 이전에 맥주의 양조, 보관, 운송 방법이 개선되면서, 생맥주는 풍부하고 가격이 저렴해졌다. 5센트만 내면 아주 기다란 맥주잔 하나가 바 위로 미끄러져 나왔다. 이런 맥주의 유행에 힘입어 1900년부터 1913년까지 1인당 알코올 소비량은 거의 30퍼센트나 증가했다. 그런데 전국의 1,300개 양조장이 더 이상 합법적으로 강한 도수의 맥주를 생산할 수 없게 되자 도시의 맥주 가격은 5~10배로 뛰었다.[21]

불법 제조된 증류주가 부진한 판매량을 어느 정도 채우긴 했어도, 1쿼트의 술을 사려면 인부의 주급 절반을 써야 할 판이었다. 뉴저지주의 한 주부는 조선소 노동자인 남편이 왜 술을 적게 마시냐는 질문에 술의 질이 떨어지고 가격은 비싸졌기 때문이라고 간단히 대답했다. 허드슨강 건너에 위치한 맨해튼 벨뷰 병원Bellevue Hospital 알코올 병동에서 치료받는 환자 수는 금주법 이전에 연간 1만 5,000명에서 1924년에 연간 6,000명 이하로 감소했다. 1916년부터 1929년 사이에 간경변 사망자는 전국적으로 30퍼센트 이상 감소했다. 디트로이트에서 주취 행위로 체포된 사람은 금주법을 시행한 첫해에 90퍼센트 감소했다. 가정폭력에 대한 민원도 절반 수준으로 줄었다.[22]

그러나 디트로이트의 금주법 시행에는 이런 긍정적 측면 외에 한 가지 부정적인 이면이 있었다. 디트로이트가 캐나다의 합법적인 증류주가 대부분 불법으로 흘러들어가던 미국 온타리오주 윈저 근처에 위치하여, 조직범죄와 헤드라인을 장식하는 폭력의 온상이 된 것이다. 1929년에 디트로이트는 전국에서 가장 높은 살인율을 기록했다. 무엇보다 법 집행으로 야기된 문제들, 즉 갱단과 부패, 민족적·계급적 분노, 유독성 술과 범법자들로 가득한 감옥 등이 금주법의 정치적 지지 세력을 약화시켰다. 하지만 배가 뒤집혔어도 아직 가라앉지는 않은 상태였다. 1928년에 금주법에 찬성하는 공화당 대통령 후보 허버트 후버Herbert Hoover가 금주법에 반대하는 민주당 후보 알 스미스Al Smith를 완파한 것이다. 개신교 금주주의자들은 싸움을 계속했다. 헨리 포드Henry Ford는 술과 산업 시대는 공존할 수 없다

고 선언하며, 금주법이 폐지되면 자신의 공장들을 폐쇄하겠다고 위협했다.[23]

금주법 실험이 끝나는 데는 대공황Great Depression 위기가 결정적 역할을 했다. 어려운 시기가 닥치자 금주법에 기반을 둔 번영의 약속이 우스워졌고, 국가 수입이 긴급히 필요해져 공화당은 의회와 백악관의 통제권을 포기해야 했다. 1932년 선거에서 민주당이 압승을 거두면서 합법적인 맥주의 귀환이 이루어졌다. 결국 금주법이 폐지된 것은 상황이 급변한 탓이었다. 세트와 세팅은 악덕 자체뿐 아니라 악덕 관련법에도 중요했던 것이다.[24]

과세 수준은 악덕 관련 정책의 또 다른 중요 변수였다. 주류 판매가 다시 합법화된 주에서도 주류 밀매가 계속되었다. 범죄자들은 국세청Internal Revenue Service의 눈을 피해 대도시 창고에서 공업용 알코올을 '재증류'했다. 시골의 밀주업자들도 속이 빈 증류기들을 계속돌렸다. 그래도 1933년 이후 허가받은 증류업자와 수입업체들이 다시 증가하면서 전반적인 주류 밀매는 감소했다. 그러다 제2차 세계대전의 위기가 닥치자 급격한 상황 변화 속에서 연방정부는 주류 소비세를 세 배로 인상했다. 1950년에 이르자 정부, 세금을 내는 기업, 불법 밀주업자들은 늘 그래왔듯, 주류 시장의 더 큰 파이를 차지하려고 경쟁했다. 주류 판매점의 술 가격을 지불할 수 없는 사람들은 밀주업자들의 최고 고객이었고, 이 패턴은 세계적으로 그때나 지금이나 유지되고 있다.[25]

20세기 전반기에 미국의 주류 단속 정책을 둘러싼 변화는 도처

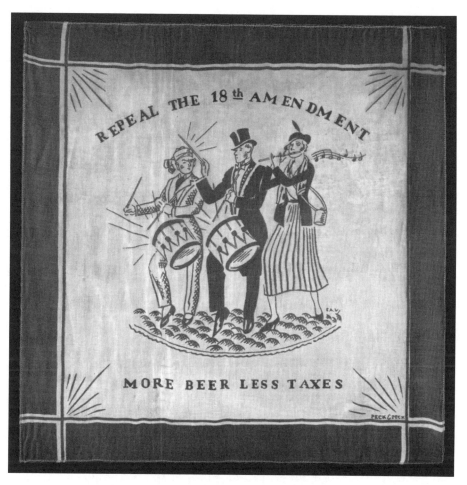

고급 여성 의류회사 펙 앤 펙(Peck & Peck)은 금주법 반대 스카프를 디자인했다. 드럼과 파이프 연주자들은 미국의 건국이념인 지배 당국의 횡포에 맞선 자유주의 혁명을 환기시켰다. 인물들이 입은 옷은 그들이 비록 양조 면허는 없어도 현대성을 지니고 있음을 보여준다. 세련되게 차려입은 여자는 신여성이 아니다. 실크해트를 쓴 드러머의 어설픈 행동—그는 머리에 붕대를 감은 옆 사람의 머리를 때렸다—은 금주법이 상류사회 사람들의 음주를 막는 데 실패했음을 은근히 암시했다. 더 낮은 세금을 부과한다는 주장은 의심스러웠다. 알코올에 세금을 매기면 정부의 총 수입이 증가하거나 부유층의 세금 부담을 덜 수는 있겠지만, 국가의 재정 수입이 부족했던 1930년대와 1940년대의 사건들이 입증하듯 전반적인 세금 인하를 보장하지는 않았다.

출처 Courtesy of the Virginia Historical Society, Richmond, Va.

에서 반악덕 운동가들을 괴롭히던 문제를 잘 보여준다. 현대화된 국민 국가는 기껏해야 일관성이 없거나 신뢰할 수 없는 개혁 파트너였다. 국민 국가는 상업적 악덕이 초래하는 사회적 결과와 건강 문제를 해결할 힘과 동기를 갖고 있었지만, 정부 수입에 대한 갈증과 국가 엘리트들의 습관을 억제하는 데 대해 양가兩價적 입장을 취했다. 스탈린은 과세된 보드카의 수문을 다시 열었고, 마오쩌둥은 중국의 담배 산업을 국유화했다. 인도 정치인들은 샴페인을 마시고 가난한 자들의 아라크주*에 세금을 부과하면서, 전국적 금주법 시행을 촉구했던 간디의 주장에도 불구하고 금주법 제정에 착수하지 않았다. 1937년에 간디는 미국에서 올바른 신념을 가진 소수가 금주법을 지키는 데 실패한 것은 대다수에게 음주가 충분히 수치스런 행위가 아니었기 때문이라고 지적했다. 반면 인도에서는 음주 행위에 사회적 낙인을 찍고 오직 소수만이 음주에 탐닉하는 만큼 금주법을 '시행하기가 쉽다'는 논지를 펼쳤다. 간디는 전 국민이 술에 취하지 않은 상태를 유지할 경우의 이점을 고려하면 세수상의 손실도 무색해질 것이라고 예언했지만, 간디의 예언은 보란 듯이 빗나갔다. 2014년에 이르자 인도는 세계 위스키 매출의 절반을 차지하게 되었다.[26]

더 작은 국가들 역시 불안정한 개혁의 파트너가 되었다. 세계에서 가장 작은 국가이던 바티칸 시국은 가톨릭 사제들의 영화 관람을 금지했던 교황 비오 10세Pius X의 엄격한 칙령에도 불구하고 이탈

---

* 쌀과 야자 즙으로 만든 독한 술 -옮긴이주

리아의 신생 영화 산업에 투자했다. 1904년 이후 트란스발Transvaal*
은 노동자들에게 아편을 판매하는 것을 불허했지만, 보어전쟁South
African War으로 붕괴된 금광 개발을 재개하려고 6만 3,000명 이상의
중국 이주 노동자들이 도착했을 때 일시적으로 판매 금지 조치를 완
화했다. 역시 중국인들이 점점 늘어나던 시암(타이의 전 이름)에서는
전통적인 불교 유산이나 기독교 선교사들의 항의에도 증류주 제조,
아편 판매, 도박장이 허용되었는데, 1895년에 이르러서는 이 세 가
지 악덕이 시암 수입의 51퍼센트를 차지했다. 그중에서도 가장 유혹
적인 것은 담배세였다. 어느 냉소주의자가 1902년에 썼듯이, 담배
세를 폐지하면 전 세계 정부의 절반은 무너질 터였다.[27]

불가리아 역시 20세기 동안 담배 생산과 세수에 점점 더 의존했
다. 제2차 세계 대전 이전에 불가리아 농부들과 수출업자들은 림츠
마Reemtsma 같은 독일 대기업에 담배를 공급하며 번영을 누렸다. 흡
연은 1935년부터 1940년까지 1인당 담배 소비량이 2배로 증가한 나
치 독일에서는 결코 근절할 수 없는, 인기 있는 '폐 자위행위'였다.
정계 거물인 헤르만 괴링Hermann Göring, 아돌프 아이히만Adolf Eichmann,
마르틴 보어만Martin Bormann, 에바 브라운Eva Braun, 요제프와 마그다
괴벨스Joseph and Magda Goebbels도 뻐끔뻐끔 담배를 피워댔고, 기회주
의자들로 넘쳐나는 혁명 운동에서 이는 낯선 광경이 아니었다. 나치

---

* 1838년 현재의 남아프리카 공화국의 발강 북쪽에 세워졌던 나라. 1852년 영국으로부터 독립을
인정받았으나 1902년 보어전쟁에 패배한 후 1910년 남아프리카 공화국의 주로 편입되었다. - 편
집자주

제국이 몰락한 후 불가리아는 동유럽과 소련의 흡연자들에게 담배를 공급했고, 1966년에 이르러 세계 최대의 담배 수출국이 되었다. 그리고 1980년대 초에는 세계에서 가장 심각한 흡연국 중 하나가 되었다. 불가리아 국민의 절반이 담배를 피웠는데, 그들에게 담배는 보기 드물게 값싸고 풍부한 사치품 중 하나였다.[28]

물론 이 과정에서 아무 반대도 없었던 건 아니다. 흡연을 음주 및 매춘과 결부시킨 개신교 선교사와 교회 신도들이 가장 먼저 반대하고 나섰다. 오귀스트 포렐의 영향을 받은 좌파들도 흡연을 부르주아적 방종과 타락의 원천으로 보았다. 공산주의자들도 원칙적으로는 이에 동의했지만, 실제로는 뿌연 담배 연기 속에서 라디오 모스코바Radio Moscow 방송을 들었다. 이 '불가리아의 금'은 국가를 건설하는 자금을 제공했다. 1947년에 불가리아인민공화국은 통합된 담배 독점 기업인 불가르타박Bulgartabac을 설립하고, 그 기업의 수익을 국가의 근대화에 필요한 재원으로 활용했다. 공중 보건에 대한 관심은 뒷전으로 밀려났다. 필립모리스Philip Morris에서 이런 변화를 주시하고 있었다. 1973년에 불가르타박의 책임자 디미튀르 이아드코프Dimitŭr Iadkov는 필립모리스의 CEO 휴 컬맨Hugh Cullman을 예우상 방문했는데, 이때 컬맨의 방에서 불가르타박이 동독에서 블라디보스토크까지 드넓게 장악하고 있는 지도를 보고 놀랐다. "나는 정말로 당신이 부럽습니다. 나는 항상 이런 시장을 꿈꿉니다. 나는 진심으로 부러워서 이렇게 말하는 겁니다. 우리 회사는 시장의 규칙을 따라야 하니까요." 자본가는 공산주의자에게 이렇게 말했다.[29]

개혁의 분열

반악덕 운동가들도 시장의 중요성을 이해했다. 그래서 상업적 악덕 시장을 진압하거나 사회적으로 배제하거나 엄격히 규제하기를 원했다. 여기서 '~거나'라는 말에 주목해야 한다. 개혁가들은 전술, 근거, 우선순위에 대해 의견차를 보였다. 개혁 연대 내부의 의견 불일치는 19세기 초에 이르러 완전히 명백해졌고, 이 문제는 오늘날까지도 이어지고 있다.

1833년 가을, 버지니아주 리치몬드에서 일어난 사건은 이 문제를 잘 보여준다. 불법 도박장이 갑자기 늘어나자 시민들은 회의를 소집했다. 너무 많은 사람이 의사당 건물에 들어와 구경꾼은 창문턱에 걸터앉아야 했을 정도다. 시민들은 조사위원회를 선출했고, 위원회는 의사당 부지에서 한두 블록 떨어진 몇몇 도박장을 비롯해 적어도 14개의 비밀 도박장을 즉시 적발했다. 이런 도박장에서 전문 도박사들은 젊은이들을 유혹하고 열정적인 사람들을 흥분시켜 그들의 인격, 이성, 수입을 모두 빼앗았다. 그들은 이런 짓을 일삼으면서도 처벌을 받지 않았는데, 위원회의 보고에 따르면, 당시 도박 단속법이 불충분하고 부적절하게 시행되었기 때문이다. 버지니아주에서 전문 도박은 1727년부터 이미 불법화되었다. 하지만 전문 도박으로 기소된 사례는 거의 없었고, 성공적인 기소 사례는 더욱 드물었다. 목격자들은 증언하기를 꺼렸다. 전문 도박사들은 유죄 판결을 받아도 가벼운 형벌에 그쳤고, 때로는 사면되었다. 위원회는 보다 엄중한 법률의 제정, 보다 엄격한 집행, 보다 가혹한 형량이 필요하다고 권고했다. 백인에게는 벌금과 투옥으로 충분하겠지만, 노예, 노예가 아닌 흑인들, 물라토*들은 채찍질로 다스려야 한다고 주장했다.

처벌을 가중하는 것은 반항에 대한 고전적 대응책이지만, 처벌을 강화하는 데 인종에 따라 차별을 두는 방침을 이보다 더 노골적으로 보여주는 경우는 상상하기 힘들 것이다. 그러나 위원회의 이 보고서는 경솔하지도 않았고 만장일치도 아니었다. 위원회 구성원들은 두 가지 대안을 고려했으나 기각했다. 하나는 도박꾼들에게 도박을 조직하고 제공한 사람들과 똑같은 법적 근거를 적용하는 것이었다. 그러나 이 조치는 가해자뿐 아니라 피해자도 처벌하게 되는 문제가 있었다. 다른 하나는 몇 곳의 허가받은 도박장에만 도박을 허용해 피해를 줄이려고 노력하는 것이었다. 그러나 일부라도 도박을 합법화하면 오히려 도박을 유행시켜 도박 열기에 불을 지필 우려가 있었다. 도박이 '오락으로서 과세되던' 당시 파리만 봐도 알 수 있었다. 연간 550만 프랑(오늘날의 약 2,700만 달러)의 정부 수입은 전 재산을 잃고 센강에 뛰어들거나 자신에게 총을 쏴버린 자살자들과 도박광들의 희생으로 얻어진 것이었다. 대부분 유럽 국가들과 미국의 한 주를 제외한 모든 주는 이 치명적인 악덕을 합법화하지 않기로 결정했다.[30]

---

* 백인과 흑인인 부모 사이에서 태어난 사람-옮긴이주

이 위원회에 속한 좀 더 국제적 성향의 세 위원은 의견을 달리하는 소수 의견을 발표했다. 이들이 보기에 도박은 여전히 법의 테두리 밖에서 성행하고 있었고, 런던에서도 그런 것으로 악명 높았다. 버지니아 영연방은 1727년 금지 조치 이후 도박에 대한 제재를 확대해왔지만, 상황은 조금도 나아지지 않았다. 아무리 높은 형벌을 내려도 일하지 않고 돈을 벌려는 사람들의 열망을 근절시킬 수는 없었다. 또 당시에는 '도덕주의자들과 그들을 추종하는 특정 계층', 즉 복음주의 개신교 신자들이 파로와 룰렛 같은 도박을 춤이나 연극 같은 더 순수한 여가활동과 묶어 한통속으로 취급하여 문제를 악화시켰다. 그들은 청교도적 간섭에 대해 회의감을 불러일으킴으로써, 시민들이 해로운 오락과 그렇지 않은 여가를 구분하지 못하게 했다.

소수 의견을 낸 세 위원이 생각하기에, 도박을 최소화하는 가장 좋은 방법은 국가가 허가한 도박장에서만 도박을 허용하고 나머지 장소에서는 도박을 억제하는 것이었다. 이렇게 하면 합법적 사업자는 자신의 독점 사업권을 보호하기 위해서라도 이 법의 집행을 알아서 도울 터였다. 비밀 도박장의 도박꾼들은 체포당할 위험이 있고, 허가받은 도박장으로 옮긴 도박꾼들은 법적으로는 안전하겠지만, 이웃과 채권자들의 눈으로부터 안전하기는 힘들어진다. 결국 주변 사람들이 가진 도박에 대한 반감이 그들에게 지나친 도박을 단념하게 할 것이고, 어쩌면 도박 자체를 단념하게 할지도 몰랐다. 도박장이 눈에 띄면 도박의 유행을 부추긴다는 주장은 걱정거리가 되지 않았다. 불법 도박장에는 이미 지체 높은 신사들이 드나들었고, 그들

중에는 입법자와 판사도 포함되었는데, 그들이 짐짓 꾸민 태연함으로 자신의 승패를 논하는 모습이 자주 눈에 띄었다.[31]

하지만 소수 의견은 관철되지 않았다. 도박장 운영은 여전히 불법 행위로 남았다. 1900년대 초반에는 유죄 판결이 내려지면 60일간의 징역과 무거운 벌금을 선고할 수 있었다. 설령 이런 조치들이 효과가 있었더라도, 그것을 알아채기는 힘들었다. 리치몬드에서는 갓 16세를 지난 소년들을 비롯해 사회 각계각층의 주민들이 계속 도박판으로 몰려들어, 반대편에 앉은 냉정한 전문 도박사들을 상대로 불평등한 싸움을 벌였다. 소수 위원들이 예견한 대로, 도박꾼들은 눈짓을 하고 모른 척 지나가는 경찰보다 자신의 고용주와 채권자를 더 신경 썼다.[32]

도박은 개혁의 유일한 대상도 아니었고 우선순위가 가장 높은 대상도 아니었다. 중류주를 마시는 사회에서는 대다수의 운동가들이 술을 악덕의 첨병이라 불렀다. 다른 사회의 운동가들은 매춘, 마약, 담배, 특히 궐련을 다른 모든 악폐로 이끄는 '작고 하얀 노예상'이라 부르며 극심한 비판을 퍼부었다. 하지만 어떤 악덕을 주로 문제 삼든 간에, 반악덕 운동가들은 리치몬드의 다수파와 소수파 의견서 사이의 긴장을 즉각적으로 인식했을 것이다. 그런 '진압 대 규제의 딜레마'는 반악덕 운동의 스펙트럼 전반에 적용되었다. 국가가 술을 금지시켜야 할까, 아니면 술주정뱅이, 노름꾼, 소년들이 선술집에 못 들어가게 막는 정도로 만족해야 할까? 매춘부들을 체포해서 처벌해야 할까, 아니면 성병의 확산을 막기 위해 격리시켜 검진을 실시해야 할까? 중독자들에게는 약을 허용하지 말아야 할까, 아니면 의사나 공중보건소를 찾아가 합법적인 처방을 받도록 허용해야 할까?

이런 논쟁은 오랫동안 지속되었고, 분열을 초래하며 격렬히 전개되었다. 무절제 이론가들, 즉 중독의 통합적 질환 모델을 옹호하던 의사들은 종교계로부터 악덕을 그럴싸하게 포장하는 사탄의 종들이라 비난받았다. 가장 열렬한 금주주의자들, 특히 크래프츠는 의료 목적의 알코올 사용에도 의문을 품었고, 이런 입장은 다른 규제받는 약물과 마찬가지로 알코올을 처방하는 데 있어 자신의 전문가적 판단을 옹호하던 의사들에게 경종을 울렸다.[33]

세속적이거나 종교적으로 진보적인 반악덕 운동가들은 규제 쪽으로 의견이 기울었고, 종교적으로 보수적인 사람들은 진압 쪽으로 의견이 기울었다. 뿌리째 뽑아 철저히 근절시키는 해결책은 특히 세계 선교 사업의 중심축인 복음주의 개신교 신자들 사이에서 인기가 있었다. 복음주의자들은 기질과 신학에 따라 방종을 의심했고, 죄와 추문 그 자체가 악덕을 진압해야 하는 근거가 된다고 믿었다. 악덕이 건강을 망칠 위험도 있지만, 결국 중요한 것은 구원이었다. 금욕은 구원의 표시였고, 악덕에 취하는 습관은 치명적 장애였다. 한 항저우 선교사가 썼듯이, 복음만이 중국의 걱정거리에 대한 유일하게 확실한 해결책이었다. 하지만 영국의 아편 거래가 기강을 해이해지게 해 중국의 문제 해결 능력을 무력화시켰다.[34]

해당 장소에 복음주의자들이 많을수록 금지 조치를 택할 가능성이 높았다. 미국에서 전국적 금주법을 시행하기 10년 전인 1907년에 이미 남부 지역 994개 카운티 중 825개가 금주법을 도입했는데, 이는 당시 이 지역에서 감리교도와 침례교도의 수와 영향력이 증가한 결과였다. (루이지애나에서 참여를 거부한 가톨릭 교구들은 이 규칙을 입증하는 예외였다.) 복음주의자들이 아직 기반을 다지지 못한 남아메리카에서는 상황이 달랐다. 볼리비아는 주말에 주류 판매를 금지했고, 칠레는 주류 소매상들이 영업을 할 수 있는 시간과 장소를 규제하는 등 일부 국가가 특정한 알코올 규제 조치를 채택하긴 했지만, 미국식 금주법은 결코 인기를 얻지 못했다.[35]

가톨릭 국가들에서는 간음이라는 민감한 주제에 대해서도 종교적 성향에 따라 차이를 보였다. 전통주의자들은 진압과 처벌을, 근대주의자들은 규제와 의료화를 선호했다. 제1차 세계 대전 때 구식 가톨릭의 고상한 태도가 지배하던 시골 슬로베니아 출신 병사들은 성적으로 자제하는 습관의 중요성을 강조하고 성병에 감염될 경우 엄격한 처벌을 받게 되리라고 위협하는 강의를 들었다. 반면 같은 가톨릭 지역이라도 좀 더 도시적이고 국제화된 이탈리아 출신 병사들은 성교육과 콘돔 사용에 대한 의학적 조언을 들었다.[36]

반악덕 행동주의는 전 세계에서 근본적으로 다른 방식으로 진실을 알고 행동하던 사람들을 끌어들였다. 이는 반대자들의 연합이었다. 서구권 국가에서 지도적인 인물 중에는 포렐과 같은 과학 전문가가 포함되었다. 포렐은 악덕에 반대하는 도덕적 설교는 건전한 정책과 효과적인 치료에 방해가 될 뿐이라고 일축했다. 크래프츠 같은 초국가적 운동가들은 과학 전문가들에 반대했는데, 이들의 사회적, 정치적 개혁에 대한 요구는 옳고 그름에 대한 종교적 신념에서 비롯되었다. 악과의 타협은 용납될 수 없는 행동이거나 기껏해야 미봉책에 불과하다고 믿는 도덕적 십자군들은 금주법을 지향했고 주류 판매 규제와 같은 조치를 혹평했다.

부유한 산업가와 고용주들에게는 또 다른 동기가 있었다. 그들은 전면적 금지법에는 거의 관심이 없었고 개인적 금욕에는 더더욱 관심이 없었다. 그럼에도 그들은 알코올과 다른 악덕에 대한 노동자들의 접근을 차단하는 쪽을 선호했다. 간단히 말해 계급 입법을 택했던 것이다. 또 호찌민 같은 민족주의자를 비롯한 비서구권 집단이 있었는데, 이들은 유럽의 악덕과 관련된 상업과 조세를 제국주의의 도구로 여겼다. 이런 네 가지 입장(그리고 간디처럼 혼합적으로 변형된 입장) 모두 20세기 초에 각각 추종자들과 신뢰성을 얻었다. 이런 입장들이 모두 산업자본주의의 과도한 소비와 제1차 세계 대전의 위기에 대한 우려가 커져가는 와중에 등장했다는 사실은 1910년대와 1920년대를 특징짓는 반악덕 행동주의의 물결을 설명하는 데 도움이 된다.[37]

반악덕 행동주의는 1920년대 이후에도 지속되었는데, 그 수사법이나 근거는 점점 더 세속적이고 과학적으로 변해갔다. 루마니아에서 담배에 반대하는 전통적인 정교회의 주장은 종교적 명령—흡연은 죄악이다—과 토착주의—흡연은 집시들과 터키인들이 하는 짓이다—에 의한 것이었지만, 점차 복합적인 의학적 색채를 띠었다.

이를테면 흡연은 느린 자살의 한 형태이기 때문에 신을 거역하는 죄악이란 식이었다. 20세기 후반에 이르러 종교적 측면이 퇴조하면서, 한때 악마의 약초라 불리던 담배와 관련된 건강상 고통의 목록만 남게 되었다.[38]

비록 시기에 차이가 있지만, 세속적 합리주의로의 이동은 모든 사회에서 일어났고, 신권정치는 사라졌다. 의학적 증거는 더 신빙성이 있거나 더 구체적이었을 뿐만 아니라 민족주의자들의 공포와 야망에 부합하도록 가공될 수 있었다. 1899년에 기독교인이자 금주주의자인 쇼 네모토Nemoto Shō는 일본 의회에서 미성년자의 담배 사용 금지법을 도입하면서, 흡연이 젊은이들의 건강과 나라의 활력을 해친다고 역설했다. 그는 청소년들이 계속해서 담배를 피우게 내버려두면 "그들이 중국이나 인도 같은 나라처럼 우리나라를 비참한 상황으로 이끌어갈 것"이라고 경고했다. 한술 더 떠 네모토는 독일처럼 '문명화된' 나라들은 미성년자 흡연 금지법을 제정했다고 지적하며, 일본도 그 전례를 따라야 한다고 주장했다. 1900년에 일본은 미성년자 흡연 금지법을 제정했다. 하지만 4년 후 모든 담배 제품에 대한 독점기업을 설립했고, 그 기업의 수익금은 일본의 국내 발전과 제국주의적 확장을 위한 재원으로 사용되었다. 근대화의 야망이 한 국가를 서로 다른 두 방향으로 끌어당긴 것이다.[39]

리치몬드 P. 홉슨Richmond P. Hobson은 저돌적인 미국 금주주의자에서 초국가적 마약 퇴치 운동가로 변신한 인물로, 그는 자신의 조국이 오로지 한 방향으로만 나아가기를 원했다. 그는 1924년에 의회에 계류 중이던 헤로인 반대 법안을 지지하면서, 일국의 타락하는 급행열차의 다음 정거장으로 중국과 인도를 지목했다. 하지만 헤로인이 담배보다 훨씬 더 나빴다. 장난삼아 헤로인을 한번 피워본 십 대 풋내기들은 1주일 만에 헤로인에 중독되었고, 다른 사람들에게 그 습관을 퍼뜨리는 데 혈안이 된 좀비 범죄자로 변해갔다. 홉슨은 "약물 중독자의 고통은 너무도 끔찍하고 그들의 영구적인 회복 가능성은 너무도 희박해서, 과학계에선 중독자들을 '산송장The Living Dead'이라 부른다"고 했다. 의학적으로 훈련받은 중독 전문가들은 아무도 중독자를 그렇게 부르지 않았으므로 홉슨의 거짓말을 경멸했지만, 홉슨은 공공 안전 의식과 국가 안보의 신경을 모두 건드리는 데 성공했다. 1928년에 홉슨은 존 D. 록펠러John D. Rockefeller와 다른 자선가들에게 기부를 요청하면서, 과감하게 한 발 더 나아가 마약이 문명 자체의 근간을 위협하고 있다고 주장했다. 1920년대와 1930년대에 이르자 질병과 안전은 악덕에 반대하는 대의를 표현하는 데 죄와 구원보다 더 확실한 수사적 대의명분이 되었다.[40]

이렇게 수사법이 변한 한 가지 이유로 세속적이고 과학적인 흐름 외에 도덕적 운동 자체에 광신주의의 기미가 더해진 점을 꼽을 수 있다. "종교는 사람들이 말도 안 되는 일을 하게 만드는데, 이것이 종교의 최대 약점인 동시에 최대 강점으로 보인다"는 역사가 잭 마일즈Jack Miles의 통찰은 다른 어느 분야보다 악덕에 적용될 때 가장 옳은 듯하다. 십자군들은 깜짝 놀란 술꾼들의 입술에서 차디찬 술잔을 쳐냈다. 그들은 약국의 창문을 부수었다. 그들은 외설적이라고 판단되는 영화 포스터를 훼손했다. 간디와 다른 종교적 이상주의자들에게 영향을 준 레오 톨스토이Leo Tolstoy는 자신의 상상 속 악덕을 공격했다. 1884년에 그는 담배, 포도주, 고기, 차, 카드놀이, 사냥을 포기했다. 그는 참을성 있는 아내 소피아Sophia와의 성관계도 포기하려 시도했으나 실패했고, 성교 후에 "너무나 역겨웠다. 나는 죄를 저질렀다고 느낀다"고 썼다.[41]

광신주의의 적들은 유용한 가면을 만들어 썼다. 공공연히 악덕을 옹호하는 사람은 거의 없었다. 하지만 많은 사람이 광신적인 도덕군자를 남들의 쾌락을 가로막는 데 집착하느라 반자유의지론적인 법이 합리적이고 정당하다는 주장의 허위성을 몸소 반증하는 음울한 청교도들이라 조롱했다. 광신도에 대한 고정관념이 독실한 신자들에게만 적용되는 것도 아니었다. 20세기 초에 초국가적 성격을 띠었던 독일의 라이프스타일 개혁 운동인 생활개조Lebensreform 운동에 뿌리를 둔 세속적 계파 역시 반악덕 행동주의에 속했다. 생활개조 운동의 추종자들은 술과 담배를 거부하고, 시골의 소박함, 유기농 음식, 나체주의, 사실혼 관계(독일에서는 '채식주의 결혼')에 열광했는데, 이들을 지켜보는 많은 사람에게는 유별나고 기이하며 더 나쁘게는 급진적 개혁의 기치를 올린 성적 방종이라는 인상을 주었다. 다른 관점에서 보면, 이들의 행동은 산업 사회 질서에 대한 의식 있는 거부일 수 있다. 이들은 산업 사회에서 대량 생산된 유독성 물질은 수세대에 걸쳐 노동자들의 삶을 비참하게 만들었고, 나체를 금기시하는 문화는 음탕한 욕망을 강화시켰으며, 게걸스럽게 고기를 먹는 식습관은 살해 욕구와 전쟁에 영감을 주었다고 주장했다. 이런 주장은 설령 타당하다 하더라도, 서유럽과 북아메리카 전역에서 나타나던 이들의 '신이 없는 에덴동산'에서 벌어지던 나체 체조, 난교, 오컬티즘에 대한 선정적 보도를 극복하기에는 역부족이었다.[42]

유별나지 않고 신을 부정하지도 않는 개혁가들 또한 반악덕의 우선순위에 대해 의견이 엇갈렸다. 일부 개혁가는 동료 개혁가들과 관계를 끊기도 했다. 그중 하나가 필리핀으로 간 감독 교회파 선교사인 찰스 헨리 브렌트Charles Henry Brent 주교다. 브렌트는 1909년과 1911~1912년에 두 차례 국제적 아편회의를 주재했다. 이 회의에서 그는 마약 생산을 의학적이고 과학적인 용도로 제한하는 조약 체계의 기틀을 다졌다. 그는 국가의 재정 마련을 비롯해 어떤 다른 목적으로라도 마약을 사용하는 건 악덕과 범죄라고 개탄했다. 이 사안에 대해 그의 도덕적 권위가 너무 커지는 바람에, 그는 건강이 악화되어 가급적 여행을 자제해야 할 상황에서도 오랫동안 국제연맹League of Nations 아편회의에 계속 참석했다. 1923년 8월의 일기에서 그는 곧 열릴 국제 협상 라운드를 언급하면서 "그 빌어먹을 아편 난장판이 다시 시작되었다"며 솔직한 심경을 털어놓았다. 하지만 대통령이 제네바에서 그를 부르자, 그는 거기로 떠났다.[43]

외교사학자들은 브렌트를 전형적인 도덕주의 운동가로 묘사했고, 종교적 숭배자들은 그를 '지상의 성인'으로 예찬했다. 양쪽 다 맞는 말이기도 했고 틀린 말이기도 했다. 브렌트는 캐나다 온타리오주에서 태어나 1887년에 감독 교회파의 사제 서품을 받고 미국에서

목회 활동을 시작하면서 보스턴의 가장 악덕에 찌든 교구에서 일하게 되었다. 그곳에서 그는 대단히 많은 죄인을 알게 되었는데, 그중에는 성찬식의 성배로 감히 술을 마시지 못하던 개심한 알코올 중독자도 있었다. 브렌트는 자신의 교구민의 죄를 폭넓게 이해했다. 그는 신 안에서의 완전성을 추구하는 노력을 가로막는 모든 것을 죄라고 보았지만, 단순한 여가활동은 장애물이 아니라고 여겼다. 브렌트 자신도 체스, 볼링, 하키, 테니스, 골프 등을 즐겼다. 음악과 연극도 즐겼는데, 단 조지 버나드 쇼George Bernard Shaw의 《바바라 소령 Major Barbara》만은 "인간의 이상에 대한 불신이 너무 심해 효과적이지 못하다"는 이유로 제외했다. 브렌트는 감정적 개종과 강요된 금욕보다 사회복음주의 운동과 기독교인의 단결을 더 중시했다. 1926년에 그는 볼스테드법에 대해 보수적인 개신교도들과 의견을 달리하며, 미국의 금주법 실험의 원칙과 효과성 모두에 의문을 제기했다. 그는 일부 개혁이 너무 무리하다고 생각했다.[44]

개혁의 혼란
....

1929년에 브렌트는 또 다른 해외여행 도중에 심장병으로 사망하고 말았다. 그는 죽어서 로잔Lausanne 공동묘지에 있는 소박한 오크나무 관에 묻혔다. 장례식은 그가 포용했던 도덕적 행동주의처럼 다국어로 진행되었다. 하지만 만약 누군가가 브렌트 주교와 그 세대의 개혁가들이 무엇을 이루었느냐고 묻는다면, 그의 말대로 '빌어먹을 난장판'을 만들어냈다는 것이 솔직한 대답일 것이다.[45]

그런 난장판이 전적으로 개혁가들의 잘못은 아니다. 1870년부터 1930년까지는 세계적으로 부상하던 두 가지 세력이 충돌한 시기였다. 하나는 상업적 악덕이었다. 이 세력은 기업과 정부의 (때로는 전략적으로 상충되는) 이해관계로 인해 가속화되는 쾌락 혁명의 수익성 높고 잠재적으로 중독성 강한 측면이었다. 또 하나의 세력은 반악덕 행동주의였다. 이 세력은 상업적 악덕을 도덕적, 물질적, 국가적, 인종적 진보에 대한 위협이라고 비난하는 개혁가들의 (전략적으로 분열되기는 했지만) 격렬한 반대 입장이었다. 이런 개혁가들은 자유 시장의 폐해에 맞서는 더 거대한 진보주의적 대응을 통해 영향력과 신뢰감을 얻었다.

두 세력의 충돌로 정책상에 일대 혼선이 빚어졌다. 1929년 브렌트가 사망했을 때 금주법도 막바지에 다다른 상태였다. 핀란드 정부는 1932년에 이를 폐기했고, 미국 정부는 1933년에 폐기했다. 헬싱키에서는 금주법 폐지를 축하하는 카니발이 이틀 동안 열렸다. 웨이터들은 보드카 주전자로 맥주잔들을 채웠다. 밀주업자들은 남은 재고를 쿼터당 15센트의 헐값에 팔아치웠다. 경찰은 순찰 근무를 2배로 늘렸다.[46]

금주법은 국가나 주정부의 통제권에 자리를 내주었고, 많은 정부에서 지역별 금주령을 선택했다. 라트비아의 상황이 전형적이었다. 전시에 금주법이 시행되자 만취한 사람들이 감소했다. 하지만 전후에 금주법이 폐지되자 다시 만취자가 늘어났다. 1921년 라트비아 의회는 정부가 주류의 생산과 유통을 독점하는 법을 통과시켰고, 1925년에는 장소와 시간에 따라 주류 소매 판매를 제한하는 법을 만들었다. 토요일 정오부터 월요일 오전까지 주류 판매를 금지했는데, 이는 노동자 계급의 음주에 대한 사회적 우려가 어떻게 법적 주류 통제로 이어졌는지를 보여주는 추가적인 증거였다. 또 정부는 주류 판매로 얻은 수입의 1.5퍼센트를 금주를 홍보하는 데 사용했고, 지방 의회가 주류 판매를 전면 금지하는 것을 허용했다. 하지만 이를 시행한 지방 의회는 대부분 시골 지역이었고, 대도시에는 술을 파는 술집과 식당들이 밀집해 있었다.[47]

일부 시골 지역에서는 주류 판매를 금지했지만, 1920년대의 시대적 추이는 주류 판매를 규제하는 접근 방식을 지향했다. 작은 프린스에드워드 섬Prince Edward Island을 제외한 캐나다의 모든 주는 1930년 말까지 금주령 시행을 중단했다. 1925년에 캐나다 여성기독교금주연맹WCTU 대표는 "온 세계가 술을 끊고 있다"고 자랑했지만, 캐나다에서도 새로운 국제연맹에서도 이는 사실이 아니었다. 와인 생산국들, 특히 프랑스는 마약 이외의 중독 물질에 대한 국제적 사찰을 막기도 했다. 하지만 유럽인들의 문화적 습관은 문제시되지 않았다. 아시아인들의 아편 사용만 걸핏하면 문제로 불거졌을 뿐이다.[48]

유럽인들은 도박 습관에 대해 어느 정도까지는 문제 삼았다. 대륙의 거대 국가들이 19세기에 상업적 도박을 불법화하면서, 모나코와 다른 카지노 공국들은 새로운 기회를 얻게 되었다. 마카오 역시

나치 정부는 복권에 대해 모순된 입장이었지만, 복권을 금지시킬 만큼 양면적이지는 않았다. 그 대신 1938년과 1939년에 여러 주의 복권을 단일한 국가 복권으로 통합하고, 마케팅 방법을 건전하게 정비해, 나치의 자선사업(이 그림에서는 동계 빈민구제사업)에 돌아가는 혜택을 광고하고, 유대인들의 복권 구입을 금지했다. 이 점잖아 보이는 도박은 공식적으로 경멸받는 인종과 아무 상관이 없을 수도 있었다. 전쟁은 또 다른 문제였다. 1941년에 베를린에서는 동계 빈민구제사업의 수입금이 군대로 흘러들어간다는 소문이 돌았다.

출처 German poster and broadside collection, chiefly from the Nazi party during the Second World War, BANC OIC 2005.009:155-D. Courtesy of the Bancroft Library, University of California, Berkeley

영국 식민지 관료들이 홍콩에서 도박을 단속하는 바람에 현지 도박꾼들이 이 포르투갈 식민지로 피신하면서 반사 이익을 얻었다. 하지만 그런 영국 관료들도 개인 가정과 클럽에서의 판돈 높은 카드 게임과 경마는 허용했다. 오스트리아 경찰은 스키 리조트에서의 포커 게임을 눈감아주었고, 검사와 검찰청장이 게임을 하고 있을 때는 특히 그러했다. 지위에는 특권이 따르기 마련이었다.[49]

돈에도 특권이 따르기는 마찬가지였다. 1837년에 프랑스 국민회의French Chamber of Deputies는 도박장을 불법화했다. 그러나 1907년에 프랑스 정부는 일부 카지노 게임을 다시 허용하기로 결정했고, 결국 60퍼센트 선에서 조치를 취했다. 지방 정부는 20퍼센트를 추가로 되살렸다. 정부 수입은 끊임없는 유혹이었고, 합법적 카지노와 배당식 경마*의 전초기지들이 살아남게 된 주된 이유였다. 1933년에는 공공 악덕을 용인하지 않기로 유명한 나치 정부조차 도스토옙스키가 자주 들르던 바덴바덴에 카지노를 다시 열기로 합의했다. 관광객들이 뿌리고 가는 달러화를 포기할 수 없었던 것이다.[50]

상업적 도박이 끝내 불법으로 남은 지역에서도, 도박은 은밀히 계속되었다. 범죄 신디케이트syndicate**들은 키노와 파로 도박장을 운영하며 수입의 일부를 뇌물로 바치고, 나머지를 챙겼다. 알 카포네Al Capone는 철도 환승역이 있고 정치적 변화가 심한 시카고의 교외 지

---

*　관리비와 일정한 수수료를 제외한 전체 베팅 금액을 내기에서 이긴 사람들에게 배분하는 방식-옮긴이주
**　동일 시장 내의 여러 기업이 출자하여 공동판매회사를 설립해 일원적으로 판매하는 조직. 카르텔과 트러스트의 중간형태라 할 수 있다.-편집자주

역인 일리노이주 시서로에 있는 그의 이동식 카지노와 스포츠 도박 클럽에서 백만 달러를 횡령했다. 그는 결국 주류 밀매 수입이 아니라 이 도박 수입을 신고하지 않았다는 혐의로 체포되었고, 1931년에 탈세 혐의로 기소되어 유죄 판결을 받았다. 그는 감옥 내 독방에 동양식 카펫, 캐비닛 라디오, 안락의자, 주름 장식이 달린 램프를 비치해놓았다.[51]

매춘의 통제권을 둘러싸고도 비슷한 갈등과 유혹이 존재했다. 19세기와 20세기 초에 매춘은 크게 세 가지 범주, 즉 합법이면서 규제 대상, 불법, 불법이지만 규제 대상인 경우로 분류되었다. 프랑스는 혁명 이후 성병의 확산을 최소화하기 위해 매춘부의 등록, 정기 건강 검진, 성병에 감염된 여자들의 격리 수용, 지정된 장소로의 성매매 제한 등이 포함된 공창 제도를 도입했다. 19세기에 유럽 국가들이 프랑스식 규제 제도를 실험하면서, 이 제도는 제국주의의 물결을 타고 전 세계로 확산되었다. 스페인이 필리핀을 미국에 양도한 1898년 이후 필리핀 마담들은 허가받은 사업을 광고하고 미군들을 끌어들이기 위해 사창가를 성조기 무늬로 단장했다. 하지만 그들은 손님을 끌어들이기만 했지 성병을 예방하지는 않았다. 마닐라 군병원에서 치료받은 병사들 가운데 6분의 1이 성병 환자였다.[52]

중국, 아르헨티나 등의 독립된 국가들도 매춘부 등록 계획을 자체적으로 수립했으나, 어디에서도 이런 시도가 특별히 효과적인 것으로 입증되지는 않았다. 은밀히 영업하는 사창들은 주로 빠르게 성장하는 도시의 가난한 여성들로, 성을 팔거나 물건과 교환하는 일을 계속했다. 1900년에 러시아 관리들은 3만 4,000명의 매춘부를 등록시켰는데, 정부 관계자들은 실제 매춘부 수가 그보다 열 배는 더 많을 것으로 예상했다. 유럽의 다른 도시에서도 상황은 별반 다르지 않았다. 유럽의 관리들은 성병이 감염된 경로를 지속적으로 추적하여 절반 이상이 사창이나 파트타임 매춘부임을 밝혀냈다.[53]

많은 영국과 미국의 개신교 신자는 규제에 반대했다. 영국의 대표적인 폐지 찬성론자인 조세핀 버틀러Josephine Butler는 강제적 검사와 감염된 매춘부들의 '성병 병원' 격리 수용을 허용하는 전염병법Contagious Diseases Acts에 반대하는 캠페인을 17년 동안 벌였다. 1886년 마침내 이 법은 폐지되었지만, 버틀러의 국내외 동료들은 다른 사안들을 놓고 의견이 갈렸다. 성병 병원을 없애는 것으로 충분한가, 아니면 매춘 자체를 불법화해야 하는가? 아니면 윌리엄 스테드William Stead가 주장했듯 당사자 간에 합의된 매춘은 용인하되 아동 인신매매와 같은 성매매의 강압적 측면은 고발해야 할 것인가 하는 문제였다.[54]

북아메리카의 순결주의 운동가들은 이런 세부적 구분을 거부했다. 그들은 매춘을 파멸적 사회악으로 간주했다. 매춘이 중독 물질 및 포르노와 연관될뿐더러 성적 이중 잣대를 구현하기 때문이었다. 결국 개혁가들은 가장 악명 높은 뉴올리언스의 스토리빌Storyville 등 몇 군데를 제외한 모든 지역에서 매춘을 공식적으로 불법화하는 데 성공했다. 하지만 곧이어 선별적 기소가 규제의 대안적 형태로 등장했다. 미네소타주 세인트폴에서는 마담들이 '풍기문란한 집을 유지한' 데 따른 벌금을 내기 위해 매달 법정에 출두했다. 거기서 그들은 실제로 하는 일에 대해 세금을 내고 풍기문란한 집을 법적 질서에 맞게 유지하겠다는 계약을 갱신했다. 만약 그들이 강도나 폭행 사건을 묵인하거나 납치와 사기의 방법으로 매춘부를 조달하면 폐업당할 수도 있었다. 하지만 마담들이 이 약속만 잘 지키면 안정을 누리며 호쾌한 지원을 기대할 수 있었고, 경찰들은 마담들의 오픈하우스 성탄절 파티에서 데탕트(긴장 완화)에 건배하며 즐거워할 수 있었다.[55]

마약 예외주의

반악덕 정책의 변화를 단 한 가지 원인으로 설명할 수는 없다. 정책의 엄격성과 시기상의 차이에는 군사적 상황뿐만 아니라 문화적, 정치적, 종교적, 발전적 차이가 반영된다. 나폴레옹은 라이프치히 전투에서 패한 후 담배세를 2배로 인상했다. 교전국들은 제1차 세계대전 동안 증류주 제조를 금지했다. 일부 반악덕 운동가들은 다른 사람들보다 더 숙련되고 더 집요했다. 브렌트가 국제적 마약 통제라는 명분을 옹호하고, 조세핀 버틀러가 영국의 전염병법을 공격한 것은 주효했다. 하지만 세계적으로 보면 반악덕 행동주의에는 여기에서의 승리와 저기에서의 패배보다 더 많은 일이 있었다. 1870년부터 1930년까지 악덕 반대 조치의 세속적이고 실용주의적인 정당화, 그리고 도덕적 이유에 따른 금지보다 공식적이거나 암묵적인 악덕의 규제 방침 지향이 더 광범위한 추세였다. 그 후 60년간에 걸쳐 악덕을 정상화하는 추세가 강해지면서, 소비자 사회의 회의론자와 기회주의자들은 많은 전통적 '악덕'—인용부호가 이미 모든 것을 말해주듯이—이 어떤 점에서 불쾌한지에 의문을 제기했다.[56]

이런 시대적 추세에도 중요한 예외가 있었다. 그 예외가 문화 전반에 걸쳐 매우 일관되어서 마치 일반적인 패턴처럼 보였는데, 그 예외란 바로 향정신성 약물의 비의료적인 사용에 반대하는 세계적 캠페인이었다. 이때 향정신성 약물은 20세기 초에는 주로 아편 양귀비, 코카, 대마초에서 유래한 약물을 의미했다. 일련의 국제 조약은 약물의 공급을 의학적이고 과학적인 수요로 제한할 수 있다면, 잡초가 물 부족으로 시들어 죽듯 비의료적 약물 사용과 중독도 공급 부족으로 고사할 것이라는 생각을 기본 전제로 했다. 하지만 그런 일은 일어나지 않았다. 1912년 헤이그 아편협약Hague Opium Convention과 1953년 아편 의정서Opium Protocol 사이에, 국제적 아편 생산에 대한 통제는 점차 강화되었고, 그와 더불어 캐나다, 멕시코, 자메이카, 프랑스, 이집트, 소련 같은 나라에서도 점점 더 엄격한 국내 마약법이 시행되었다. 미국에 대해 자주 언급되는 바로, 금주법이 사라진 것이 아니라 약물과의 또 다른 전쟁으로 녹아들었다는 주장은 20세기 중반 전 세계에 광범위하게 적용된다. 여기에는 식민지들과 과거 식민지들도 포함되는데, 1974년에 와서도 프랑스어권 아프리카의 마약 사범들은 프랑스 공중보건법French Public Health Code이 여전히 시행 중이었기 때문에 최고 5년의 징역에 처해졌다.[57]

이런 비의료적 약물 사용과의 전쟁은 반악덕 행동주의의 가장 오래 지속된 유산이었다. 20세기 중반에 들어 성병의 예방책과 치료책의 개선, 성적 이중 잣대의 쇠퇴, 피임기술 개선, 상호 합의에 의한 혼외정사 기회의 증가 등으로 매춘부 수가 감소했고 매춘에 관한 불안도 감소했다. 20세기 중반에는 흡연, 음주, 도박도 상대적으로 덜 논쟁적인 주제가 되었다. 하지만 아편, 코카인, 대마초는 여전히 허용 범위를 벗어나 있었다. 때로는 쾌락적 사용이라고 부르는 비의료적 마약 사용은 중독자의 경우에 잘 드러나듯 노예화로 이어질 수 있었고, 질병, 빈곤, 타락의 사례에 잘 드러나듯 인생의 파멸로 이어진다고 인식되었다. 마약 중독은 '인생의 똥 더미를 먹고 사는 데' 만족하는 소시오패스와 약골들의 마지막 종착지였다.[58]

이런 선입견은 국제적으로 퍼져 있었다. 러시아의 한 정신과 의사는 코카인과 범죄를 '피를 나눈 형제'라 불렀다. 이집트의 한 의사는 몇 년 동안 해시시를 피우면 알렉산드리아의 길거리에 자고 있는 거지들처럼 된다고 말했다. 브라질의 한 법의학 교수는 이상한 범죄 행위를 대마초Maconha 흡연 탓이라 비난했다. 페루의 한 정신과 의사는 코카인 흡연자들을 세상일에 무관심한 문맹자에 종종 노숙자와 부랑자라 묘사했다. 일본의 한 다큐멘터리 사진작가는 마약 중독자들을 '살아있는 시체'로 표현했다.[59]

약물 과민증에 느낌표를 추가하는 것은 마오쩌둥의 몫이 되었다. 어쩌면 그가 담배와 수면제를 좋아했다는 점을 고려할 때 20세기 중반의 약물에 대한 이중 잣대를 추가하는 셈이기도 했다. 1920

년대부터 1940년대까지 중국에서는 약물 사용을 반대하는 공식 캠페인을 벌였음에도 마약 밀매 행위가 성행했다. 세계 최대의 실패 국가에 형성된, 세계 최대의 마약 시장에서 돈을 긁어모으기 위해 군벌, 조직폭력배, 군 관료, 프리랜서들이 총출동하여 영업을 했다. 하지만 그 후 1949년에 마오쩌둥이 본토의 마약 통제권을 손에 넣었다. 그는 즉시 스탈린주의 노선에 따라 근대 국가를 건설했다. 그 나라는 자국의 영토와 국민, 그들의 악덕에 대해 절대적 지배력을 행사했다. 과거의 악덕이 재발한 중독자와 마약 거래상은 재교육 캠프나 지역 사형 집행장으로 보내졌다. 1952년 말 중앙위원회Central Committee는 "반혁명분자들을 죽이는 것보다 마약사범을 죽이는 쪽이 국민들의 공감을 얻기가 더 쉽다"고 했다. 마약 혐의로 체포한 사람들의 적어도 2퍼센트를 처형하라는 지시가 떨어졌다. 마오쩌둥의 정권은 깡패, 마담, 매춘알선업자, 술집과 나이트클럽 주인, 그 밖의 퇴폐적인 과거의 기생충 같은 사람들을 살려두지 않았다. 심지어 골프도 금지시켜, 농담하기 좋아하는 사람들은 골프를 '녹색 아편'이라 불렀다. 기존의 골프 코스는 땅을 파헤치거나 용도를 변경했다. 유서 깊은 홍차오 골프 클럽Hung-Jao Golf Club은 1954년에 상하이 동물원으로 바뀌었다. 이것은 아이러니로 가득한 이 이야기 중에서도 가장 아이러니한 이야기일 것이다. 청교도주의는 죽지 않았다. 마오쩌둥 정권하에 살아남았고, 마오쩌둥주의는 아무리 시대에 뒤떨어지고 일시적이더라도 반악덕 행동주의의 자체적 혁명 브랜드를 세상에 알리려는 혁명적 의지를 불태웠다.[60]

마오쩌둥 정권에서 다른 많은 것이 그랬듯, 반악덕 캠페인도 기이하고 극단적이며 일회적이었다. 전후 시대의 지도자들 가운데 상업적 악덕과 사치품에 맞서는 '위대한 조타수' 마오쩌둥의 행보를 신경 쓰는 사람은 거의 없었다. 오히려 다른 나라의 지도자들과 국민들은 반대 방향으로 나아가고 있었다.

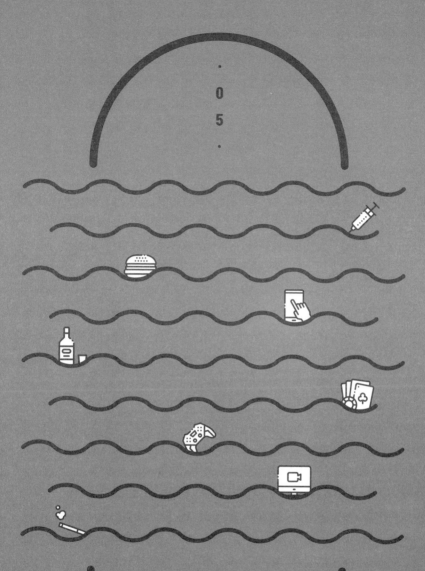

05

악덕을 지지하는 행동주의

PRO-VICE ACTIVISM

1993년 의학 및 정신의학 역사가 존 번햄John Burnham은 미국 역사에서 음주, 흡연, 비의료적 약물 사용, 도박, 혼외정사와 금기시되는 성행위, 욕설 등을 연구한 저서 《나쁜 습관Bad Habits》을 출간했다. 한때 존경받던 사람들이 온갖 악덕을 남자들의 암흑가와 연관 짓고, 진보주의 개혁가들이 악덕을 진압하거나 배제했음에도, 금주법 폐지 이후에 악덕이 다시 상업적, 문화적 주류로 발을 들여놓았다는 것이 이 책의 취지였다. 악덕의 발걸음은 1940년대와 1950년대에는 달리기로, 1960년대부터 1980년대까지는 전력 질주로 바뀌었다.

미국은 여러 가지 이유에서 빅토리아 시대 암흑가의 풍요로운 버전이 되었다. 대공황은 주류 판매 수입 이외의 유혹을 몰고 왔다. 자금난에 시달리던 영화사들은 1934년 영화제작지침Motion Picture Production Code이 더 엄격히 시행되어 검열당할 때까지 영화 콘텐츠에서 성적 매력을 부각했다. 가난한 목사들은 교구 회관을 빙고 게임 자들에게 내주었고, 게임자들은 행운의 부적을 만지작거리며 긴장이 고조될수록 미친 듯이 담배를 피워댔다. 제2차 세계 대전은 마케팅, 교통, 기술의 혁신이 그랬듯, 수백만 명의 소비자를 새로운 악덕에 노출시켰다. 소비자들에게 맥주 광고를 시청할 텔레비전과 맥주를 시원하게 보관할 냉장고가 있을 경우, 최신식 6개들이 맥주 상자를 파는 일은 간단했다. 여가 시간은 더 늘어났다. 전후에는 파티가 토요일이 아닌 금요일 밤에 시작되었다.

자유의지론자들과 자유사상가들은 더욱 대담해졌다. 1953년에 〈플레이보이Playboy〉를 창간한 휴 헤프너Hugh Hefner는 청교도주의를 비난하는 사설과 고급 승용차, 스테레오, 유행하는 옷, 향수(오드콜로뉴), 술, 담배 광고 사이에 누드 사진을 끼워 넣었다. 담배 광고주들은 〈플레이보이〉 독자들이 주로 담배를 많이 피우는 젊은 남성층이었기에, 이 잡지를 좋아했다. 헤프너의 흥행 비결은 거리낌 없는 성생활의 환상을, 무엇이든 허용되는 해방된 소비자 문화에서 지위가 상승하는 환상과 연계시킨 것이었고, 많은 사람이 이를 모방했다. 어디를 보나 불법적 마약이나 적어도 더 약한 일종의 최음제가 빠지지 않았다. 1970년대에 헤프너는 전국 마리화나법 개혁 단체National Organization for the Reform of Marijuana Laws, NORML를 지지했다. 이 단체는 금지반대론자들의 판에 박힌 진부한 수사법을 이어받아 "개인적 자유, 비용, 범죄, 금단의 열매, 법적 규제의 실패, 모든 사람이 그것을 즐긴다는 논리" 등을 운운했다.[1]

사실 모든 사람이 마리화나를 즐긴 건 아니다. 헤프너와 그의 협력자들은 도덕적 전통주의자들 사이에서 분노와 반감을 불러일으켰고, 100년 전의 도덕주의 운동과 많이 닮은 문화 전쟁을 재점화하는 데 기여했다. 공화당은 반동적인 도덕 정치를 표방했으나 그들이나 기업 후원자들이나 애초에 도덕적 보수주의자들을 자극했던 악덕의 주류화 추세를 되돌리기에는 역부족이었다. 1990년대에 이르자 편의점에서 1890년대 미국의 어떤 싸구려 술집보다 더 많은 맥주, 담배, 담배 말이용 종이, 복권, 콘돔, 포르노를 판매했다. 미국의 군인 클럽은 슬롯머신을 비치하여 맥주에 취한 군인들의 푼돈을 매년 1억 5천만 달러씩 쓸어 담았다. 과거에는 반문화적이고 인식이 좋지 않던 악덕들이 상업적으로 정상화되고 사회적으로 보편화된 것이다.[2]

1920년대만 해도 금주법을 시행하며 세계 개신교 선교사의 절반을 배출하던 나라에서 악덕이 주류 문화가 되었다는 사실은 놀라운 일이었다. 1940년대에 세계 최고의 초강대국이자 준거 문화로 자리매김할 만큼 문화적으로 역동적인 사회에서 이런 일이 벌어졌다는 사실은 세계적으로 의미심장한 변화였다. 체코의 음악가 페트르 얀다Petr Janda는 "처음 로큰롤을 들었을 때가 처음 동정을 잃었을 때보다 더 좋았다"고 회상했다. 그런 개안의 경험이 곧 미국의 구속받지 않는 소비지상주의였고, 이는 영화 〈르위켄le weekend〉을 환영하던 프랑스 젊은이들과 〈쿨cool〉에 동조의 목소리를 내던 독일 젊은이들에게 간결하고 초국가적인 영어로 전파되었다. 1979년 세계 인구의 약 5퍼센트를 차지하던 미국이 세계 광고비의 거의 절반을 사용했고, 초국가적인 대형 광고에이전시의 광고비 중에는 4분의 3을 사용했다. 최대 광고에이전시의 임원인 J. 월터 톰슨J. Walter Thompson은 스페인 같은 나라의 젊은이들은 좋은 것은 전부 미국에서 나온다고 생각한다는 글을 써 만국의 공통적인 정서를 드러냈다. 전 세계 젊은이들은 미국 정치에는 관심이 없을지라도, 미국의 음악, 영화, 자동차, 현금, 자유를 사랑했다. 톰슨은 이런 특징을 어느 한 브랜드(윈스턴Winston 담배를 염두에 두고 말했다)에 연결 지으며 매출의 상승 곡선을 지켜보라고 말했다.[3]

전시 상황

빅토리아 시대의 풍조가 세계적으로 퇴조한 것은 문화적 선도 국가를 추종하는 분위기 때문만은 아니었다. 미국 내에서 도덕적 균형을 이동시킨 많은 요인이 다른 지역에서, 특히 계획 경제나 엄격한 종교적 제약을 받지 않는 서구 사회에서 동시에, 독립적으로 작용했기 때문이다. 그런 요인 중 하나는 제2차 세계 대전이었다. 약 7,000만 명의 사람들이, 대부분 징병 적령기의 남자들이 전 세계 군대에서 복무했다. 그들은 훈련소에서부터 줄곧 막사 생활에 노출되었는데, 그곳에서 건전한 남자들은 어울리기 힘들었고 세상 물정에 밝은 남자들이 분위기를 주도했다. 1943년 〈보병 저널The Infantry Journal〉은 "군인들의 사회는 예의바르지 않다. 이곳은 종종 잘 씻지 않는 남자들의 사회이고, 다른 사람을 죽이는 거칠고 험한 임무에 헌신해온 남자들과 원초적 상태로 돌아가도 나쁠 것 없다고 훈련받는 남자들의 사회다"라고 시인했다. 미국 육군에서 군인들에게 싸구려 맥주, 핀업 걸, 한 달에 콘돔 5,000만 개와 무료 담배를 제공했다는 점을 강조라도 하듯, 남자들은 해외에 나가면 자주 성매매를 했다.[4]

보다 세련된 쾌락도 군인들의 사기를 북돋았다. 제2차 세계 대전 동안 독일군 사령부는 군대를 위해 라디오 신청 프로그램과 다양한 쇼를 후원했다. 스탈린그라드에 갇힌 독일 병사들은 폐허가 된 거리에서 그랜드 피아노를 발견했을 때 즉흥적으로 저마다 피아노 연주를 했다. 한 전우가 소련군의 폭격을 의식하지 않고 베토벤의 소나타 〈열정Appassionata〉을 연주할 때, 헬멧 위로 드리워진 담요 밑에서 떨고 있던 100명의 남자들은 넋을 잃고 그 선율에 귀를 기울였다. 하지만 다른 측면에서는 독일 군인들도 다른 모든 나라의 군인과 마찬가지로 비열하게 행동했다. 독일군 전쟁 포로들의 대화를 몰래 녹음한 자료들로 그들의 섹스 관광에 해당하는 소행이 드러났는데, 그들에게 보르도는 '하나의 큰 사창가'였고, 파리는 '테이블에 여자가 혼자 앉아 있는 바'를 방문하기만 하면 '그녀와 함께 집에 갈 수 있는' 곳이었다.[5]

하지만 그런 일은 허용되지 않았다. 독일 관료들은 군인들의 친교와 그에 따른 성병의 발생 위험을 못마땅하게 여겼다. 반면 병사들이 성적 정복과 점령의 기회를 포기하지 않으리란 것도 알고 있었다. 그래서 독일인이 아닌 여성들을 데려다가 엄격한 위생 규율하에 강제로 매춘을 시키는 500개 이상의 사창가를 세웠다. 군인들은 위생 검사를 받고, 도장과 날짜가 찍힌 출입증을 받고, 포장된 콘돔과 작은 소독약 통을 집어 들고 줄을 섰다. 17세 군인 마르틴 아이헨세르Martin Eichenseer는 곧 자기 또래쯤 되는 검은 머리의 슬로바키아 소녀와 함께 누워 있는 자신을 발견했다. 그는 "비록 그녀가 무슨 말을 하는지 몰랐지만 그녀와의 섹스는 훌륭했다"고 기억했다. "최악은 그녀가 다리를 벌리고 내가 소독약을 그녀에게 뿌려야 했을 때였다. 그 후에야 그녀는 내 카드에 서명을 해주었다. 우리는 출입증과 빈 소독약 깡통을 다시 가져가야 했다. 만약 스프레이를 뿌리지 않거나 빈 통을 가져가지 않으면 2주간의 추가 노동과 보초를 서는 처벌을 받아야 했다."6

이 모든 이야기를 관통하는 특징은 악덕의 정상화다. 담배는 배급품이 되었고, 매춘은 출입증과 포장된 콘돔이 있으면 허용되었다. 또 그때는 아직 악덕으로 여겨지지 않았지만 나중에 습관성인 것으로 판명된 다른 악덕도 조장했다. 전형적인 예는 독일에서 페르비틴Pervitin이라고 부르던 메스암페타민(필로폰) 알약을 복용하기 시작한 것이다. 이 약은 전쟁이 시작될 때만 해도 군대와 특별한 관련이 없었다. 1930년대 후반 독일 제과업자들은 심지어 주부들에게 판매하는 박스 초콜릿에도 이 약을 추가했다. (그런 점에서 '힐데브란트 Hildebrand 초콜릿은 항상 기쁨을 준다'는 광고는 지금까지 나온 광고 슬로건 중 가장 진실하다고 주장할 만하다.) 그러다가 페르비틴에 공포와 수면을 억제하는 속성이 있음이 밝혀지면서, 전격전Blitzkrieg의 필수품이자 우선순위가 높은 군사 약품이 되었다. 독일군은 스키를 탄 핀란드군과 이약을 나누어 먹고 소련의 적군Red Army에게 체중 이상의 펀치를 날렸다. 영국과 미국 군대에서 곧 사태를 파악하고 자국의 조종사와 군인들에게 많은 양의 암페타민을 제공하기 시작했다. 연구자들은 이약에 기분이 좋아지는 효과가 있음을 알아차렸다. 휴가 중인 독일인들도 마찬가지였다. 그들은 페르비틴을 '휴일용 알약'이라 불렀고, 이 약이 그들의 리비도에 미치는 효과를 마음껏 즐겼다.[7]

또 다른 휴일용 약물은 알코올이었다. 나치 이데올로기가 어떻든 상관없이, 독일 군대는 군인들에게 스트레스 해소를 위한 음주를 용인했다. 군대 매점에서 슈냅스를 팔았는데, 이는 병사들의 급여를 재순환하는 방법이기도 했다. 병원에서 요양 중인 군인들도 술을 마셨다. 동정심 많은 한 의사는 동부 전선에서 부상당한 독일 보병 하인리히 뵐Heinrich Böll에게 술을 많이 마시면 상처가 더디게 치유되어 전투 복귀 시점을 늦출 수 있다고 조언했다. 현역으로 복무 중인 군인들도 술을 마셨다. 한 폭격기 조종사는 "우리는 매번 출격 전에 멋진 술자리를 가졌다"며 정신을 잃지 않기 위해 술을 마신 후 페르비틴으로 마무리를 지었다고 밝혔다. 장교들은 공무 집행을 비롯해 추가 근무에 대한 보상으로 술을 나누어 주었다. 제2차 세계 대전 때 독일군 병리학자들이 1939년부터 1944년까지 조사한 사인 불명 사망자 가운데 적어도 3분의 1은 알코올이나 마약과 관련된 것으로 밝혀졌다. 그런데도 전시의 음주를 연구한 역사학자 페터 스테인캄프 Peter Steinkampf에 따르면 "군대 수뇌부는 알코올 소비가 군대 내 공공연한 만취 상태로 이어지지 않는 한 이를 모른 척했다."[8]

전쟁의 압박하에서 화학 물질을 이용한 경계심 고조와 긴장감 완화가 도덕적으로 허용되었다. 때로는 허용되는 수준을 넘는 경우도 있었다. 선박을 버릴 때의 지침에는 구조선의 사기를 진작하는 데 필수적인 담배를 구하기 위해 담배 상자를 재빨리 챙겨야 한다는 내용이 담겼다. 문제는 참전용사들이 전시의 습관을 쉽게 버리지 못한다는 것이었다. 전쟁 중 페르비틴을 잔뜩 복용한 하인리히 뵐은 전후에 밤늦게까지 소설을 쓸 때도 계속 약물을 복용했다. 그에게는 약물을 제공하는 수많은 민간 기업이 있었다. 암페타민과 메스암페타민은 에너지를 증가하고 우울증을 완화하며 식욕을 억제하는 아드레날린과 비슷한 효과가 있어 1939년 이전에도 큰 인기를 끌었다. 전쟁이 일종의 촉매 역할을 하여, 사용자가 늘어났고, 힘든 일도 더 많아져 비축량도 증가했다. 그리고 그 재고가 종종 전후의 암시장으로 흘러들었다. 집 없는 일본 고아들은 훔쳐온 물건을 메스암페타민과 교환했는데, 이 약물은 아이들에게 허기를 달래주었다. 모든 연령대의 일본인이 담배꽁초를 재활용했고 담배를 구걸했다. 금연 표지판을 가리키며 거들먹거리던 시내 전차 차장들은 아이러니하게도 "우리에게는 민주주의가 있다. 그렇지 않은가?"라는 말을 들었다. 가장 해로운 탈출구는 메틸알코올이 첨가된 싸구려 음료였다. 이런 혼합물을 마신 수백 명의 일본인이 전쟁이 끝난 후 1년 내에 사망했다. 얼마나 많은 일본인이, 특히 장애인 참전용사들이 맹인이 되었는지는 아무도 모를 일이었다.[9]

"Don't startle 'im, Joe. It's almost full."

만화가 빌 몰딘(Bill Mauldin)이 그린 평범한 미군 캐릭터, 윌리(Willie)와 조(Joe)에게는 술병을 잡는 것이 독일인을 잡는 것만큼 중요한 일이었다. 제2차 세계 대전 동안 모든 부대의 군인들은 술을 마셨는데, 음주량은 술의 공수 가능성, 부대의 규율, 문화적 전통에 따라 달랐다. 징병제를 통해 젊은이들을 냉전시대 군대에 투입했을 때에도 군인들의 음주는 계속되었다. 옛 소련군 병사는 "구소련의 적군에 들어갈 때는 알코올 중독자가 아니었더라도 나올 때는 알코올 중독자가 된다"고 인정했다.

전후 쾌락의 메카들

쾌락, 악덕, 중독의 역사는 지루함, 비참함, 스트레스로부터 벗어나려는 시도와 관련이 있다. 또 이민, 교통, 통신의 변화와도 밀접한 관련이 있다. 전쟁 역시 이에 영향을 미쳤다. 비록 철도 조차장과 어뢰정은 포탄으로 구멍이 났어도, 대량 생산된 상선, 수송기, 공항 시설은 먼 거리를 오가는 상품과 승객들의 흐름을 원활하게 했다. 1939년부터 1950년 사이에 물가상승률을 반영한 해상 운송비는 46퍼센트 하락했고, 항공 요금은 38퍼센트 하락했다. 군용 수송기의 민간 버전인 DC-4기가 아르헨티나부터 스칸디나비아까지의 하늘을 점점이 수놓았다.[10]

　해양 및 항공 운송비가 비교적 저렴해지면서 이민이 증가했다. 영국은 1948년에 이민 정책을 자유화하여, 1960년대 초까지 50만 명 이상의 이민자를 수용했다. 그들 중에는 마리화나와 해시시 흡연자도 있었다. 이들은 전쟁 전까지 거의 물의를 일으키지 않았던 영국의 대마초 시장을 더 크고 자주 열리게 했다. 마약국Drugs Branch 책임자가 말한 대로, 1950년대 후반에서 1960년대 초까지 대마초 흡연은 '유색인 남자 실업자'에서 토종 영국인에게로 번져갔다. 백인 청년들의 흡연으로 부정적인 여론이 조성돼 관련 법규가 더욱 엄격해졌고, 마약으로 체포된 청년들이 신문의 헤드라인을 장식했다. 1967년 롤링스톤즈Rolling Stones의 키스 리처드Keith Richards가 소유한 별장을 불시 단속한 사건은 가장 악명 높았다.[11]

논란이 적은 여가활동은 멀리 떨어진 지역으로의 여행이었다. 여행지 가운데 가장 인기 있는 곳은 쾌락의 메카로서 기대되는 순례 장소가 되었다. 다른 경제 활동과 마찬가지로, 쾌락의 메카도 비교 우위가 있는 곳에서 번영했다. 가장 성공한 여행지에는 멋진 경치, 역사적이고 건축적인 명소, 문화적 공간과 반문화적 공간(히피의 게토를 구경하는 관광버스 등), 식당, 스포츠 행사, 놀이공원, 쇼핑, 그리고 온갖 악덕이 혼재되어 있었다. 하지만 그저 악덕이 아니었다. 공항이 온통 대마초 가게로 둘러싸여 있다는 암스테르담에 대한 농담은 결코 암스테르담 국립미술관Rijksmuseum과 안네 프랑크의 집Anne Frank House이 있고, 아약스Ajax 축구 클럽의 고향이기도 한 그곳을 제대로 보여주지 못한다. 관광 산업을 위한 최적의 공식은 다양한 취향과 경제력을 가진 다양한 고객을 끌어 모으도록 여러 가지 쾌락을 혼합하는 것이었다.

파리 7구, 웨스트엔드, 맨해튼 미드타운 등의 고품격 관광 지구를 갖춘 파리, 런던, 뉴욕 같은 세계적 도시 외에 이런 온갖 종류의 매력을 한꺼번에 제공할 수 있는 쾌락의 메카는 거의 없었다. 그렇지만 관광객을 공략하는 또 다른 방법은 있었다. 뮌헨과 뷔르츠부르크Würzburg처럼 심하게 폭격을 당한 도시에 사는 독일인들은 중세 지구들을 힘겹게 재건하여 교회 탑이 제때 종을 치게끔 했다. 네덜란드인은 건축물의 용도 변경에 뛰어났다. 암스테르담의 담 광장Dam Square에 있는 신교회Nieuwe Kirk는 연주회장과 전시장이 되었고, 벨기에 국경 근처 한적한 곳에 위치한 구 브레다Breda 수녀원은 국제 카지노로 변신했다. 다른 사업가들은 해변, 사파리, 스키, 특이한 요리 등 현지의 온갖 관광 자원을 가져다가 이리저리 바꾸고 조합하여 독특한 방식으로 결합시켰다. 여러 감각을 자극하는 쾌락들의 총합은 부분들의 합보다 더 컸다. 사람들은 단순히 산토리니에서 식사를 하는 게 아니었다. 끝내주는 경치의 화산 항구가 내려다보이는 테라스에서 야외 식사를 하는 것이었다.

1970년대부터 산토리니와 여러 경치 좋은 항구에는 점점 크루즈선이 몰려들었다. 크루즈선은 카바레, 카지노, 식당, 가게, 스파, 그리고 마라스키노 체리를 얹은 달콤한 수영장 음료까지 즐길 수 있는, 떠다니는 쾌락의 메카였다. 승객들은 한 관광지에서 다른 관광지로 느긋하게 항해하면서 하루에 평균 1파운드씩 체중이 불었다. 좀 더 문화적인 취향이 강한 관광객들은 유럽의 강 크루즈를 선호했다. 1992년에 라인-마인-다뉴브 운하가 개통되어 라인강 유역의 성들, 목조 가옥 마을, 강기슭을 따라 수많은 진주알처럼 달려 있는 바로크 궁전들이 한데 어우러진 대륙 횡단 여행도 가능해졌다. 이 업계의 선두업체인 바이킹 크루즈Viking Cruises는 나일강, 양쯔강, 메콩강에서도 비슷한 패키지를 제공해, 낮에는 관광, 밤에는 파티를 즐기는 관광 모델을 세계적으로 전파했다. 식후 역사 강의가 진행되는 동안 라운지 바는 계속 열려 있었다.[12]

크루즈선 승객은 대부분 출발 항구에 비행기를 타고 도착했는데, 비행기는 기원부터 달랐다. 비행기의 주된 셀링 포인트는 사치스러움이 아니라 속도였다. 그렇기는 해도 1930년대와 1940년대에

쾌락의 메카와 그곳들을 연계하는 크루즈선은 다양하고 많은 매력거리를 결합하는데, 늘 빠지지 않는 한 가지는 알코올이다. 해당 사진은 2017년 바이킹 스키르니르(Viking Skirnir) 크루즈선에서 이뤄진 칵테일 타임의 한 장면이다.

출처 Author photograph

항공사들은 국제선 항공편에서 담배와 술을 편의용품과 신경안정제로 제공하기 시작했다. 보잉Boeing은 거대한 377 스트라토크루저377 Stratocruiser의 불룩한 기체 부분 아래에 칵테일 라운지를 만들었다. 안전벨트 표시등이 깜빡이다가 꺼지면, 손님들은 라운지로 일제히 몰려들었다. 1950년대와 1960년대에는 일반석의 표준이 음료 수용 카트의 술이었는데, 이는 항공사의 또 다른 주요 수익원이었다. 항공사 승무원들도 술집과 침대를 급히 오가는 스탑오버(단기 체류)에서 회복하기 위해 중추신경 자극제 덱세드린Dexedrine을 주기적으로 먹어가며 파티를 벌였다. 팬아메리칸월드 항공의 한 승무원은 "최대한 많이 놀고 많이 즐겨야 했다. 그때는 60년대였으니 술 외에 마리화나, 해시시, 그 밖에 다른 물질도 얼마든지 구할 수 있었다. 충격적이겠지만 당시에는 그랬다"고 회상했다.[13]

승무원의 말처럼 과거의 일이다. 이후 약물 검사가 승무원들의 떠들썩한 파티에 찬물을 끼얹었다. 기내에서 흡연이 금지되면서 기내 공기도 맑아졌다. 하지만 항공사들은 결코 여가를 즐길 수 있는 악덕을 포기하지 않았다. 1997년 스위스에어Swissair와 싱가포르 항공Singapore Airlines은 장거리 비행에 카지노 게임을 추가했다. 무조건 신용카드를 긁고 즐기라는 소리였다. 암스테르담에서 비행기를 갈아타는 승객들은 중간에 남는 시간에 도박을 했고, 슬롯머신을 하다가 싫증이 나면 블랙잭이나 룰렛에서 자신의 행운을 점쳤다. 다섯 시간 동안 스탑오버하던 한 그리스 승객은 "이것을 하면 확실히 시간이 잘 간다"고 설명했다. 프랑크푸르트 국제공항Frankfurt International

에는 섹스숍이 생겼다. 좀 더 관습적인 공항의 부대시설로는 술집, 카페, 스시바, 마사지 스파, 식당, 부티크, 면세점 등이 있었다. 공항이 없는 바티칸 시국은 오래된 기차역과 1929년의 라테란 조약 Lateran Treaty*을 이용해 고든스 진Gordon's Gin과 쿠바산 시가를 판매하는 3층짜리 면세점을 지었다.[14]

전후의 관광 산업과 여행은 한때 악덕으로 취급받던 행위들을 정상화시켰다. 휴가객들은 상반신을 드러내고 일광욕하는 갑판이나 어디를 가도 있는 술집과 슬롯머신을 개인적으로 피해 다닐 수는 있어도, 그런 것들이 이제 현대적인 여가 풍경의 일부라는 메시지는 피할 수가 없었다. 유럽 귀족의 그랜드 투어리스트들**이 오랫동안 노출되어온 사치품과 유혹이 중산층과 번영하는 노동자 계층으로 침투하기 시작했다. 관광 산업은 1960년 이후 반세기 만에 규모가 30배나 확장되며 세계 GDP의 5~10퍼센트를 차지하게 되었다. 방콕, 마카오, 두바이와 같은 목적지 도시들이 증가하면서, 이는 서양뿐 아니라 동양에도 공통적인 현상이 되었다.[15]

방콕, 마카오, 두바이, 이 세 도시는 공항 터미널의 점진적 확장 외에도 공통점이 있는데, 공식적으로는 외국인 방문객에게 관대하다는 것이고, 비공식적으로는 악덕에 관대하다는 것이다. 만약 두바

---

* 1929년 교황 비오 십일세와 이탈리아의 수상 무솔리니가 조인한 조약으로, 교황청은 이탈리아를 국가로 승인하였고, 이탈리아는 바티칸 시국에 대한 교황권의 주권을 인정하고 독립을 보장하였다. - 편집자주
** 그랜드 투어는 유럽 상류층 귀족 자제들이 사회에 나가기 전에 다른 국가를 돌아보며 문물을 익히던 여행이다. - 옮긴이주

이가 사실상 전부 아랍 에미리트 연합국 밖에서 온 비非이슬람 투자자들, 주민들, 관광객들, 이주 노동자들을 환영하지 않았더라면, 오늘날의 신흥 도시, 조세 피난처, 돈세탁 장소, 허브 공항, 환상적인 건축물, 세계적인 사창가 등과 같은 현대적 모습을 갖추는 건 불가능했을 것이다. 고급 호텔들은 새로 도착한 성노동자들에게 무료로 숙식을 제공했는데, 그들이 호텔 투숙객들에게 서비스를 제공하리란 것을 알았기 때문이었다. 두바이 당국은 외부의 눈을 의식해 가끔씩 호텔에 단속을 벌였지만, 중국의 신흥 경쟁자들과 가격 전쟁을 벌이게 된 디스코텍, 샴페인 브런치바, 우크라이나 매춘부 등은 대부분 모른 척했다.[16]

바레인의 수도 마나마Manama 역시 악덕에 거의 개방되어 있었다. 베두인 복장을 한 젊은 남자들은 술을 단숨에 들이켜고 이국적인 댄서들을 바라보았다. 자신을 그곳의 주말 단골이라고 소개한 한 사우디 방문객은 "다른 것들을 즐기려면 술이 필요하다"고 설명했다. 사우디아라비아에서 음주는 다른 아랍 국가들과 마찬가지로 석유 호황에 발맞추어 증가했다. 서양의 광고주들은 이런 추세를 은밀히 부추기며, 주류 광고를 허용하는 아랍의 화물 집산지 레바논에서 인쇄한 수천 종의 신문과 잡지를 사우디 왕국 안으로 유통시켰다. 사우디 검열관들은 닥치는 대로 그것들을 찾아내어 폐기했지만, 광고주들은 검열관들이 여자들의 노출 사진에 신경 쓰느라 위스키 광고는 대부분 통과시킨다는 것을 알고 있었다. 그 후 1986년에 사우디아라비아와 바레인을 직접 연결하는 킹파드코즈웨이King Fahd

Causeway 다리가 개통되면서 술에 목마른 사우디 방문객들의 왕래가 가능해졌다. 2009년에 이르자 연간 400만 명의 사우디 사람이 바레인을 방문했다. 사우디인의 지출액이 바레인 경제의 10분의 1을 차지할 정도였다.[17]

남아프리카공화국의 정치적 차선책은 솔 커즈너Sol Kerzner라는 한 사람에게 일방적으로 혜택을 몰아주는 결과를 낳았다. 아파르트헤이트 정부는 1977년에 요하네스버그와 프리토리아에서 가까운 거리에 있는 부족 왕국, 보푸타츠와나Bophuthatswana에 명목상의 독립을 허용했는데, '남아프리카의 도날드 트럼프'라 불리는 커즈너가 이에 착안하여 유명 연예인, 포르노 극장, 오색빛깔의 토플리스 쇼걸들이 갖춰진 도박 및 골프 리조트 선 시티Sun City를 건설한 것이다. 커즈너는 훗날 "나를 흥분시킨 것은 흑인과 백인이 법으로 분리된 나라에서 모든 인종이 함께 먹고, 함께 도박하고, 함께 국제적인 쇼를 보고, 심지어 함께 잠을 자는 장소를 만들었다는 사실이다"라고 말했다. 그는 남아프리카 공화국에 사는 어떤 보수적인 백인도 그곳을 방문하면 생각이 바뀌게 될 것이라 믿었다. 인종에 따른 자의적 지역 분리를 기회로 역이용한 그의 자유주의적 주장대로, 이 변화가 진보적인 변화인지 아닌지는 또 다른 문제였다.[18]

디즈니 월드와 라스베이거스

쾌락의 메카는 단순히 장소만이 아니었다. 쾌락의 메카는 기업가들이 이익을 극대화하기 위해 실험적으로 바꾸고 개선하고 모방하는 재료들의 쾌락주의 공식을 진화시켰다. 악덕만이 유일한 재료도 아니었다. 두바이의 경우, 실내 스키 활주로를 갖춘 거대한 쇼핑몰을 쾌락의 메카로 만들었다. 하지만 어느 정도의 악덕은 쾌락주의 공식에서 없어서는 안 될 요소여서, 월트 디즈니사Walt Disney Company도 악덕을 완전히 포기할 수는 없었다.

월트 디즈니는 열정이 넘치고 작은 일까지 신경 쓰는 사업가로 판촉의 귀재였고, 동료들을 설득해 자신의 비전에 맞는 기술을 만들어내게 하는 재주를 갖고 있었다. 디즈니는 1930년대 후반과 1940년대 초반에 애니메이션 장편 영화를 발명했고, 1950년대와 1960년대 초반에는 새로운 오락 매체인 텔레비전과 낡고 지저분한 매체인 놀이공원을 정복하는 데 전념했다. 디즈니는 잡상인과 사랑의 터널들을 없애고, 어린 시절의 향수와 미래적 환상을 더하며, 주차 공간과 건전한 오락거리를 풍부하게 제공하기를 원했다.

이는 완벽한 공식이었고, 완벽한 타이밍이었다. 그러나 디즈니는 악덕의 뱀을 자신의 에덴동산에서 쫓아내지 않았다. 1955년 캘리포니아주 애너하임에 개장한 첫 번째 디즈니랜드Disneyland의 메인 스트리트Main Street에는 담배 가게들이 있었다. 디즈니 본인도 제1차 세계 대전 때 구급차 운전사로 일하면서 얻은 습관으로 담배를 많이 피웠다. 그는 술도 마셨지만, 놀이공원에는 술을 들이지 않으려고 애썼다. 이 점에서 디즈니는, 정확히 말하면, 그의 기업 후계자들은 실패했다. 플로리다주 올랜도에 있는 디즈니 매직 킹덤(디즈니가 계획했지만 생전에 이곳의 개장을 보지는 못했다)은 명목상으로는 술을 금지했지만, 출장요리 행사에서 술을 제공했고, 2012년에 〈미녀와 야수 Beauty and the Beast〉와 연관된 한 프랑스 식당에서는 맥주와 와인을 제공했다. "정말 중요한 것은 술이 아니다. 중요한 것은 레스토랑이고 테마를 이용한 멋진 경험이다"라고 한 디즈니사 임원은 설명했다. 이런 경험이 너무도 멋졌는지, 이 공원은 2016년에 이런 테마 레스토랑을 4곳 더 열었다. 그 무렵엔 다른 디즈니 공원에도 테마와 관련된 음주가 정착했고, 1982년 개장할 때부터 술을 제공했던 올랜도의 테크노-유토피아 엡콧 센터Epcot Center도 마찬가지였다. 디즈니의 유람선에는 경쟁사의 유람선들과 마찬가지로 다양한 술을 파는 바들이 즐비했다. 유일하게 도박만이 허용되지 않은 상태였다.[19]

디즈니사가 사업을 추진하는 요령은 가족 친화적인 브랜드를 손상시키지 않으면서 허용 한계치까지 조금씩 범위를 확대하는 것이었다. 디즈니사는 1991년 올랜도에서 시작된 게이 데이즈Gay Days를 추진하지 않았지만, 어느 토요일에 3,000명의 게이와 레즈비언들이 이 테마 파크를 방문했을 때 그들을 막지도 않았다. 게이들은 여행에 많은 돈을 썼기 때문에 그들을 막지 않는 편이 현명했던 것이다. 또 1996년에 동성 커플에게 혜택을 제공하는 최초의 대기업 중 하나가 되었으며, 2007년에는 평균가 2만 8,000달러의 페어리 테일 웨

딩Fairy Tale Wedding 패키지를 동성 커플에게까지 확대했다. 올랜도의 대표적 침례교도 성직자는 이 사실에 놀라지는 않아도 실망감을 표했다. 그는 "결국 가장 중요한 것은 그들도 돈을 벌기 위해 사업을 한다는 것"이라고 말했다. 월트 디즈니 스튜디오Walt Disney Studios도 마찬가지였다. 이 영화사의 경영진은 디즈니의 승인하에 가족 영화를 제작하는 한편, 자신들의 미디어 제국에 속한 다른 스튜디오를 통해 성인 테마 오락물을 제작했다. 물론 멀티플렉스 관객들은 이 사실을 전혀 눈치채지 못했다.[20]

라스베이거스는 이런 요령을 역으로 이용해 도박꾼과 쇼걸의 전초기지에서 국제적 엔터테인먼트, 컨벤션, 가족 휴가의 목적지로 진화하면서도 여전히 신 시티Sin City로서의 명성을 유지했다. 다른 쾌락의 메카들과 마찬가지로 라스베이거스도 공공 인프라 시설과 유리한 법적 환경에 성장의 기반을 두었다. 이 사막 도시는 연방정부의 볼더 협곡 프로젝트Boulder Canyon Project 덕분에 값싼 전력과 안정적인 물을 공급받았고, 연방 고속도로를 통해 급속도로 성장하며 시장이 형성된 캘리포니아와 연결되었다. 그 후에도 연방정부에서 보조금을 지급한 제트기 혁명이 없었다면, 라스베이거스는 여전히 지역 관광지 정도로 남아 있었을 것이다. 제트기 여행사는 이용 요금을 대폭 낮추었고, 도박꾼들을 만 하루 만에 6개 대륙으로 실어 나를 수 있었다. 카지노 운영자인 샘 보이드Sam Boyd는 호놀룰루에서 일상적으로 광고를 했다. 항공사들은 대도시로의 직항 노선과 음료, 식사, 슬롯머신을 위한 보너스 쿠폰을 제공했다. 숙박 기록과 고객 장부로 파악되는 하이 롤러(돈을 많이 쓰는 고객)들은 비행 요금을 면제받았다. 패키지 여행업체가 나머지 사람들을 관리하며 저렴한 정킷junket(카지노 고객 유치사업)을 마련하여 카지노와 리조트 운영자들이 연중 내내 수익을 올리게 했다. 그들이 이런 일을 합법적으로 할 수 있었던 것도 대공황의 또 다른 유산 덕분이었다. 1931년에 네바다 주정부는 성인 도박을 허용했고, 한술 더 떠 이혼도 더 신속히 처리했다. 반악 덕 운동가들이 무려 50년에 걸쳐 이룬 성취를 주지사와 입법자들이 다시 원상태로 되돌리는 데는 단 5주밖에 걸리지 않았다.[21]

빌 하라Bill Harrah가 중산층 관광객에게 어울리는 분위기를 조성하여 현대 도박 산업의 씨앗을 심었다면, 그의 비전을 엄청난 규모로 실현시킨 사람은 하라가 가장 좋아하던 건축가 마틴 스턴 주니어Martin Stern Jr.였다. 스턴은 라스베이거스의 스카이라인을 높이고, 온갖 편의시설이 완비된 리조트 호텔을 지어 전 세계 쾌락의 메카의 면모를 바꾸어 놓았다. 건축과 디자인 측면에서도 라스베이거스에서 일어난 일은 라스베이거스에만 머무르지 않았다.

스턴은 미술과 건축 공학을 공부했고, 영화 〈바람과 함께 사라지다Gone with the Wind〉의 세트 디자이너로 일했으며, 전쟁 중에는 전투 공병 소대를 이끌었다. 그는 소속 부대를 위해 다리를 건설하고 독일인의 다리를 폭파시켰다. 그리고 나서 다리를 다시 원래 위치로 옮기기 시작했다. 그는 점령지의 군정 장관이 되면서 식량 배급, 전력, 교통, 금융 서비스, 건설 등을 총괄 관리하는 집중 훈련을 받았다. 로스앤젤레스로 돌아온 후로는 자신의 병참 노하우를 이용해 군

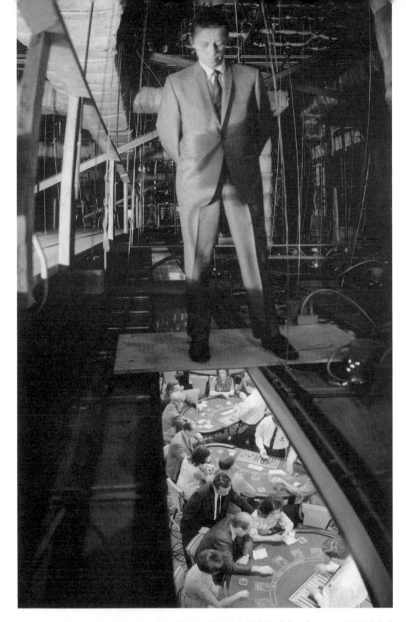

감시 카메라가 보급되기 전에 마틴 스턴이 개조한, 시내 중심가 호텔 겸 카지노 민트(Mint)의 정상에서 내려다보는 광경이다(1969년). 민트는 부정행위를 적발하기 위해 전직 전문 도박사들을 모니터 요원으로 고용했다. 카지노는 이들을 '보안 요원'이라 홍보하고 손님들에게 무료 비하인드 투어를 제공했다. 모니터 요원의 진짜 업무는 도박 수입을 거둬들이는 일이 질서정연하게 진행되는지를 감시하는 것이었다.

출처 Courtesy of Special Collections, Lied Library, University of Nevada, Las Vega

대 기지부터 자동차 친화적 커피숍에 이르기까지 다양한 시설을 설계했다. 1953년에 그는 사하라 호텔Sahara Hotel의 객실 증축을 의뢰받으면서 라스베이거스 시장에 뛰어들었고, 나중에는 이 호텔에 고층 타워와 컨벤션 시설을 추가했다. 스턴은 핵심을 정확히 짚어내는 호텔 및 카지노 디자이너로 명성을 얻었다. 당시 사기꾼들이 문제였을까? 스턴은 민트 호텔Mint Hotel 카지노를 증축할 때 '공중 감시 장치eye in the sky'를 추가하여 전문 모니터 요원들이 천장에 있는 일방향 유리를 통해 손님들의 행동을 감시할 수 있게 했다.

스턴의 가장 훌륭한 재능은 통합적 카지노 리조트 설계에서 빛을 발했다. 그의 매우 중요한 건물인 인터내셔널 호텔International Hotel은 1969년에 개장했을 때 세계에서 가장 큰 건물이었다. 독특한 Y자 형태(양쪽 가지 부분에는 객실들이 있고 중앙에는 엘리베이터가 있다)의 우뚝 솟은 대규모 리조트로, 에어컨이 설치된 객실 1,510개와 거의 비슷한 수의 슬롯머신과 도박대, 화려하게 장식된 바와 식당, 모피, 의류, 보석 등을 파는 상점, 탁아 시설, 컨벤션 시설, 그리고 가수 바브라 스트라이샌드Barbra Streisand가 선보인 동굴 같은 쇼룸 등을 갖췄다. 역시 당대 최대 규모였던 카지노는 안내 데스크에서 체크인하는 방문객들을 향해 손짓했다.[22]

스턴 자신은 도박을 즐기지 않았고 포커놀이도 마다했다. 하지만 하우스 엣지는 별개의 문제였다. 그는 건축 설계비를 일부 포기하는 대신, 그가 지은 호텔의 수입과 도박 수입의 일정 비율을 보수로 받았다. 그는 막대한 부자가 되었고, 도빌과 말리부에 저택들을 소유했으며, 자기 나이의 절반밖에 안 되는 두 번째 아내를 얻었다. 건축 사무소도 번창했다. 그는 자신이 지은 인터내셔널 호텔, 당시 라스베이거스에서 급부상하던 대규모의 MGM 그랜드(현재의 밸리스 라스베이거스Bally's Las Vegas), 그 외에 전 세계 리조트 도시들을 재설계 하면서 엄청난 명성을 얻었다. 몇 군데는 스턴 자신이 설계했고, 몇 군데는 그의 회사에서 일하던 건축가들이 설계했다.[23]

스턴을 라스베이거스의 하워드 로크Howard Roark*로 추켜세울 수 도 있겠지만, 카지노 대형 리조트들의 성공에는 입법적 전략과 영리 한 마케팅 역시 필수적이었다. 네바다주는 1967년과 1969년에 주식 공개기업들이 카지노 사업에 더 쉽게 진출할 수 있도록 도박법을 개 정했다. 이 조치는 대규모 프로젝트를 위한 자금 조달을 간편화했 고, 20세기 중반 라스베이거스 현장을 더럽히던 과거 주류밀매업자 와 신디케이트 소득 탈세자들의 퇴출을 가속화했다. MGM, 하얏트 Hyatt, 델 E. 웹Del E. Webb 같은 회사들은 기존 부동산을 다 사들여, 라 스베이거스와 다른 네바다주 도시에 새로운 건물을 건설했다. 이 기 업들은 언론인, 홍보 전문가, 영화 제작자들을 호텔로 초대하여 이 안전하고 세련된 최첨단 엔터테인먼트 브랜드의 이미지를 드높였 고, 뉴스 기사, 가십, 여행 칼럼, 〈오션스 일레븐Ocean's Eleven〉(1960)과 〈비바 라스베이거스Viva Las Vegas〉(1964) 같은 영화를 통해 이를 만방 에 알렸다. 코미디언 밥 호프Bob Hope는 방송에 나와 "정말 흥미로운

---

* 아인 랜드가 1943년에 쓴 《파운틴헤드(Fountainhead)》의 주인공으로, 이성의 원칙에 따라 소신을 굽히지 않는 젊은 혁신적 건축가 캐릭터이다. -옮긴이주

곳이다. 도박장이라는 생각이 들지 않을 것이다"라고 말했다. "너무 나빠서 좋지 않다"고 했던 앤디 워홀Andy Warhol처럼 교양 있는 계층 은 이 도시의 유흥거리를 비난했지만, 그들의 목소리는 라스베이거 스를 좋아하는 엔터테인먼트 관계자나 여행 칼럼니스트들과 그들 에게 기꺼이 무료 객실, 식사, 쇼 티켓을 제공하려는 호텔 경영주들 의 목소리에 파묻혀버렸다.[24]

라스베이거스의 기획자들은 양쪽 측면을 모두 택했다. 그들은 허송세월하며 주말을 보내는 전통적인 생태계에서 그 핵심으로 도 박, 술, 담배, 복싱, 매춘부 등의 타락하고 위험한 쾌락을 택하고, 그 주위를 둘러싸는 훌륭한 오락 패키지를 만들었다. 그들은 이 패키지 가 일상에서 해방되는 경험이자 일상 세계에서의 일시적인 탈출을 약속하는 성인 놀이터로 가는 매혹적인 관문이라 강조했다. 이런 마 케팅은 대단히 성공적이어서 라스베이거스의 관광객 수는 1941년 에 80만 명에서 2005년에 3,860만 명으로 크게 증가했다. 2005년 한 해에 라스베이거스를 방문한 사람 수는 폴란드나 캐나다 인구보다 더 많았다.[25]

이 정도 규모의 관광업이면 도박 외의 방법으로도 꾸준한 수익 을 창출할 수 있었다. 수입원 다각화의 논리를 가장 잘 파악한 혁신 자는 스티브 윈Steve Wynn이었다. 그는 도박으로 온 가족을 빚더미로 내몬 도박 중독자의 아들이었지만 본인은 도박을 하지 않았다. 하 라와 스턴처럼 통합적 쾌락을 설계하는 일에서 자신의 소명을 찾았 다. 그는 1989년에 남태평양을 테마로 한 획기적인 리조트, 미라지

Mirage를 개장했다. 이 리조트는 정크 본드에서 투자를 받았지만 싸구려 같은 측면은 조금도 없었다. 탑 모양 디자인만 해도 50가지의 다른 연구 모델을 거쳤을 정도였다. 방문객들은 이곳에서 유명한 셰프, 로비의 열대 우림, 백호랑이 쇼를 펼치는 지그프리트Siegfried와 로이Roy를 만날 수 있었다. 미라지는 엔터테인먼트를 제공하는 카지노라기보다 모든 편의시설을 갖추고 카지노까지 보유한 엔터테인먼트 리조트에 가까웠다. 윈은 라스베이거스가 방문객들에게 "풍부하고 깊은 정서적 경험을 선사한다. 그들은 익숙한 일을 원하는데, 휴가지에서는 그 일을 더 큰 규모로 더 잘 하고 싶어 한다"고 설명했다.[26]

월트 디즈니도 아마 같은 말을 했을지 모른다. 나이 든 도박꾼들은 윈의 성공으로 라스베이거스가 '성인 디즈니랜드'로 변했다고 투덜거렸다. 랫팩Rat Pack 카지노들은 거대한 테마 리조트에 밀려났다. 도박장 책임자와 딜러들이 이름만 들어도 단골손님을 알아보던 시절은 지나갔다. 사실상 대부분의 도박판이 사라졌다. 카지노 설계자들은 도박판 대신에 도박꾼들이 색상으로 구분된 카펫을 따라 돌아다니도록 구불구불하게 늘어선 디지털 슬롯머신을 설치했다. 새로운 형태의 엔터테인먼트를 선택한 컨벤션 참가자들과 휴가객들이 끝도 없이 몰려들었고, 이들은 60달러짜리 고베 소고기버거부터 한 병에 600달러가 넘는 프리미엄 보드카까지 터무니없는 가격의 메뉴를 사먹었다. 손님들로 꽉 차고 문 앞에도 대기줄이 길게 늘어선 유명 DJ들의 댄스 클럽에서도 보드카를 판매했다. 윈의 XS라는 클럽은 매상이 좋은 날이면 하룻밤에 백만 달러씩도 긁어모았다. 도박은 1996년에 라스베이거스 총수입의 절반 이상의 비중을 차지했으나, 2016년에는 약 3분의 1 수준으로 감소했다. 한때 카지노의 호객용 미끼로 제공되던 숙박비 할인, 값싼 음식, 시가, 무료 음료 등은 사라졌다. 한 카지노 도박 책임자는 "호텔들은 이제 온갖 편의시설로 돈을 벌려고 한다. 과거 어느 때보다도 훨씬 더 상업적이다"라고 말했다.[27]

상업적이라는 말보다는 기술적으로 합리화되었다는 말이 더 정확한 표현일 것이다. 비디오 포커 바에서는 컴퓨터들이 도박자를 추적하다가 그들이 무료 음료를 마실 수 있을 만큼 도박을 많이 하면 형형색색의 불빛을 깜박거렸다.('최대 베팅max bet'을 4번 누르라고, 한 바텐더는 동정하듯 손님에게 귀띔해줬다.) 오랫동안 라스베이거스를 찾은 한 방문객은 "수치 계산에 정신이 없는 경영진과 회계 담당자들이 라스베이거스를 망쳤다. 거기에는 아무런 가치도 이점도 없다"고 불평했다. 언론인이자 새로운 체제를 증오하던 구식 블랙잭 플레이어인 마크 쿠퍼Marc Cooper는 이런 변화를 신자유주의의 우화로 읽었다. 쿠퍼는 "라스베이거스는 종종 꿈과 환상의 도시, 번쩍거리는 상상의 도시로 묘사된다. 하지만 라스베이거스는 지금 거꾸로 가고 있다. 라스베이거스는 이제 미국의 시장 윤리의 민낯을 노골적으로 드러내며, 현대 소비자 자본주의의 가면과 관례마저 벗어버린 세계의 축소판이다"라고 말했다.[28]

2004년에 쿠퍼가 이런 한탄을 늘어놓을 때 사실 '미국의'라는 단어는 불필요했다. 다국적이고 점점 통합되는 카지노 리조트 산업은 10년 넘게 라스베이거스를 글로벌화함으로써 계속 번영을 누려왔다. 1994년에 힐튼 호텔의 한 자회사가 스턴이 지은 인터내셔널 호텔을 인수했듯, 캐나다, 터키, 오스트레일리아, 우루과이, 이집트에서도 카지노 리조트가 운영되거나 계획됐다. 이집트의 카지노 리조트는 매일 1,000명의 이스라엘인을 끌어 모았고, 도박꾼들은 과거의 지나간 역사 따위는 개의치 않았다. 힐튼의 경쟁 기업들은 동유럽, 카리브해, 남아메리카에서 적합한 장소를 물색했다. 윈은 아르헨티나 북부에 있는 이과수 폭포가 이상적일 것으로 생각했다. 도박 연구 분야를 창안한 경제학자 빌 에딩턴Bill Eadington은 "아시아 국가들을 제외하고는, 각국의 정책 방향이 도박 행위를 악덕으로 보던 입장에서 착취할 기회로 보는 입장으로" 바뀌었다고 말했다.[29]

윈과 다른 카지노 리조트 개발자들, 특히 셸던 애덜슨Sheldon Adelson은 이런 변화의 추세에서 과연 아시아가 예외일지 의심을 품었다. 포르투갈 식민지였다가 1999년 말 중국의 특별 행정구가 된 마카오가 특히 좋은 후보지였다. 급속히 발전하던 주강삼각주* 서쪽에 위치한 데다 비행기로 다섯 시간 거리 이내에 30억 인구가 살고 있었기 때문이다. 디즈니는 발전하는 동양에 자체 브랜드의 리조트 메카를 설립하는 것을 목표로 1983년부터 도쿄에서 사업을 확장해왔고, 인근 홍콩에서도 개장을 앞두고 있었다. 애덜슨은 마카오가

---

* 주강 하구의 광저우, 홍콩, 선전, 마카오를 연결하는 삼각지대를 중심으로 하는 지역-편집자주

도박에 대해 비슷한 잠재력이 있다고 판단했다. 문제가 있다면 마카오가 열악하고 범죄가 만연하며 그 일대에서 악덕의 메카라는 평판이 있다는 점이었다. 당일치기 골초 도박꾼들이 크랩스(주사위 두 개로 하는 도박의 일종)보다 바카라(카드게임의 일종)를 선호하다는 점을 제외하면, 마카오는 마치 과거의 나쁜 라스베이거스와 비슷했다.[30]

하지만 애덜슨에게는 해결책이 있었다. 그는 1999년에 라스베이거스에 쇼핑몰, 곤돌라, 노래하는 곤돌리에가 있는 메가 리조트 베네치안Venetian을 개장한 상태였다. 이제 남은 일은 그 모델을 마카오에서 현지화하는 것뿐이었다. 2004년에 그는 동양과 서양의 테이블게임, 아시아인의 취향에 맞는 슬롯머신, 50톤짜리 샹들리에, 시가 바와 객실 내 사우나, 게장부터 크렘브릴레에 이르는 국제적 메뉴를 제공하는 샌즈 마카오Sands Macao를 열었다. 손님들은 거의 문을 두들겨 부술 기세로 몰려들었다. 애덜슨은 9개월 만에 건설 부채(2억 6,500만 달러)를 상환했고, 사업 확장을 시작하여 억만장자 겸 미국과 이스라엘 정계의 거물급 인사로 부상했다. 2014년까지 그는 마카오에 건물 세 채를 더 보유하게 되었고, 마카오를 진정한 쾌락의 메카로 만드는 데 기여했다. 호화 쇼핑과 식사, 유적지 및 건축물 투어, 매춘부들의 광고 전단이 넘쳐나고 현지 도박 중독률이 6퍼센트를 넘어서는 마카오는 '동양의 라스베이거스'가 되었다. 마카오는 GDP의 거의 44퍼센트를 여행과 관광업에서 얻었다. 중국 본토에서는 카지노가 여전히 공식적으로 금지된 가운데, 마카오는 도박 규모에서도 세계적인 선두 주자가 되었다. 2007~2012년의 세계 금융 위기와 불황, 부정부패에 민감한 중국 당국이 마약 단속에 나설 것이라는 우려, 다른 아시아 호랑이 국가들의 후발 카지노와의 치열한 경쟁에도 불구하고 말이다. 2014년에 마카오의 도박 수입은 라스베이거스의 7배 규모에 달했는데, 이때쯤에 라스베이거스는 미국 다른 주들의 카지노 리조트와의 경쟁에 직면한 성숙기 시장이었다.[31]

성공의 패턴을 발견하기는 어렵지 않았다. 하라, 스턴, 윈, 애덜슨 같은 카지노 기업가와 설계자들은 엄청난 수입원을 발견했다. 수입이 증가하자 경쟁에 박차를 가했다. 경쟁은 악덕의 정상화를 부추겼다. 정상화는 다시 수익을 증대시켜 불쾌한 부분을 제거한 악덕의 선순환 구조를 만들어냈다. 이런 나선형 성장을 위협하는 주된 요인은 구시대의 십자군들이 아니라, 경쟁적인 과잉 시설 투자와 신세대 디지털 기업가들이 악덕을 주류로 만드는 다른 방법을 발견함에 따라 오프라인 사업이 진부화될 전망에서 비롯되었다.

악덕의 마케팅
....

행동경제학의 핵심적 통찰은 시장 거래가 종종 비합리적이라는 것이다. 전문가를 비롯해서 이런 거래의 당사자들은 결코 인류 진화의 유산인 인지적 편견과 감정적 취약성을 벗어날 수 없다. 인류 진화의 가장 중요한 유산 중 하나는 우리가 이야기를 통해 세상을 이해한다는 것인데, 그런 이야기에는 우리가 금전적, 육체적, 도덕적 위험이 있는 제품을 소비하도록 설득하려고 고안된 매력적이고 정당화된 이야기가 포함된다. 경제학자인 조지 애커로프George Akerlof와 로버트 쉴러Robert Shiller는 그런 이야기들을 '호구를 위한 피싱phishing for phools'이라고 불렀다. 피싱은 금융 서비스와 소비재 시장에서 똑같은 이유로 벌어진다. 만약 한 회사가 하지 않는다면, 다른 회사가 할 것이다. 1993년에 뱅크오브아메리카Bank of America가 네바다주 시골 지역에서 당시 합법이던 윤락업소 신용카드 사업을 중단하기로 결정하자, 라이벌 은행이 필요한 서비스를 대신 제공하겠다고 나섰다. 하룻밤에 수천 달러를 청구한 전설적인 매음굴 무스탕 랜치Mustang Ranch의 주인은 "그들은 우리를 얻었다는 사실에 너무도 감격했고 아무런 거리낌도 없었다. 알다시피 우리는 합법적인 사업이다"라고 설명했다.[32]

'합법적인 사업'이란 1971년에 제정된 네바다 주법과 같은 맥락상의 특정 변화에 의한 것이다. 이런 변화는 악덕에 대한 태도 변화에도 장기간에 걸쳐 영향을 주었다. 독일과 일본은 전쟁, 군대 위생, 인종적 이데올로기를 이유로 식민지 여성들에게 매춘을 강제하는 사창가를 세웠는데, 이런 예는 좋든 나쁘든 간에 변화하는 상황에 대한 반응이라 할 수 있다. 20세기에 변한 부분은 기업들이 상품화와 매출 증대의 길을 닦기 위해 악덕에 대한 거부감을 줄이거나 제거하는 맥락을 조성하는 능력이 증가했다는 것이다.

기업들의 주된 도구는 광고였다. 광고를 통해 피임약을 비롯한 온갖 대상에 대해 이야기를 퍼뜨릴 수 있었다. 피임약은 이제 세계적으로 널리 수용되었고, 성해방의 도구로 인정받게 되었지만, 1960년에 피임약이 처음 상업적으로 선보였을 때는 큰 논란이 있었다. 콘돔과 달리 경구피임법은 질병을 예방한다는 근거가 부족했다. 경구피임법은 성적 문란에 대한 사회적 우려, 섹스와 생식을 분리하는 데 대한 종교적 반대, 그리고 자국민의 출산율 감소에 대한 이민 배척주의자들의 불만을 야기했다. 진보주의자들조차 모두 동조하지는 않았다. '독일 페미니즘계의 글로리아 스타인Gloria Steinem'이라 할 알리스 슈바르처Alice Schwarzer는 피임약이 여성의 지속적인 성적 가용성을 보장하기 위한 가부장적 음모라고 비난했다.

피임약에 대한 이런 의심에도 불구하고, 상업적으로 중요한 사실이 하나 있었다. 1960년 전 세계 인구의 5분의 1이 넘는 약 6억 3,000만 명이 가임기 여성이었다는 사실이다. 만약 제약업체들이 인구 과잉에 대한 사회적 우려를 기회로 삼고 피임약을 도덕적으로 수용할 만한 약으로 사회적 인식을 바꿀 수만 있다면, 이 막대한 시장을 장악하기가 훨씬 더 쉬울 터였다. 그래서 다국적 제약업체 셰링사Schering AG는 깔끔하게 차려입고 한 여성이 한 손에는 갓난아기를 안고 한 손에는 걸음마를 배우는 아기를 붙든 채 나이 든 의사를 올려다보며 "두 아이가 터울이 별로 안 져서 제가 너무 힘들어요"라고 애원하는 광고를 제작해 피임의 게이트키퍼인 독일 의사들을 공략했다. 책임감 있는 의사라면, 아나보라 21(셰링사가 만든 최초의 경구용 피임제)이 있는데 어찌 그런 어머니의 부탁을 거절할 수 있겠는가? 반면 젊은 미혼 여성은 또 다른 문제였다. 그래서 광고주들은 의사들의 부성애적 동정심을 자극하여 너무 이른 임신을 예방할 필요가 있다고 강조했다. 스페인에서는 인구 증가를 주장하는 사람들의 입지가 더 확고한 데다, 프란시스코 프랑코Francisco Franco의 독재 정부가 피임 광고를 금지했기 때문에, 셰링사와 경쟁 제약사들은 은밀한 마케팅에 의존해야 했다. 제약업체들은 자사의 신약을 불규칙하거나 고통스러운 월경을 치료하는 데 유용한 '배란 억제제'라고 홍보했다. 이런 완곡어법으로 논쟁을 끝낼 수는 없었지만, 스페인의 문 안에 발을 들여놓을 수는 있었다. 그 후 1970년대에 스페인의 정치적 민주화와 가족계획에 대한 억눌린 요구가 시장을 변화시켜 결국 문이 활짝 열렸다.[33]

복권은 피임약에 비해 판매하기가 쉬웠고, 특히 거액의 상금과 명분이 결합되면 판매하기가 더 쉬웠다. 교육과 노인 복지 서비스라는 명분이 잘 통했다. 영국 국교회 성당인 요크 민스터York Minster를 복원하거나 시드니 오페라 하우스Sydney Opera House를 완성하겠다는 명분도 마찬가지였다. 정부, 비영리 단체, 광고 대행사 모두에게 효자상품이었던 복권은 20세기 후반에 급속도로 시장이 확대되었다. 1970년부터 1988년 사이에 미국 주들이 앞 다투어 로또 판매 사업에 뛰어들면서 미국의 복권 판매액은 연평균 31퍼센트씩 증가했다. 백인우월주의단체 KKK단이 한때 도박꾼과 주류밀매업자들을 소탕한 적이 있었던 프로테스탄트 남부 지역이 가장 오래 버티었지만, 주류 정치인과 재계 지도자들이 다른 세금을 낮게 유지하길 원하여 복권의 명분을 지지하고 나서자 결국 투항하고 말았다. 불법적인 숫자 알아맞히기 게임을 몰랐던 시골 주민들은 과거에는 범죄자의 악덕이던 도박을 이제는 시민의 미덕으로 재조명하는 책자와 텔레비전 광고를 통해 복권 이용 방법을 배웠다.[34]

알코올은 더 어려운 도전처럼 보였으나, 전후 미국 광고주들에게는 오히려 더 쉬운 도전이었다. 특히 맥주가 가장 쉽게 목표를 달성할 수 있는 제품으로 여겨졌다. 광고주들은 맥주에 대해 의견이 엇갈리는 주부들을 '맥주는 어울린다beer belongs' 캠페인으로 공략했다. 맥주는 피크닉에도 어울리고, 바비큐에도 어울리고, 새 냉장고에도 어울린다는 식이었다. 또 도덕적 견해와 습관이 유연하고 브랜드 충성도가 평생 지속될 수 있으며 이미 몰래 음주를 시작한 젊은 소비자들을 공략하기 위해서는, 대학 신문을 맥주 광고로 뒤덮고, 캠퍼스에 마케팅 영업사원을 깔아놓으면 되었다. 이 외에도 광고주들이 사용한 전술은 다음과 같다. 그들에게 정서적인 정체성을 제공하라. 친숙한 음악을 틀어줘라. 맥주를 치켜 올리는 식의 건배로 바꿔라. 평범한 남자들이 자부심을 느끼게 해라. 남자답고 운동도 잘한다는 느낌을 부여하라. 스포츠 경기 도중에 광고를 내보내라. 슈퍼볼Super Bowl과 같은 화려한 행사 때 최고 광고비를 지불해서라도 축제 분위기에 젖은 수많은 관객에 다가가라. 공익 광고 장면을 삽입하여 시청자들에게 술을 마시면 운전할 다른 사람을 찾을 것을 상기시켜라. 황색 조명, 거품이 흘러내리는 술잔 등 음주를 촉발하는 요인을 추가하고 소비를 극대화하도록 광고를 '활기 넘치게' 만들어라. 두 달 동안 시장을 맥주 광고로 도배하다가 잠시 광고를 중

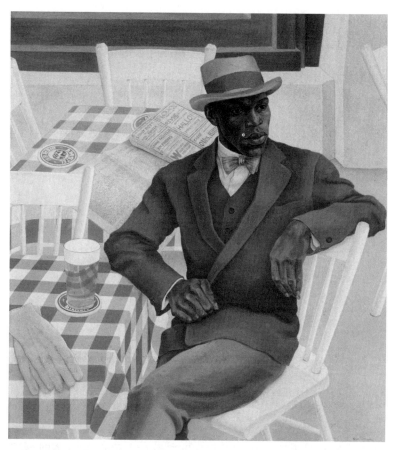

우리 브랜드를 소비하면 당신도 패셔너블한 사람이 될 것이다. 이것이 전형적인 피싱 스토리이다. 그래서 암스텔 맥주회사(Amstel Brewery)는 화가 노라 해터맨(Nola Hatterman)에게 멋지게 차려입은 신사가 암스테르담 테라스에서 암스텔 맥주 한잔을 즐기는 모습을 그려 달라고 의뢰했다. 1930년에 이 작품을 완성한 해터맨은 지미 반 데 라크(Jimmy van der Lak)를 모델로 선택했는데, 그는 1926년에 암스테르담에 정착하여 권투선수, 바텐더, 카바레 연주자로 명성을 얻은 수리남인이었다. (그의 뒤에 놓인 신문에는 나이트클럽 광고가 실려 있다.) 해터맨의 취지는 좋았지만, 모델의 피부색 선택이 잘못되었다. 암스텔은 아름다움과 번영을 나타내는 백인의 이미지를 선호하여 이 그림의 구입을 거절했다. 그래도 아무 문제는 없었다. 이 작품 〈테라스에서(On the Terrace)〉는 현재 암스테르담 시립미술관(Stedelijk Museum)에 전시되어 있다.

출처 Courtesy of Stedelijk Museum, Amsterdam

단했다가 다시 시작하라. 회상은 순간적이므로, 반복을 통해 메시지를 시청자들의 신경회로에 각인시켜라. 또 반복적으로 음주가 기분을 띄우고 정체성을 표현하므로 용인될 수 있음을 강조하라. 고조된 기분 때문에 중독으로 이어진다면, 그 문제는 이해하기 힘든 소수의 미성년자들 탓으로 돌려라. 그들의 어려움은 연구할 가치가 있고, 기꺼이 연구 자금을 댈 의향이 있지만, 평상시의 사업을 중단할 이유는 없다는 논리를 펼쳐라.[35]

이와 같은 전술은 신흥 시장에도 적용될 수 있었다. 말레이시아는 국민 대다수가 무슬림인 국가로, 술을 즐기는 소수집단과 활기찬 도시의 밤 문화, 순종적인 정부를 보유하고 있었다. 그래서 말레이시아는 다국적 주류기업들의 시야에 들어왔다. 1995년에 호세 쿠에르보Jose Cuervo 데킬라의 유통업자는 '프리랜서 판촉 사원'을 고용해 챙이 넓고 요란한 장식을 한 모자, 어깨를 드러낸 블라우스, 데님 반바지를 입혀 페낭의 술집들에 파견했다. 판촉 사원들은 '브랜드 인지도'를 높인다는 명분으로, 손님들을 초대하여 그들의 가슴에서 소금을 핥아먹고 호세 쿠에르보를 한잔 마시고 그들이 입에 물고 있는 라임을 먹게 했다. 칼스버그Carlsberg는 좀 더 은근한 게임을 벌였다. 칼스버그 광고에는 금발인 '늘씬하고 멋진 덴마크 여자'와 평범한 아시아계인 '칼스버그 남자'가 등장했다. 그는 스칸디나비아 여신은 얻지 못하더라도 친근한 친구로 의인화된 맥주는 언제든지 마실 수 있었다. 물론 합법적으로 음주가 허용된 연령에 한해서였다. 18세 이하의 청소년들은 칼스버그가 후원하는 록 콘서트에 참석하거나 칼스버그 로고로 도배된 음악과 만화책 상점을 방문할 수 있었다. 조니 워커 스카치Johnnie Walker Scotch를 판매하는 디아지오Diageo는 자사의 말레이시아 캠페인이 "개인의 발전에 영감을 준다"고 주장했다. 이 기업은 말레이시아인들에게 세계적 인물들 가운데 그들이 가장 좋아하는 멘토를 고르게 하는 조니 워커 브랜드 캠페인을 시작했다. 후보자들 중에는 넬슨 만델라Nelson Mandela, 마더 테레사Mother Teresa, 모한다스 간디 등이 있었다.[36]

칼스버그와 디아지오는 연합 및 통합된 기업들로 1990년대 말과 2000년대 초에 세계적 과점 경쟁에 뛰어들었다. 양사의 운영진은 이미 성숙기에 접어든 서구 시장에 비해 경제 성장률이 높고 인구층이 젊으며 알코올 소비량이 적은 개발도상국에 미래가 달려 있다는 사실을 간파했다. 또 소비자들이 아직 순진하거나 적어도 싫증을 내지 않는 곳에서 광고가 가장 효과적이란 사실도 알았다. 어느 미국 텔레비전 작가가 말했듯, 우리는 아주 많은 맥주 광고를 본 후에야 금주법의 지혜를 다시 생각하기 시작했다. 아직 포화되지 않은 시장들은 고·저가 마케팅에 노출되었다. 다국적 기업들은 고가 제품을 판매하는 프리미엄 브랜드를 출시하는 한편, 대량 판매를 위해 현지 브랜드를 인수하고 홍보했다. 그들은 일부 제품 라인을 최저가로 공급하여 주류 밀매업자들을 시장에서 몰아냈다. 또 하나의 민족 집단이나 하나의 마을에만 방송하는 하이퍼로컬 라디오 방송국에 지방 사투리로 광고를 냈다. 그들은 학교 근처에 광고판을 설치하고, 자사 브랜드를 인기 있는 여가활동으로 포장했다. 동네 카페나 경기장에 있는 모든 사람이 술을 몇 잔씩 마신다면 음주가 무엇이 문제되겠는가? 다국적 기업은 악덕을 정상화하는 대리인, 부담스러운 세금과 규제에 반대하는 지원군, 술을 마시는 미성년자에게 우회적으로 접근하는 수단으로 소매업자들을 활용했다. 그리고 책임감 있는 음주 캠페인과 자선 프로그램을 내세워 그들의 행적을 덮어버렸다.[37]

결과는 예상한 대로였다. 2006년부터 2010년까지 다국적 주류기업들이 공략했던 지역(서아프리카 및 서남아프리카, 남아시아, 동남아시아, 동아시아, 중부 안데스 산맥)의 국가들에서 1인당 알코올 소비량 증가가 보고되었다. 그 출발점인 나이지리아에서는 2006년부터 2013년까지 7년 동안 음주운전 교통사고 사망률이 38퍼센트 증가했다. 맥주 회사들은 라벨을 부착할 의무를 무시했고, 소매업자들은 주류 판매 면허와 연령 제한 규정을 무시했다. 하지만 정부는 뇌물을 받고 이들을 눈감아 주었다.[38]

2011년에 알코올 규제의 혼란스러운 실태를 조사한 뉴질랜드 연구자 샐리 캐스웰Sally Casswell은 "우리는 세계적으로 생산 및 공급 기계들과 마주하고 있다. 그들은 글로벌 기업들의 지원을 받아 비효과적인 정책을 적극적으로 추진하는 조직들과, 점점 글로벌화되는 청소년 문화와 교감하기 위해 글로벌 미디어를 사용하는 글로벌 마케팅이다"라고 했다. 이번 장의 요지는, 그리고 사실상 이 책의 요지는 그런 거대한 상업적 조직들이 술뿐만 아니라 모든 악덕의 운명을 부활시켰다는 것이다. 20세기 후반에 이르러 글로벌 반악덕 행동주의는 세계 각지의 전선에서 글로벌 친악덕 행동주의라고 부를 만한 세력에 패배했다. 다국적 유통업체와 마케팅 회사들은 심각한 습관화의 위험과 해악이 따르는 다양한 제품을 둘러싸고 전략적 홍보로 제품의 사용을 만류하는 듯 위장된 설득의 비계를 구축했다.[39]

엎친 데 덮친 격으로, 악덕을 연쇄적이거나 동시에 소비하는 패턴이 나타나 여러 악덕 제품의 위험이 결합되고 증폭되었다. 연구자들은 연쇄적인 악덕 소비의 원인에 대해 논쟁을 벌였지만, 통계로 드러난 현실에 대해서는 아무도 의심하지 않았다. 예를 들어 베이비부머들은 담배를 피우거나 술을 마시면 마리화나를 피울 가능성이 더 높았고, 일단 마리화나를 피우게 되면 불법 약물을 사용할 가능성이 더 높았다. 이는 북아메리카, 유럽, 중동, 아시아, 오스트레일리아 사회에서도 반복 연구를 통해 검증되었다. 범죄학자 맬컴 홀 Malcolm Hall은 오스트레일리아인의 점점 증가하는 '막대한' 알코올, 니코틴, 디아제팜 소비량을 언급하지 않고는 1970년대 중반 오스트레일리아에서 마리화나와 헤로인 소비가 급증한 사실을 설명할 수 없다고 결론지었다. 상업적 악덕의 밀물이 들자 모든 배가 위로 떠오른 것이다.[40]

곤경에 빠진 담배?

담배의 최근 역사를 살펴보면, 일부 합법적 제품이 수십 년간의 성공적 마케팅에도 불구하고 제품의 위험성 때문에 조만간 실패할지도 모른다는 의구심이 든다. 담배업계는 고전적 피싱 수법에 따라 흡연이 현대적이고 세련되며 섹시할 뿐만 아니라 날씬해지는 비결이어서 영화 스타들과 팬들에게 필수적이라고 광고해왔고, 두 차례 세계 대전에 힘입어 북아메리카와 유럽을 중심으로 국제적인 담배 시장을 형성했다. 1910년대에는 지나가던 행인이 길모퉁이에서 어슬렁거리는 젊은이들의 입에 물려 있는 담배를 뽑아서 버릴 만큼 담배가 악덕으로 여겨졌는데, 1940년대에는 없어서는 안 될 상품이 되었다. 1944년 8월 25일 파리가 해방을 맞이한 혼돈의 첫날 밤, 샤를 드골Charles de Gaulle은 미국 연락관에게 프랑스 정부를 운영하기 위해 세 가지, 즉 C형 휴대식량, 콜맨Coleman 랜턴, 그리고 담배가 필요하다고 말했다고 한다. 전후에 흡연은 사실상 시민의 권리가 되었다. 부에노스아이레스 광고주들은 페론주의자*의 느낌을 가미하여 담배에 미친 이 도시의 시민들은 '누구나 아르헨티나인의 취향에 맞는' 브랜드의 담배를 피울 권리가 있다고 말했다. 1949년에 영국 남성 10명 중 8명이 담배를 피웠고, 여성 10명 중 4명이 담배를 피웠다. 1953년에 이안 플레밍Ian Fleming의 소설에 등장하는(그리고 헤로인 밀거래자를 쏜 적이 있는) 근사한 영국 스파이, 제임스 본드James Bond는 13권짜리 007 시리즈 내내 쉬지 않고 담배를 피우고 술을 마시다가, 그와 비슷한 생활을 했던 작가가 56세에 심장병에 걸리면서 함께 생

---

* 페론이 신봉한 인민 민족주의 노선의 추종자-옮긴이주

을 마감했다.[41]

플레밍이 사망한 1964년쯤에는 퀄런과 다른 담배 제품들이 호흡기 암을 비롯한 치명적인 질병과 관련이 있다는 많은 증거가 나왔다. 설사 대중은 담배업계의 말도 안 되는 광고—우리는 연구 자금을 지원하고 있는데 현재로서는 담배와 질병과의 인과관계가 불분명하니 긴장을 풀고 계속 흡연을 즐기라—에 속았다고 해도, 전염병학자들은 속지 않았다. 그 후 30년 동안 그들은 흡연으로 인한 피해에 대해 가공할 만한 목록을 작성했고, 그중에 결정적인 것은 담배 연기에 노출된 비흡연자들의 고통이었다. 메릴랜드주의 한 운동선수 겸 바텐더는 혈관 우회 수술이 필요하다는 말을 듣고 자기는 담배를 피운 적이 없다고 항의했다. 그러자 의사는 그에게 "오, 그러시군요. 그럼 당신의 손님들이 당신을 위해 담배를 피웠나보군요"라고 말했다. 그는 부모님, 반 친구들, 팀 동료들, 심지어 그의 코치까지도 담배를 피운다는 사실을 깨달았다. 그의 막힌 동맥은 부수적 피해였고, 그의 일화는 성인들이 자신의 흡연 위험을 자유롭게 선택한다는 담배업계의 주장에 대한 통렬한 반박이었다.[42]

더 안 좋은 일은 담배산업의 진짜 사업 모델이 폭로되었다는 것이다. 담배업계는 사망했거나 금연에 성공한 사람들을 대신할 새로운 흡연자를 모집하기 위해 일련의 캠페인을 벌여 청소년의 담배 중독을 조장해왔다. 외부로 유출된 문서와 관계자들의 폭로는 담배업계가 제품의 중독성을 강화하면서 업계의 마케팅 관행을 가식적으로 숨겨왔다는 사실을 드러냈다. 옛날 담배가 인간의 가슴에 갈고리를 걸어놨다면, 현대의 담배는 인간의 가슴에 작살을 찔렀다. 담배 제조업체들은 마취와 진정 효과를 위해 멘톨을 첨가했고, 맛을 돋우고 니코틴의 강한 쾌감을 강조하기 위해 암모니아를 첨가했다. 또 담배에 중독성이 생기도록 조작해 공중 보건에 비할 데 없는 위험을 초래했다.[43]

1960년대 중반에 온건하게 시작된 정책적 반발은 20세기 말에 이르러 진정한 추진력을 얻었다. 서구권 정부들은 점점 더 노골적이고 상세한 경고 문구의 부착을 의무화했고, 광고를 규제하고 더 높은 세금을 부과했으며, 금연 메시지를 후원했고, 의료비를 회수하기 위해 담배회사를 상대로 소송을 걸었으며, 공공건물, 식당, 술집에서 실내 흡연을 금지했다. 디즈니랜드 역시 실내 흡연을 금지하고, 1991년에 담배 매장을 폐쇄했으며, 1999년에는 담배 판매를 전면 중단했다. 같은 해 미국 법무부Justice Department는 담배 제조업체와 무역 단체들을 상대로 소송을 제기했는데, 그들이 40년간 사기 행각을 벌여 무려 2,800억 달러 규모의 불법 이익을 벌어들였다는 혐의였다. 이는 역사상 최대 규모의 시민 갈취 소송으로, 본래 정부의 주요 타깃이던 조직범죄를 막기 위해 제정된 법이 소송의 근거가 되었다. 담배업계는 당연히 법을 지키지 않고 영업해왔다. 그리고 이제는 그동안의 대가를 치러야 했다.[44]

어떤 의미에서 담배업계는 분명 대가를 치렀다. 서구 국가들이 본격적으로 금연 캠페인을 추진하면서 담배 산업이 급격히 축소된 것이다. 영국 성인의 경우, 1993년에 하루 담배 소비량은 1973년에 비해 40퍼센트나 감소했다. 심지어 제임스 본드도 스크린상에서 담배를 끊었다. 영국과 다른 나라에서 흡연을 새로 시작하거나 계속 고집하는 사람들은 대개 교육 수준이 낮고 미래지향적이지 못했다. 아니면 정신질환을 앓고 있었다. 매사추세츠주의 한 여성은 R. J. 레이놀즈 담배회사R. J. Reynolds Tobacco Company에 보낸 편지에 이렇게 썼다. "친애하는 살렘 직원들께, 나는 조울중 환자인데, 목소리를 듣습니다. 1990년에 나는 목소리를 들었는데, 그 목소리가 나에게 담배를 피우라고 했어요. 그 목소리가 계속 담배를 피우라고 하면 나는 담배를 피울 겁니다." 하지만 그녀는 담배를 살 돈이 없었다. 그래서 매월 살렘 담배 7갑을 담배회사에서 후원해줄 수 있는지 물었다. "제정신을 유지하려면 담배가 절실히 필요하거든요."[45]

흡연자의 계층과 정신건강 상태가 변하면서 금연율은 점차 둔화되었는데, 다른 방식으로 보건 공무원들에게 도움이 되었다. 사회적으로 하층민이나 일탈자와 연관된 제품은 시장 판매가 쉽지 않았다. 프랑스 사람들은 흡연 습관을 점점 더 혐오하게 되어 2010년에는 비흡연자의 대다수가 흡연자와 데이트할 수 없다고 말할 정도였다. 담배를 계속 피우는 미국 흡연자들은 점점 친구들이 줄어들고 사회적 관계망이 줄어든다는 것을 발견했다. 사회학자이자 의사인 니콜라스 크리스타키스Nicholas Christakis는 흡연이 신체 건강만큼이나 사회적 건강에도 좋지 않다고 지적했다. 그렇다면 흡연자들이 느끼는 패배감은 중독적인 함정의 일부일까, 아니면 중독에서 탈출하려는 동기일까, 아니면 둘 다일까? 여기에서 의견이 갈렸다. 흡연에 반대하는 많은 사람은 흡연의 '비정상화'에 대해 이야기했고, 일부 대담한 사람들은 사회적 낙인이 건강에 주는 혜택에 대해 이야기했다. 비판자들은 후자의 의견이 지나치게 심하다는 인상을 받았고, 특히 조울증을 앓는 여성과 같은 경우에 그랬는데, 다른 종류의 흡연자들에게는 사회적 낙인이 확실히 심리적 자극을 줄 수 있었다.[46]

1980년대와 1990년대에 담배회사들은 방향을 선회하여 점점 심각해지는 위기에 맞대응했다. 그들은 무역 자유화와 해외 투자 기회를 틈타서 담배에 대한 통제력이 적은 저소득층과 중산층 시장으로 진출했다. 그들은 세르비아와 필리핀 같은 지역에서 공장을 인수하고 개조하여 담배 공장으로 만들었다. 또 그들의 감언이설에 민감하게 반응하는 아시아, 아프리카, 라틴 아메리카의 십대들을 노렸다.

보건 운동가들은 어렴풋이 보이는 세계적인 유행을 막기 위해 싸웠다. 2003년에 그들은 참가국들에게 국내적으로 다양한 담배 규제 조치를 시행하도록 요구하는 세계보건기구WHO의 담배규제기본협약Framework Convention on Tobacco Control, FCTC을 체결하게 했다. 결국 180개국이 이 조약에 참여했는데, 그중 상당수는 흡연이 널리 퍼져 있고 담배 밀매가 일상화된 케냐 같은 비교적 가난한 나라들이었다. 2008년까지도 세계 인구의 90퍼센트는 여전히 담배 마케팅으로부터 보호받지 못했다.[47]

그 결과, 세계의 1인당 담배 소비량은 증가하지 않았지만, 2010년대 초반까지 전체 흡연자 수와 담배 소비량은 계속 증가했다. 1980년에는 7억 2,100만 명의 흡연자가 5조 개비의 담배를 소비한 반면, 2012년에는 9억 6,700만 명의 흡연자가 6조 2,500억 개비의 담배를 소비했다. 2016년에는 담배 소비량이 5조 7,000억 개비로 줄었지만, 그중 얼마만큼이 담배 소비자의 감소 때문인지 알 수 없었다. 분명한 것은 1900년 전 세계의 담배 소비량이 약 40억 개비였다는 것이다. 1세기에 걸쳐 인구가 4.5배 증가하는 동안 담배 매출은 1,000배 이상 증가한 셈이다. 이런 담배 판매가 모두 합법적인 것도 아니었다. 다국적 담배기업들은 저과세 시장에 인기 브랜드를 대량으로 쏟아 부으면서 그 브랜드들이 고과세 시장으로 밀반입되어 길거리나 상점, 술집에서 팔리기를 기대했다. 이런 관행은 워낙 널리 퍼져서 2004년에 필립모리스는 결국 유럽연합EU에 12억 5,000만 달러의 벌금을 내기로 합의했다. 어쨌거나 사업을 하면서 치러야 할 대가였다.[48]

글로벌 담배 마케팅은 인구통계학적 변화에서도 순풍을 맞이했다. 1990년에는 세계 인구의 44퍼센트가 도시에 살았지만, 2018년에는 55퍼센트가 도시에 살았고, 이런 추세는 가속화되었다. 다른 악덕과 마찬가지로 흡연의 경우에도 도시 생활이 더 유리했다. 도시에서 사는 사람들은 더 많은 압박에 시달렸고, 더 높은 익명성을 보장받았으며, 더 많은 소매업체와 판촉 활동을 통해 더 많이 광고에 노출되었다. 담배업계 입장에서 더욱 희소식은 세계에서 젊은 도시 인구가 가장 빠르게 증가하는 곳이 담배 규제가 가장 약한 개발도상국들이란 사실이었다.[49]

하지만 중국은 이야기가 달랐다. 정부가 담배 판매에 대해 지속적인 독점권을 행사했기 때문이다. 중국 담배 산업의 주된 경쟁자는 다국적 담배기업이 아니라 위조 담배 조직이었다. 이들은 국내외에서 담배를 팔면서 포장을 잘못 만들거나 경고 문구의 철자를 틀리지 않으려고 애썼다. 하지만 위조 담배든 아니든 간에, 중국에서 담배 매출은 소득의 증가와 예전부터 담배를 번영과 연결시킨 문화에 힘입어 크게 증가했다. 2013년에 이르자 중국 흡연자의 하루 평균 소비량은 22개비로, 1980년에 비해 50퍼센트 이상 늘어났다.[50]

그렇다고 해서 담배를 억제하려는 초국가적 시도가 실패했다고 말하는 것은 아니다. 1세기 전에 마약을 규제할 때도 그랬듯이, 개선은 점진적으로 이루어질 수밖에 없다. 각국 정부들이 담배규제기본협약FCTC의 마케팅 규제와 담배세 인상을 마침내 받아들이자 규제의 성과가 나타났다. 일례로 우루과이에서는 청소년 흡연이 매년 8퍼센트씩 감소했다. 반면 다국적 담배기업들은 세기말의 위기를 헤쳐 나갔다. 그들은 해외 진출을 확대하고 국내 시장에서는 수익성 높은 속임수 활동을 벌이며 소수 민족, 동성애자 등의 소수 집단을 공략했다. 서로 연합하며 첨단 기술로 무장한 담배기업들은 담뱃갑을 대량으로 찍어내고 전자담배 카트리지에 액체를 들이붓는 로봇 설비 공장들을 이용하여 생산 비용은 낮게 유지하고 판매 가격은 높게 유지했다. 전자담배는 끝없이 향과 성분을 혼합할 수 있는 가능성을 지닌 신제품으로 전략적 우위를 점했다. 전자담배는 가연성 담배보다 건강에 덜 해로운 반면, 젊은이들의 니코틴 중독을 부추기는 실질적 위협으로 떠올라 담배업계에 반대하는 사람들을 분열

시켰다.[51]

투자자들은 담배 산업의 끈기와 독창성에 주가로 화답했다. 다국적 담배회사의 주가수익비율PER은 1990년대 말에 하락했다가 21세기 초에 급격히 반등했다. 담배업계의 최대 기업들은 안정적 수요와 세계적 시장, 높은 마진율, 높은 진입장벽 등을 누렸다. 세계 담배시장에서 효율적으로 경쟁할 수 있는 공장을 세우려면 3억 달러 이상의 비용이 들었다. 그리고 여기에 프리미엄 브랜드를 개발하는 데 필요한 시간과 자금, 장기적인 주가수익률을 감안할 때, 지난 세기의 가장 성공적인 기업들의 노력을 변호하는 데 필요한 변호사, 로비스트, 전문가 증인, 연구자, 홍보 자문들에게 지급할 급여가 추가로 필요했다.[52]

글로벌 자본주의, 초국가적 범죄

간단히 말해, 샐리 캐스웰이 주류 산업에 대해 했던 말, 즉 주류 산업이 밑 빠진 독 같은 마케팅 속임수를 쓰는 글로벌 공급 기계가 되었다는 말은 담배 산업에도 적용되었다. 그리고 이 말은 도박이나 디지털 게임, 설탕, 지방, 소금을 잔뜩 넣은 음식 같은 새로운 악덕에도 적용된다. 베이징의 천안문 광장에 처음 등장한 자유의 여신상은 시위대에 의해 만들어졌다가 1989년에 군인들 손에 파괴된 동상이 아니었다. 그것은 1987년에 문을 연 켄터키 프라이드 치킨KFC 매장에 전시된 실물 동상의 사진이었다. 자유의 여신상 사진은 '미국의 정신을 잡아라'라고 선언하며 샌더스 의장Chairman Sanders의 '너무 맛있어서 손가락을 빨아 먹는다'는 말이 인용된 포스터와 나란히 붙었다.[53]

이런 볼거리는 1980년대와 1990년대에 중국 지도부가 마오쩌둥주의 노선을 벗어나 경제를 자유화시켰기 때문에 가능했다. 그와 함께 중국인의 윤리관도 해이해지고 있었다. 혼전 성관계 경험이 있다고 보고한 베이징 주민의 비율은 1989년에 5.5퍼센트에서 2005년에 70퍼센트로 높아졌다. 같은 해 광저우시에서는 성문화 축제Sex and Culture Festival를 개최했는데, 5만 명이 축제에 방문하여 대부분 주변 광둥성에서 제작된 섹스 토이들을 구경했다. 2010년에 〈인민일보People's Daily〉는 세계 대부분의 '바이브레이터, 딜도, 란제리'에 '중국산made in china'이란 꼬리표가 달려 있다고 보도했다. 더욱 우려되는 일은 중국 내에서 포르노, 매춘, 성병, 마약이 성행하며, 특히 동부와 남동부 해안을 따라 호황을 누리던 특별기업구역Special Enterprise Zone에서 그런 현상이 심각하게 나타나는 것이었다. 청년과 중독자는 선전과 상하이의 환락가에 배경을 둔 아슬아슬한 소설《캔디Candy》(2000)를 출간한, 재활 중인 헤로인 중독자 미안 미안Mian Mian에게서 그들의 보즈웰*을 발견했다. 중국 당국은 이 책을 금지했지만, 이 책은 세계적인 베스트셀러가 되었다.[54]

---

* 전기 문학의 걸작인 새뮤얼 존슨의 전기를 쓴 충실한 전기 작가-옮긴이주

덩샤오핑 총리는 "신선한 공기를 쐬려고 창문을 열 때는 파리 몇 마리가 날아들 것을 예상해야 한다"고 즐겨 말했다. 중국 당국은 가장 유해한 파리를 때려잡았다. 신문들은 '정당한 총살'로 신속히 처치된 마약 밀매업자들에 대해 보도하며 '우리 사회주의 체제'에 어울리지 않는 불법 카지노와 사창가의 폐쇄를 촉구했다. 하지만 사회주의가 점점 유연한 전제조건이 되어 부패가 만연하게 되자 매춘과 마약이 돌아왔다. 한 상하이 사업가는 "알다시피 손님이 신이다. 일단 그의 마음을 얻고 나서야 그의 프로젝트를 얻게 되는 것이다"라고 말했다. 그가 발견하기로, 사람의 마음을 얻는 가장 빠른 길은 그의 코를 통해서였다. 상하이의 한 여성 사업가는 "크리스털 메스암페타민을 주고 그냥 한번 들이마시라고 해봐라. 지루한 저녁 식사는 다 잊어버려라"라고 거들었다. 필요한 것은 코로 흡입하는 메스암페타민(필로폰), 사우나, 술집 아가씨와 재미를 나눌 개인 독실뿐이었다.[55]

꽌시(관계) 자본주의 덕분에 부유해진 중국의 새로운 엘리트 계층은 과거의 사치를 재발견했다. 모진 겨울 끝에 피어나는 민들레처럼, 중국의 전원 풍경에서 골프장이 싹트고 있었다. 베이징과 상하이는 골프 쇼를 열면서 성형 수술을 받거나 받지 않은 참가자들에게 특화된 미인 대회를 개최했다. 디아지오는 주문한 맞춤형 블렌드와 최고급 브랜드를 제공하는 '위스키 대사관'을 열었다. 이곳의 값비싼 술들은 간헐적인 부패 방지 캠페인 기간 외에는 서로 맞물려 돌아가는 기업과 정부의 바퀴에 기름칠을 하는 훌륭한 선물이 되었다. 캠페인 기간에는 골프장에 얼씬하지 않거나 싱글 몰트 스카치 한잔으

로 건배하는 것이 최선이었다.[56]

언제나 그렇듯 가장 걱정스러운 것은 젊은이들이었다. 중국의 세속적 관료들이 직면한 도전, 즉 서구식 자유와 악덕 쪽으로 경도된 기이한 세대는 보수적 이슬람 국가에서 종교 관료들이 직면한 도전을 그대로 되비쳤다. 젊은 사람들, 특히 사우디아라비아와 다른 걸프 지역의 부유한 젊은이들은 두바이와 마나마 같은 가까운 쾌락의 메카에 조심스럽고 안전한 욕망의 분출구를 두었다. 어떤 젊은이들은 도덕 경찰이 채찍과 올가미로 악덕을 처벌하는 이란 같은 곳에서 더 큰 위험을 무릅쓰기도 했다. 올가미를 총기로 대체하면, 이란 국영 통신사 IRNA의 뉴스 단신("전국에서 마약 밀매업자 68명 교수형")이 중국 일간지에 실렸다고 해도 이상할 것이 없었다. 차이가 있다면 중국 관료들은 적당히 타협하는 정책을 펼쳤다는 것이다. 중국 관료들은 디스코텍과 술집은 용인했지만, 본토 카지노와 마약 밀매는 용인하지 않았다.[57]

혁명기 이란의 청교도적 억압은 금주법 시대의 상황을 재현했다. 밀주업자들은 검은 비닐로 포장된 술병을 테헤란의 아파트와 집들로 배달했고, 일부는 대담하게도 백라이트 조명을 설치한 술집까지 갖추었다. 경찰이 단속을 나오더라도, 언제든지 뇌물로 협상할 수 있었다. 그러지 않으면 범법자들은 채찍질, 과중한 벌금, 수감, 그리고 세 번의 법 위반시 사형을 무릅써야 했다. 하지만 그런 위협들조차 밀거래를 막지는 못했다. 한 주류 판매업자는 "수요가 많고 수입도 짭짤합니다. 그만두기 힘들죠"라고 말했다. 음주도 마찬가지였다. 테헤란의 한 통역사는 근무일에 하루 14시간씩 일하고 주말에는 방 2개짜리 아파트에서 주말 파티를 열었는데, 밀주를 채운 술잔을 치켜들며 "이런 낙도 없다면 대체 삶이 어떻게 되겠어요?"라고 물었다.[58]

그 대답은 20만 명의 이란인을 알코올 중독자로 만들고 수천 명을 불확실한 생활로 내모는 해방적이고도 구속적인 쾌락이 없는 삶이었고, 많든 적든 비참한 삶이었다. 밀주업자들은 집에서 양조한 맥주를 팔았고, 구매력이 있는 고객들을 위해 프랑스 와인과 러시아 보드카를 밀수했다. 마약 밀매업자들은 더 큰 위험을 감수하며 약 200만 명으로 추정되는 전국의 마약 중독자들에게 아편과 메스암페타민을 공급했는데, 이들 대부분 전통적인 아편에서 더 쉽게 은폐되고 불순물을 섞을 수 있는 헤로인으로 옮겨갔다. 아편제는 아프가니스탄에서 생산되었다. 메스암페타민은 슈도에페드린을 불법적으로 합성하여 얻은 물질로, 슈도에페드린은 의외로 이란이 세계 4위의 대표적 수입국인 전구물질*이었다.[59]

이란의 술과 마약의 다양한 출처, 그리고 강력한 억압에도 국경으로 파고드는 침투성은 20세기 후반과 21세기 초반의 세계에 대해 중요한 점을 말해준다. 1989~1991년에 중국의 개방과 빈사 상태에 빠진 소비에트 제국의 붕괴는 세계 자본주의의 두 번째 도래를 알렸다. 유럽 제국주의에서 파생된 첫 번째 자본주의는 20세기 중

* 마약 제조에 사용되는 원료물질로서 마약으로 제조되기 직전 단계의 물질-옮긴이주

반의 위기 속에 붕괴되었다가 냉전 말기에 주권 국가들이 세계무역
기구WTO 같은 국제기구의 감독하에 사유 재산권, 시장 경제, 글로벌
상거래 등에 주력하기 시작하면서 다시 부상했다. 2010년에 이르
자 점점 값싼 노동력으로 생산되어 컨테이너 화물을 통해 효율적으
로 운송되는 수출입 거래가 세계 경제 생산량의 절반 이상을 차지했
다. 이는 1900년의 4분의 1 이하, 1800년의 10분의 1 이하의 수준과
비교되었다.[60]

세계 무역이 대규모 거래라고 해서 반드시 합법적인 거래인 것
은 아니었다. 초국적 범죄조직, 즉 제품과 사람들을 장거리에 걸쳐
불법적으로 이동시키고 수익금을 세탁하기 위해 협력하는 지역 조
직들의 연합 세력이 새로운 기회를 잡았던 것이다. 레바논의 마약
위조범들은 가짜 비아그라를 대량으로 찍어내어 팔레스타인인과
이스라엘인 양측에 팔았다. 콜롬비아 마약 밀매업자들은 코카인을
플라스틱 장난감과 바나나 줄기 속에 숨겨 컨테이너 운송 경로에 따
라 플로리다와 앤트워프로 보냈다. 유라시아의 밀매업자들은 중국
의 서부 국경부터 중동과 발칸 일대를 거쳐 유럽연합에 이르는 부패
하고 실패한 여러 국가들을 착취했다. 이 '신종 실크로드'를 따라 밀
매업자들은 마약, 무기, 인신매매, 밀렵한 캐비아, 약탈한 단단한 목
재, 멸종 위기 생물종, 그리고 세계에서 가장 선호되는 범죄 화폐인
100달러짜리 지폐 다발을 운반했다. 현금은 대부분 누구나 은행 계
좌를 개설할 수 있는 두바이로 결국 몰려들었다. 여기에서 자금이
파키스탄 같은 밀매업자들의 성지로 옮겨갈 수 있었는데, 파키스탄

에서는 공장들이 수출용 헤로인을 생산하고 자국의 150만 명 마약 중독자를 위해 필요한 양의 마약을 공급했다. 물물교환은 또 다른 선택이었다. 떠돌아다니는 멕시코 밀매업자들은 소매치기한 검은 타르 헤로인을 가게에서 훔친 리바이스 501 청바지와 교환했는데, 둘 다 멕시코 잘리스코Xalisco에서 크게 유행했다. 남아프리카공화국의 갱들은 밀렵한 케이프타운 전복을 중국제 메스암페타민과 교환했고, 이를 현지에서 판매하거나 직항로나 해로를 통해 북아메리카로 운송했다.[61]

범죄조직들은 통신과 물류를 단순화하기 위해 휴대전화와 인터넷을 이용했다. 비공식 경제는 값싼 일회성 노동력을 공급했다. 2007년이 되자 세계 노동자의 절반 이상이 자영업이나 비공식 고용으로 허덕였다. 리우데자네이루의 빈민가에서 노동자들은 종종 마약 갱단에 가담했다. 그들은 단속이 뜨면 몸을 웅크리고 경찰과 군인들이 떠나갈 때까지 지켜보다가 다시 영업을 재개한다는 신호를 보내기 위해 폭죽에 불을 붙였다. 라틴아메리카의 다른 지역에서는 '로스 니니los nini(공부도 일도 안 하는 젊은이들)'라는 백수 청년들이 마약 제조자, 마약 운반책, 군인, 마약상이 되었다. 그들은 안정적인 급여와 상당한 지위를 얻었다. 멕시코 미초아칸주의 한 메스암페타민 제조자는 어느 다큐멘터리의 인터뷰에 응해 "그렇다, 우리가 미국 사람들을 해치고 있다. 하지만 우리가 어떻게 해야 할까? 우리는 가난에 시달리는데"라고 말했다. 미초아칸주의 지방 경찰 제복을 입은 이웃 주민이 동의했다. "이 일은 절대로 멈추지 않을 거야, 그게 다

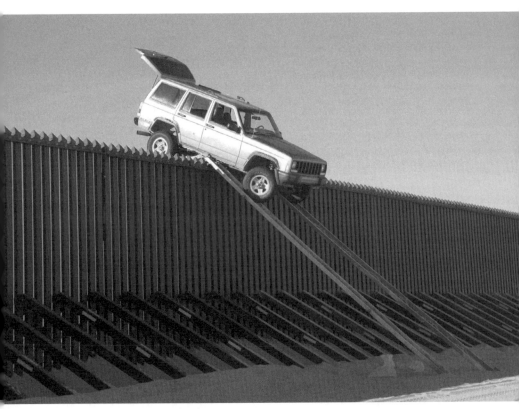

밀수업자들은 미국 국경경비대원들이 접근해오자 아슬아슬하게 걸려 있던 지프 체로키(Jeep Cherokee)
와 집에서 만든 경사로를 버리고 다시 멕시코로 도망쳤다. 그들은 마약이나 사람들, 또는 둘 다를 운반
해오던 참이었다. 원래 일부 밀수업자들은 밀수품을 배달하고 나면 이를 위해 구입한 중고 견인 트레일
러를 그냥 버리고 갔다. 사업을 하는 데 진짜 비용이 드는 일은 사설 군대를 갖추고 멕시코 경찰, 무장
군, 정부를 매수하는 것이었다. 냉전 이후 멕시코의 준군사적인 인신매매 조직은 국제화되었다. 그들은
공급망을 서쪽으로는 중국, 남쪽으로는 안데스 산맥까지 확장했고, 그들의 유통망을 동쪽으로는 아프
리카와 유럽, 북쪽으로는 그들의 주요 시장인 미국 전역까지 확장했다. 사진은 2012년 10월 캘리포니
아주 임페리얼 샌드 던스(Imperial Sand Dunes) 국경 벽에서 촬영된 것이다.

출처 Courtesy of the Drug Enforcement Administration (DEA) Museum, Arlington, Va.

야." 만약 메스암페타민이 그 주에서 제조되지 않는다면, 시날로아주나 게레로주에서 제조될 터였다.[62]

냉전 이후 인신매매가 되살아나면서 절박하고 빚에 허덕이는 사람들 자체가 일종의 밀수품이 되었다. 2013년부터 2017년까지 전 세계에서 하루에 2,300만~2,700만 명의 사람들이 사기를 당하거나 강압에 못 이겨 강제 노역에 동원되었다. UN 조사관들은 인신매매 희생자의 대다수를 차지하는 여자와 소녀에게 매춘이 가장 흔한 운명임을 발견했다. 일부는 위조 여권과 비자를 소지한 채 비행기를 타고 목적지에 도착했고, 일부는 빵, 물, 담요를 실은 화물 컨테이너를 타고 목적지에 도착했다. 폭력배들은 위협, 구타, 마약, 문신 등으로 그들을 도망치지 못하게 막았다. 멕시코의 범죄조직 제타스Zetas는 자기네 재산인 여자들에게 'Z'라는 문신을 새겼다. 마드리드 시내에서 가난한 이주 여성들의 뚜쟁이질을 하는 루마니아 포주들은 탈출을 시도한 여자들의 손목에 바코드를 새겼다. 나이지리아 인신매매범들은 표식에 따라 여자들을 나눠 가졌다. 겁에 질린 희생자들이 도망치려 하면, 그들은 아프리카 주술로 위협하기도 했다.[63]

전 세계에서 악덕은 합법과 불법 상거래의 경계를 넘나들었다. 20세기 후반에 담배세가 상승하던 시기에는, 국제적으로 거래되는 담배의 3분의 1이 불법적으로 판매되었다. 함부르크 같은 유럽 항구 도시의 흡연자들은 싸구려 술집에 숨어 들어가 '블루실blue-seal' 담배를 주문하여 큰돈을 아꼈다. 블루실은 합법적인 제조업자들이 납세필 인지 자리에 붙여 놓은 파란 종잇조각이었다. 담배회사와 밀수업자들의 묵인으로 납세필 인지는 부착되지 않았다. 어느 나라에나 담배와 관련된 혼란이 있었다. 앙골라에서는 합법적으로 제조되고, 위조되고, 밀수되는 모든 종류의 담배가 상점 주인들의 손에 들어갔고, 이들은 거리에서 행상을 하는 전쟁고아들에게 담배를 넘겨주었다. 이 거래의 위상은 합법과 불법 사이에서 정확히 어디쯤이었을까?[64]

대마초의 밀거래와 사용은 또 다른 회색 지대였다. 스페인에서는 대마초가 너무 흔해져서 2007년에 이르자 미성년자들이 나이 든 형들의 도움으로 즐기는 술과 달리 합법적인 불법 마약의 지위를 차지하게 되었다. 한 학생은 연구자들에게 "너무 많은 사람이 마리화나를 피우기 때문에 시도하기가 덜 두려운 것 같다"고 말했다. 다른 학생은 다른 마리화나 흡연자들에게 아무 일도 일어나지 않았으니 자신에게도 아무 일도 일어나지 않을 것이라고 말했다. 일부 스페인 자치정부는 마리화나 밀거래와 공공장소 흡연을 금지하면서도 가정과 민간 클럽에서는 개인적인 재배와 소비를 허용하며 이 상황에 대처했다. 그러나 밀수업자들은 모로코에서 대마초를 계속 수입했고, 금요일 밤에 바르셀로나에서 한차례씩 혹 풍겨오는 냄새만으로도 공적인 금지가 경찰의 최우선 순위는 아님을 깨닫기에 충분했다.[65]

그리고 러시아에는 카지노가 있었는데, 그중 2,700개가 1990년대에 문을 열었다. 카지노는 명목상 합법적이지만, 느슨한 허가제와 소유주 심사를 악용하는 마피아들이 운영하는 경우가 많았다. 2007

년에 정부가 합법적인 카지노 운영 장소를 제한하려 하자, 범죄조직들은 별일 아니라는 듯 반응하며, 다시 그들의 해외 마권사업, 인터넷 도박, 돈세탁 사업과 함께 불법 카지노를 운영하기 시작했다. 이를 두고 정치학자 필 윌리엄스Phil Williams는 "초국가적 기업들이 마침내 국가 주권의 접근을 막아내는 데 성공했다"고 설명했다. 그러나 더 정확히 말하면 초국가적 범죄조직들이 역으로 국가 주권을 영구적인 포위망 같은 곳에 가두는 데 성공한 것이었다.[66]

그 포위망은 현대화되는 국가들이 상업적 악덕에 대해 모순된 공세적 입장에서 명백한 수세적 입장으로 돌아서기까지 장기간에 걸쳐 뒤바뀐 운명의 정점이라 할 수 있다. 19세기 후반과 20세기 초반에 정부들이 최소한 몇 가지 악덕을 규제하기로 결정했을 때, 그들은 사실상 사냥터 관리인이 되었다. 정부들은 두 종류의 밀렵꾼과 마주했다. 하나는 규제를 우회하고 세금을 회피하는 기업이었고, 하나는 금지를 무시하고 뇌물 외에는 세금을 전혀 안 내는 범죄조직이었다. 이들은 평소에는 경쟁 관계였지만 때로는 동맹 관계로 바뀌었다. 또 정부들은 호전적 개혁파와도 싸워야 했다. 개혁파는 그들이 제안하는 금지, 규제, 세금, 처벌 조치들이 공중 보건, 안전, 도덕, 질서, 수입, 번영, 준비성에 가장 효과적이라고 주장했다. (반드시 순서가 이렇다는 것은 아니다. 개혁의 저주는 가치관이 달라지면 우선순위가 달라진다는 것이다.) 그 결과 빈번한 정책 논쟁이 벌어졌고, 마약 이외의 악덕을 엄격하게 금지하는 조치들에 대해 회의적인 추세가 뚜렷해졌다.

1930년대 초반은 바로 이런 상황이었다. 그 후로는 악덕을 최소화하고 분리하며 낙인찍는 개혁을 추진하기가 점점 더 애매해졌다. 경제적 불황과 전쟁, 교묘한 광고와 마케팅 캠페인, 쾌락주의 공학과 환경 디자인의 발전, 장거리 교통의 확대에 따른 레저 관광 산업의 성장 등에 힘입어, 그늘에 숨어 있던 상업적 악덕이 다시 모습을 드러냈다. 이런 일련의 변화는 비공식 경제, 다국적 기업, 초국가적 범죄 네트워크, 국경 없는 무역의 성장과 맞물려, 결국 존 번햄이 말했던 나쁜 습관을 확대, 보급하고 이를 억압하려는 노력을 허사로 만드는 악덕의 초고속도로가 전 세계에 깔리는 결과를 가져왔다.

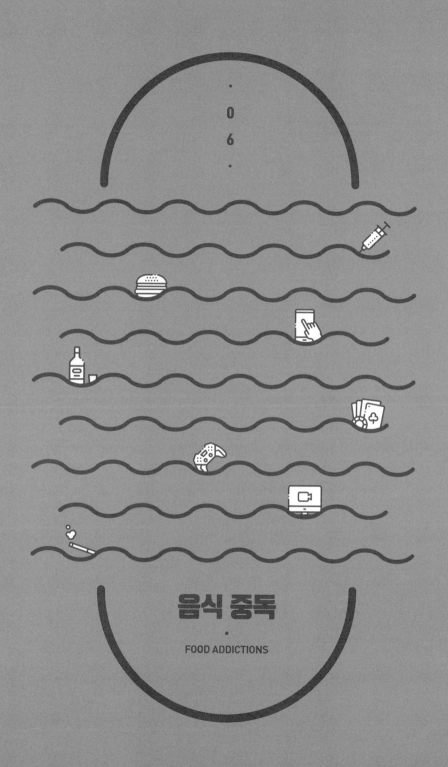

0
6

음식 중독

FOOD ADDICTIONS

번햄이 말했던 나쁜 습관들, 즉 음주, 흡연, 마약 복용, 도박, 성적 일탈, 욕설 등은 전통적인 습관이었다. 존경할 만한 빅토리아 시대 사람들은 그런 습관을 전부 악덕으로 여겼을 테고 20세기에 그것들이 정상화된 데 개탄했을 것이다. 하지만 그들이 진짜 경악할 만한 일은 너무나 많은 새로운 쾌락, 악덕, 중독이 확산된 사실일 것이다.

여기서 다시 중요한 것은 쾌락의 변화 속도가 가속화되었다는, 말하자면 뇌 보상에 대한 무어의 법칙Moore's Law*이다. 선사 시대에는 쾌락의 변화가 느리고 종종 우연히 이루어졌다. 수렵·채집인들이 새로운 식약을 발견했고, 농민들이 마침내 식약 작물을 재배하게 되었다. 부분적으로는 문명화의 부담을 덜려는 목적이었다. 장거리 무역을 통해 카드놀이, 흡연, 증류 같은 새로운 문물이 퍼져나갔고, 도박, 담배, 아편, 술이 전파되면서 인류의 기쁨과 슬픔도 확대되었다.

---

* 마이크로칩의 성능이 2년마다 2배로 증가한다는 경험적 법칙-옮긴이주

유럽 제국은 플랜테이션 농업으로 식약을 더 저렴하게 만들어 더 널리 보급했다. 산업화와 도시화가 이루어지면서 식약은 더욱 강력하고 사회적인 논쟁거리가 되었고, 19세기 후반과 20세기 초반에는 식약의 금지를 둘러싼 일련의 분쟁이 벌어졌다. 그러나 개혁파의 대포가 잠잠해지자 악덕 사업가들은 참호에서 다시 모습을 드러냈다. 그들은 처음에는 조심스레 전진하다가 점점 빠르게 밀집대형을 이루어 돌진해나갔다.

악덕 사업가들은 여러 갈래로 분열된 반대에 부딪혔다. 공중 보건 옹호자들은 담배 마케팅을 규제하고, 간접흡연으로부터 비흡연자를 보호하고, 음주 운전을 단속하는 시책 등 선별적이고 안전한 근거를 들어 반격했다. 그들은 빅토리아 시대와 진보주의 시대의 조상들에게 영감을 주었던 온갖 종류의 상업적 악덕에 맞서는 초국가적(그리고 종종 종교적이거나 유토피아적인) 행동주의 같은 데는 관심이 없었다. 공중 보건의 언어에서 '악덕vice'이란 용어는 대거 사라졌다. 이 용어는 환자들에게 낙인을 찍을 뿐 유해성을 줄이려는 노력에는 오히려 방해가 되었기 때문이다. 대부분 중독 분야에서 배가된 위험을 감지했다. 그중 가장 문제시되는 것이 이번 장의 주제인 음식 중독과 다음 장의 주제인 디지털 기기에 대한 중독이었다.

음식 중독과 디지털 중독은 단순히 너무 많이 먹거나 문자 메시지를 자주 보내는 행동과는 다른, 일종의 중독 장애라는 데 회의적인 사람들도 있었다. 하지만 이런 회의론자들도 자신만만하고 첨단 기술로 무장한 연구 기관들이 내놓는 결과에 맞서기는 어려웠다. 중독 연구 기관들은 다양한 중독을 일련의 뇌질환으로 재조명했다. 이로 인해 다양한 도취 물질이 결함 있는 신경 세포들을 기반으로 공통적 증후군을 보인다는, 오랫동안 잊혔던 무절제 가설이 다시 힘을 얻었다. 예전과 다른 점이 있다면 의학 연구자들이 광범위한 통합적 중독 이론에 술, 담배, 마약 그 이상을 포함시켰다는 것이다.

뇌질환 모델

마약 외 분야의 연구자들 가운데 가장 잘 알려진 사람은 노라 볼코우Nora Volkow였다. 그녀의 아버지는 혁명가 레온 트로츠키Leon Trotsky의 손자로 화학자였고, 그녀의 어머니는 스페인 내전 때 탈출한 마드리드 패션 디자이너여서, 볼코우는 멕시코시티의 국제적인 환경에서 태어나 교육받은 학문의 수재였다. 볼코우는 무엇이든 탐독했고, 4개 국어에 능통했으며, 수영 선수로 활동했고, 의학을 공부해 미국에서 정신의학 레지던트로 근무했다. 그곳에서 볼코우는 신경 영상법neuroimaging을 이용하여 정신질환을 연구하는 경력을 쌓았다. 그녀가 연구한 정신질환 중에는 중독도 있었다. 그녀가 가장 좋아했던 삼촌과 자살한 외할아버지는 알코올 중독자였다. 그녀는 왜 그렇게 많은 사람이 통제의 시행착오를 거듭하다가 파괴적 습관의 제단에 몸을 바치는지 궁금했다. 왜 그렇게 중독이 강했던 것일까?

1990년대에 볼코우는 그 답을 밝혀낼 기회를 얻었다. 볼코우와 동료들은 모든 주요 정신 활성물질의 신경병적 영향에 대해 연구했는데, 이 연구는 중독을 일종의 뇌질환으로 보려는 학계의 움직임에 일조했다. 중독의 뇌질환 모델 연구는 점점 박차를 가했고, 마침내 뇌질환 모델brain disease model을 지칭하는 'BDM'이란 약어와 "중독은 뇌질환이고, 그래서 중요하다"라는 선언문마저 등장했다. 미국국립약물남용연구소National Institute on Drug Abuse, NIDA의 앨런 레스너Alan Leshner 소장이 작성한 이 선언문은 1997년 〈사이언스Science〉 저널의 출판 허가를 받아 등장했다. 레스너는 "우리는 이제 중독자를 마약 때문에 정신(뇌)이 근본적으로 바뀐 사람으로 봐야 한다"고 썼다. 뇌의 변형은 영구적이고, 중독은 뇌의 모든 활동 영역과 수준에 영향을 미치는 '스위치'를 작동시켜 재발 경향이 생긴다는 것이었다. 의학계는 점점 더 특징이 뚜렷해지는 신경 변화를 역전시키거나 보완할 약을 찾았다. 범죄나 사회적 측면에만 초점을 맞추는 것은 그런 이슈를 회피하는 것이었다. 레스너는 "뇌가 문제의 핵심이라면, 뇌에 주의를 기울이는 것이 해결책의 핵심이 되어야 한다"고 결론지었다.[1]

레스너의 주장에 어떤 의미가 있든 간에, 타이밍은 흠잡을 데가 없었다. 미국국립약물남용연구소NIDA는 신경영상법, 신경과학, 그리고 마약에 납치된 뇌가 의학계의 연구로 구원받게 될지도 모른다는 비유를 받아들였다. 이로써 오랫동안 이 분야에 부족했던 세 가지, 즉 위신, 주목, 희망을 모두 부여받게 되었다. 2003년에 조지 W. 부시George W. Bush 대통령이 볼코우를 NIDA의 책임자로 임명했을 때,

이 분야는 또 한 가지, 타오르는 열정을 가진 카리스마 넘치는 리더도 얻게 되었다. 볼코우는 예산이 10억 달러(알려지기로는 전 세계 중독 연구 재원의 85퍼센트 이상을 차지하는 규모)에 가까운 기관을 운영하는 데 만족하지 않고, 중독 신경과학의 복음을 전파하는 미디어 설교단으로 본업을 바꾸었다.[2]

중독의 신경과학은 강박적 폭식까지 범위를 확대했다. 볼코우는 2014년 테드메드TedMed 강연 〈우리 뇌는 왜 중독되는가?Why Do Our Brains Get Addicted?〉에서 폭식에 대해 강조했다. 볼코우는 술, 마약, 나쁜 성격 등 일반적인 중독으로 강연을 시작했다. 그녀가 말하기로, 대부분의 사람들은 알코올 중독자와 마약 중독자를 강렬하지만 일시적인 쾌락을 위해 모든 것을 희생하는 의지박약자로 치부했다. 하지만 중독 환자들은 마약을 복용해도 더 이상 즐겁지 않다고 했다. 과학자들은 동물 실험을 통해, 어째서 중독 물질이 처음에 쾌락을 주는지를 알아냈다. 마약이나 다른 자극이 뇌 보상 경로를 활성화시키는 도파민을 폭발적으로 방출시키기 때문이었다. 그런데 인간의 뇌 영상으로 결정적인 사실을 추가로 알 수 있었다. 자극이 반복되면 보통 장기적으로 특정 신경의 수용체, 특히 도파민 D_2 수용체의 가용성이 줄어든다는 사실이었다. D_2 수용체가 손상되면 뇌가 둔감해지고 외부 자극에 대한 내성과 의존성이 증가한다. 수용체의 손상은 뇌의 기분 조절에 영향을 미치는 변연계에서 일어나지만, 그 밖의 변연계와 연결되어 있고 판단과 자기 통제를 관장하는 전두엽 부위에서도 발생했다. 말하자면 중독은 운동의 반대말과 같다. 자기 단련을 향상시키는 운동과 달리, 중독은 중독 행위로 얻는 쾌락으로 자기 단련을 가차 없이 무너뜨린다.

그렇다면 사람들은 왜 자기에게 좋지 않은 행동을 고집하는 것일까? 식사나 섹스처럼 건강을 유지하고 종족을 번식하는 활동에 참여할 의욕이 있는 인간들이 진화 과정에서 선택되기 때문이다. 그래서 우리 뇌는 이런 활동에 보상을 주는 신호로서 도파민을 분비하는 여러 경로를 진화시켰다. 실제 해당되는 활동을 할 때뿐만 아니라 그와 관련된 신호를 접할 때도 도파민을 분비했던 것이다. 우리는 조건화된 자극에 반응했고, 뇌 영상 연구에서 확인되는 이 과정은 좋은 습관과 나쁜 습관이 모두 지속되는 이유를 설명해주었다. 우리는 뇌의 동기 회로에서 도파민을 증가시키는 어떠한 행동도 계속 반복하려 든다. 비록 그에 따른 보상의 강도가 점점 감소하더라도 말이다. 욕구는 거기에서 얻게 되는 쾌락과는 별개로 점점 강해졌고, 그래서 중독은 벗어나기는 어렵고 재발하기는 쉬운 경향을 보였다. 갈망이 쾌락보다 더 절실하고 집요했던 것이다.

볼코우는 도파민을 여러 경로로 분비하는 것이 동기 문제의 기발한 진화적 해결책이라 생각했다. 하지만 불행히도 문명이라는 또 다른 요인이 그 해결책을 방해했다. 문명은 건강과 보상을 분리시켰는데, 이런 함정은 사람들이 거부할 수 없는 간식에 뒤섞는 카카오나 사탕수수 같은 식약의 대량 재배에서도 명백히 드러났다. 볼코우는 강연에서 코카인 중독자의 뇌를 PET 스캔한 슬라이드를 내리고 병적일 만큼 비만인 환자의 뇌를 PET 스캔한 슬라이드를 올린 후에 너무도 먹음직스런 초콜릿 사진을 보여주었다. 볼코우가 "이 맛있어 보이는 초콜릿을 보니 나도 당장 초콜릿을 먹고 싶어지는군요"라고 말했는데, 그녀의 뇌에서는 이미 보상을 기대하며 도파민이 분비되고 있었다.[3]

쾌락이 감각뿐 아니라 기대와 관련되고, 섭취뿐 아니라 연상과 관련된다는 볼코우의 주장은 많은 근거로 뒷받침되었다. 위약은 신경전달물질, 그중에서도 도파민을 분비시킨다. 사람들은 현실 자체뿐 아니라 '현실 같은' 백일몽을 즐기면서도 상상 속에서 쾌락을 경험한다. 그들의 약물 경험과 행동을 결정하는 세트와 세팅은 조건화와 신호에 따라 달라진다. 중독자들은 특히 신호에 민감하다. 도스토옙스키의 도박에 중독된 또 다른 자아alter ego는 두 방 건너의 룰렛 테이블에서 희미하게 짤랑거리는 동전 소리만 들려도 '거의 경련을 일으킬' 정도였고, 그의 손이 내기를 시작하기도 전에 그의 뇌가 먼저 앞질러 달리곤 했다. 담배 광고주들은 경고 라벨로 공격적인 마케팅 전략을 펼쳤는데, 뇌 스캔의 증거에 따르면 이 라벨이 의도치 않게 흡연자들의 갈망을 자극하는 신호로 작용했다. 일부 조건화된 중독자의 경우에는 신호만으로도 금단증상을 미연에 방지할 수 있었다. 의사들은 시설에 입원한 마약 중독자들을 단지 살균한 피하주사기만으로 안정시켰다. 흡연과 음주로 중독 치료를 받던 언론인 피터 그조우스키Peter Gzowski에게는 카페인이 그런 효과를 발휘했다. 그는 하루를 시작하려면 커피 한 모금이 필요했고, 처음으로 커피잔을 입술에 가져갈 만큼 오랫동안 손을 떨지 않게 되었을 때 비로소 큰

안도감을 느꼈다. 그는 퇴원할 때까지 커피로 자신의 기운을 돋우었는데, 직원들이 그에게 준 건 디카페인 커피였다.[4]

그러나 조건화만으로는 쾌락의 자극에 노출된 대부분의 사람들의 뇌가 완전히 중독된 상태로 되는 건 아니라는 사실을 설명하지 못했다. 볼코우는 완전히 중독된 뇌를 브레이크가 망가진 자동차에 비유했다. 분명 일부 뇌에는 다른 뇌보다 더 성능 좋은 브레이크가 달려 있었다. 그런 차이를 유발하는 요인은 유전, 발달, 사회적 환경 등이었다. 효과적으로 예방하기 위해서는 유전적 돌연변이를 발견하여 개인의 불행을 바로잡는 방법 그 이상이 필요했다. 우리는 어릴 때부터 우리 뇌를 약화시키는 자극들을 퍼붓는 사회적 환경에 대처할 필요가 있었다. 볼코우는 "인간은 환경을 변화시키는 데 뛰어나다"고 지적했다. 그러니 우리의 생물학을 약화시키기보다 강화시키는 방향으로 환경을 다시 설계하면 어떨까? 만약 어떤 시범 프로젝트가 건강한 식단을 제공하거나 운동을 권장하여 작은 커뮤니티에서 비만을 감소시킨다면, 그 프로젝트를 확대하면 되지 않을까. 과학적으로 가치가 입증된 인도주의적 프로젝트에 자원을 투입하는 것은 실용적이고 도덕적인 방법이다.[5]

하지만 한 가지 결정적인 문제가 있다. 건강에 나쁜 행동을 의도적으로 조장하는 기업들을 막지 않고도 계몽적 조치가 성공할 수 있을까? 혁명 기념일을 기리는 연회에서 와인을 대접한 연대장을 군법회의에 회부할 정도로 엄격한 금주주의자였던 트로츠키라면 분명히 그의 증손녀 볼코우에게 규제의 레킹 볼*이 필요하다는 사실을 상기시켰을 것이다. (낙인을 경계하는 볼코우가 양가적으로 계승했던) 반악덕 행동주의는 먼저 유해한 습관을 볼모로 기업과 제국주의의 이익을 보장하는 상업적 악덕을 규제해야만 진보적 사회 공학이 성공할 수 있다고 주장했다. 법적으로 규제하는 술집에 주류 독점 판매를 보장하여 민간 술집들을 문 닫게 만들지 않는 한, 아무리 술 판매량을 규제하여 술집에서 취하지 않고 나온 근로자들이 주류 판매 수익으로 후원되는 공원과 도서관을 즐기러 가게 유도한들 무슨 소용이겠는가?[6]

볼코우의 정치에 어느 정도 시대적 간극이 있듯, 그녀의 뇌질환 모델의 역사도 마찬가지다. 그녀는 신경영상법의 역할을 강조했는데, 1940년대와 1950년대에 이미 과학적 이해의 전환이 이뤄졌다. 알코올 연구의 핵심 인물은 E. M. 젤리넥E. M. Jellinek으로, 그는 알코올 중독을 가끔씩 위안을 얻는 음주에서 점점 통제력을 잃을 정도의 만취 상태로 악화되어 가는 소수 음주자들의 만성 질환으로 재조명했다. 또 마약 연구에서 그에게 필적할 상대는 신경정신병학자 아브라함 위클러Abraham Wikler로, 그는 NIDA의 전신인 중독연구센터 Addiction Research Center를 이끌던 천재 학자였다. 위클러는 마약이 중추신경계 전반에 걸쳐 생리적 변화를 일으키고, 사회적 신호에 대한 민감성이 금단증상이 오래 지난 후에도 재발을 일으킨다는 사실을

---

* 철거할 건물을 부수기 위해 크레인에 매달고 휘두르는 철구 -옮긴이주

입증했다. 1950년대 중반에 심리학자 제임스 올즈James Olds와 피터 밀너Peter Milner는 쥐 실험을 통해 뇌의 심층 부위에서 보상 경로의 자기 자극이 강박적 행동을 유발한다는 것을 증명했다. 연구자들은 달팽이부터 인간에 이르는 생물을 대상으로 이 연구를 반복 검증하여 약물 주입도 같은 방식으로 작용한다는 사실을 밝혀냈다. 1957년에 신경해부학자 아르비드 칼손Arvid Carlsson은 종들 간에 공유되는 도파민이 결정적 신경전달물질의 역할을 한다는 사실을 입증했다. 이 연구는 결국 그에게 노벨상을 안겨주었다.[7]

1970년대에 들어 과학적 발견 속도는 더 빨라졌다. 연구자들은 가장 중요한 중독성 약물의 수용체 부위를 지도화했고, 도파민의 흥분 효과를 비롯해 다양한 기능을 하는 내생적인 오피오이드 시스템의 존재를 증명했다. 1975년에 NIDA는 제임스 올즈가 참석한 가운데 처음으로 뇌 보상에 관한 워크숍을 개최했다. 1970년대 후반과 1980년대 초반에 NIDA 연구자들은 뇌 보상 경로를 한데 결합하고, 그 경로가 금단증상의 해부학적 경로와 구별된다고 설명했다. 중독을 진단하는 기준이 신체적 의존성에서 장기적인 뇌 변화로 인한 강박, 갈망, 쾌감 상실로 옮겨갔다. 연구자들은 서로 다른 물질과 행동이 동일한 보상 경로를 활성화시키는지 조사하기 시작했는데, 이 가설은 새로운 세대의 신경영상기들을 통해 확인되고 생생하게 재현되었다. 연구자 마이클 쿠하Michael Kuhar는 "우리가 시체를 투명하게 만든 것 같다. 완전한 동화가 실현되었다"고 경탄했다.[8]

볼코우가 뇌질환 모델의 역사를 가까운 과거로 한정시켰을지 몰

빅터 주하즈(Victor Juhasz)가 2014년에 그린 노라 볼코우의 모습이다. NIDA 책임자의 에너지와 자신감을 잘 포착했다. 볼코우는 뇌질환 모델을 대중화하는 데 큰 성공을 거두었다. 심리학자 스탠튼 필과 같이 뇌질환 모델을 거부한 사람조차 그녀의 전 세계적 지도력을 인정했을 정도다. 필은 2015년에 진정한 문제는 어떻게 노라 볼코우가 '세계를 장악하는 것을 막을 것인가'라고 주장했다.

출처 Used by permission of Victor Juhasz

라도, 미래에 대해서는 폭넓은 시야를 제시했다. 시신이 투명하게 변할 수 있다면 몇 가지 강력한 약물의 효과를 극복하는 비법도 찾아낼 수 있다. 사실 볼코우는 테드메드 강연에서 마약 중독자를 거의 언급하지 않았다. 그 대신 폭식을 멈출 수 없는 병적인 비만자들에게 초점을 맞추었다. 그중 한 명은 자살을 생각할 정도로 괴롭힘을 당해온 젊은 여자였다. 그녀도 볼코우의 외할아버지와 마찬가지로 위안과 보상을 약속하는 자극의 바닷속에서 변형되고 손상된 뇌로 괴로워하는 희생자였다. 차이가 있다면 그녀의 방아쇠는 음식이란 것이었다.

마약이 된 음식
....

소 사료와 고과당 옥수수 시럽에 보조금을 지급하는 정부에서 재정 지원을 받는 거대 마약조사기관의 책임자가 음식 중독에 초점을 맞추자고 주장하는 것은 이상하게 보일 수도 있었다. 사실 볼코우는 마약보다 더 큰 사냥감을 뒤쫓고 있었다. 세계 대부분의 만성 질환과 조기 사망을 유발하는 질병의 위험인자로 알려진 다양한 행동의 병적인 학습에 대해 과학적인 설명을 찾고 있었던 것이다. 그녀는 뇌의 식욕 조절 메커니즘을 파괴하는 요인이 무엇인지 알면, 생명을 파괴하는 요인도 알 수 있다고 생각했다. 이런 연구를 하는 사람이 비단 볼코우만도 아니었다. 쿠하가 말했듯, 결함 있는 보상 통제 시스템에서 얼마나 많은 질병의 원인을 찾을 수 있을지 생각해보라. 의학계는 이제 뇌 보상과 조건화 경로를 '약물 남용을 훨씬 넘어서는' 병리학의 기저를 이루는 핵심적인 생물학 시스템으로 생각해야 했다. 보상 기반의 병리 가운데 가장 중요하다고 할 만한 습관성 폭식 역시 이에 해당한다.[9]

습관성 폭식에 대한 개념에도 역사가 있다. 1950년대 후반부터 의사들은 조용히, 잠정적으로 음식 중독과 그와 밀접히 관련된 폭식 증후군의 개념을 논의해왔다. 당시 하버드 대학교 학부생이던 바트 회벨Bart Hoebel도 1950년대에 비만에 호기심을 갖게 되었다. 회벨은 독창적 사고와 유달리 폭넓은 관심사를 지닌 심리학 전공자로서, 쥐의 설탕 중독에 대한 논쟁적 연구를 끈질기게 지속하여 마침내 프린스턴 대학의 교수직과 연구소를 얻었고, 음식 중독 커뮤니티에서 선구적 입지를 구축했다. 2007년 회벨은 또 다른 유명한 심리학 및 신경과학 교수인 켈리 브로넬Kelly Brownell, 정신과 의사 겸 신경과학자로 중독 연구의 선각자인 마크 골드Mark Gold, 그리고 음식과 중독에 관한 기념비적인 국제 컨퍼런스 24개 분과에 속한 약 40명의 전문가와 모였다. 이 컨퍼런스는 개최지(예일 대학), 기조 연설자(볼코우), 공식기록 출판사(옥스퍼드) 등 모든 면에서 음식 중독 연구의 제도적 지원과 학문적 위상, 그리고 음식 중독 연구가 확증하고 확장시킨 뇌질환 모델을 입증했다. 이런 지원과 위신이야말로 중독 분야를 통합하려던 이전의 시도들에서 그토록 바랐던 바였다.[10]

언론도 음식 중독에 대해 적극적으로 다뤘다. 미국 식품의약국

FDA 대표를 지낸 데이비드 케슬러David Kessler, 퓰리처상을 수상한 언론인 마이클 모스Michael Moss 같은 저자들은 설탕, 소금, 지방으로 가득한 식품으로 소비자를 유혹한 혐의로 식품 기업들을 고발하는 베스트셀러를 발표했다. 역시 대중과 소통하는 작가 마크 골드도 "우리 눈에 보이는 그대로다. 맛좋고 영양가 높은 음식이 남용의 대상이 되었다"고 썼다. 여성 잡지들도 이 주제에 관심을 보이며 거들었다. 〈피가로 마담Figaro Madame〉는 "설탕에 '중독되어' 있나요?"라는 질문으로 설탕을 코카인에 비유했다. 연예인들도 가세했다. 오프라 윈프리Oprah Winfrey는 "내가 선택한 마약은 음식이다. 나는 중독자들이 약물을 복용하는 것과 같은 이유로 음식을 복용한다. 마음을 안정시키고 스트레스를 완화하기 위해서 말이다"라고 썼다.[11]

일반인들도 같은 언어로 이야기했다. 익명의 음식 중독자 회복 모임Food Addicts in Recovery Anonymous의 한 캐나다인은 "하루 종일 음식을 생각하며 무력하고 절망적인 기분을 느끼면서도 폭식을 반복하고, 나의 갈망에 저항하기 위해 '힘든 날들'을 분투하며 보냈으며, AAAlcoholics Anonymous의 알코올 중독자들처럼 '평생의 중독'을 통제하기 위해 후원자들에게 의존했다"고 말했다. 성공회 신부 마가렛 불릿-조나스Margaret Bullitt-Jonas는 자기 혐오감을 느끼면서 빈 파이 접시를 응시하던 도중에 갑자기 음식 중독이 자신의 결심을 깨트릴 수 있는 충동과도 같다고 생각했다.

당신은 토요일 아침에 차를 몰고 가면서 할 일을 생각하다가 갑자기 빵

집에 차를 세우고 바나나 크림 파이를 사서 집으로 돌아와 앉은 자리에서 몽땅 먹어치우고 싶은 충동을 느낄지도 모른다. 당신은 강박적인 과식자이기 때문에 이런 생각이 우스꽝스럽거나 기이하게 들리지 않는다. 오히려 지극히 분별 있고 합리적으로 들린다. 그리고 다급하게 들린다. 당신은 스스로 이런 급작스런 갈망에서 벗어나고 싶다고 말할 수 없고, 심지어 그러기를 원하는지조차 확신할 수 없다. 배가 고프지 않아도 상관없다. 신체적 허기가 무슨 상관이 있겠는가? 당신이 아침에 오늘은 음식으로 미친 짓을 절대 하지 않겠다고 다짐했다 해도 아무 소용이 없다. 먹고 싶은 충동이 당신을 덮쳐오면, 당신이 할 수 있는 일은 단 하나, 먹는 것뿐이다.

작가 케이틀린 모란Caitlin Moran은 음식 중독의 핵심이 집착이라는 데 동의했다. 일반적인 과식자들은 휴일에 배터지게 먹었다. 반면 강박적인 과식자들은 끊임없이 음식에 대해 생각했다. 그러다 공황 상태에 빠져 부엌으로 가 정신없이 먹으면서 무아지경 같은 고요함을 맛보았다. 그들은 배가 터질 때까지 계속 먹었고, 압도적인 후회가 밀려오면 '위스키나 마약에 취해 정신을 잃는 것처럼' 비로소 먹기를 멈추었다.[12]

회의론자들은 음식 중독과 마약 중독의 유사성에 대해 최근 유행하는 의료 합리화라고 일축했으나, 중독 연구자들은 객관적이고 측정 가능한 근거로 두 중독의 유사성을 입증하여 이를 반박했다. 강박적 과식은 마약 중독과 마찬가지로 질병과 조기 사망을 초래한다. 또 강박적 과식은 심장 질환과 13가지 이상의 악성 종양을 유발하는 주요 위험 요인인 비만율을 높인다. (실제 비만 수술이 10년에 걸쳐 암 위험을 3분의 1로 낮추었다.) 비만은 걸프만의 부유한 나라들과 멕시코 같은 중간 소득 국가들에서 성인 사망의 주요 원인인 당뇨병과 밀접하게 연관되어 있다. 이런 추세는 논쟁의 여지가 없을 정도로 전 세계적으로 나타난다. 1980년부터 2015년 사이에 비만율은 73개국에서 2배로 증가했고, 다른 나라들에서도 꾸준히 증가했다.[13]

물론 모든 비만 환자가 음식 중독자는 아니다. 하지만 비만 환자의 4분의 1 이상이 중독의 기본적인 의학적 기준을 충족했다. 그들의 습관적이고 갈망에 이끌리는 행동은 본인들에게도 좋지 않지만 사회적으로도 부담이 되었다. 특히 미국인이 높은 대가를 지불했다. 2006년에 이르자 미국 성인의 3분의 1 이상이 비만이 되어, 비만 수치가 1980년보다 2배나 늘어 있었다. 2006년에 의료비 납부자들은 일반 체중 환자보다 비만 환자에 대해 1인당 1,429달러를 더 지불했는데, 이는 평균 연간 의료비의 42퍼센트에 해당하는 차이였다.[14]

뇌 영상기술을 통해서도 음식 중독과 마약 중독 사이의 유사성을 확인할 수 있었다. 음식 중독자들의 뇌를 촬영하면 도파민 D_2 수용체 수가 감소하고 보상 신호에 따라 동일한 신경 경로가 활성화되는 것을 볼 수 있는데 이는 다른 중독자들과 유사했다. 밀크셰이크를 본 음식 중독자의 뇌와 술을 본 알코올 중독자의 뇌 영상은 동일한 결과를 보였다. 날트렉손Naltrexone 연구는 영상의 시각적 유사성이 우연의 일치가 아님을 입증했다. 날트렉손은 마약 과다 복용에 투여되는 길항제(수용체 차단제)로, 알코올 중독과 강박적 과식, 도박, 성행위의 치료에도 사용되는데, 쥐를 비롯한 동물과 인간 실험에서 날트렉손은 오피오이드 수용체에 결합해 도파민 활동을 억제했고, 그 결과 쥐들은 좋아하는 초콜릿을 덜 먹게 되었다. 동일한 길항제가 서로 다른 중독 행위에서 동일한 억제 효과를 보인다는 것은 공통적 신경화학적 기제가 있음을 시사하는 것이었다.[15]

또 음식 중독은 다른 중독을 대체하기도 한다. 비만 환자는 체질량지수BMI가 높을수록 알코올이나 불법 약물을 복용할 확률이 낮았다. 반면 흡연자와 마약 사용자들이 금연이나 단약을 하면 계속 단음식을 먹어서 살이 찌는 경우가 많았다. 로널드 레이건Ronald Reagan이 젤리(그가 가장 좋아하는 맛은 감초 맛이었다)를 먹는 습관은 정치에 입문할 때 파이프 담배를 끊은 결과였다. 담배, 술, 기타 약물들은 뇌보상 부위를 놓고 음식, 특히 달콤한 음식과 경쟁함을 알 수 있다. 따라서 알코올 중독자 모임 'AA'에서 조언하듯이, 술을 마시지 않고 싶다면, 너무 배고픈 상태가 되지 않도록 주의해야 한다. 코카인과 알코올 중독으로 치료를 받던 언론인 데이비드 카는 이 충고를 너무 열심히 따른 나머지, 늘 추리닝 바지를 입어야 했다.[16]

훗날 국립알코올남용및중독연구소NIAAA 소장이 된 행동 생리학자 조지 쿱George Koob은 인간에게는 쾌락의 비축량이 제한되어 있으며, 비축량을 마구잡이식으로 써버리는 것은 심판을 부르는 일이라고 즐겨 말했다. 쿱은 이런 심판을 '생물학적 칼뱅주의'라고 불렀고, 이를 다윈의 비극이라고 설명했다. 쾌락은 생존과 생식에 필수적이지만, 일정 수준을 벗어나면 파괴적이고 유독해지기 때문에 쾌락의 통제 시스템이 진화했다는 것이다. 안타깝게도 우리는 코카인 과다 복용 같은 행동을 통해 이 통제 시스템을 파괴할 수 있는 수단을 발견했다. 강렬한 쾌락으로 인해 우리는 신호로 촉발되는 갈망과 더 나쁘게는 흥분 상태가 지나간 후에 남는 권태감, 지속적인 우울, 고조된 스트레스에 더욱 취약해졌다.[17]

음식을 비롯해 무엇에든 중독된 사람들은 익숙한 보상을 얻지 못하면 다른 물질이나 행동에 의존해 금단 증상에 대처하기 마련이다. 이 때문에 비만대사 수술에 놀라운 위험이 따르는데, 특히 이미 흡연, 음주, 마약 등의 대체적인 뇌 보상에 익숙한 젊은 남자 환자의 경우, 수술 후 2년 차에 음주양이 현저히 증가하는 것으로 나타났다. 쾌감을 얻는 다른 방법을 찾는 것이다. 마약 중독자도 마찬가지다. 1978년 2월에 겨울 폭풍이 코네티컷주 뉴헤이븐을 강타했다. 눈 때문에 발이 묶인 메타돈 환자들은 3일 동안 진료소에 접근할 수 없었다. 그러자 대부분 술을 마셨다. 일부 사람들은 금단으로 메스꺼움을 느낄 때까지 '추수감사절인 것처럼' 실컷 마셨다. 다른 사람들은 구부러진 숟가락 위에 사각 설탕을 녹이고 그 내용물을 주사기에 넣은 다음 용해액을 마시거나 피하 주사했다. 그들은 밤을 지새우기 위해 무엇이든 필요했던 것이다.[18]

음식, 마약, 행동 중독에는 공통적인 위험 요소가 있다. 이런 중독들은 볼코우의 표현대로 함께 움직이는 경향이 있다. 한 이론은 '보상 결핍 증후군'을 강조했다. 결함 있는 유전자와 지속적인 스트레스, 사회적 실패 같은 힘겨운 생활환경으로 일부 사람과 동물들은 도파민 D_2 수용체의 정상적인 할당량을 잃는다는 것이다. 그들은 콜라와 감자튀김—또는 마약이나 도박, 그 밖의 자극적인 행동—으로 축 처진 기분이 북돋워지는 걸 발견했을 때, 정크 푸드를 해결책으로 삼게 되고, 이 해결책에 더 오래 의존할수록, 쾌락 통제 시스템과 뇌와 몸의 다른 부위는 더 많이 손상된다. 볼코우와 동료들은 비만 환자에 대한 통제된 연구에서 도파민 D_2 수용체의 가용성과 BMI 사이에 강한 역상관관계(-0.84)를 발견했다. 수용체의 가용성이 낮은 것이 기존에 존재하던 위험인자인지 습관적 과식의 결과인지 판단할 수는 없었지만, 더 확대된 근거 패턴을 고려할 때 양쪽 다 해당될 가능성이 높았다.[19]

음식 중독과 마약 중독의 또 다른 유사성이자 또 다른 가능성은 위험이 여러 세대에 걸쳐 확대된다는 것이다. 몇몇 연구자들은 임신한 음식 중독자들이 태아에게 해를 끼칠 수 있다고 주장했다. 동물의 경우, 어미가 임신 중에 고지방을 섭취하면 새끼는 도파민과 오피오이드 유전자 발현이 변화돼 입맛에 맞는 음식만 선호하는 경향이 높았다. 사람의 경우에는 지방과 당분이 많은 식단을 먹는 비만 여성의 자녀는 인슐린 저항성, 비만, ADHD(주의력 결핍 과잉행동 장애)가 나타날 위험이 높았다. 특히 ADHD는 흡연부터 강박적인 인터넷 사용까지 다른 중독성 행동이 나타날 높은 위험성과 연관되었다.[20]

이런 일련의 연구는 세대 간 빈곤의 퍼즐을 떠올리게 한다. 나는 3장에서 스트레스, 도취, 중독이 상호작용하여 낮은 계층을 유지해왔다고 주장했다. 다른 연구자들은 인종, 민족성, 계급, 교육, 성별, 거주 지역에 기초한 차별, 가난한 아이들에게 자기 패배적 태도를 심어주는 환경, '선택적 결혼assortative mating'*이 교육 전망에 미치는 유전적 영향 등을 강조해왔다. (부모의 성적표가 자녀에게까지 중요한 영향을 미친다는 의미다.) 여기에 더해 우리는 설탕 음료와 건강에 좋지 않은 음식들로 채워진 하위 계층의 어머니 식단이 아이들의 삶의 기회를 더욱 축소시킬 가능성에 대해 살펴야 한다. 연구자 캐롤라인 데이비스Caroline Davis는 산모가 먹는 달콤한 음식이 '태아 당 스펙트럼 장애'를 일으킬 수 있다고 경고하며, 그 증상이 임신 중에 음주를 한 여성의 자녀에게서 나타나는 증상과 다르지 않다고 주장한다.[21]

음식 논쟁
....

기름진 음식을 과식하는 습관이 자녀에게 해를 미치는지의 문제는 차치하더라도, 그것이 요즘 신경학자들이 주장하듯 알코올 중독과 유사한 중독에 해당할까? 비판자들은 그렇지 않다며, 음식이나 다른 중독이 만성적이고 재발하는 뇌질환이라는 주장에 반박했다. 이 논의는 워낙 범위가 확장되고 논쟁적이어서, 음식 중독을 질병으로 보는 데 찬성하는 진영과 반대하는 진영 간의 대화로 재구성하여 한

---

* 배우자를 선택할 때 같은 형질끼리 결혼하거나 특정 형질을 의도적으로 피하여 자녀 세대의 유전자형 분포에 임의교배와는 다른 변동을 초래하는 결혼 - 옮긴이주

번에 한 가지씩 각각의 주장을 제시해보려 한다. 찬성과 반대로 각
진영의 논리를 합성했고, 주장은 실제 자료다.[22]

반대 마약과 음식을 비교할 수는 없습니다. 마약은 꼭 복용할 필요가
없지만, 음식은 꼭 먹어야 하지요.

찬성 음식은 꼭 먹어야 하지만, 가공된 음식은 다릅니다. 사람들은
옥수수를 지나치게 많이 먹지 않습니다. 하지만 옥수수를 가공
해 만든 칩, 뇌 보상을 극대화하도록 만든 합성된 맛의 대량 판
매 제품은 지나치게 많이 소비합니다.

반대 그러니까 식료품 목록에서 정크 푸드를 빼세요.

찬성 일단 중독되고 나면, 그게 그렇게 쉽지 않지요.

반대 정신을 차려야죠. 중독은 나쁜 습관이지 정신분열증이나 다발
성 경화증 같은 진짜 뇌질환이 아닙니다. 사람들은 언제든 나쁜
습관을 중단할 수 있어요.

찬성 사람들은 갈망을 멈추거나 신호를 잊지 않습니다. 손가락 한번
딱 튕긴다고 잃어버린 수용체가 회복하진 않지요.

반대 하지만 얼마든지 다른 건강한 습관을 들여 나쁜 습관을 극복할
수 있습니다. 하루 일과를 바꿀 수도 있어요. 맥도날드 말고 웨
이트 워처스Weight Watchers*에 가세요. 당신이 중독이라고 부르
는 것에는 선택의 여지와 발달상의 궤적이 있어요. 사람들은 나

---

* 미국의 다이어트 제품과 프로그램 서비스 브랜드 - 옮긴이주

이가 들수록 현명해집니다. 나이가 들면 중독에서 벗어나고, 종종 스스로 그만두지요. 여러 선진국에서 흡연자가 과거보다 줄어들었습니다.

찬성 하지만 당신 말대로 사람들은 먹어야 합니다. 그리고 식료품을 사러 가야 하죠. 신호에 대해 이야기하는 겁니다. 물론 신선한 저지방 재료를 세심하게 측정해서 식사를 준비하는 법을 배우는 것과 같은 제2의 해결책도 있겠죠. 뇌를 자극하는 첨가물에 지나지 않는 과당을 피하는 방법도 있겠고요.

반대 대다수의 사람들은 적어도 가끔씩은 과당을 먹고 마시죠. 기분을 좋게 만드는 다른 첨가물도 마찬가지고요. 그렇다고 모두가 중독자가 되지는 않습니다.

찬성 그것은 마약도 마찬가지죠. 크랙이나 헤로인을 시도해본 사람들 중에 중독자가 된 사람은 20퍼센트도 안 돼요. 하지만 그보다 더 많은 사람이 음식 섭취를 조절하는 데 어려움을 겪고, 그 과정에서 건강을 해치죠.

반대 달고 짜고 기름진 음식이 독한 마약보다 더 중독성이 강하다는 말인가요?

찬성 아니요. 하지만 설령 그렇다고 해도 중독 가능성이 중독의 유병률을 결정하지는 않습니다. 가용성, 가격, 민감성이 중요하지요. 가공식품은 가공약물보다 더 저렴하고 쉽게 구할 수 있습니다. 그래서 가난한 동네에는 사실상 구할 수 있는 음식물이 가공식품뿐이지요. 어쨌거나 사람들이 더 많은 중독의 위험 요소에 노출되는 '식품 사막food deserts'*이 존재합니다. 비용과 사회적 분포는 왜 우리가 전반적으로 마약보다 식품에 대해 더 많은 통제 문제를 겪는지 설명해줍니다. 비록 대부분이 헤로인 같은 마약을 복용할 때보다 기름진 음식을 먹을 때 더 적은 도파민 급등을 경험하지만 말이에요.

반대 '통제 문제'와 중독은 같지 않습니다. 당신은 너무 많이 먹는 것과 중독을 계속 혼동하고 있어요.

찬성 그리고 당신은 중독적인 행동이 스펙트럼을 따라 발전한다는 사실을 계속 무시하고 있고요. 사람들은 강박적이지 않으면서도 너무 많은 도박이나 폭음을 할 수 있어요. 미국의 경우 하루 평균 4잔 이상 술을 마시는 상위 10퍼센트의 알코올 소비층에 하루 평균 2~4잔의 술을 마시는 그다음 10퍼센트의 알코올 소비층보다 더 많은 알코올 중독자가 있습니다. 또 두 번째 10퍼센트 층이 술을 거의 또는 전혀 마시지 않는 사람들보다 알코올 중독자가 될 확률은 훨씬 더 높겠지요. 그래서 그들을 고위험군 음주자라고 부르는 겁니다. 달고 기름진 음식도 마찬가지예요. 과식과 폭식을 하는 사람들은 아직 완전한 중독 증상이 나타나지 않았을 뿐 그런 잠재성을 갖고 있습니다. 그들은 신경성 폭식증**과 다른 제거행동장애Purging Disorder 때문에 심지어 비만

---

* 몸에 좋은 식품을 제공하는 상점이 없어 건강 유지에 필요한 식품을 구하는 것이 어려운 지역-편집자주

** 폭식을 하고 토해 내기를 반복하는 증세-옮긴이주

이 아닐 수도 있어요. 그래도 그들은 여전히 고위험군입니다.

반대 잠재성은 '대다수의 경우'에 해당합니다. 병적으로 비만인 일부 폭식자들이 걷잡을 수 없는 갈망을 느낀다고 해봅시다. 그들은 보통 사람의 범주에서 벗어나는 아웃라이어들이죠. 그들을 설명하는 것이라곤 오로지 극단적 경우에 근거를 둔 NIDA의 뇌질환 모델뿐이에요. 이는 음식뿐만 아니라 마약에도 해당됩니다. 그런 연구 대상들은 일반 사람들보다 많은 정신적 문제를 가지고 있어요. 인생의 어느 시점에 무언가에 중독된 모든 사람, 결국 대부분에게 정신질환이 재발하기 쉬운 하위 집단에서 도출된 뇌질환 딱지를 붙이는 건 실수보다 더 나쁜 일입니다. 점차 성숙해지고 삶의 환경이 변화함에 따라 중독을 멈추거나 줄여갔을 평범한 중독자들에게 저주를 내리는 것이니까요.

찬성 만약 그들이 개선될 만큼 충분히 오래 산다면 말이겠죠. 그리고 이미 엄청난 개인적, 사회적 대가를 치른 후일 테고요.

반대 그것은 사회적이고 상황적인 요인 때문이지 '먹을 것을 달라'고 켜진 어떤 뇌 스위치로 인한 것이 아닙니다. 세계 성인 인구의 절반 이상이 과체중이거나 비만이에요. 그들이 모두 음식 중독자일 수는 없습니다. 만약 비만의 진짜 원인이 식품 사막, 식품 업계 보조금, 걷는 대신 차를 타는 습관, 더 많은 섭취량과 칼로리, 광고, 과식에 대한 암묵적인 문화적 용인—이봐, 게임 시작해, 피자집에 전화해 같은 식으로— 등이라면, 익명의 음식 중독자 회복 모임의 더 많은 지부를 설립하는 것이 답은 아니겠죠.

찬성 아무도 비만과 같은 세계적 추세에 단 하나의 원인만 있다고는 생각하지 않습니다. 의학 문헌에는 대다수의 비만 환자가 음식 중독에 대한 임상 기준을 충족하지 못한다고 명시되어 있습니다. 꼭 모든 살인 피해자가 총상으로 사망하지 않아도 총기를 규제하자고 주장할 수 있듯, 입에서 맛있는 음식이 중독성 마약처럼 작용한다고 주장하기 위해 꼭 비만인이 모두 중독자여야 할 필요는 없습니다. 심지어 스탠튼 필Stanton Peele 같은 뇌질환 모델 비판자도 어떤 사람들은 감정적인 만족감을 위해 과식에 너무 의존하게 되었고, 그로 인해 막대한 대가를 치렀기 때문에 "중독의 기준을 어느 정도 가깝게 충족시킨다"고 인정했습니다. 가장 보편적인 유형은 아니라도 여전히 진실일 수는 있는 겁니다.

반대 그것이 트로이 목마일 수도 있지요. 식품 가공업계는 뇌질환 모델, 특히 유전적 관점에 이해관계가 있습니다. 그 업계는 "일부 유난히 민감한 사람들을 식별해 그들에게는 먹는 것에 주의하라고 경고하지요"라고 해놓고 나머지 대중들을 상대로 평소처럼 사업을 계속할 수도 있겠죠. 주류업계와 도박업계도 수년째 그런 사기행각을 벌이고 있어요.

찬성 어떤 질병에 사회적으로 구성된 요소가 없겠습니까? 혹은 사회적 의미, 공식적 정의, 그 범위와 원인에 대한 의학적 견해의 변화에 따라 늘어나거나 줄어드는 이해관계자들이 없겠습니까? 그렇다고 질병의 병리생리학을 무시하거나 사회적으로 조작되지는 않았어도 사회적으로 영향을 받을 수 있는 유전적 요인을 무시할 이유는 없습니다. 자폐증을 생각해 보세요. 그 병이 과잉 진단되고 있을까요? 어쩌면요. 그 병이 운동가, 연구원, 임상의들의 수입원이 될까요? 그렇겠죠. 그 병이 어린이와 가족의 삶을 파괴하는 유전적, 환경적 요인에 따른 신경 발달 장애나 장애 스펙트럼일까요? 당연히 그렇죠. 이 사실을 무시한다면 몰인정하고 비과학적일 것입니다.

반대 자폐증은 선택하는 게 아니잖아요.

찬성 강박적 과식도 마찬가지로 선택하는 게 아니에요. 강박적 과식은 유전자 발현의 변형을 포함해 세포와 분자 수준에서 관찰 가능하고 예측 가능하며 지속적인 뇌 변화를 동반하는, 생명을 위협하는 생물행동 장애라고요. 이건 질병입니다. 중독에 대한 미국중독의학협회American Society of Addiction Medicine의 정의에도 들어맞고요. "뇌 보상, 동기, 관련 회로의 일차적이고 만성적인 질병으로… 물질 사용과 다른 행동을 통해 병리적으로 보상 및/또는 위안을 추구하는 개인에게서 나타난다."

반대 진짜 질병은 혈액 검사 같은 것으로 감지하고 진단할 수 있는 특수한 생물학적 지표가 있어야 한다고 그 협회에 알려주세요. 협회에서 질병이라고 부르는 것은 단지 의존성 증후군일 뿐입니다. 또는 일부는 문화적이고 일부는 생물학적인 많은 촉발요인과 경로가 있는 다수의 증후군이거나요.

찬성 유전자에서 문화적인 것이란 무엇이죠? 가족, 입양, 쌍둥이 연구들은 계속해서 중독의 책임의 절반 이상이 유전 탓일 수 있음을 입증해왔어요.

반대 '유전 탓일 수 있음'이란 모든 오류의 어머니죠. 유전적 소인은 중독의 충분조건도 필요조건도 아니에요. 유전은 특정한 환경적 맥락에서만 행동에 영향을 미칩니다. 미심쩍은 유전자를 가진 아이를 초기 트라우마와 노출로부터 지켜주고, 또 취하지 않고 방임하지 않는 부모와 안정적인 이웃을 주어, 그들의 중독 가능성이 어떻게 되는지 확인해보세요.

찬성 하지만 환경적 요인이 동일하다면, 유전적으로 취약한 사람들이 더 많이 중독될 겁니다.

반대 그렇다고 뭐가 달라지죠? NIDA의 세계관이 그들을 구해주지는 않을 겁니다. 이질적인 증후군들을 일반화된 질환 모델로 묶는다고 해서 치료할 수 있는 것은 아무것도 없습니다. 음식 중독 신경과학에서 나온 획기적인 치료법을 하나라도 대보세요. 뇌 질환 논의가 계속되는 동안, 세계는 점점 더 뚱뚱해지고 있습니다. 술, 담배, 다른 마약에 대해 세율 인상과 광고 금지 같은 인구 기반의 예방 전략이 이미 입증됐는데, 왜 첨단과학의 뇌 개입을 추구하겠어요? 뇌질환 모델은 노력과 자원을 잘못 배분하고 있습니다.

찬성 과학적 이해는 종종 효과적인 치료보다 수십 년 정도 선행됩니다. 세균 이론은 19세기에 개발되었지만, 항생제 치료법은 20세기에 발전했죠. 의학 연구자들은 아직도 음식과 다른 중독의 발생 가능성을 줄이고, 피해를 줄이고, 낙인을 줄이고, 예후를 개선하는 치료법을 발견할 여지가 있어요. 오피오이드를 생각해 보세요. 우리는 이미 갈망을 억제하고, 금단증상을 완화하며, 약물 과다 복용을 역전시킬 약들을 가지고 있죠.

반대 그 모든 약은 NIDA가 뇌 스캐너와 사랑에 빠지기 전에 의학계에 알려졌죠.

찬성 그리고 연구자들은 코카인과 같은 마약의 행복감 효과를 막기 위해 백신을 연구하고 있어요. 백신은 중독의 새로운 사례와 기존 사례들의 재발을 막을 수 있습니다.

반대 연구 문헌을 자세히 읽어보세요. 그러면 중독 예방 백신의 열렬한 지지자도 모든 '획기적인 발견'이 복잡하고 비용이 많이 들고, 기술적, 윤리적 문제들로 가득하며, 100퍼센트 효과적이지 않음을 인정한다는 사실을 알게 될 겁니다. 계속 더 파고 들어가 보면, 신경과학자들이 주요 쟁점에 대해 의견이 엇갈린다는 것도 알게 될 테고요. 도파민은 결핍이 더 문제인가, 자꾸 바라는 것이 더 문제인가? 금단증상과 재발을 일으키는 것은 과연 스트레스 호르몬일까? 뇌 적응에는 한 가지 패턴만 있을까, 아니면 각기 다른 중독성 자극에 따라 달라지는 여러 가지 패턴이 있을까? 많은 논쟁이 배후에서 진행되고 있어요.

찬성 그게 암 화학요법이나 면역요법과 뭐가 다르죠? 이것은 마법의 탄환과 엄밀한 공식에 따르는 과학의 문제가 아닙니다. 이것은 어렵게 얻은 지식을 활용하여 치명적이고 생물학적으로 연관된 질병들에 맞서 꾸준히 진전을 이루어내야 하는 문제예요. 뇌질환 모델은 완벽하지 않습니다. 하지만 이치에 맞고 일관성이 있으며, 세계에서 처음으로 동일한 신경해부학적이고 신경화학적인 언어를 구사하는 중독 연구자들을 보유하고 있지요. 그 사실만으로도 더 많은 연구와 인내심의 필요성이 정당화됩니다.[23]

이 논의를 어떻게 판단하느냐에 따라 더 이상의 연구가 정당화되지 못할 수도 있다. 판단하기가 더욱 어려운 것은 앞에서 간략히 소개한 실용적이고 경험적인 질문들을 넘어서는 일련의 철학적, 정치적 이슈들 때문이다. 비판자들, 특히 사회과학자들은 뇌질환 모델의 옹호자들을 환원주의,* 생물학적 본질주의, 순진한 실증주의라고 비난했다. 그들은 뇌의 취약성으로 마약 공급 통제에 대한 경찰의 엄격한 접근이 정당화되는 선에서만 마약 전쟁에 대해 공감했다. 그리고 교묘한 시각적 속임수에 대해 불평했는데, 중독자들의 뇌 스캔에서 미묘한 신경 차이를 두드러지게 하려고 극적인 색깔 대비를 사용하는 데서 그런 속임수가 분명히 나타난다고 주장했다.[24]

가장 공통적인 비난인 환원주의는 정확하지만 동시에 요점에서 빗나간다는 특징이 있다. 과학은 좁은 범위의 문제에 대한 집중적 연구를 통해 발전한다. 예컨대 기초 연구자들은 특정한 시냅스 전

---

* 다양한 현상을 기본적인 하나의 원리나 요인으로 설명하려는 경향-편집자주

수용체presynaptic receptor가 없으면 억제 피드백이 어떻게 방해를 받는지, 또는 DNA가 변형되면 중독의 취약성을 증가시키는 수용체 하위 단위가 어떻게 생성되는지를 알고 싶어 한다. 사회학과 경제학은 그들이 해답을 찾는 데 도움이 되지 않는다. 볼코우와 쿱은 2015년에 비판자들에게 답변할 때 뇌질환 모델 내에서 이런 종류의 기술적 문제들을 끈기 있게 해결한다면, 더 많은 치료적 성과를 거두고 중독의 오명을 씻으며 예방 프로그램을 효과적으로 추진할 수 있다고 주장했다. 실험적인 연구는 따분해 보일지 몰라도, 그것을 인도하는 전도유망한 새로운 패러다임은 결코 따분하지 않았다. 그러니 계속 집중하고, 계속 자원을 지원하고, 계속 채널을 고정해야 한다.[25]

그렇지만 어디에 고정해야 할까? 오직 하나의 채널에만? 진짜 문제는 볼코우와 그녀의 학계 동료들이 이용 가능한 홍보와 자원을 너무 많이 독점한 데서 비롯된 부수적이고 집단적인 환원주의였다. 특히 거액이 투자된 그들의 시도 중 하나는 NIDA의 국제 프로그램으로, 이 프로그램을 통해 2014년 중반까지 96개국 출신의 496명 이상의 연구자들을 훈련시켰다. NIDA는 세계적으로 여파를 미쳤고, NIAAA가 알코올 중독 연구를 위한 뇌질환 모델을 수용하며 그 여파는 더욱 확대되었다. 그런데 NIDA는 빈곤, 교묘한 마케팅, 중독적인 제품 디자인 같은 사회적 요인에 대한 주의를 빼앗았다는 점에서 사안의 범위를 축소시키는 결과를 가져왔다. 1997년에 레스너는 뇌질환 모델에 관한 선언문에서 중독을 "발전하고 표현되는 사회적 맥락이 매우 중요한 뇌질환"이라고 규정했다. 중독 신경과학에 반대하는 입장의 핵심은 이후의 연구들이 레스너의 말에서 '뇌질환'을 제외한 모든 단어를 대부분 무시했다는 것이다. 즉 문제 있는 뉴런과 결함 있는 유전자들에만 주목한 것이다. 그 외에는 다 말뿐인 인정에 불과했다.

결국 중독 연구 분야의 지도자들까지 그런 태도를 반대하고 나서는 지경에 이르렀다. 정신과 의사 겸 저널 〈어딕션Addiction〉의 편집자인 그리피스 에드워즈Griffith Edwards는 마약은 단순히 뇌에 작용하는 화학물질 그 이상의 문제라고 언급했다. 마약은 많은 사회적 의미가 내포된 강력한 상징이기도 하다. 사회적 의미는 시간에 따라 변하는 특정한 사회 '생태학' 내에서 기능하는 마약 정책과 마약 사용자들에게 실질적이고 때로는 유해한 결과를 초래한다. 이런 점을 고려하지 않는다면 멋모르고 함부로 떠드는 것이다. 또 다른 전문가인 약리학자 해롤드 칼란트Harold Kalant는 NIDA-NIAAA의 뇌질환 모델이 "지난 1세기 동안 현재의 사회, 행동, 경제 분야에서 이루어진 모든 연구 성과를 무시하는, 철저한 의학적 기반으로의 회귀"라 일침하며 "나는 이것이 심각한 실수라고 생각하며, 다른 모든 분야의 중요성을 다시 인정하는 시점이 올 것이라고 확신한다"고 말했다.[26]

계획적인 음식 중독

현재는 과거의 어떤 시점과도 다르다. 음식 중독 논쟁에 대한 내 나름의 결론을 내리자면, 신경과학적인 주장은 잘못되었다기보다 불완전하다. PET스캔과 날트렉손 실험을 연구하듯이 누구든 다국적 식품회사와 그 광고주들의 행태를 연구함으로써 중독성 음식과 중독성 마약의 유사성에 대해 충분히 설득력 있는 주장을 펼칠 수 있다. 다국적 식품회사들의 행태는 명백히 변연계 자본주의의 일환이다. 변연계 자본주의란 소비자들에게 (처음에는) 강렬한 뇌 보상을 주어 파괴적인 습관을 만드는 대부분의 내구성 없는 상품과 서비스의 설계, 생산, 마케팅, 전 세계적 보급을 지칭하려고 내가 사용하는 용어다. 식품회사 빅 푸드Big Food는 담배회사 빅 타바코Big Tobacco를 닮아갔다. 심지어 빅 푸드의 임원들은 빅 타바코처럼 자사 제품이 건강에 미치는 악영향 때문에 고소당할까 봐 불안해져 비공개 회의까지 열었다.

법원 재판과 국민 여론에서 핵심적인 쟁점은 설탕, 지방, 소금을 들이부은 즉석 식품이었다. 유명한 요리사 볼프강 퍽Wolfgang Puck은 사람들이 왜 과식을 하는지 알고 싶다면 이 세 가지 재료만 보면 된다고 말했다. 설탕은 마약과 가장 비슷한 효과를 내기 때문에 가장 확실히 기분을 돋우는 조미료다. 회벨은 연구조수에게 오피오이드 작용을 막는 길항제인 날록손naloxone을 설탕에 찌든 쥐들에게 먹이라고 했을 때 이미 이 사실을 알고 있었다. 쥐들은 즉시 몸을 떨면서 이빨을 딱딱 부딪는 금단증상을 보였다. 더욱이 단것을 선호하는 인간의 입맛은 선천적이고, 어머니의 식습관으로 확실히 보강되며, 설탕이 든 제품에 일찌감치 노출됨으로써 강화된다. 우리가 설탕이 든 제품을 한번 씹거나 마실 때마다 모든 음식과 음료는 달콤해야 한다는 교훈이 각인되는 것이다. 지방은 입에서 맛있다고 느낄 식감을 추가하여 설탕의 맛을 완벽하게 보완한다. 거꾸로 설탕은 지방이 많이 들어간 음식을 감추는 데 도움을 준다. 소금은 제품의 단맛을 높이고 쓴맛처럼 바람직하지 않은 맛을 가린다. 천연 방부제인 나트륨 결정체는 모든 스낵 부스러기에 들러붙는 부자연스런 모양으로 만들어져, 최대한의 폭발적인 맛을 전달한다. 인공 재료는 신선함, 식감, 색감, 맛 등을 개선하여 최종 제품을 완성한다. 일리노이주의 한 식품회사는 8만 개의 인공 향료 조제법을 열거했는데, 바나나 향료만 해도 천 가지나 되었다. 이국적인 감각을 찾고 있는가? 그렇다면 '바나나 포스터Banana foster' 향을 추가하면 된다.[27]

인류의 쾌락에는 항상 혼합된 맛있는 것들이 수반되었다. 식품 회사들은 자사의 빠른 히트 상품을 계속 저렴하고 접근하기 쉽게 하기 위해 식품의 생산, 제조, 유통, 마케팅 방법을 개선했을 뿐 아니라 맛 혼합 기술도 끌어올렸다. 데이비드 케슬러David Kessler 같은 비판자들은 이런 관행이 전 세계적인 비만의 원인이라고 지목했지만, 업계 관계자들은 그것이 시장 점유율의 향상과 기업의 생존을 건 싸움에 필수적이라는 사실을 알고 있다. 하지만 그런 관행조차 확실한 생존을 보장하지는 않는다. 네슬레Nestlé와 크래프트Kraft 같은 거대 기업이 라운트리Rowntree와 캐드버리 같은 훌륭한 제과기업을 집어삼켰듯이 말이다. 다윈의 논리는 신경생물학에 그랬듯이 식품과 주식 시장에도 지대한 영향력을 미쳤다.

결국 문제는 소수가 시장을 지배하는 변연계 자본주의와 극도로 입맛이 당기는 식품의 범람 같은 시스템이지, 단순히 관련 기술을 발전시키는 개개인이 아니었다. 그들은 화학, 생물학, 수학에 정통한 공학자들로, 제품을 개선하고 문제를 해결하는 것이 그들의 직업이었다. 전자레인지에 돌린 케이크 반죽은 왜 스크램블 에그 냄새가 나고 마분지 맛이 났을까? 그렇다면 이스트균 속에 전자레인지 안에서 진동하다 터지는 맛있는 아로마를 집어 넣어보자. 궁극적인 목표는 최소한의 비용으로 가장 맛있다는 느낌을 주는 극치의 행복감에 도달하게 하는 것이었다. 이것은 알고리즘적인 과정이었다. 식품 공학자들은 수학적 모델을 적용하여 재료들의 최적의 조합을 계산한 후 그 결과를 대규모 테스트로 검증했다. 식품이 일종의 조제약이 된 것이다. 새로운 식품은 신약과 마찬가지로 데이터 중심의 선별 작업을 거쳤다. 1980년대에 이르자 실험용 식품 10개 중에 1개만이 국내 또는 세계 시장에 출시되었다. 나머지는 포커스 그룹이나 지역 시식 행사에서 탈락했다. 선별 기준은 가차 없었고, 오로지 한 방향으로만 내달렸다. 프리토레이Frito-Lay의 식품 공학자 로버트 린Robert Lin은 "신제품의 90퍼센트가 기분을 좋게 만드는 제품이다. 좋은 기분이 좋은 맛을 의미한다"고 말했다.[28]

식품 공학자들은 맛있는 식품을 더 맛있게, 저렴한 식품을 더 저렴하게, 빠른 식품을 더 빠르게 만들기 위해 노력했다. 그들은 감자로 이 세 가지 과업을 모두 해냈다. 요리사들은 감자를 얇게 썰어 기름에 튀긴 다음 설탕과 소금을 뿌리는 조리법을 오래전부터 알고 있었다. 문제는 감자칩과 프렌치프라이가 기계 생산 이전의 담배와 매우 비슷하게 상대적으로 가격이 비싸다는 것이었다. 그런데 전쟁이 끝난 후 프렌치프라이 생산 라인이 자동화되고, 대규모 산업 농장에서 기계 친화적인 감자를 대량 재배하게 된 데다, 자판기와 패스트푸드 프랜차이즈, 쉽게 사고 뜯어 즐길 수 있는 봉지 칩 등의 시간 절약형 편의기술이 등장하면서 노동과 비용의 제약이 사라졌다. 제너럴 푸드의 CEO 찰스 모티머Charles Mortimer는 1955년에 편의기술Convenience이 'C'를 대문자로 써야 할 만큼 식품의 필수적 재료라 말했다. 비용에 대해서도 똑같이 말할 수 있다. 농업 생산을 산업화하고 보조금을 지급하는 미국 같은 나라의 경우, 동일한 양의 식품 값을 버는 데 필요한 노동 시간으로 측정했을 때, 제1차 세계 대전 후 100년 동안 식품 가격은 10분의 1로 하락했다. 칩은 값이 싸면서도 거부하기 힘든 맛이었다. 통제력의 상실을 제품의 장점으로 부각한 "누구도 한 개만 먹고 끝낼 수는 없다"는 문구가 프리토레이 감자칩 캠페인의 핵심 슬로건이 되었다.[29]

그 뒤를 이어 프링글Pringle이 등장했다. 프링글은 균일한 모양을 가지런히 쌓아올린 '감자칩'으로, 그야말로 설탕, 소금, 지방, MSG, 기타 조미료들의 전분질 조합이었다. 한 실험에서 연구자들은 헤드폰을 통해 전달되는 바삭거리는 소리가 클수록, 프링글을 먹는 실험대상자들이 그 칩을 신선하다고 느낄 가능성이 더 높아진다는 것을 발견했다. 극도의 바삭바삭함이 판매 포인트로 탄생하는 순간이었다.[30]

세트와 세팅은 감자칩뿐 아니라 모든 식약에 영향을 미친다. 커피는 투명한 잔보다 흰 머그잔으로 마실 때 더 진한 맛이 느껴진다. 탄산음료는 빨간 깡통으로 마실 때 더 달게 느껴지고, 팝콘은 빨간 통에 담아 먹을 때 더 달콤해진다. (다음에 극장에 가면 팝콘통의 색깔을 확인해보라.) 특정 문화에 맞춰 조정할 수 있는 제품 라인의 확장에도 세트와 세팅은 중요하다. 북아메리카 사람들은 사워크림과 바비큐 고기 맛이 나는 감자칩을 좋아한다. 러시아인은 붉은 캐비어맛 칩을, 태국인은 핫칠리 오징어맛 칩을, 중국인은 케첩맛 칩을 좋아한다. 만약 당신이 태국인도, 중국인도 아니고 저런 맛에 비위가 상한다면, 역시 이런 사실을 증명하는 셈이다.[31]

적절한 식품의 제조법을 찾았다고 해도 성공이 보장되지는 않는다. 기분이 좋아지게 만드는 제품은 역시 그와 비슷하게 설계되고 계속 업그레이드되는 다른 제품들과 상점 선반이나 메뉴 공간(그리고 궁극적으로는 소비자의 뇌 공간)을 놓고 끊임없는 경쟁을 벌여야 한다. 광고주부터 보자면, 그의 최우선적인 업무는 소비자의 시선을 끄는 것이다. 제품 간접광고PPL, 즉 브랜드를 텔레비전 쇼나 영화에 등장시키기 위해 돈을 지불하는 관행도 한 가지 방법이다. 얼리 어댑터인 코카콜라Coca-Cola는 1950년대 중반까지 적어도 하루에 한 번은 제품이 TV에 노출되도록 관리했다. 그러나 대부분의 식품회사들은 유료 광고에 의존하였고, 식품 광고는 무자비한 음식 포르노로 진화했다. 광고 제작자들은 달걀을 휘젓는 동안 노른자가 풀어지는 모습과 얇게 썬 치즈가 길게 늘어지며 녹는 모습을 군침이 돌게 보여주면서, 현란한 조명으로 이런 효과를 극대화한다. 한 광고 감독은 "포르노나 음식이나 당신 뇌에서 같은 부분을 자극한다. 우리가 목표하는 바는 현대판 파블로프Pavlov가 되어 이미지로 당신 머릿속의 종을 울리는 것"이라고 설명했다.[32]

스크린 수가 크게 늘어나면서 이미지를 피할 수 없게 되었다. 옥스퍼드 대학의 실험심리학자 겸 식품업계 컨설턴트인 찰스 스펜스 Charles Spence는 양옆으로 비디오 광고가 줄줄이 이어지는 런던 지하철 에스컬레이터에 발을 디뎠던 경험을 묘사했다. "내 눈 한편에 보이는 것이라곤 오로지 김이 모락모락 나는 라자냐 조각이 뜨겁게 녹은 치즈를 뚝뚝 떨어뜨리며 접시에서 천천히 들어 올려지는 모습이었다. 이 영상이 계속 반복되었다." 스펜스는 그 영상의 효과를 거부할 수 없다고 판단했다. 우리 뇌는 단백질이 움직이는 모습을 감지하고, 추적하고, 거기에 시선을 고정시키도록 진화해왔다. 다른 일에 정신이 팔리지 않은 통근자들에게는 그것이 딩, 딩, 딩 울리는 종과도 같았을 것이다.[33]

광고주들은 청각 효과로 시각을 보강했다. 패스트푸드 광고의 사운드트랙(가장 효과적인 음악은 타악기를 이용한 강력하고 충동적이며 리듬감이 뛰어난 비트이다)은 분위기를 고조시키거나 가라앉힐 수 있었다. 배경은 좋았던 시간을 환기시키는 한 다양하게 변할 수 있었다. 오스트레일리아의 한 마케팅 전문가는 "언제나 행복이 관건이다. 그냥 당신이 원하는 대로 따르라. 이 즐거운 곳에 와서 맛있게 먹어라"라고 말했다. 2009년에 이르자 행복한 식생활이 온라인상으로 옮겨갔다. 한국어로 '먹방'은 웹방송의 인기 레퍼토리가 되었고, 젊고 귀엽고 쉴 새 없이 재잘거리며 걸신들린 듯 먹어치우는 '방송인'들에게 수백만 명의 팔로워와 수천 달러의 수익을 안겨주었다. 그들은 온라인 댓글과 대화하며 거대한 접시에 담긴 음식을 먹어치우는 아마추어 음식 포르노를 스트리밍했다.[34]

어린이 대상의 전문적인 음식 포르노는 음식 광고에서 가장 큰 논란이 되었다. 식품업계 내부의 연구, 의학계의 독자적 연구, 뇌 영상도 같은 결론을 내렸다. 로고 인지도와 브랜드 충성도가 일찍부터 형성되어 고착된다는 것이었다. 광고주들은 20세기 초부터 많은 것을 알고 있었지만, 이 원리는 패스트푸드의 시대에 와서 새삼스레 중요해졌다. 시리얼 제조업체 같은 일부 기업들은 식품 원재료에 들이는 금액보다 주로 어린이를 대상으로 한 광고에 들이는 액수가 2배나 많았다. 이런 기업의 시리얼에는 설탕, 소금, 지방이 잔뜩 들어 있었다.[35]

담배와 술도 같은 방식으로 홍보되었다. 이런 제품의 홍보, 마케팅, 광고 전문가들은 암묵적이든 명시적이든 대부분 어린 소비자들을 겨냥한 습관성 제품을 정상화하고 판매하여 브랜드 충성도를 구축했다. 그들은 소비자들에게 '기분의 고양', '충분한 만족', '미각적 쾌락', 그런 상태에 대한 다른 완곡한 표현으로 보상을 약속했다. 이런 마케팅 캠페인은 제품 라인 전반에 영향을 미쳤다. 때로는 제품 라인을 결합시키기도 했다. 예를 들어, 버드와이저 맥주 옆에 멸치, 치즈, 통조림 고기를 진열하자 맥주와 스낵의 매출이 둘 다 높아져

현대의 생활은 명목상으로는 진보와 건강을 위해 헌신하지만 점점 더 반동적이고 건강이 좋지 않은 방법으로 우리의 소비를 충동질하는 기업들에 지배되고 있다. 이것이 뱅크시(Banksy)의 2009년 패러디작 〈북부의 천사(Angel of the North)〉를 해석하는 여러 가지 방법 중 하나다. 밤새 클럽에서 놀고 나와 발이 아픈 이 비너스는 담배를 피우면서 패스트푸드와 설탕 덩어리 음료수 용기를 비롯한 악덕의 쓰레기 사이를 비틀거리며 지나가고 있다.

출처 Copyright Banksy. Used by permission

식료품점 주인에게는 그야말로 윈윈win-win이었다. 식료품점은 판매를 극대화하기 위해 상품 진열과 배치를 모델링하는 '플래노그래밍planogramming'의 시험장이 되었다. 아이들 눈높이에 설탕이 들어간 시리얼을 진열해 아이들이 엄마를 조르게만 하면 나머지는 저절로 해결되었다. 또 미국 광고주들은 팬케이크 시럽, 캔디 바, 맥주 등의 빠른 히트 상품에 대한 캠페인을 완성하기 위해 심리적 프로파일과 소비자 조사—집중적이고 정서에 초점을 맞춘 헤비 유저 설문조사를 포함하여—를 의뢰했다. 이런 정교한 마케팅 전략은 1950년대와 1960년대에 대형 광고회사에서 일상이 되었다.[36]

게다가 미국의 제품과 광고 전략은 수출이 가능했다. 전후 유럽에 스낵바와 텔레비전이 갑자기 등장했다. 음식점들은 코카콜라와 햄버거를 판매함으로써 전통주의자와 공산주의자를 모두 물리쳤다. 1964년에 크래프트는 위성 기술을 이용해 미국에서 유럽으로 치즈 광고를 쏘아 보냈다. 광고 전문가 앨버트 스트리즈버그Albert Stridsberg는 가공된 제품보다 '엄청나게 많은 사람에게 동시에 도달하는' 커뮤니케이션 과정이 더 중요하다는 것을 파악했다. 캐나다 사회학자이자 문명 비평가인 마셜 매클루언Marshall McLuhan이 세계적인 전자 마을의 출현을 발견한 곳에서, 스트리즈버그와 다른 광고주들은 그들의 손으로 만든 세계적 전자 시장을 발견했다. 그 시장은 틀림없이 변연계의 형태를 띠고 있었다. 1970년대 후반과 1980년대 초반에는 다국적 기업이 국제 광고에 쏟아 부은 광고비의 80~90퍼센트를 6개 범주의 브랜드 제품이 차지했는데, 그 범주는 가공식품,

청량음료, 알코올음료, 담배, 마약, 세면도구였다.[37]

과거에 양조업자, 증류업자, 담배회사가 그랬듯이 다국적 식품 회사도 미래의 성장에 중요한 역할을 할 개발도상국에 광고비와 홍보비를 투자했다. 네슬레는 가난한 이웃들에게 제품을 판매하는 브라질 빈민가 상인들을 고용했고, 신용 거래를 한 달까지 연장할 수 있도록 승인했다. 가장 많이 팔리는 24개 품목에는 모두 설탕이 잔뜩 들어 있었다. 2010년에 '네슬레가 여러분을 배에 태워드립니다'라는 뜻의 네슬레 아테 보체 아 보르도Nestlé Até Você a Bordo란 슈퍼마켓 바지선이 고립된 아마존 마을의 잠재 고객 80만 명에게 분유, 초콜릿, 아이스크림, 주스를 운반했다. 네슬레를 비판하는 사람들은 마치 영국 동인도 회사가 진주강 삼각주에 아편 수송을 재개한 것처럼 반응했는데, 이는 역사적, 신경화학적 관점에서 불편할 정도로 진실에 가까웠다. 2017년 7월에 네슬레가 마침내 논란이 된 봉사를 끝마치자, 개인 선박 소유주들이 그 공백을 메웠다. 중독의 갈고리는 충분히 확실하게 심어지게 되었다.[38]

국제적 식품 마케터들은 종교적인 차이와 식습관의 금기도 능숙히 다루었다. 2012년까지 맥도날드McDonald's는 인도 시장에 271개 점포를 열었는데, 인도는 원래 힌두교도들이 소를 신성시하여 인구의 약 3분의 1이 소고기를 피하는 나라다. 맥도날드는 소고기가 푸짐한 빅맥Big Mac을 치킨 마하라자 맥Maharaja Mac으로 대체하고, 채식주의자들을 위해 매콤한 튀김 감자 패티로 만든 '맥알루 티끼McAloo Tikki' 버거를 제공하는 것으로 이를 해결했다. 인테리어도 메뉴만큼이나 현지에 맞게 조정했다. 맥도날드는 자카르타 플래그십 매장 꼭대기에 결가부좌를 한 40피트(약 12미터) 높이의 거대한 로널드 맥도날드Ronald McDonald를 앉혔다. 명상하는 로널드인 로널드 브르따빠Ronald Bertapa는 이 기업의 애매한 입장이 빚어낸 걸작이었다. 그는 수피교 성자로도, 미소 짓는 부처로도 볼 수 있었다. 비록 맥도날드의 손님들은 욕망에서 벗어나는 데 별로 관심이 없었지만 말이다.[39]

이 모든 것의 역설은 사업의 합리성이 사회의 비합리성을 야기했다는 데 있다. 사업의 합리성은 애초에 예상하지 못했던 집단적 해악과 비용을 초래했고, 그런 해악과 비용은 대부분 그것을 유발한 사람이 아니라 다른 사람들의 부담으로 돌아갔다. 사회학자 다니엘 벨Daniel Bell이라면 이런 외부효과를 변연계 자본주의의 문화적 모순이라고 불렀을 것이다. 다른 사회학자들은 '맥도날드화McDonaldization'란 용어를 선호했는데, 이 개념은 테마파크부터 성매매에 이르기까지 점점 매뉴얼화되고 기술이 단순해지며 온라인화되는 모든 일에 적용되었다. 다른 모든 것처럼, 악덕도 합리화될 수 있었다. 하지만 '맥도날드화'의 가장 충격적인 측면은 겉보기에 평범한 상품과 서비스를 가져다가 건강에 좋지 않은 습관으로 바꾸는 능력이었다. 그 명백한 사례가 패스트푸드와 설탕이 든 음료를 생산하고 프랜차이징하여 판매한 최초의 맥도날드다.[40]

정부들은 맥도날드화 과정을 방해하는 만큼이나 부추기는 경향도 강했다. 2011년에 멕시코인은 평균적으로 설탕이 포함된 다른 음식을 제외하고도 연간 45.5갤런(172리터)의 코카콜라 제품을 소비했다. 당시 멕시코인은 살인으로 사망할 확률보다 당뇨병으로 사망할 확률이 대략 7배나 높았기에, 그런 소비량은 어처구니가 없었다. 멕시코 정부는 뒤늦게 이 사실을 인정하고 식품업계의 반대를 무릅쓰고 설탕이 많이 든 음료에 세금을 부과했다. 2014년 초에 과세가 시행되면서, 설탕 음료의 매출이 첫 해에는 5.5퍼센트, 다음 해에는 9.7퍼센트 감소했다. 하지만 이 이야기에서 자주 누락되는 부분은 코카콜라 제조업체들이 2000년대 초반에 멕시코 내륙으로 진출했을 때 멕시코 정부가 그들에게 후한 세금 감면 혜택을 주었다는 사실이다. 2014년에 도입된 판매세는 소 잃고 외양간 고치는 격이었다.[41]

전 세계에서 멕시코 정부의 변덕과 사후 대응과 비슷한 일이 나타났다. 운동가들은 로크포르 치즈의 나라, 프랑스의 한복판인 미요Millau에 좌초된 기이한 맥도날드 매장을 절반쯤 완성된 상태에서 부수었다. 그러나 맥도날드는 계속 성장을 거듭하며 로마와 메카, 모스크바, 베이징에 매장을 열었다. 2000년까지 맥도날드는 3만 개의 매장을 설립하고 수많은 아류 패스트푸드점을 양산했다. 전 세계가 행복과 지방을 먹고 있었다. 지역 보건소 문 앞에는 당뇨병 환자들이 긴 줄로 늘어섰다. 패스트푸드가 주는 쾌락과 경제적 이익은 치명적인 질병, 조기 노화, 충치, 삼림 벌채, 대수층 고갈, 기후 변화로 인한 환경 파괴 등의 대가를 치르게 되었다. 햄버거 1파운드를 생산하면 평균 25파운드의 이산화탄소 배출량이 발생했다. 우리에 가두고 항생제를 먹여 키운 수십 억 마리 동물들의 고통도 있었고, 그들의 살을 소금에 절이고 설탕을 뿌려 게걸스럽게 먹는 강박적인 과식

자들의 비참함과 자기 혐오감은 말할 것도 없었다.[42]

　이런 강박적 과식이 얼마나 널리 퍼져 있을까? 예일 음식중독척도Yale Food Addiction Scale와 같이 검증된 도구를 사용한 연구에서는 비만 성인 4명 중 1명 이상이 음식 중독의 기준을 충족한다는 사실을 지속적으로 밝혀냈다. WHO 비만 데이터를 적용해보면, 2014년에는 전 세계 성인 음식 중독자가 1억 5,000만 명으로 러시아에 거주하는 인구수보다 더 많았다. 물질 및 행위 중독 전문가인 스티브 수스만Steve Sussman의 좀 더 보수적인 유병률을 적용한다면, 전 세계 음식 중독자 수는 1억 명에 가까울 것이다. 그러나 높든 낮든 간에 이런 수치에는 평생 강박적 과식의 위험이 성인보다 더 높은 아동과 청소년은 포함되지 않았다. 그리고 어떤 수치든 가공된 음식 중독자 수가 9자릿수를 넘어섰다는 새로운 현실에 부합했다.[43]

디지털 중독

DIGITAL ADDICTIONS

비판자들은 음식 중독이 뇌질환이라는 볼코우의 주장에 이의를 제기했지만, 교조적인 자유주의자들을 제외한 모든 사람이 한 가지 점만은 그녀의 의견에 동의했다. 사람들의 과식에는 의도적으로 설계된 상업적 요소가 있다는 것이다. 지나치게 자극적인 환경을 우려하는 볼코우의 주장은 폭넓은 공감대를 형성했다. 이는 비단 강박적 과식을 걱정하는 사람들만의 공감대는 아니었다. 저널리스트 마크 쿠퍼와 문화인류학자 나타샤 다우 슐Natasha Dow Schüll을 비롯한 카지노 산업 연구자들은 조작된 도박과 조작된 음식 사이의 섬뜩한 유사성을 발견했다. 이 유사성은 쿠퍼의 표현대로 시장 윤리의 민낯을 노골적으로 드러내는 라스베이거스에서 가장 뚜렷하게 나타났다. 소비자의 약점을 이용하는 방법을 미세하게 조율하여 표준화하려는 충동도 노골적으로 드러났다. 비판자들은 이런 트렌드를 '맥갬블링McGambling'이라 불렀다.

기계 도박

카지노 운영자들은 현란한 엔터테인먼트로 다각화를 시도하면서도 결코 도박은 포기하지 않았다. 특히 그들은 카지노장을 가득 메울 만큼 많은 슬롯머신과 비디오 포커머신을 설치하는 등 자동화된 다양성을 선호했다. 기계들은 휴식 시간이나 출산 휴가를 요구하지 않았고, 도박 기술도 필요하지 않았으며, 최대한의 효율성으로 고객들을 유혹에 빠뜨렸기 때문이다. 한 슬롯 관리자는 "결정할 것도 없어요. 당신을 위해 모든 것이 마련되어 있으니까요. 당신은 그저 기계 앞에 서서 흥분하면 되는 거죠"라고 설명했다. 어쩌면 극도로 흥분할 수도 있다. 사회학자 보 번하드Bo Bernhard는 쿠퍼에게 "어떤 사람들은 도박을 하는 동안 뇌 속에서 미국 독립기념일 폭죽 같은 것이 터져요. 도박이 미국을 휩쓸고 있다는 이야기가 요즘 유행이에요. 미국을 휩쓸고 있는 것은 대부분 기계 도박이지요. 그런 기계들은 자본주의의 논리, 기술력, 편리성과 편안함 등 많은 요인이 융합된 결과입니다"라고 말했다.[1]

강박적인 도박자들은 대부분 도피성 도박자로, 크랩스*와 블랙잭 테이블을 선호하는 행위성 도박자와는 구별된다. 제임스 본드는 슬롯을 하지 않았다. 하지만 여자들은 슬롯을 했는데, 그녀들이 전부 테니스화를 신은 은퇴자들도 아니었다. 라스베이거스의 중독 치

---

* 주사위 두 개로 하는 도박의 일종 - 옮긴이주

료사 로버트 헌터Robert Hunter는 "오늘날 문제가 되는 도박자는 자녀가 2명이고 2년간 대학을 다닌 34세 여성일 가능성이 높다. 그리고 비디오 게임 중독일 가능성도 높다. 이제는 짜릿한 흥분을 맛보려고 시대에 뒤떨어진 행위성 도박을 하는 사람들은 보기 힘들다. 우리는 주로 다 잊고 싶고 무감각해지고 머릿속을 지우고 싶다고 말하는 사람들을 본다"고 말했다. 그의 환자 중 하나로 결혼 후 라스베이거스로 이사한 30대 후반의 여자는 숨어버리고 싶어서 도박을 한다고 했다. 그 숨는 행위 때문에 그녀는 3년 동안 20만 달러를 잃었다.[2]

그녀와 비슷한 라스베이거스 주민들은 흔히 볼 수 있었다. 1960년에서 2015년 사이에 라스베이거스가 위치한 클라크 카운티Clark County의 인구는 200만 명 증가했다. 도박 산업은 큰 인기를 누렸다. 1991년에 도박은 외식, 영화, 쇼핑에 이어 지역 주민에게 네 번째로 인기 있는 상업적 여가활동으로 선정되었다. 1999년이 되자 이 카운티 주민의 약 6퍼센트가 강박적인 도박자로 드러났는데, 이는 전국 평균의 4배가 넘는 수준이었다. 새로운 문물과 사회적 계층이 중요했듯, 자극에 대한 노출도 중요했다. 도박 중독에 빠지기 가장 쉬운 사람들은 최근에 이주해온 사람들과 교육 수준이 낮은 사람들로, 그들은 대부분 리조트에서 고된 일을 했다. 그들은 비번일 때 식당, 술집, 식료품점 어디서나 볼 수 있는 머신들 중 하나에서 이웃의 카지노나 맥갬블링의 배를 불려줬다. 일부 '동네 가게 카지노'에서는 자주 이용하는 고객에게 담배와 술을 외상으로 제공하여 도박을 더 유혹적으로 만들었다.[3]

술은 기계 도박이 왜 그토록 중독성이 강한지, 그리고 왜 많은 중독자가 여자인지 알고 싶었다. 그가 찾아낸 답은 상업적 악덕의 사냥꾼과 사냥감 이야기의 업데이트된 디지털 버전이다. 사냥꾼들은 라스베이거스를 그들의 성능 시험장으로 삼아, 마케팅 도구와 추적 장치를 겸하는 컴퓨터화된 도박 머신을 완성했다. 이 기계들은 소비자 기기와 유사하고 텔레비전 테마를 이용하여 순수한 오락성의 아우라를 얻어 새로운 세대의 먹잇감을 끌어들였다. 젊은 도박자들 중 상당수가 자신들이 이룰 수 없는 것을 기대하는 사회적 압박 속에서 부담감에 짓눌려 한숨 돌릴 구멍을 찾는 불안하고 우울한 여자들이었다. 그들은 큰돈을 벌어 탈출하려는 목적보다 단순히 현실에서 도피하려는 목적으로 도박을 했다. 한 여자가 말하기로 그녀의 목적은 "다른 일을 중요하지 않게 만드는 이 기계 구역에 머무는 것"이었다.[4]

이에 부응하여 카지노 건축가들은 기계들이 늘어선 미로를 만들고 그 안에서 도박자들이 정신을 잃고 체력이나 돈이 다 떨어질 때까지 도피하려는 욕구를 마음껏 충족할 수 있게 했다. 도박자는 혼자서 쉴 새 없이 빠르게 돈을 걸면서 불안, 우울, 지루함을 모두 잊을 수 있는 무아지경의 상태에 빠졌다. 디지털화된 기계 도박은 바륨 같은 신경안정제만큼이나 믿을 만하고 빠르게 작용했다. 비디오 도박 기계를 꾸준히 이용하는 도박자는 다른 식으로 도박을 하는 사람보다 서너 배 더 빨리 중독되었다. 또 그들은 3, 4초마다 새로운 비디오 포커의 손으로 획획 넘나들며 더 빠르게 도박을 했다. 그들의 손가락은 통제 범위를 넘어섰다. 가장 강박적인 도박자들은 말

그대로 꼼짝도 할 수가 없어서, 뱃속이 계속 꾸르륵거리고 방광이 터질 것 같아도 기계 앞을 떠나지 않았다. 14시간 연속으로 도박을 했던 한 은퇴한 소방관은 도박장에 불이 나더라도 도박 크레딧이 남아 있는 한 그는 움직이지 않았을 것이라고 말했다. "다 필요 없어. 나는 이 기계가 여기 있는 한 나가지 않을 거야. 그전에 먼저 연기에 질식해서 죽겠지."[5]

게임 디자이너들은 중독의 위험성과 도박으로 돈을 딸 가능성을 알고 있기에 게임을 피했다. 리노의 인터내셔널 게임 테크놀로지IGT의 한 디자이너는 게임에 빠진 적이 있느냐는 질문에 말도 안 된다는 듯 "슬롯은 패배자를 위한 것"이라 대답했다. 이 회사의 '책임 있는 도박Responsible Gambling'이란 부서의 이사는 디자이너들이 중독에 대해 생각하지 않는다고 말했다. 게임 디자이너들은 경쟁에서 이기는 것을 생각했다. "그들은 최대한 많은 수익을 창출할 수 있는 기계를 만들고자 하는 창조적인 사람들이다." 다른 직원들은 승리의 대가에 대해 좀 더 솔직했다. 한 게임 개발자는 슐에게 "작고 나이 든 여자들의 심리적 약점을 등쳐먹는 기분이 별로 좋지는 않다. 나는 여기에 앉아서 '그저 폭탄에 나사만 끼우고 탄두만 조립할 뿐'이라고 말할 수 없다. 내가 만든 제품들이 어딘가에서 사람들의 삶을 파괴할 거라고 확신하기 때문"이라고 말했다.[6]

슬롯머신은 실제로 무기가 되었다. 이 무기의 위력은 1984년에 라스베이거스의 포 퀸스 카지노Four Queens Casino가 마이크로프로세서로 무장한 '가상 릴' 슬롯을 설치하면서 처음 드러났다. 각 기계는 표준 전기기계식 모델보다 10배 더 많이 릴을 멈출 수 있었고, 그래서 잠재적으로 더 큰 잭팟을 터뜨릴 수 있었다. 카지노 직원은 구형과 신형 기계의 성능을 비교하고는 디지털화된 슬롯이 매출을 2배로 늘린다는 것을 발견했다. 업계 잡지들이 이 희소식을 널리 전파했다.[7]

그 후 20년에 걸쳐 디지털화된 도박이 카지노 산업을 휩쓸었다. 카지노 수입의 80~90퍼센트가 10퍼센트의 도박자들에게서 나오다 보니, 단골손님들의 게임 속도와 횟수를 늘리는 모든 조치가 수익의 증대로 이어졌다. 인건비도 줄어들었다. 도박자의 신분증과 바코드가 부착된 캐시 티켓cash ticket이 옛날에 동전 카트를 밀고 다니던 동전 교환원과 철창 안에서 25센트짜리 동전을 팔던 안내원을 대체했다. 심지어 칵테일 웨이트리스의 일자리도 보장되지 않았다. 2008년에 하라스 엔터테인먼트Harrah's Entertainment는 카지노 라운지에서 자동화된 바를 시범 운영했다. 도박자들은 클릭 한 번으로 터치스크린 게임을 하고, 유튜브를 보고, 자신만의 맞춤형 음료를 디자인하여 주문할 수 있었다.[8]

리조트 건축과 마찬가지로, 라스베이거스에서 일어난 일들은 라스베이거스에만 머물지 않았다. 디지털화된 기계 도박은 스칸디나비아부터 남아프리카까지 수입에 굶주리던 국가들로 급속도로 전파되었다. 게임 디자이너들은 현지 조건과 전통에 적응했다. 일본의 카지노라 할 수 있는 파친코 영업장은 디지털로 새롭게 단장됐다. 전략은 어디나 똑같았다. 도박자들의 강박적 습관을 확립하고 강화하는 것이었다. 그 결과로 위험이 점점 커지다가 강박과 파괴로 이어지는 익숙한 스펙트럼이 펼쳐졌다. 카지노뿐 아니라 펍과 바에서도 디지털화된 도박을 허용한 헝가리는 2012년에 이르자 인구 1,000만 명 가운데 약 10만 명의 도박 중독자와 50만 명의 단골고객이 도박에 대한 통제력을 잃을 위험에 처했다. 영국에서는 시내 중심가 거리를 따라 베팅숍이 번창했다. 특히 사람들은 룰렛에서 슬롯까지 가상 게임을 제공하는 고정배당률베팅단말기 FOBTfixed-odds betting terminal에 몰려들었다. 심한 경우 도박자들은 1분 만에 5,000파운드도 날렸다. 도박자들이 1,000파운드 이상 잃은 세션들만 계산해도, FOBT는 연간 23억 파운드를 벌어들였다. 전문 포커 플레이어가 못마땅하여 글을 썼듯, 차라리 치즈 트롤리에 헤로인을 넣어 약국과 버스 정류장 사이에 세워두는 편이 나았다.[9]

디지털 도박이 전 국민의 집착이 된 곳은 오스트레일리아였다. 1990년대 후반에 이 나라는 성인 80명당 1대꼴로 '포키pokie(포커 기계)'를 보유하게 되었다. 호텔과 카지노는 물론이고 동네 클럽과 펍까지 포커 기계가 설치됐다. 오스트레일리아인 10명 중 8명은 도박을 했고, 그중 4명은 습관적으로 도박을 했다. 카지노들은 보너스와 할인을 제공하는 로열티 카드, 그리고 소리 없이 도박자들의 습관을 추적하며 카지노 수입의 대부분을 제공하는 소수 중독자들에 대한 마케팅 정보를 수집하는, 사용이 편리한 직불 카드로 그들의 도박을 장려했다. 오스트레일리아의 한 카지노에서는 로열티 카드 소지자의 2.3퍼센트가 슬롯 수입의 76퍼센트를 책임졌다. 도박업자들은 로비를 통해 카지노 수입을 보호하고 확대했다. 2015년 미국에서 인구가 가장 많은 뉴사우스웨일스 주정부는 카지노 도박자들이 스마트카드에 충전할 수 있는 최대 액수를 1,000AUD(오스트레일리아 달러)에서 5,000AUD로 높였다. 업계 관측자들을 놀라게 한 이 조치는 문제의 도박자들이 그들에게 맞춤형으로 디자인된 좌석에 가급적 오래 붙어 있게 하기 위한 것이 분명했다.[10]

확고부동한 기계 도박 중독자들은 신용 한도액과 관계없이 어쨌든 횃대를 떠날 수 없었다. 우울함을 떨쳐버리는 그 좌석은 그들의 정신적 가구의 일부였다. "그것은 카지노로 가는 도중에 이미 시작된다"고 한 도박 중독자는 슐에게 말했다.

나는 차 안에서 운전하고 있지만, 내 머릿속에서 나는 이미 카지노 안으로 들어가 기계를 찾으러 어슬렁거리고 있다. 주차장에서는 그런 느낌이 더 강해진다.
안으로 들어갈 때쯤이면 이미 반쯤은 그 구역에 들어가 있다.
그것은 소리, 불빛, 공기, 통로를 걷는 느낌 등 모든 것과 관련되어 있다. 그러다가 마침내 내가 기계 앞에 앉아 게임을 시작하면, 마치 내가 더 이상 실제로 거기에 있지 않은 느낌이 든다. 모든 것이 사라져버리는 것이다.[11]

웹에 걸려들다

집착, 기대, 신호 각성, 망각 추구 등 기계 도박자의 언어는 마약 및 음식 중독자의 언어와 놀랍도록 유사하다. 주된 차이점이 있다면 음식 중독자들은 어쨌거나 먹는 행위 자체를 중단할 수는 없다는 것이다. 마약과 도박 중독자들은 적어도 한 번씩은 갑작스러운 중단을 시도한다. 하지만 그들의 디지털 사촌격인 인터넷 중독자들은 음식 중독자에 더 가깝다. 온라인의 유혹은 이제 거의 피할 수 없게 되었고, 인터넷 접속은 선진 사회에서 살아가는 생활의 특징이 되었다. 중독 치료자들은 이런 사정을 잘 알고 있다. 그래서 음식 중독 회복 집단에서 통제되고 균형 잡힌 식사를 권장하는 것과 마찬가지로, 인터넷 중독 치료자들도 "문제가 있는 앱 사용의 자제와 통제되고 균형 잡힌 인터넷 사용"을 목표로 한다.[12]

유사점은 이뿐만이 아니다. 음식 중독자와 인터넷 중독자들 모두 집착을 보이고, 통제력을 상실하며, 내성이 생기고(점점 더 많이 먹거나 온라인상에서 더 많은 시간을 보냄), 불안과 충동성 같은 관련 장애를 겪으며, 금단 중 우울증을 경험한다. 가족의 끝없는 만류와 사회적 맹비난에도, 음식 및 인터넷 중독은 재발하고 지속된다. 게다가 중독자 수는 계속 증가하고 있다. 2000년부터 2009년 사이에(광범위한 스마트폰 사용이 상황을 악화하기 전에) 미국과 유럽에서 실시된 조사에서 인터넷 중독 유병률은 1.5퍼센트에서 8.2퍼센트 사이로 보고되었다. 중국의 연구들은 2.4퍼센트에서 6.4퍼센트의 범위를 발견했지만, 대만의 대학 신입생 같은 일부 하위집단은 18퍼센트의 중독률을 보였다. 선진국에서는 인터넷 중독이 적어도 음식 중독만큼은 흔해 졌고, 청소년들 사이에서는 훨씬 더 그랬다.[13]

인터넷과 다른 전자 매체에 중독된 상태는 그 사용을 완전히 중단시킬 때 가장 극명하게 드러난다. 2010년에 한 국제 연구팀은 10개국에서 온 1,000명의 대학생에게 24시간 동안 전자 매체를 사용하지 않으면서 그들의 기분을 기록하도록 했다. 연구 참여자들은 전형적으로 놀라움, 안절부절못함, 지루함, 고립감, 불안, 우울함이 뒤섞인 반응을 보였고, 종종 문화권에 관계없이 과도한 사용과 중독을 솔직히 인정하면서 말문을 열었다.

중국인 사실 나는 컴퓨터와 인터넷에 꽤 중독된 상태예요. 이 실험을 해보니 미디어가 나를 묶는 거미줄처럼 퍼져 있다는 것을 깨달았어요.

우간다인 내가 미디어에 정말 심하게 얽매인다는 사실을 인정하고 시작하지 않는다면, 아무 도움도 되지 않을 거예요.

아르헨티나인 나는 매일 하루 24시간 중에 15시간씩 기계에 접속해 있다는 것을 깨달았어요.

멕시코인 이미 너무 늦었고, 내 머릿속을 스쳐가는 유일한 생각은 (사이코패스의 목소리로) "페이스북을 하고 싶다", "트위터를 하고 싶다", "유튜브를 하고 싶다", "TV를 보고 싶다"뿐이었어요.

영국인 24시간이 다 되자마자 나는 애정하는 블랙베리를 집어 들고 노트북을 켰어요. 내가 마치 오랫동안 마약을 복용하다가 갑자기 끊고 치료받는 마약 중독차처럼 느껴졌어요.[14]

술, 마약, 가공식품, 도박과 마찬가지로 전자 매체의 소비도 호르몬의 원리에 따른다. 소비는 지루함을 덜고 기분을 끌어올리는 유용한 사용부터 자신과 타인을 해치는 심각하고 현실 도피적인 사용까지 스펙트럼을 따라 진행된다. 임상의들은 후자의 상태를 인터넷 중독, 인터넷 중독 장애, 인터넷 사용 장애, 병리적 인터넷 사용 장애, 그 밖에 어떤 명칭으로 불러야 할지 의견이 분분하다. 하지만 그들은 공통분모를 찾아내었다. 가장 심각한 사용자들은 IRLin real life(실생활)의 골치 아픈 일들을 떨쳐버리는 방법으로 온라인상의 여가생활을 강력히 선호하게 된 사람들이다. 그들은 마치 기계 도박자들이 그 구역에 빠져드는 것처럼 행동하는데, 단 대부분의 활동이 멀티플레이어 온라인 롤플레잉 게임MMORPGs처럼 사교적 측면이 있어 가상의 유혹이 더 강화된다는 점이 다르다. 자존심이 강한 월드 오브 워크래프트 DPS(초당 많은 데미지를 입히는 캐릭터)라면 결코 자기네 길드의 다음 대규모 레이드를 놓치기 싫을 것이다. 하지만 실생활을 중시하는 사람들은 그런 노력을 당연히 안 좋게 여긴다. 교사들은 낙제점을 주고, 학부모는 잔소리를 퍼부으며, 고용주는 해고통지서를 건네고, 배우자는 이혼서류를 내밀며, 판사들은 인터넷 중독 치료캠프에서의 치료 명령을 내린다.[15]

자유의지론자와 치료 회의론자들은 강제적 치료가 터무니없다고 생각한다. 음식 중독에 관한 논쟁―음식 중독이 정말 마약 같은 중독인가? 일부 사람들은 다른 사람들보다 후천적인 뇌질환에 더 취약한가?―이 인터넷 중독을 둘러싸고 다시 불거졌다. 게다가 논쟁은 더 혼란스럽다. 인터넷 중독에는 강박적 과식보다 훨씬 더 광범위한 활동이 포함되기 때문이다. 그중에는 디지털 포르노 중독, 온라인 도박, 비디오 및 롤플레잉 게임, 성인용 판타지 채팅방, 이베이eBay 같은 온라인 쇼핑, 소셜 미디어 플랫폼, 웹 서핑 등이 포함된다. 다른 그룹의 사람들은 다른 종류의 중독을 보인다. 소년과 남자들은 온라인 비디오 게임과 포르노, 소녀와 여자들은 시각 지향적인 소셜 미디어와 강박적인 구매 쪽으로 기운다. 어떤 정신과 의사들은 강박적인 구매를 중독으로 보지만, 다른 의사들은 이를 강박장애의 일종으로 분류한다. 음식 중독과 마약 중독을 비교하는 것이 사과와 오렌지를 비교하는 것과 같다면, 음식, 마약, 인터넷 중독을 비교하는 것은 사과, 오렌지와 여러 종류의 포도를 비교하는 것과 같다.[16]

우리 본성의 더 나쁜 천사들

인터넷 중독에 대해 평가하기가 어려운 또 다른 이유는 비교적 새로운 문물들, 특히 카메라가 장착되고 인터넷 접속이 가능한 모바일 기기를 이용한 습관적인 소셜 미디어의 사용 때문이다. 어떤 현상을 이해하기 위해서는 역사적 조망이 필요한데, 그러기에 인터넷 중독은 역사랄 것이 거의 없다. 인도 같은 나라에서는 직관적인 영상 위주의 앱이 깔린 저렴한 음성 인식 기기들이 이제 막 소셜 미디어 혁명을 일으키기 시작했다. 그렇기는 해도 어느 정도의 설명은 필요하다. 쾌락, 악덕, 중독의 역사에서 디지털 기술의 증대되는 역할을 더 이상 부인할 수 없기 때문이다. 간략하게 세 가지 양상이 눈에 띈다.[17]

첫째, 디지털의 연결성과 이동성은 전혀 새로운 패턴의 중독 행동을 불러일으켰다. 그 범주와 원인에 대한 학술적 논쟁은 차치하더라도, 사회적으로 그런 행동이 나타난 것은 엄연한 사실이다. 내가 사람들에게 업데이트된 중독의 역사를 쓰고 있다고 하자, 대부분은 스마트폰을 손에서 놓지 않는 아이들 이야기를 반드시 포함해야 한다고 말했다. 늘어난 왕따, 불안, 학업 실패에 대한 보도는 말할 것도 없고, 산만해진 운전자들이 저지르는 교통사고가 증가하는 것을 보면, 한때는 성가시고 지엽적이던 사안이 이제는 정말 심각하게 우려할 문제가 되었음을 알 수 있다.

둘째, 인터넷의 발달로 도박, 향정신성 약물, 매춘, 포르노를 비롯한 오래된 악덕과 중독이 다시 전 세계적으로 보급되는 새로운 기회를 얻었다. 실제로 포르노는 상업적 인터넷 서비스가 개시된 시점부터 전체 인터넷 트래픽의 상당 비중을 차지해왔다. 존 번햄이 《나쁜 습관》에서 열거했던 마지막 나쁜 습관인 욕설도 새로운 배출구를 얻었다. 내가 욕설을 거의 언급하지 않은 것은 욕설에 상업적 측면이 크지 않기 때문이다. 그렇지만 욕설은 전통적 악덕이다. 욕설

지즈베르트 판 데르 월(Gijsbert van der Wal)이 2014년 11월에 렘브란트의 가장 유명한 그림 〈야경(The Night Watch)〉을 무시하는 학생들을 찍은 사진이다. 이 사진은 소셜 미디어에 중독된 세대를 고발하는 것으로 입소문을 탔다. 일각에서는 이들이 레이크스 미술관(Rijksmuseum)의 앱에서 예술사적 정보를 탐색하고 있는 중이라고 반박했지만, 그럴 가능성은 낮아 보였다. 나는 2017년 6월에 같은 위치에 서서 같은 자세의 동갑내기 학생 14명의 어깨너머를 훔쳐봤다. 한 명을 제외하고는 전부 소셜 미디어를 사용하고 있었다. 현장에서 설명을 들으며 명작에 몰입한 학생들과는 대조적인 모습이었다.

출처 Used by permission of Gijsbert van der Wal

은 대뇌 피질의 언어 영역이 아니라 변연계를 통해 처리되는 감정이 북받친 형태의 언어로서, 신호로 촉발되는 본성의 공격적이고 금기시되는 행동이다. 본성과 연관된 다른 마초적이고 하층 계급적인 악덕과 마찬가지로, 욕설도 다른 사람을 모욕하고 불쾌하게 만든다. 욕설은 세계 대전 동안 병사들 사이에서 성행하다가 그 후 점점 대중적인 행동으로 보편화되었다. 《나쁜 습관》이 출간된 1993년에 번햄은 일상화된 욕설이 미국의 악덕 반대자들의 패배의 증거처럼 느껴져 충격을 받았다. 그 후 25년 동안 그 패배는 전 세계적 완패로 이어졌다. 온라인의 자유사상과 익명성은 비속어, 상스러운 말, 트롤링 등 또 다른 형태의 언어적 공격성을 조장한다. 트롤링trolling이란 온라인 어반 딕셔너리Urban Dictionary에서 "인터넷상의 이유 없는 무차별적 공격 행위"로 정의된다.[18]

셋째, 앞서 말한 두 가지, 즉 새롭게 등장한 나쁜 습관과 오래된 나쁜 습관의 새로운 배출구들은 소비자들이 기기나 앱에서 보내는 시간, 소비하는 데이터, 그리고 관련 기업의 매출을 극대화하도록 설계되었다. 도박 기계 못지않게 전자 매체에서도 소비자의 관심은 기업들이 보유한 핵심 자산이었고, 행동 과학은 그 사실을 주장하기 위한 수단이었다. 컴퓨터를 사용하면서 자제력을 발휘하려고 애쓰는 모든 사람은 스크린 반대편에서 그들을 지켜보며 그들의 자제력을 무너뜨리는 것이 직업인 1,000명의 전문가와 상대하고 있는 셈이라고 윤리학자 트리스탄 해리스Tristan Harris는 지적했다. 게임 개발자들은 어린 게이머들을 연구하고 그들의 마우스 클릭을 분석하여 게임 시간을 연장하고 게임 관련 아이템의 구매를 촉진하는 강화 계획을 고안한다. 어떤 게임은 한정된 시간만 보상을 제공하여, 게임을 계속하지 않으면 좋은 기회를 놓칠 수 있게 설계됐다. 어떤 게임은 한국과 다른 부유한 나라의 참을성 없는 게이머들에게 순위를 빨리 끌어올리는 데 필요한 가상 자산을 제공하기 위해 중국 노동자들에게 하루 12시간씩 2교대로 MMORPG에서 '파밍farming'을 시킨다. 푸저우의 한 골드파머gold farmer*는 월 250달러를 벌었는데, 다른 직업에 비해 보수가 좋은 편이라고 말했다. 그의 보수와 중간 상인들의 이익은 대부분 컴퓨터 게임 산업이 잡아서 길러온, 신나게 돈을 써대는 '고래'들로부터 나왔다.[19]

디지털 악덕과 중독의 세 가지 측면, 즉 새롭거나 오래되었거나 설계된 측면은 모두 저널리스트 낸시 조 세일즈Nancy Jo Sales의《아메리칸 걸스: 소셜 미디어와 십대들의 비밀 생활American Girls: Social Media and the Secret Lives of Teenagers》에서 확인되었다. 세일즈는 13세에서 19세까지 스마트폰을 가진 200명 이상의 소녀들을 인터뷰하며 소셜 미디어가 그들의 삶에 어떤 영향을 주었는지 물었다. 결론은 소셜 미디어가 현실을 연예인 우상 숭배, 성기 노출, 만취 상태의 성교, 음란한 섹스, 지속적인 주의산만, 집단 불면증, 악의적 가십, 사이버 괴롭힘, 둔감화, 외모와 인기에 대한 불안 등의 디지털 영역으로 탈바꿈시켰다는 것이다. 이런 변화의 최대 수혜자는 십대들의 시간을

---

* 판매를 목적으로 온라인 게임의 가상 화폐와 아이템을 모으는 사람들-옮긴이주

광고 수익과 동일시하는 화장품 제조업체와 실리콘밸리 기업이었다. 세일즈는 기업들이 여자 친구와 섹스팅sexting*하며 누드 사진을 요구하는 남학생들처럼 여성을 대상화하는 경향이 있다고 말했다.

세일즈가 인터뷰한 학생들은 자진해서 자신들이 휴대전화, 인터넷 동영상, 소셜 미디어에 중독되었거나 집착한다고 밝혔다. 가장 심각한 사용자들은 하루에 9~11시간씩 소셜 미디어에 빠져 있었다. 다른 중독과 마찬가지로 디지털 중독에도 정적 강화와 부적 강화가 있다. 게시물이나 사진의 모든 '좋아요'와 리트윗된 메시지는 언제라도 도착할 수 있는 작은 심리적 잭팟이다. 끊임없는 정보의 흐름과 특히 자기가 인기 순위에서 몇 위인지에 대한 정보는 강력한 보상이 된다. 따라서 이 정보에 접근하지 못하는 것이 불안 요인이 된다. 온라인상의 많은 요인이 그렇듯, 이런 불안에도 별도의 명칭이 생겼는데, FOMOFear of Missing Out, 즉 소외에 대한 두려움이었다.

더 나이가 들고 성적으로 조숙한 소녀들에게 큰 주말 파티를 놓치는 것은 두려운 일이었다. 보카 레이튼Boca Raton의 한 고등학생 매디슨Madison은 "애들은 술에 취해서 관계를 맺는다"고 말했다. 세일즈는 빌리Billie, 샐리Sally, 미셸Michelle 등 친구 3명과 함께 매디슨을 인터뷰했다. "졸업반들은 마음껏 즐기자는 주의다. 우리는 모두 각기 다른 대학으로 떠나게 되고, 나는 너와 다시는 만나지 않을 테니까 그냥 하룻밤 자자는 식이다." 세일즈는 포르노가 이런 성 행각과

---

* 성적인 사진, 동영상, 콘텐츠를 휴대전화를 통해 주고받는 것-옮긴이주

조금이라도 관련이 있는지 물었다.

그들은 모두 "네"라고 대답했다.

"남학생들은 하루 종일 포르노를 봐요"라고 빌리가 말했다.

"걔들은 수업 중에도 포르노를 봐요"라고 매디슨이 말했다.

"남자애들한테 뭐 하고 있냐고 문자를 보낼 때마다 걔들은 포르노를 보고 있다고 말해요"라고 샐리가 말했다. "우리 반의 어떤 남자애들은 실제로 다른 학생이 발표를 하는 동안에도 포르노를 보고 있었어요. 제니퍼가 발표를 하고 있었는데 남자애들이 휴대전화를 이렇게 들고 있었죠"라며 샐리는 휴대전화를 세워 화면을 보여주었다. "그 애들이 아, 제니퍼, 질문이 있어 하면서 휴대전화를 들었는데 포르노 비디오가 나오고 있었던 거예요. 제니퍼는 도저히 집중을 할 수 없었죠. 보기에 너무 안타까웠어요. 나는 제니퍼가 불쌍하다고 느꼈어요."

교실 뒤에 앉아 있던 그 반 교사는 아무것도 보지 못했다. "왜 학생들이 선생님에게 말하지 않았죠?"라고 세일즈가 묻자, 소녀들은 서로를 둘러보더니 "고자질하면 걔들이 우리가 결코 그 일을 잊지 못하게 할 테니까요"라고 답했다. 또 세일즈가 로스앤젤레스에 사는 다른 그룹의 소녀들에게 왜 소셜 미디어 때문에 인생이 비참해지는데도 소셜 미디어에서 빠져나오지 않느냐고 물었을 때, 그들은 "그러면 우리의 생활이 사라지니까요"라고 대답했다. 이는 전형적인 중독자의 대답이다. 그런데 한 가지 변화가 있다. 금단증상의 목록에

불안과 불쾌감 외에 새로운 것이 추가되었다. 바로 사회적 죽음에 대한 공포다.[20]

다른 문화권의 아이들도 다들 유사하게 자신이 스마트폰에 얽매여 있다는 사실을 발견해왔다. 스마트폰은 세상에서 가장 흡입력이 강한 매체다. 아이들은 스마트폰이 없는 세상은 상상할 수 없다고 말한다. 스마트폰은 그들의 삶이다. 만약 그들이 스마트폰을 잃어버리면 난리가 날 것이다. 그들은 자신감을 얻기 위해 앱이 필요하다. 그들은 완벽한 셀카를 간절히 원한다. 모든 것이 소셜 미디어를 중심으로 돌아간다. 그들은 배척당할까 봐 두려워서 온라인 친구들과의 심야 채팅 시간을 포기할 수 없다. 미국의 또래들 못지않게 다른 문화권의 아이들도 궁극적인 사치의 덫에 빠져들었다.[21]

2007년 이후 스마트폰과 태블릿이 가전기기 시장을 장악하고 소셜 미디어가 모바일화되면서 이 덫은 더욱 교묘해졌다. 2015년에는 미국 십대 소녀들의 92퍼센트가 매일 온라인에 접속했고, 24퍼센트는 '거의 끊임없이' 접속해 있는 상태였다. 왜 그런지는 쉽게 알 수 있다. 개인이 원하는 대로 바꿀 수 있는 케이스에 담긴 스마트폰은 기분을 돋우는 앱들로 빼곡한 휴대용 자동판매기로서 십대들에게 해방의 극치인 듯 보인다. 하지만 다른 많은 경우처럼, 소비자의 자율성이라는 양의 탈 안에 우리의 감정을 조작하는 늑대를 감추고 있을 뿐이다.[22]

가장 불쾌한 조작자들은 여학생들에게 누드 사진과 성관계를 요구하며 조르다가 거절당하면 그들을 괴롭히고 깎아내리는 남학생들이다. 하지만 남학생들 역시 손쉽고 검열받지 않는 인터넷 접속에 대해 대가를 지불한다. 그들은 촌스러운 브로bro 문화와 성기능 장애를 야기할 수 있는 포르노 판타지의 세계에 걸려들게 된다. 한 아이비리그 남학생은 대학생들이 발기에 어려움을 겪는 것은 과도한 포르노 시청 때문이라고 말했다. 온라인 포르노를 보며 자위하는 것은 하루에 열 잔의 커피를 마시는 것과 같다. 성적으로 흥분되는 신호를 보내는 데 주력하는 포르노 배우 대신 진짜 사람과 '친밀감 없는 무작위 섹스'를 하는 것은 '비교적 자극적이지 않은' 단 두 잔의 커피를 마시는 것과 같다. 생물학적 칼뱅주의는 술과 마약뿐 아니라 온라인 포르노에도 적용된다. 여기에도 심판이 존재했는데, 환멸스러운 일회성 성교나 노골적인 발기 부전으로 명백히 드러났다.[23]

아마도 한 세기 동안 기술과 섹스에서 세 가지 혁명이 일어났던 듯하다. 첫 번째, 인공 피임법은 섹스와 생식을 분리시켰다. 두 번째, 디지털 포르노그래피는 섹스와 사람들 간의 육체적 접촉을 분리시켰다. 세 번째, 온라인의 원격성과 비인격성은 섹스와 구애 그리고 그 관습적 목적인 결혼을 분리시켰다. 값싸고 빠른 섹스를 언제든 손쉽게 할 수 있는데, 왜 번거롭게 코르사주, 저녁 데이트, 약혼반지를 준비하겠는가?

위기에 처한 건 전통만이 아니었다. 독일 사회학자 노베르트 엘리아스Norbert Elias의 선구적인 연구 이후, 역사학자와 사회과학자들은 좋은 매너를 획득하고 보여주는 것이 사회적 질서의 기반인 충동 조절 능력을 크게 강화한다는 사실을 인식했다. 세일즈가 인터뷰한 학생들은 고인이 된 독일 사회학자 없이도 무언가 잘못되었음을 깨달았다. 한 학생이 세일즈에게 말했듯, 그들이 온라인에서 누군가에게 하는 말을 실제 그의 얼굴에 대놓고 한다면, 아마도 세게 걷어차일 것이다.[24]

비판자들은 세일즈가 페미니스트적인 의제를 내세우느라 가족 소식을 공유하거나 운동가들과 교류하는 등 소셜 미디어의 순기능을 무시한다고 비난했다. 스마트폰이 없었다면, 아랍의 봄도 없었다. 소셜 미디어가 없었다면 '흑인의 목숨도 소중하다Black Lives Matter' 운동도 없었다. 새로운 소비재 기술에는 해방적 측면이 있다. 심리학자 스티븐 핑커Steven Pinker는 폭력과 편협함의 역사적 쇠퇴를 다룬 대표작 《우리 본성의 선한 천사The Better Angels of Our Nature》에서 1960년대 이후 가속화된 인권과 동물권 운동은 소비자 가전제품 혁명의 부산물이라 주장했다. 매년 집적회로의 트랜지스터가 2배씩 증가하면서 계몽주의 편지공화국Republic of Letters에 스테로이드를 처방했고, 그 결과 글을 읽고 쓰는 대중 독자들을 연결하고 이들에게 과학적이고 인도주의적인 혁명의 방법과 이상을 전파했다는 것이다. 위키피디아Wikipedia에 반하는 유해한 신념은 살아남을 가능성이 낮아졌다. 특정 인종이 선천적으로 범죄성이 높고, 여자들이 강간을 즐기며, 아이들은 체벌할 필요가 있고, 동물의 고통이 도덕과 무관하다는 등의 생각은 이제 마우스 클릭 한 번이면 잘못된 편견임을 알 수 있다. 볼테르의 말을 빌리자면, 우리가 어리석은 일을 믿게 하여 잔학행위를 저지르게 만들었던 사람들에게 인터넷은 골칫거리가 되었다.[25]

이 이론은 설득력이 있지만, 빈틈이 없지는 않다. 악성댓글 부대와 그 봇들의 군단은 사이버 공간을 터무니없는 소리와 욕설로 채우는 데 능숙한 것으로 입증되었다. 유혹자들 집단도 가만히 있지 않았다. 1990년대 중반에 인터넷 지킬Jekyll은 학술적 메일과 파일 공유 네트워크로 출발했지만, 비과세 상업, 유혹적인 오락거리, 악덕 등 글로벌 자유의지론자들의 공유지로서 하이드Hyde 같은 제2의 인격을 갖게 되었다. 심리학자 애덤 알터Adam Alter가 설명했듯, 1960년대 말까지도 사람들은 중독의 갈고리가 비교적 적은 물에서 수영을 했다. 그중 으뜸가는 것은 담배, 술, 마약이었다. 마약은 비싸고 위험하며 대개는 구하기 어려웠다. 그러나 2010년대가 되자 소비자의 바다는 페이스북, 인스타그램, 포르노, 이메일, 온라인 쇼핑과 같은 이름이 붙은 중독의 갈고리로 가득 차게 되었고, 낚시는 피싱phishing이 되었다.[26]

알터는 먹방이나 배달 앱과 같이 온라인에서 촉발된 음식 중독에 대해서는 언급하지 않았지만, 강박적인 과식과 디지털 촉발 요인을 추가해도 이런 논지는 강화된다. 21세기 초반, 핑커가 통계적으로 신체적 폭력이 감소하고 권리가 신장되는 황금기로 규정한 이 시기에, 사람들은 역사상 어느 시점보다 교활하게 조작된 유혹에 점점 더 많이 직면하고 있다.

나라마다 폐해는 다양하지만, 전 세계적인 패턴은 명확하다. 2014년, 세계에 사는 평균적인 성인은 전쟁이나 살인으로 사망할 확률보다 건강에 나쁜 습관으로 사망할 확률이 30배나 더 높았다.

그런 요인에는 흡연, 음주, 약물 사용, 피임을 하지 않은 혼외정사 같이 친숙한 살인마들도 있고, 과식, 설탕과 소금이 과한 식단, 테크노 나무늘보, 주의 산만한 운전과 같이 비교적 새로운 살인마들도 있다. 이는 마치 우리 본성의 최악의 천사들이 최고의 천사들과 같은 순간에 나타난 것과도 같다. 전자 통신의 평화적이고 인도적인 함의는 부정할 순 없지만, 그 기술적 혁명이 큰 기회와 동시에 중대한 위험을 몰고 온 것 역시 사실이다.[27]

디지털 갈고리는 점점 날카로워졌다. 2006년 9월, 페이스북은 그저 또 하나의 '재미있는' 사이트였고, 유효한 이메일 주소를 가진 13세 이상의 모든 사람에게 열려 있는 참신한 놀이거리였다. 그러나 10년이 지난 지금, 페이스북 일일 활동 사용자DAU는 10억 명이 넘는다. 페이스북은 세계에서 5번째로 기업 가치가 높은 회사로 등극했고, 전 세계 온라인 인구의 거의 40퍼센트의 이목이 페이스북에 집중되어 있다. 페이스북은 이제 일종의 집착이 되었다. 이 중 우연한 결과는 없다. 식품 공학자들처럼 소셜 미디어 플랫폼과 비디오 게임 디자이너들도 쾌락의 전통적인 조합 기술에 의존한다. 차이가 있다면 설탕, 소금, 지방 대신 심리적 요인 중에서 중독을 강화할 요소를 고른다는 것이다. 6가지 주요 요인은, 사용자가 즉시 도달할 수 있는 수준보다 약간 높고 강력한 목표, 예측 불가능하지만 자극적인 피드백, 점진적으로 나아지고 열심히 노력해서 숙달된다는 감각, 서서히 더 어려워지는 과제나 레벨, 해소가 필요한 긴장, 그리고 같은 생각을 가진 사용자들과의 사회적 연결이다. 내부자들은 이런 사회적 측면을 '부족tribe의 보상'이라고 부른다. 부족은 벌을 주기도 한다. 일주일에 60시간씩 월드 오브 워크래프트 게임을 하다가 클렘슨 대학교에서 실직한 영국인 라이언 반 클레브Ryan Van Cleave 교수는 "사회적 지위가 비슷한 가상의 이웃들과 보조를 맞추어야 한다"고 설명했다. 그는 가족마저 잃지 않으려고 마침내 게임을 그만두었을 때 억수같이 쏟아지는 땀과 메스꺼움, 두통에 시달렸다.[28]

디지털 중독을 강화하는 요소가 반드시 게임일 필요는 없다. 인스타그램은 사용자가 2010년에 100만 명에서 2017년 7억 명으로 급증한 사진 공유 앱으로, 변동 강화의 교과서적 예를 제시한다. 어떤 사람은 폭탄을 게시한다. 어떤 사람은 '좋아요'를 잔뜩 받는다. 이용자들은 지속적으로 사진을 올리고 계속 이 사이트로 돌아와 친구들을 응원하면서 좋아요를 받기를 기대한다. 인스타그램은 간단하고 빠르며 보편적이고 시각적이다. 트위터나 페이스북 같은 플랫폼과 연결되는 데다 언어가 유창할 필요도 없다. 그리고 역시 중독성이 있다. 한 이용자는 "아침에 일어나면 새로운 팔로워가 몇 명이나 생겼을까? 몇 명의 팔로워가 사라졌을까? 오늘은 또 어떤 사진을 올리지? 하는 생각에 심장이 마구 뛴다"고 말했다.[29]

응용 심리학자이자 전직 비디오게임 디자이너 니르 이얄Nir Eyal은 "인스타그램은 하루 일과가 되도록 소비자들을 부추기는, 세심하게 디자인된 습관성 제품"이라고 설명했다. 소비자들이 그렇게 하는 것은 인스타그램과 다른 유사 앱들이 지루함, 좌절감, FOMO 같은 작은 스트레스 요인을 내부 자극으로 바꾸어 "부정적 감각을 잠재우기 위해 거의 즉각적이고 종종 아무 생각 없는 행동"을 촉발하기 때문이다. 성공적인 제품 디자이너들은 이런 소비자의 가려움을 긁기 위해 심리학과 기술을 결합하는 방법을 알고 있어, 수익을 내는 데 이로운 강력한 습관과 긍정적 연상을 결합시킨다.[30]

이런 방법이 수익을 내는 데 얼마나 이로운지는 2012년에 페이스북이 창업한 지 2년도 안 된 인스타그램을 10억 달러에 인수했을 때 명확해졌다. 페이스북의 투자는 꽤 성공적인 것으로 판명되었다. 페이스북 활동에는 다른 사람의 사진을 보는 것이 포함되는데, 인스타그램은 타깃팅 광고에 이상적인 포맷이다. 식도락가들은 3성급 식사를 사진 찍어 올리고, 퀼트 제작자들은 벌 퀼트 조각보를, 스키어들은 가장 좋아하는 스키 리조트를 찍어서 올렸다. 열정적인 기술광 로버트 스코블Robert Scoble은 〈포브스Forbes〉와의 인터뷰에서 사용자 선호도 정보에 대해 "이 데이터의 가치는 어마어마하다"고 말했다. 인스타그램이 2013년에 동영상 용량을 늘리면서 그 가치는 더욱 커졌다. 페이스북에서 적발하기 어려운 아랍어 해시태그를 사용하는 포르노 비디오 클립과 불법 마약 광고를 공유하여 규칙을 어기는 이용자를 발견했을 때, 그들의 영혼과 악덕을 들여다볼 수 있는 창을 갖게 되었으니 말이다.[31]

인터넷과 소셜 미디어 플랫폼으로 이용자를 끌어들이는 것이 금지된 콘텐츠이든 스트레스 해소용 소소한 정보이든 또는 둘 다이든지 간에, 비판자들은 소셜 미디어의 과도한 사용에 따른 부작용을 감지하기 시작했다. 사실 주의 산만한 운전과 보행으로 인한 문제를 제외하면, 디지털 과다 사용에 대한 부작용 중 시급한 문제는 거의 없다. 알코올이나 마약 같은 방식으로 유해한 문제도 전혀 없다. 인터넷 중독자들은 과다 복용하지 않는다. 하지만 과도한 사용은 느린 독처럼 누적되면서 인지적이고 도덕적인 대가를 치르게 된다.

스마트폰의 주된 위험은 개인적 대화, 수면, 운전, 공부, 사색, 운동, 일로부터 끊임없이 주의가 분산되는 것이다. 이래서는 친밀감, 건강, 안전, 지식, 창의성, 전문성, 사회적으로 구성된 몰입 상태를 달성하거나 유지하기가 어렵다. 도박 기계와 마찬가지로 소셜 미디어와 기타 디지털 오락거리는 가상의 지름길을 통해 대체적인 몰입 상태를 제공하는데, 그 결과 이용자들은 돈, 시간, 현실 생활의 성취와 만족 감소, 전자기기로 윤색되지 않은 삶 자체에 대한 인내심 감소 등의 대가를 치르게 된다. 금욕 실험에 참여한 한 멕시코 학생은 "그것은 불쾌한 놀라움이었다. 나는 마치 나의 현실 생활과 가상 생활이 서로 다른 차원에서 똑같은 시간으로 동시에 존재하는 것처럼 끊임없이 신경이 분산되는 상태에 있음을 깨달았다"고 썼다.[32]

하루가 24시간으로 한정되어 있음을 감안하면, 똑같은 시간이 아닐 수도 있다. 작가 자디 스미스Zadie Smith는 "나는 지금껏 살아오면서 페이스북 때문에 일에서 가장 많이 신경이 분산되었다. 그래서 나는 페이스북을 사랑했다"고 고백했다. 스미스는 작가 커리어가 위기에 처하자 두 달 후 밀월 관계를 종결했다. 이는 현명한 처사였다. 소설가 조너선 프랜즌Jonathan Franzen은 눈가리개와 귀마개를 쓰고 《인생 수정The Corrections》을 집필하면서, 인터넷에 연결된 상태에서 일하면서 과연 좋은 소설을 쓸 수 있을지 의구심을 느꼈다. 교수들도 그 많은 기기를 갖춘 학생들이 과연 본인의 고유한 주장을 유지할 수 있을지 의문을 품었고, 이런 두려움은 소셜 미디어 사용과 학교 성적의 역상관관계를 보여주는 연구를 통해 사실로 입증되었다. 심리학자들은 조용한 스마트폰에 가까이 가기만 해도, 특히 습관적 사용자의 경우에는 인지 능력이 떨어진다는 사실을 입증했다. 기기들이 불을 반짝이거나 진동하기만 해도 모든 종류의 빈번한 온라인 접속과 마찬가지로 주의가 분산되었다.[33]

이런 상황에 '시간 탕진time suck'이란 명칭이 생겼는데, 이 용어는 "중독적이고 마음을 사로잡지만, 생계를 유지하거나 식사를 하거나 아이들을 돌보는 것과 같이 실제로 중요한 일을 못 하게 만드는" 일로 정의된다. 다른 종류의 중독 행위와 마찬가지로, 시간 탕진도 저절로 계속 이어진다. 만약 실생활에서의 직무 유기가 스트레스를 유발하거나 가상 세계에의 몰입이 외로움과 불안, 우울증을 야기한다면, 이는 현실 도피에 지나지 않는다. 조지 쿱이 알코올 중독의 점점 커지는 고통에 대해 했던 말, 즉 "사람들은 종종 기분이 좋지 않아서 술을 마시지만, 술을 마시면 기분이 더 나빠져서 더 많이 마시게 된다"는 말은 디지털 중독에도 적용된다.[34]

인터넷과 연결된 모바일 기기는 이용자의 자제력을 해치면서, 핑커가 다른 맥락에서 말했던 비문명화 과정의 일부가 되었다. 이는 모든 형태의 변연계 자본주의에 적용할 수 있는 라벨이지만, 자본주의 자체에 적용할 수는 없다. 비난할 이유가 없는 재화와 용역의 생산과 교환은 일반적으로 진보적인 힘으로 작용해왔다. 시장 경쟁은 평범한 사람들에게 혜택을 주었고, 국가가 독점 운영하는 상점뿐인 마을에서 살기를 원하는 사람은 거의 없었다. 상업적이고 산업적인 자본주의는 자기 단련, 미래 지향, 효율적인 시간 관리의 자질을 키웠다. 그리고 자본주의는 부를 생산하여, 사람들이 더 건강하고 안전하며 이성적인 삶을 살 수 있게 만드는 공중 보건, 안전, 교육 기관들을 재정적으로 지원했다. 핑커는 이런 조건들을 폭력과 잔혹성의 장기적인 감소와 연관시켰다. 그렇지만 이런 상황은 악덕이나 중독과는 현저히 대조적으로 보인다.[35]

그래서 의문이 생긴다. 상업적 악덕과 새로운 중독이 확산되는 동안, 폭력과 잔인성은 왜 감소했을까? 한 가지 대답은 폭력 기술(무기)과 중독 기술(쾌락의 무기화)이 심리적으로 구분된다는 것이다. 미사일 발사 장교들은 경계 상태로 컴퓨터 콘솔에 앉아 있는 동안 맥박이 안정적으로 유지된다. 반면 비디오 포커 중독자들은 삑삑거리는 도박 기계에 앉아 있는 동안 맥박이 정신없이 빨라진다. 핑커는 "인간의 행동은 자극에 유도되기보다는 지향하는 목표에 따른다. 따라서 폭력이 발생하는 데 가장 중요한 것은 누군가의 죽음을 원하는가의 여부다"라고 썼다. 사실 행동은 목표에 따라 이뤄지기도 하고, 자극에 유도되기도 한다. 하지만 핑커의 요지는 분명하다. 기술이 무기를 훨씬 더 치명적으로 만들었지만, 다른 역사적 발전 덕분에 인간들이 서로를 죽이는 경향이 감소하여, 무기의 치명성이 살인 사망률의 지속적 증가로 이어지지 않았다는 것이다. 이런 발전은 현대성의 체크리스트를 이루게 되었고, 그 출발점은 법치와 상호 호혜적인 교역의 원칙하에 개인의 안전을 보장하는 것이었다. 핑커는 교역을 '온화한 상업gentle commerce'이라 불렀고, 그의 동료인 로버트 라이트Robert Wright는 논제로섬non-zero-sum game 게임이라 불렀다. 라이트는 "만약 나한테 왜 일본을 폭격하는 데 찬성하지 않느냐고 묻는다면, 내 차가 일본 브랜드라 그렇다고 반쯤은 농담조로 말하겠다. … 우리는 누군가의 복지가 우리의 복지와 정적인 상관관계에 있다고 생각하는 한, 그들을 궁지로 내몰지 않을 가능성이 높다"고 말했다.[36]

하지만 만약 교역 파트너가 자동차 대신 정크 푸드나 중독적인 마약과 앱을 만든다면 어떨까? 변연계 자본주의는 자본주의의 사악한 쌍둥이 형제다. 그것은 자극에 기반을 둔다. 온화하지도 않다. 그것은 제로섬 게임이다. 변연계 자본주의는 포르노나 담배 같은 바람직하지 않은 제품의 상거래, 특히 음식과 스마트폰의 경우에는 중독성 조작으로 일상적인 제품까지 나쁘게 만드는 상거래를 통해 지속적으로 막대한 이익(과 반대를 좌절시키는 수단)을 창출한다. 선한 쌍둥이와 사악한 쌍둥이는 원래 한 몸에서 태어난 게 아니라, 과학과 기술이 상품을 악덕으로 바꿀 수 있게 된 우연한 역사적 시점에 결합했다. 때때로 이 과정은 의도한 바가 아니었다. 피하주사기는 의학계의 획기적인 발명품이었지만 뜻밖에도 마약 중독의 위험성을 증가시켰다. 19세기 후반부터는 악덕 제품의 발명, 개선, 마케팅이 계획적인 과정이 되었다. 이런 과정은 온화한 상업이 소비자 바다의 모든 배를 떠오르게 할 것이라는 계몽주의의 희망을 좌절시켰고, 결합된 쌍둥이 자본주의는 실제로 몇 척의 배만 들어 올리고 나머지 배는 침몰시켰다. 주류의 반악덕 운동가들과 후대의 공중 보건 관계자들은 완전한 사회주의보다는 규제와 선별적 금지를 옹호했다. 개혁은 사악한 쌍둥이를 죽이는 문제였다.

이중화법
....

악덕을 제거하는 것이 도덕적으로 타당한 이유는 명확하다. 포식자의 제품들이 우리와 우리 공동체를 파괴하기 전에 우리가 먼저 그 제품을 파괴해야 한다. 이렇게 말하면 포식자들은 문제는 제품이 아니라 개인들이라고 주장한다. 아무리 유혹적인 제안을 해도 사람들이 거부하면 그만이라고 말이다. 포식자들은 이런 주장을 약간씩 변형하면서 대응해왔다. 그들에게 필요한 것은 오로지 이중화법의 기술이다. 니르 이얄은 변연계 자본주의 디지털 부족 연례 모임(좌석당 참가비가 최대 1,700달러)인 해빗 서밋Habit Summit 행동설계회의에서 가진 두 차례 강연에서 이중화법의 교과서적 예를 보여주었다.

　이얄은 2014년 첫 강연에서 습관적으로 사용하도록 디자인된 제품의 4가지 주요 장점을 다음과 같이 설명했다. 첫째, 제품을 습관적으로 사용하도록 디자인하면 한 이용자로부터 뽑아낼 수 있는 수익의 총합인 '고객 생애 가치customer lifetime value'가 증대된다. 둘째, 수요의 유연성이 감소되어 가격을 인상시킬 수 있는 더 큰 재량권을 얻게 된다. 셋째, 제품을 습관적으로 사용하도록 디자인하면 '입소문 주기가 짧아져서' 성장 속도가 가속화된다. 이는 제품에 익숙해진 이용자들이 빠르게 다른 이용자를 끌어들인다는 뜻이다. 넷째, 경쟁 제품에 대한 소비자들의 '방어 가능성'이 높아진다. 기관총이 잔뜩 달린 폭격기가 활주로 위로 떠오르는 셈이다. 이 메시지는 오해의 여지가 없었다. 우리는 당신을 얻었고, 그러니 당신을 탈수기처럼 계속 짜내겠다는 뜻이었다.[37]

3년 후인 2017년에 이얄은 다시 해빗 서밋에서 연설을 했다. 그는 본심과는 달리 대중을 호도하는 말로 연설을 시작했다. 그래, 습관성 제품을 남용하게 될 수 있다. 주의가 산만해지는 것도 문제다. 하지만 온화한 사회적 압력으로 그런 문제들에 대처할 수 있다. 식당 테이블에 앉아 스마트폰만 들여다보는 딱한 사람이 보이면 "잘 지내냐?"라고 말을 걸어보라. 소비자들에게는 온라인상의 촉발 요인을 차단하고 디지털 기기에서 보내는 시간을 제한하는 주의력 보존 앱을 다운로드하라고 권장하라. 왜냐고? 이얄 본인도 그 앱을 사용하니까. 소셜 미디어를 마약으로 여기는 건 잘못된 생각이다. "우리는 여기에서 페이스북을 피우거나 인스타그램을 주입하고 있지 않다. 우리가 무력하다는 것을 믿을 수 없다. 우리는 오직 그렇게 생각할 때에만 무력해진다." 이어 그는 "제빵사가 너무 맛있는 간식을 만들어서 자꾸 먹게 된다고 비난하지 않듯, 기술자들이 제품을 너무 잘 만들어서 우리가 그것을 사용하고 싶어진다고 비난할 수 없다. 기술 회사들은 당연히 그런 제품을 만들어야 한다. 게다가 솔직히

우리가 과연 다른 식의 제품을 원하는 것일까?"라고 말했다.[38]

선전에 본사를 둔 중국의 대표적인 인터넷 서비스 제공업체 텐센트Tencent의 경영진도 이얄과 같은 생각이었다. 이 회사는 2016년 연차보고서에서 영업이익이 38퍼센트 증가했다고 발표하며 온라인 게임을 중요한 성장 동력으로 꼽았다. 데이터 마이닝data mining을 이용하여 기존 게임의 성과를 분석하고 게임 플레이어의 행동에 대해 '더 깊은 통찰력'을 얻은 성과였는데, 이는 플레이어들을 게임에 오래 붙잡아두고 캐릭터를 개선하기 위해 그들이 계속 돈을 쓰게 만들었다는 의미였다. 특히 큰 성공을 거둔 건 판타지 롤플레잉 게임 '왕자영요Honor of Kings'였는데, (자세한 내용은 보고서에서 생략되어 있지만) 국영 신문인 〈인민일보〉는 그 게임을 '독'이자 '마약'이라 비난했다. 텐센트의 운영진들은 이런 비유를 반박하는 대신 그럴듯하게 바꾸어 '많은 일반 게이머의 풀을 확보하고 점차 그들을 미드코어와 하드코어 카테고리로 발전시키는 것'이라는 말로 투자자들에게 자신들의 홍보 전략을 어필했다. 이미 '리그 오브 레전드League of Legends' 같은 게임의 하드코어 플레이어들을 '데이터 마이닝으로 얻은 통찰력'의 도움으로 준비한 이 '매력적인 신생 콘텐츠'로 달래고 있었다.[39]

일부 내부자들은 이런 완곡어법에 진저리를 쳤다. 2017년에 트위터와 다른 앱 사용자들이 터치스크린을 아래로 문질러 자신의 피드를 업데이트할 수 있는 '당겨서 새로고침pull to refresh' 메커니즘을 만든 로렌 브리히터Loren Brichter는 자신의 발명품을 유감스럽게 생각한다고 고백했다. 그는 그 기능을 슬롯머신의 지렛대라 표현했다.

좋아요 버튼의 시제품을 개발한 저스틴 로젠스타인Justin Rosenstein은 이 주의 산만한 세상에 '거짓된 쾌락의 밝은 딩동 소리'를 부여하지 않았으면 좋았을 것이라고 말했다. 페이스북에서 이용자 증대를 담당했던 전 부사장 차마스 팔리하피티야Chamath Palihapitiya는 "우리가 만든 단기적인 도파민 주도의 피드백 루프가 사회가 돌아가는 방식을 파괴하고 있다. 시민의 담론도 없다. 협력도 없다. 잘못된 정보와 잘못된 믿음만 있을 뿐"이라며 유감을 표했다. 이는 전 세계적인 문제가 되었다. 사람들의 시선을 끌어 모아 수익으로 연결하는 것은 거부할 수 없는 게임이 되어버렸다.[40]

후회를 하든 안 하든 간에, 실리콘밸리의 엘리트들은 자기 가족들의 시선을 단속했다. 애플사의 스티브 잡스는 "집에서 아이들의 디지털 사용량을 제한한다"고 말했고, 아이패드가 빼곡하게 진열된 저녁 식사 테이블을 상상하며 못 믿겠다는 기자에게 "전혀 그렇지 않다"고 대답했다. 잡스는 가족 식사 때 자녀들이 책과 역사에 대해 토론하기를 바랐다. 전 〈와이어드Wired〉 편집장 크리스 앤더슨Chris Anderson의 다섯 자녀는 그들 부모의 기술 거부 원칙에 대해 불평했다. 앤더슨은 같은 기자에게 "우리가 기술의 위험성을 직접 목격했기 때문이다. 나도 직접 경험했다. 그래서 내 아이들에게는 그런 일이 벌어지는 것을 보고 싶지 않다"라고 설명했다. 팔리하피티야는 더욱 노골적이었다. 그는 이 '똥'을 본인도 사용하지 않았고 자녀들에게도 허락하지 않았다. 다른 기술기업의 임직원과 공학자들도 자녀들에게 디지털 사용 시간을 제한했다. 십대 중반 이전의 아이들에게는 기기를 안 사주었고, 침실에서는 절대 스크린을 보지 못하게 막는 방식으로 이 문제를 해결했다. 그들은 더 나아가 스마트폰, 태블릿, 심지어 일반 노트북까지 사용이 금지된 사립초등학교에 자녀를 보냈다.[41]

기능적으로나 미학적으로 아이폰과 아이패드가 주목할 만한 기술적 성취라는 사실은 아무도 의심하지 않는다. 하지만 아편을 중국으로 운반한 쾌속 범선들도 기술적 성취이긴 마찬가지였다. 창조성과 기생성, 화려함과 위선은 서로 교차하는 실들처럼 변연계 자본주의의 역사를 관통한다. 돈을 버는 사람들은 이런 현실을 이해한다. 그들은 우리 대부분이 그렇듯 구획화를 통해 보기 좋지 않은 갈등을 처리한다.

이런 점에서 챔피언은 초고층 카지노 메가리조트를 구상했던 건축가 마틴 스턴이다. 1969년 어느 날 스턴은 자신이 라스베이거스에 처음 만든 인터내셔널 호텔을 향해 차를 몰고 있었다. 교차로에 다다랐을 때, 그는 신호가 바뀌면 곧 달려 나가야 한다는 사실도 망각한 채 자신의 창조물을 정신없이 올려다보았다. 그는 꼼짝도 할 수 없었다. 그는 깜짝 놀란 십대 아들에게 "이 건물은 정말 멋져 보이는구나. 정말 끝내주게 아름다운 건물이야"라고 말했다. 그 건물은 지금까지도 그랬고 앞으로도 전 세계적으로 모방될 것이다. 하지만 스턴은 그 건물의 주된 매력거리인 도박을 경탄하지는 않았다. 그는 자신이 교묘하게 배치한 테이블 게임과 슬롯머신은 관광객과 인생의 패자들을 위한 '멍청한' 오락거리라 여겼다. 물론 그는 어느

쪽도 아니었다.[42]

포스트 공간의 지하세계

스턴의 반짝이는 쥐덫은 물리적으로는 3차원이었지만, 시간이라는 4차원도 존재했다. 더 정확히 말하자면 그것은 밤 시간에만 운영되었다. 역사학자와 사회학자들은 밤 시간이 인공조명, 전력화, 자동차 등에 의해 식민화가 가능해진 시간적 개척지라 생각한다. 빅토리아 시대에 밤새 여러 술집과 매춘부들이 가스와 전등을 이용하여 영업 범위를 넓혔다는 점을 고려하면 이들은 분명 초기의 밤 시간 개척자였다. 전후에 일본 도박자들이나 술집과 카바레 노동자들은 '각성제'인 암페타민의 도움으로 밤을 연장했다. 스턴은 논리적인 다음 단계를 밟아, 각 방별로 나뉘어 있고 냉방 장치와 주차 시설이 있는, 쉴 새 없이 돌아가는 쾌락의 궁전을 만들었다. 그 안에서 도박자들이 게임에 빠져 시간가는 줄 모르게 하려고 시계를 없애면서, 밤낮은 벽시계만큼이나 무의미해졌다.[43]

하지만 여전히 쥐들은 스턴의 치즈에 도달해야 했다. 그래서 라스베이거스와 다른 쾌락의 메카들에는 운송 수단의 속도와 비용이 매우 중요한 문제가 됐다. 1950년대에 시카고에서 라스베이거스까지 자동차로 가려면 이틀이 걸렸고, 여섯 끼의 식사비와 모텔 숙박비가 들었다. TWA 콘스탈레이션TWA Constellation의 75달러짜리 관광

티켓은 이동 시간을 5시간으로 단축시켜, 관광객들이 저녁에 게임할 시간을 벌어주었다. 이후 30년간에 걸쳐 대형 제트기의 연비가 높아지고 요금 규제가 완화되면서 관광객 수는 극적으로 증가했다. 1958년에는 약 60기의 상업용 항공편이 매일 라스베이거스에 착륙했고, 1988년에 이르자 500기가 훨씬 넘는 항공편이 운행되었다.[44]

결국 인터넷이 등장하기 전까지 쾌락, 악덕, 중독의 역사는 주로 공간과 시간 확장의 역사였다. 처음에는 고립된 공간이 있어, 그곳에서 사람들이 식약을 발견하고 경작하여 가공하고 혼합하고 거래하다가, 마침내 향정신성 약물의 연쇄 사슬이 전 세계로 퍼져나가게 되었다. 하얼빈의 그랜드 비전의 정원Garden of Grand Vision 같은 도시지구가 생겨났고, 그곳에서 사람들이 상업적 악덕을 추구하거나 용인하면서 중독 중심의 하위문화가 뿌리내리게 되었다. 그리고 가로등이 깜박거리다가 켜진 후에 밤 시간이 도래했는데, 그때는 새빨간 립스틱을 칠한 매춘부들이 어둠 속에서 나타나 손님들을 찾아 헤맸다.

반악덕 운동가들은 이런 영역을 최소한으로 축소시키는 것을 자신들의 임무로 삼았다. 그들은 약간의 승리를 거두었다. 그러나 불법 마약 사용과 흡연에 맞서 지속적인 캠페인을 벌였음에도, 상업적 악덕을 억제하고 사회적으로 축출하려는 더 큰 전쟁에서는 패배하고 말았다. 1990년대에 이르자, 케이블TV 채널을 돌리거나 동네 비디오 가게의 통로를 거닐거나 잡지 진열대를 힐끗 쳐다보기만 해도 반악덕 행동주의가 그들의 요람이었던 개신교 국가들에서 궁지에

몰렸다는 사실을 깨닫기에 충분했다.[45]

여기에 인터넷은 결정타를 날려 반악덕 행동주의를 링 밖으로 내보내버렸다. 물리적 공급의 검문(트렁크를 열어보세요), 인적 사항의 검문(신분증을 보여주세요), 공간 및 시간의 규제(학교 근처 광고 금지, 영업 시간 후 판매 금지)에 입각한 기존의 규제 전략으로는 전 세계적으로 연결된 포스트 공간post-spatial 환경에서 작동하는 기술에 대항하는 것이 거의 불가능해졌다. 반악덕 행동주의는 전산화되지 않았다. 반면 디지털 상거래는 전산화되어 악덕의 접근성, 가격 적절성, 익명성, 광고를 변화시켰다.

그 명백한 예가 섹스다. 인터넷이 등장하기 전에 아이들은 또래들과 미디어에서 성에 대한 비공식적 가르침을 받았고, 선생님과 부모들로부터 공식적인 가르침을 받았다. 인터넷이 등장한 후로는 아이들이 검색 엔진에 들어가서 한 줄 문구만 입력하면 원하는 정보를 얻을 수 있었다. 2007년 말, 미국에서 상위 1,000개의 '○○하는 법how-to'이라는 검색어를 분석한 결과, 상위 10개 중 4개를 포함해 17.3퍼센트가 섹스와 관련된 것으로 나타났다. 4가지 검색어인 섹스하는 방법, 키스하는 방법, 임신하는 방법, 애무하는 방법 같은 표현으로 미루어 보아 어린아이들이 입력한 것임을 짐작할 수 있다. 포르노 비디오는 더욱 과감하게 에로틱한 방법이나 인터넷 섹스라는 대상화된 세계에서 통하는 방법을 제시했다.

또 상위 10개 '○○하는 법how-to'에서 불법 활동에 대한 조언을 찾는 내용이 9.5퍼센트를 차지했다. 마리화나 재배 방법에 대한 검색이 선두를 달렸다. 손수 가꾸어 사용하는 DIY식 악덕은 처음에 접근하기는 쉬워도 완전히 익명이거나 자유롭지 않았다. 추적용 쿠키, 바이러스, 악성코드 때문에 대가를 치러야 했고, 포르노 웹사이트는 종종 빈번한 접속에 대해 접속료를 부과했다. 그렇더라도 위험한 동네에 가서 낯선 사람들을 상대하거나 남들이 눈에 띌 위험을 감수하는 것보다는 이쪽이 더 쉬웠다. 실리콘밸리의 간부들이 자녀들에게 침실에서의 컴퓨터 사용을 금지했을 때 그들은 이미 자녀들이 무엇을 하는지 알고 있었던 것이다.[46]

물론 인터넷에서 건설적인 지식도 얻을 수 있다. 2007년 검색어 분석에서는 이력서를 쓰는 법이 5위 안에 들었고, 62세에 책을 쓰는 법 등도 있었다. 인터넷 이용자들은 키보드를 몇 번만 두드려도 카라바조Caravaggio나 칼라스Callas의 작품을 감상할 수 있었다. 하지만 문제는 상대적 트래픽이다. 2018년에 '마리화나 재배하는 법'의 검색 횟수는 '칼라스의 아리아'보다 15배나 많았다. 문제는 과거에 '그 생활the life'로 불렸던 활동에 대해 대부분 마찰 없는 진입로를 제시한다는 것이었다. '그 생활'이란 무법자들이 몰려들어 서로 사기를 치고 매춘을 알선하고 도박과 마약을 하며 큰돈을 긁어모으기 위해 무슨 짓이든 서슴지 않던, 흥미롭지만 위태로운 지하세계였다. '그 생활'이란 부유한 지역보다 가난한 동네에서 더 자주 들을 수 있는 계급, 하위문화, 장소를 가리키는 용어였다. 그런데 인터넷과 소셜 미디어의 등장으로 이제는 모든 사람이 어디서든 손쉽게 그 생활을 접할 수 있게 된 것이다.[47]

매출의 최대 20퍼센트가 미성년자 소비자들에게서 나온다는 것을 알았던 주류 판매업자들은 순식간에 인터넷의 잠재력을 알아챘다. 1995년에 주류기업들은 증정품, 판촉과 홍보, 술 마시기 게임 정보를 제공하는 사이트들을 후원하기 시작했다. 소셜 미디어가 등장하자 다국적 주류기업은 대중문화의 '인플루엔자'에 자사 브랜드를 연계했다. 대부분의 광고가 미성년 이용자들에게 도달했고, 그들은 자기가 좋아하는 것들을 유튜브에 업로드했다. 트위터 이용자들은 술에 대한 예찬을 늘어놓았다. 페이스북과 마이스페이스Myspace 사용자들은 본인이나 다른 아이들이 술이나 약에 취한 모습을 담은 사진과 동영상을 올렸다. 아메리카 원주민들이 시끌벅적하게 먹고 마시는 산간벽지 떠돌이 상인이나 모피 사냥꾼 같은 최악의 가정교사들에게 술을 배웠듯, 인터넷에 접속한 청소년들도 술을 벌컥벌컥 들이켜고 화장실을 껴안고 토하다가 바닥에 쓰러지는 또래들로부터 술을 배웠다. 병리적인 학습은 화학적이고 상업적일 뿐 아니라 사회적으로 이루어졌다.[48]

이런 악덕 사이버 포털은 개방된 사회뿐만 아니라 폐쇄된 사회에서도 운영되었다. 1995년 초에 중국 공산당 관료들은 포르노와 반동적인 인터넷 자료의 위협에 대해 비판했다. 그 후 20년 동안 중국의 사업가들은 공식적인 언어보다 행동으로 더 많은 것을 보여주었다. 중국 제조업체들은 인터넷상에서 판매되는 대부분의 섹스 토이를 공급했다. 텐센트와 같은 중국 소프트웨어 회사들은 중독성 있는 온라인 게임을 디자인하여 승승장구했다. 또 중국 회사들은 치명적인 합성 마약을 만드는 데 필요한 전구체 화학물질을 인터넷에 광고하고 대량으로 수출했다. 돈에는 이데올로기의 색채가 없었다.[49]

중국인들은 한 가지 측면에서 일관적이었다. 그들이 우려하는 대상은 주로 젊은이들이었다. 인터넷 악덕에 대한 노출의 전국적 조사에서도 이런 우려감이 반영되었다. 포르노에 대한 연구 결과들은 중독자들이 어린 나이에 디지털 지하세계로 진입한다는 사실을 지속적으로 밝혀냈다. 2003년에 오스트레일리아의 연구진은 16~17세 남자아이의 84퍼센트, 여자아이의 60퍼센트가 인터넷 음란물을 우연히 봤거나 의도적으로 본 적이 있다고 발표했다. 그런데 오스트레일리아 가정 세 곳 중 한 곳만이 인터넷에 연결되어 있던 시기에 집계된 자료인 만큼 이 수치는 과소평가되었을 가능성이 높다. 아이들은 어떻게든 접속할 방법을 찾아냈다. 아이슬란드에서 아이들은 게임기를 이용해 인터넷에 접속했다. 케냐에서 학생들은 인터넷 카페와 대학교 기숙사 방을 이용했으며, 그곳에서 포르노를 다운로드하고 블루 무비의 밤을 열었다. 한 학부생은 포르노 링크를 보내준 친구를 통해 포르노를 처음 접했다. "그 후로 나는 더 많은 포르노 사이트를 갈망했다. 그런 것은 중독성이 강하다"라고 그는 말했다.[50]

인터넷은 상업적 섹스를 가상으로 경험하는 수단뿐 아니라 그것에 직접 접근하는 수단도 제공했다. 1990년대 후반에 이르자 뉴욕시 매춘부들은 온라인상에 에스코트 서비스를 광고했다. 컴퓨터로 날짜를 예약하는 것이 경찰과 거리의 포식자들을 피하는 것보다 더 쉽고 안전했다. 크레이그리스트Craigslist와 백페이지Backpage(2018년에

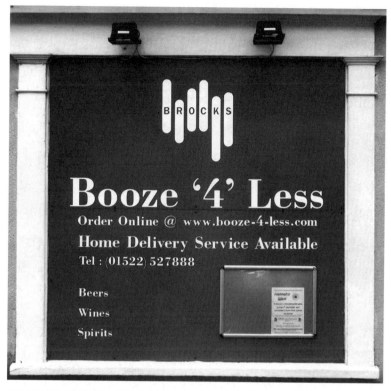

영국 링컨의 한 주류 판매점 밖에 걸어둔 이 2010년 광고판에서처럼 인터넷 광고는 온·오프라인 양쪽에 등장한다. 도리아 양식의 벽기둥 사이에 끼우고 야간 운전자와 행인들의 편의를 위해 조명등까지 비춘 이 광고판은, 접근성, 가격 적절성, 익명성과 광고의 선전 문구 그리고 URL까지 포함시켰다. 심각한 소비와 관련된 또 다른 특성인 아노미도 내포되어 있다. 당신이 외롭고 우울하다면, 값싸고 인터넷으로 접속 가능한 술과의 데이트가 당신을 기다리고 있을 것이다.

폐쇄) 같은 항목별 광고 웹사이트들은 매춘부와 포주들의 광고를 내보냈고, 그중에는 미성년자를 인신매매하는 광고도 있었다. 한 미네소타주 검사는 2016년 백페이지가 '아이들을 사고파는 플랫폼'이라며 해당 업체를 기소했다. 또 다른 검사는 그곳을 '디스토피아 지옥'

이라 표현했다. 그러나 지옥에는 수호자들이 있었고, 그중에는 불리한 선례가 남을까 봐 두려워 단속과 검열에 반대하는 인터넷 동업조합들과 기술기업들이 포함되었다. 악덕은 자유롭지는 못하더라도 적어도 손쉽게 접근이 가능해지기를 원한다.[51]

또 악덕은 기동성도 원한다. 성 중독 전문 치료사 로버트 와이스Robert Weiss는 "그냥 스마트폰에 대고 '시리Siri, 매춘부들이 어디 있지?'라고 물어보면 된다. 그러면 시리가 가까운 곳에 있는 에스코트 서비스 위치를 표시하고, 각 서비스의 전화번호와 지도, 다양한 매춘부들에 대한 리뷰를 보여줄 것이다"라고 설명했다. 인도는 전통적으로 매춘이 홍등가에 국한된 나라였다. 하지만 이제 인도의 매춘부들은 값싼 휴대전화를 구입하여 전화를 걸거나 문자를 보내는 고객들을 가명으로 직접 찾아갔다. "안녕, 나는 닐란이고 내 거래 조건은 탈의 전 현금 지급이야." 이 사업은 유연하고 익명성이 보장되어 아르바이트생들도 과감히 뛰어들었다. 남자들은 모바일 섹스의 편리함을 좋아했다. AIDS 치료자들은 비관적인 견해를 나타냈다. 매춘이 디지털 상에 분산될 때보다 물리적으로 집중되어 있을 때 안전한 성 상담이 더 효과적이란 이유에서였다.[52]

웹사이트들에서 마약과 마약용품의 밀거래도 시작됐다. 온라인 쇼핑객들은 그 이름이 주는 이미지보다 훨씬 더 위험한 분말 카페인부터 그 명성에 걸맞게 모든 면에서 치명적인 펜타닐fentanyl까지 모든 것을 구입했다. 2014년에는 4만~6만 개의 웹사이트가 처방전 없이 약물을 판매한 것으로 추정되었다. buyoxycontinonline.com 같은 사이트들은 그들의 판매 의도에 대해 의심할 여지를 남기지 않았다. 다른 사이트들은 의사들을 속여서 마약을 입수하는 방법에 대한 정보를 제공했다. 섬유근육통으로 위장하는 것이 해볼 만한 방법이었다. 그냥 도시의 빈민가에 사는 의사를 찾아가 진찰비만 현금으로 지불하면 되었다.[53]

좋은 마약 URL을 차지하려면 큰돈이 들었다. 2011년에 마리화나 사업가 저스틴 하트필드Justin Hartfield는 marijuana.com라는 URL에 420만 달러를 지불했다. 정부들이 대마초에 요구하던 가짜 처방전을 면제시키자, 그는 동네의 마리화나 가게를 문 닫고, 온라인을 통해 직접 판매할 수 있을 것이라 생각했다. Marijuana.com이 새로운 wine.com이 될 것으로 기대한 것이다. 한편 마약 검사를 앞두고 걱정하는 남자 고객들에게도 도움의 손길이 다가왔다. 합성 소변 봉투에 연결된 가짜 페니스 스크리니 위니Screeny Weeny를 이용해 깨끗한 소변을 배출할 수 있게 된 것이다. 이 제조업체는 다양한 피부색에 따라 할례 받은 사람용 제품과 일반인용 제품을 따로 판매했다. 마약 용품 상점들은 리필을 제공했고, 온라인으로 주문을 받았다.[54]

복용량, 주입 방법, 자가 제조법 등 마약에 대한 정보도 중요했다. 디지털상의 노하우는 유럽과 북아메리카의 대마초 시장을 변화시키는 데 기여했다. 미국 재배자들은 인터넷을 통해 얻은 정보, 씨앗, 특수용품의 도움으로 신스밀랴sinsemilla와 네더위트nederwiet 같은 강력한 마리화나를 재배하기 시작했다. High-THC 미국 마리화나는 모로코의 해시시나 멕시코의 상업용 마리화나와 같은 전통적인 마약을 종종 대체할 만큼 경쟁력이 있었다. 합법적인 묘목장이나 철물점들도 한 몫 챙기려고 가세하며, 생육배지, 복제 트레이, 고강도 조명, 발전기, 선풍기, 실내 재배용 제습기 등을 판매했다. 복잡한 운영에는 잡일을 감시하는 재배자들의 수고를 덜어주고 인건비를 줄여주는 컴퓨터와 기타 자동화 장비가 추가되었다. 마리화나를 재배하는 사업도 다른 어떤 사업만큼이나 합리화되고 디지털화되었다.[55]

자동화된 마리화나 재배는 디스토피아적 조짐으로도 읽힐 수 있다. 미래학자들(과 역사학자 출신의 미래학자 유발 하라리)은 가까운 과거의 큰 담론은 지능과 의식이 분리된 것이라고 주장해왔다. 복잡하게 뒤얽힌 인간의 뇌는 디지털 알고리즘을 따라가는 데 실패했다. 이런 격차는 정보 처리 능력이 2년마다 2배씩 증가하면서 점점 더 벌어지고 있다. 호모 사피엔스는 진화론적인 고철 덩어리를 향해 가고 있다. 언젠가 인간은 스마트한 기계들로 대체될 테고, 기계들은 경제적으로 쓸모없는 인간들을 거의 또는 전부 폐기할 것이다. 우리는 계획적인 멸종에 직면하고 있다.[56]

이런 전망은 회의론을 촉발할 수밖에 없다. 도서관 책꽂이와 비디오 보관함에는 실현되지 못한 디스토피아들이 어지럽게 널려 있다. 그러나 디지털 중독의 짧은 역사는 디지털 기기가 그들의 창조자를 괴롭힐 수 있는 또 다른 방법이 있음을 보여준다. 디지털 기기들은 데이터 처리에 뛰어날 뿐만 아니라 인간의 감정을 인식하고 예측하고 조작하는 데도 뛰어나다. "이봐, 시리, 매춘부들이 어디 있지?"라는 질문은 스마트폰의 주인뿐만 아니라 스마트폰에게도 무언가를 알려준다. 만약 정말 중요한 것이 정보와 그것을 처리하는 능력이라면, 이런 상황에서 과연 누가 소유자이고 누가 소유된 자일까? 기계의 지능이 의식뿐 아니라 양심과도 분리되고, 알고리즘이 이윤뿐 아니라 습관화 서비스에도 개입되는 판에, 디지털 아편에서 구원을 추구하는 사라져가는 종족의 멸종 직전의 행위에서, 특이점이 중독 행동은 아닐 것이라고 누가 말할 수 있겠는가? 물론 회의론의 원칙은 이런 시나리오에도 적용된다. 한 가지 각주가 달린 채로.

우리 중 일부는 이미 그곳에 당도했다.

08

탐닉에 맞서다

AGAINST EXCESS

구글과 시리 같은 가상의 조수들이 쾌락, 악덕, 중독의 역사를 연
구하면서 10년을 보낸 나 같은 사람에 대해 무엇을 알게 되었을지
는 그저 상상만 할 수 있을 뿐이다. 그래도 나는 인터넷 검색 도구가
없었다면 이 책을 쓸 수 없었을 것이다. 인터넷이 없었다면, 디자이
너가 만든 섹스 토이sex toy가 무선으로 연결되어 음악에 맞추어 동기
화한다는 것과 사용자가 최적의 진동 패턴을 주는 음악으로 된 재생
목록을 구성할 수 있다는 사실을 대체 어떻게 알았겠는가? 고대인
들은 남근을 조각했지만 밀레니얼 세대는 블루투스 남근을 진동시
켰다. 하나의 충전 가능한 패키지 안에는 기술적으로 다방면에 걸친
쾌락의 역사가 있었다. 게다가 그것은 레고 블록과 똑같이 밝고 견
고한 플라스틱으로 주조되었다.[1]

나는 연구가 끝나갈 무렵, 인터넷을 통해 자주 초고를 공유하고
사람들에게서 피드백을 얻었다. 진심 어린 비판은 두 종류였다. 하
나는 내가 새로운 중독의 개념과 그 신경학적 공통성을 너무 성급하
게 받아들였다는 것이었고, 다른 하나는 내가 변연계 자본주의의 위

협을 과소평가하고 그것의 맹공에 대항할 방법을 설명하지 못했다는 것이었다. 한 역사학자는 내 원고를 보고 '누가 우리의 뇌를 통제하느냐에 관한 내용'이라 말했다. 그 대상의 이름을 붙이는 것만으로는 충분하지 않다는 것이었다.[2]

이처럼 비판의 노선이 갈라질 때, 두 비판이 서로를 상쇄하는 것으로 치부하려는 유혹에 빠지기 쉽다. 나는 그러고 싶은 충동을 물리쳤다. 나는 맹신과 정치적 침묵주의라는 두 가지 혐의를 진지하게 받아들여, 내 주장을 다듬고 확장하고 요약했다. 그러면서 요약된 내용이 너무 건조하지 않도록, 독자들이 변연계 자본주의에 대해 제기한 의문에서 요점을 추려내어 게시판 형태의 대화로 구상해봤다. 중독 회의론자를 불러내어 토론을 시작한 셈이다.

> 모든 사람이 악덕이 널리 퍼지고 있다는 데 동의한다. 온라인상에는 모든 것에 대한 포르노가 있다. 문제는 이런 제품과 서비스들이 실질적인 중독으로 이어지는가 하는 것이다. 당신은 서로 다른 수많은 맥락에서 이 용어를 사용한다.

그리고 그 맥락은 전문용어들과 함께 계속 변하고 있다. 의학사학자 찰스 로젠버그Charles Rosenberg는 "어떤 면에서는 우리가 질병을 인지하고 그에 이름을 붙이고 반응하는 식으로 질병의 존재에 동의하기 전까지는 질병은 존재하지 않는다"라고 썼다. 중독도 마찬가지다. 당신이 중독을 질병으로 생각하지 않더라도, 우리는 열심히 중독을 인지하고 이름을 붙이고 거기에 반응하는 시장에 직면해 있다. 우리는 사회적으로 구성되든 그렇지 않든 간에 중독의 시대에 살고 있는 것이다.[3]

태닝을 예로 들어보자. 구글에서 '태닝 중독tanning addiction'을 검색해보면 수백만 건의 인기 게시물이 나오는데, 상당수가 의학 연구에 대해 심판하는 내용이다. 아마 신체적이고 심리적인 의존성, 내성과 갈망, 금단에 대한 연구, 날트렉손 투여로 막을 수 있는 '오피오이드 같은 엔도르핀' 방출, 그리고 자주 태닝하는 사람들의 95퍼센트가 방사선을 내뿜는 태닝 침대를 그렇지 않은 똑같은 침대보다 더 선호한다는 연구에 대한 언급을 발견할 수 있을 것이다. 자외선의 마약과 유사한 효력 앞에서는 위약 효과도 한계를 지닌다는 뜻이다.

한 소아피부과 전문의는 태닝 중독을 '새로운 형태의 약물 남용 장애'라 말하는데, 차라리 신생 중독의 일종이라 부르는 게 나을 것이다. 다른 중독들처럼, 태닝 중독에도 시대와 문화 특유의 개념들이 뒤섞여 있다. 어떤 의학 연구자도 병리적인 학습의 신경전달물질 모델, 날트렉손 차단 같은 실험 테스트 개발, 일련의 설문지 없이는 '태닝 중독'을 꿰맞추어 설명하지 못한다. 태닝을 줄이려고 노력해본 적이 있는가? 태닝 중독을 비판하는 사람들 때문에 짜증을 느낀 적이 있는가? 태닝 중독에 대해 죄책감을 느끼는가? 아침에 일어나면 태닝의 필요성을 느끼는가? 이런 설문에 일정 개수 이상 체크한다면, 당신은 태닝 중독자다.[4]

중독의 범위를 점점 확장하는 것을 비판하는 사람들은 어이없어 할 것이다.

그들은 정말 그럴 것이다. 그들은 한술 더 떠 '태닝 중독증tanorexia'을 쇼핑 중독, 성형 중독과 같은 종류로 본다. 의료 제국주의자들과 공모자들, 즉 자신의 고통을 새로운 제품과 서비스 탓으로 돌리는 불행한 소비자들이 만들어낸, 일시적으로 유행하는 질병으로 보는 것이다. 충분한 시간이 지나면 모든 탐닉은 정신장애 진단 및 통계 편람DSM에 반영될 것이다. 중독의 기득권층은 과장 광고에 중독되어 있다. 광고가 전적으로 유익하지는 않지만, 그들이 분류하고 낙인찍고 강제할 때 언어가 중요하기 때문이다.

세포와 분자도 중요하다. 로젠버그의 말을 정확히 떠올려보자. "어떤 면에서는 우리가 … 질병의 존재에 동의하기 전까지는 질병이 존재하지 않는다." 하지만 기분 좋은 태닝이 DNA에 가하는 누적적 손상은 존재한다. 태닝을 하는 20대들은 피부암에 걸려 복수하려고 셀카를 SNS에 올린다. 그런데도 태닝업계는 어린이와 청소년들의 태닝숍 출입을 금지하는 법안의 반대 캠페인을 벌이고 있다. 그 캠페인의 공식적인 과학 자문은 "햇빛에 대한 우리의 자연스럽고 의도적인 끌림을 중독성이라" 부르는 것은 터무니없다고 말한다. 과거 어느 때보다 햇빛 노출 빈도가 줄어들고 있는 만큼 태닝업계는 오히려 세상에 기여하고 있다고 말한다.[5]

이는 명백히 악의적인 과장 광고다. 뇌질환 모델이 없는 태닝 중독을 상상하기 힘들다면 선진 기술, 마케팅과 홍보 전문가, 타깃 인구층(우울증 이력이 있는 젊은 백인 여성)으로 무장한 산업계가 없는 태닝 중독 역시 상상하기 힘들다. 당신이 태닝 중독을 어떻게 생각하든 간에, 태닝 사업 자체는 변연계 자본주의의 전형이다. 중독이란 명칭을 둘러싼 논쟁은 진짜 문제, 즉 조작된 탐닉으로 인한 유해성에서 주의를 분산시킨다.

그래서 호르메시스의 개념이 중요한 것이다. 이 단어는 빠른 움직임이나 열의를 나타내는 그리스 단어, 영어로는 '자극stimulation'에서 유래했다. 흥분제는 보통 적은 양을 복용하면 유익한 효과가 있지만, 많은 양을 복용하면 유해하다. 복용량에 따른 순수한 효과나 위험은 유전적 자질, 역사적 상황, 사회적 환경에 따라 달라진다. 다른 조건이 같다면, 복용량이 늘어날 경우 공급업체 입장에서는 위험과 수익이 둘 다 높아진다. 마찬가지로 적은 양의 자외선을 방출하는 쪽이 당연히 안전하다. 하지만 가끔씩 들르는 손님들에게 소량의 자외선만 쬐어서는 태닝숍은 돈을 벌 수 없다. 그들은, 말하자면 호르메시스의 반대편에 서야 유리하다. 이는 모든 변연계 자본주의 기업에 적용된다.

기업은 규제할 수 있다. 왜 아이들이 건배를 하다가 암에 걸리도록 내버려두는가? 변연계 자본가들이 매년 수천만 명을 유혹하고 병들게 하여 죽이도록 내버려둘 것인가? 기업은 왜 그토록 탄력성이 높은가? 미안하지만, 나는 당신 원고의 제목 페이지에 '대책 없음'이라고 썼다.

비극에는 미리 준비된 해결책이 없다.

왜 변연계 자본주의는 단순히 사악한 게 아니라 비극적인가?

변연계 자본주의가 비극인 것은 인간의 본성이 일반적으로 무해한 상업의 원칙에 악의적인 예외를 만들기 때문이다. 유익한 상업의 원칙은 시장의 테스트에서 살아남은 기술 혁신을 택해야 사회적 진보가 뒤따른다는 것이다. 역사는 가장 오래 살아남은 제품에 대한 가정을 정당화한다. 더 오래 살아남은 제품일수록 더 좋다는 것이다.

1861년 영국의 최대 철도인 런던 및 노스웨스턴London and Northwestern 철도는 낡은 철로를 교체하는 데 많은 돈을 쓰고 있었다. 그래서 책임자들은 실험을 해보았다. 그들은 최근에 개발된 베서머Bessemer 철강궤도를 구입하여 교통량이 많은 경로에 기존의 가장 좋은 철로와 나란히 깔았다. 이 철강궤도는 적어도 철로에 비해 17배는 내구성이 있었다. 이런 잭팟이 철강 시대를 열었고, 자동차에서 세탁기까지 수천 가지 제품에 대해 낮은 비용, 높은 안전성, 높은 품질을 보장했다. 그래서 내가 문명의 대가는 담보 대출금 이자와 같다고 말했던 것이다. 문명의 혜택은 나중에 산업화 시대에 이르러 마침내 과학, 기술, 자본주의가 말 그대로 제품을 인도하게 되었을 때 얻게 되었다.[6]

탄광에서 힘들게 일하거나 화로에 석탄을 퍼 넣는 임금 노예들에게는 그렇지 않았다.

돈이 걸린 어떤 사업과 마찬가지로 자본주의는 범죄와 경계를 공유했다. 기업들은 노동자들을 학대하고 쉽게 해고했다. 그들은 교역을 억제하고 이익을 독점하기 위해 공모했다. 그들은 세금을 회피하고 제품에 불순물을 섞었다. 그들은 환경을 오염시키고 황폐화시켰다. 1860년대부터 큰 문제는 '이런 기업들의 폐해를 어떻게 막을 것인가'였다. 20세기의 역사는 대부분 두 가지 논쟁적 대답의 충돌에서 기인했다. 한 가지는 공산주의로 국유화와 독재적인, 때로는 살인적인 경제 계획에 기반을 두었다. 또 한 가지는 진보주의로, 폐해를 최소화하기 위한 관료제와 노동자들의 삶을 개선하기 위한 국가 주도에 기반을 두었다. 사회적 관점에서는 공산주의가 실패한 지점에서 진보주의가 성공했다. 혼합경제 체제의 근로자들은 더 건강해지고 더 부유해졌다. 20세기 후반에 태어난 스웨덴인은 19세기 중반에 태어난 스웨덴인보다 평균적으로 2배나 더 오래 살았고, 이케아Ikea에서 염가로 쇼핑하게 되었다.[7]

그러나 하수도와 학교를 추가하고 최저 임금과 독점 금지법과 가구점을 추가하면 문명의 멍에가 가벼워진다. 공정한 경쟁은 모든 것을 발전시킨다.

더 좋은 철 합금을 찾기 위한 공정한 경쟁도 그랬다. 또 더 저렴한 직물을 생산하기 위한 공정한 경쟁도 그랬다. 하지만 거기에서 나온 수익은 프리드리히 엥겔스와 칼 마르크스Karl Marx의 글을 지지했다. 두 사람 모두 공장과 제분소의 생산품은 경멸하지 않았다. 하지만 생산 조건은 경멸했다. 그런 조건을 어떻게 개선해야 할지를 두고 빅토리아 시대에 정치경제적 논쟁이 일었다. 하지만 변연계 자본주의는 한 가지 결정적인 면에서 차이가 있다. 아무리 공정하고 질서정연해도, 생산이 개선되어도, 사회적 결과가 더 좋아지기보다는 더 악화되는 경향이 있다는 것이다.

이것이 1장과 2장에서 알코올이 두드러지게 부각된 이유다. 알코올은 원초적이지만 값진 문명화된 쾌락으로서 증기와 철강의 시대를 자유롭게 누볐다. 자유롭다 못해 세계를 활보했다. 1950년대와 1960년대에 프랑스 인구통계학자 설리 레더만Sully Ledermann은 많은 질병과 사회적 문제가 국가의 술 소비량과 밀접하게 관련된다는 것을 입증했다. 결핵, 소화기암, 정신병원 입원, 사고, 범죄, 공공 기물 파손vandalism 등의 발생 비율이 술 소비량이 증가했을 때 증가했다. 비단 심한 음주자들만 그런 것도 아니었다. 호르메시스는 개인뿐만 아니라 집단에도 적용되었다. 이는 강력한 아이디어였고, 프랑스 정책의 모순을 노골적으로 드러냈다. 레더만에 따르면, 주류 제조업계, 소매업자, 프랑스 재무부는 주류 소비를 촉진하기 위해 알코올중독과 알코올 관련 사망에 투자하고 있었던 셈이다.

레더만의 주장은 프랑스에서는 대체로 무시됐지만 스칸디나비아, 영국, 북아메리카의 알코올 연구자들 사이에서는 인기를 끌었다. 1970년대 중반 그들은 전반적인 술 소비량의 감소를 알코올 통제 정책의 핵심 목표로 삼았다. 당연히 더 많고 좋고 저렴한 제품의 소비를 생득권으로 여기는 소비자들에게 더 저렴하고 표준화된 음료를 홍보하는 다국적 주류기업들과 충돌이 일어났다.[8]

부와 건강 간의 갈등은 권태와 우울을 완화하고 빠른 뇌 보상을 제공하는 습관성 제품을 판매하는 모든 사업에서 대동소이하게 발생했다. 그 대가는 폐기종부터 학교 실패까지 제품에 따라 다양했다. 공통점은 상품을 생산하고 판매하는 사람들 대신 다른 사람들이 대부분의 비용을 부담한다는 것이다. 가장 심한 비용은 자신의 소비에 대한 통제력을 잃은 사람들이 부담하는데, 그들은 대부분 사회적으로나 유전적으로 가장 취약한 사람들이기도 하다. 자본주의가 대개 사회적으로 진보적이라면, 변연계 자본주의는 대개 사회적으로 퇴보적이다. 때로는 잔인할 정도로 그렇다.

다시 한 번 사악한 쌍둥이가 등장한다. 하지만 가난한 사람들이 전부 다 중독자가 되는 것은 아니다.

또 모든 재난이 중독자들에게만 닥치는 것도 아니다. 운전 중에 딱 한 번 문자 메시지를 보냈는데 교통사고가 난 사람, 주말에만 오피오이드를 사용하다가 과다 복용한 사용자, 알코올 중독은 아니지만 식도암에 걸린 음주자도 있다. 어쨌거나 죽으면 끝인 것이다.

산 사람은 살아간다. 문자 메시지로 도움을 요청하는 사고 희생자. 마약의 도움으로 회복한 외과 환자. 샴페인 건배로 기념일을 축하하는 커플들.

정말 그렇다. 쾌락은 해방적이다. 쾌락은 우리를 노예로 만든다. 어느 쪽일지는 상황의 문제다. 복용량, 나이, 투약 방법, 사용 기간, 기대, 사회적 조건, 유전적 성향 등. 이런 성향 역시 우리 조상들의 사회적 조건에 따라 형성된 것이다.

운명이다.

한때는 아마도 그랬을 것이다. 오늘날 중독자의 운명은 통계적 의미에서 조작될 가능성이 더욱 높아졌다. 기업들은 신이 아니다. 그들은 특정 개인이 아니라 수치를 좇는다. 그들은 타깃이 많은 집단에서 습관적인 소비자를 만들어낸다. 대학교 스포츠클럽은 브라질에서 인기가 있다. 대부분의 클럽은 광고권과 독점 브랜드 사용을 대가로 술값을 할인해주는 주류기업 스폰서를 두고 있다. 그래서 클럽들은 오픈 바 파티를 연다. 학생들은 저렴한 입장권으로 모든 술을 마음껏 마실 수 있다. 그 결과 과음으로 인한 사망, 성폭행, 학부생들의 폭음 성향 등이 초래된다. 심각한 음주자들은 사실상 기업의 인간 연금보험이 되는데, 기업들은 부차적인 피해의 배려를 최소화하며 헐값에 그 보험을 구입하는 셈이다.[9]

설득의 동전에는 양면이 있다.

행동 경제학자들은 그 반대 면을 '넛지nudging'라 부른다. 적절한 방식으로 선택지를 제시하면, 우리 뇌는 자신에게 불리하기보다 유리하게 작용하는, 다수에 따르는 결정을 빠르고 직관적으로 내리는 경향이 있다. 학교 카페테리아 진열대의 학생들 눈높이에 감자튀김 대신 여러 개의 당근을 올려놓아라. 대부분이 술을 많이 마시지 않고 담배를 전혀 피우지 않는다는 사실을 광고하라. 이런 전술이 더 건강한 행동을 촉진한다. 노라 볼코우가 옳았다. 우리는 인간의 생물학을 약화시키기보다 강화시키는 방향으로 우리의 환경을 바꿀 수 있다.[10]

그렇지만 당신은 볼코우의 주장에 허점이 있다고 말했다.

우리가 아무리 좋은 선택을 추구해도 시장의 경쟁 기업가들은 우리를 나쁜 선택으로 유도할 방법을 고안해낸다. '넛지'란 개념을 대중화시킨 학자들인 리처드 탈러Richard Thaler와 캐스 선스타인Cass Sunstein은 붐비는 공항 복도에서 마주보고 경쟁하는 가게들을 예로 들었다. 한 가게는 과일과 요구르트를 팔았다. 다른 가게는 시나본Cinnabon, 즉 설탕을 잔뜩 뿌려 730칼로리와 지방 24그램이 포함된 시나몬롤을 팔았다. 1개당 수치가 그렇다는 말이다. 시나본 직원들은 비효율적인 배기 후드가 장착된 오븐에서 빵을 구웠는데, 그 오븐은 가게의 정면에 위치하여 빵 냄새가 공항 복도까지 풍겼다. 어느 가게가 더 장사가 잘 되었을지는 아마 쉽게 짐작할 수 있을 것이다.[11]

시나본은 현대 소비자들이 처한 딜레마를 전형적으로 보여준다. 만약 1세기 전에 사람들에게 언젠가는 날개가 달린 통을 타고 원하는 곳으로 휙 날아가길 기다리면서 에어컨의 안락함 속에서 간식을 먹을 날이 올 것이라고 말했다면, 그들은 유토피아 외에는 다른 어떤 시나리오도 상상하지 못했을 것이다. 하지만 사람들에게 그런 간식 때문에 너무 뚱뚱해져서 비행기 좌석에 간신히 몸을 우겨넣거나 당뇨병과 암에 걸릴 위험이 높아질 거라고 말한다면, 그들은 다르게 볼 수도 있을 것이다.

탈러와 선스타인은 시나본이 재미있는 반례라고 생각했다. 다음에 일어난 일은 그다지 재미있지 않았다. 시나본은 50개 이상의 국가에 매장을 열면서 전 세계로 진출했다. 이 기업은 매년 10억 달러 이상씩 벌어들였다.

모든 기업이 거부할 수 없을 만큼 유혹적인 제품을 판매하여 차세대 시나본이 되기를 꿈꾼다. 그 제품은 합법일 수도 있고, 불법일 수도 있고, 양쪽 다일 수도 있다. 식당 체인점들은 베이컨 밀크셰이크, 베이컨 아이스크림 등 베이컨이 들어간 별의별 음식을 다 출시한다. 베이커리에서는 카페인이 들어간 도넛을 판다. 호텔 미니바에는 하우스 블렌드 칵테일이 진열되어 있다. 전자 빙고 머신은 슬롯머신처럼 작동한다. 모바일 도박 앱들은 게임 중에 베팅을 부추긴다. 마리화나 가게들은 식용 마리화나를 제공하고, 요가 강습소들은 간자(마리화나) 요가를 가르친다. 남아프리카공화국 더반의 길거리 상인들은 대마초와 항레트로바이러스 약물이 결합된 헤로인인 웅가whoonga를 판매한다. 화학자들은 마약 단속법을 피하기 위해 계속 변형되는 새로운 향정신성 물질인 NPS를 빠르게 찍어낸다. 사용자들은 온라인에서 '리걸 하이legal high'*를 구입하고, 해시 오일**에 대한 좋은 보완재인 향기 나는 전자담배 카트리지를 함께 구입한다. 또 그들은 게임과 포르노의 효과를 향상시키는 데 좋은 증강현실 또는 가상현실 헤드기어를 쇼핑한다.

이것은 최근의 사례들이지만 역사적인 유사점이 있다. 돌이켜보면 변연계 자본주의가 그토록 가공할 만한 존재가 된 것은 기반 기술이 너무나 유연했기 때문이다. 겉으로는 무관해 보이는 발명품과 제품들을 혼합하고 개선할 기회가 계속 늘어났다. 사물들은 사람뿐 아니라 다른 사물들과도 서로 결합되었다. 역사의 병 속에는 '지니'들이 가득했다. 그들은 탈출하면서 짝짓기를 했다. 또는 중매쟁이를 확보했다. 경쟁이 온갖 실험과 모방을 부추겼다.

말보로Marlboro는 한때 무명의 담배 브랜드였다. 말보로가 세계 시장을 제패한 것은 1960년대 초에 필립모리스가 이 담배에 암모니아 화합물을 결합제로 첨가한 이후부터다. 이 화학물질은 초콜릿 같은 느낌을 더했고, 더 중요하게는 자유 니코틴 분자를 증가시켜 담배 연기의 '만족도'를 높였다. 경쟁사들의 시장 점유율이 떨어졌다.

---

* 법적 금지 대상이 아닌 환각제-옮긴이주
** 마리화나와 인도 대마의 유효 성분-옮긴이주

그러자 경쟁사들의 첩자와 기술자들이 말보로의 비밀을 밝혀내어 모방했다. 이는 스포츠의 도핑과도 같았다. 서로 경쟁하듯 부정행위를 하거나 아니면 시합에서 지거나 둘 중 하나인 것이다. 1989년에 이르자 담배 제조업계는 매년 천만 파운드가 넘는 암모니아 분말을 제품에 섞었다. 담배업계 변호사들은 이 원료들을 '가공 보조제와 향료'라고 불렀다. 그것들은 인간의 체내에서 '자연스럽게'(이 단어가 또다시 나온다) 생성된다. 그것들은 무해했다. 왜냐하면 식품업계에서도 그것들을 첨가제로 사용했기 때문이다.[12]

여기에서 하나의 패턴이 보인다. 그 패턴은 은밀히 진행되는 피싱 대회에 이르렀다. 갈고리를 계속 추가하고 날카롭게 만들어서, 거기에 걸려드는 것이 일상처럼 보이게 하라. 이것이 바로 기업들이 그토록 탄력성 있는 이유다. 그런 기업들은 자사 제품을 정상적으로 사용하면 유익하거나 무해하다는 인상을 준다. 그리고 거꾸로 유익하고 무해한 사용은 정상적이다.

하지만 중독은 정상적이지 않다.

그렇지만 중독 자체는 이롭게 바뀔 수 있다. 사용 빈도가 충분히 낮아진다면 말이다. 도박업계는 일부 고객이 통제력을 잃었다는 사실을 거리낌 없이 인정한다. 그래서 도박 중독의 유전적, 신경학적 근거를 연구하는 의사들, 치료센터, 핫라인에 보조금으로 수백만 달러를 지급한다. 이 사실을 알릴 홍보 행사를 개최하라. 사진사를 불러라. 카메라를 보고 웃어라. 포스터 크기의 수표를 넘겨라. 정신장애를 앓는 소수의 중독자들에게 무슨 문제가 있는지를 찾아보라. 문제 있는 사람들이 곤경에서 벗어나도록 도울 방법은 우리가 알아낼 테니 당신 같은 정상적인 사람들은 도박을 계속하라. 물론 도박업계는 명목상으로만 이런 연구를 할 것이다. 왜냐하면 도박업계는 더 많은 돈을 벌기 위해 이윤을 유지시키는 소수의 중독자들을 양산하는 데 투자해왔으니 말이다.[13]

도박업계의 목표가 이윤의 극대화라면, 왜 명목상으로라도 중독 연구에 자금을 투자하는가?

도박이 안전한 여가활동이라는 이미지를 중심으로 그럴듯하게 책임을 부인할 수 있는 분위기를 조성하기 위해서다. 술을 마시거나, 마약을 복용하거나, 간식을 먹거나, 소다수를 마시거나, 피부를 태우는 행위에 대해서도 마찬가지다. 우리는 태닝업계에서 홍보하는 기만적인 과학에서부터 담배업계가 최초의 대대적인 암 공포에 맞서기 위해 연구로 연막을 쳤던 1950년대 중반까지를 선으로 연결해볼 수 있다. 부패한 과학까지 포함해 과학은 다른 산업들이 그 사용법을 익혀온 홍보용 비장의 무기였다. 모방은 변연계 자본주의를 단순히 습관성 제품과 서비스를 판매하는 사업체들의 무작위적인 집합이 아니라 진화하는 시스템으로 이해해야 하는 또 다른 이유다.

하지만 그런 사업체끼리도 서로 경쟁을 한다.

물론 그렇다. "담배를 더 피우고 설탕은 덜 먹으세요." 20세기 중엽의 담배 브랜드 럭키 스트라이크Lucky Strike는 자사의 담배가 단 것을 대체할 수 있는, 날씬해지는 제품이라고 광고했다. 빅 슈가Big Sugar도 다른 사업을 손가락질하기를 주저하지 않았다. 1960년대와 1970년대에 빅 슈가의 동업조합은 심장병의 원인에서 설탕의 역할을 축소시키는 연구에 조용히 자금을 지원하면서, 지방과 콜레스테롤을 악당이라고 몰아붙였다. 업계 지도자들은 사람들이 지방을 줄이면 식단에 더 많은 설탕을 추가하리란 것을 알고 있었다.[14]

'그들 대신 나Me-not-them'는 여전히 인기 있는 게임이다. 담배를 피우지 말고 전자담배를 피워보라. 고통을 줄이려면 오피오이드 대신 대마초를 피워라. 도박장을 피하고 디즈니랜드를 방문하라. 디즈니는 플로리다 디즈니랜드 주변에서 관광 달러를 놓고 카지노들과 경쟁하는 것을 피하려고 로비를 했다. 그렇지만 소믈리에를 고용하여 자사 식당에서 와인을 추천했다.

변연계 자본주의에는 라이벌들의 팀 같은 측면이 있다. 이런 측면은 1세기 전의 분열된 반악덕 행동주의 연대와도 유사하다. 원하지 않는 선례를 남길 광고 금지 조치에 공동으로 반대했던 경우처럼, 경쟁도 협력을 막지는 못한다. 경쟁은 또 모방도 막지 못한다. 대마초 조제실들은 패스트푸드 스타일의 드라이브 스루drive-thru 서비스를 제공한다. 카지노들은 도박자들에게 "책임감 있게 게임하라"

고 촉구한다. 이는 주류업계가 주의를 돌리고 책임을 떠넘기려고 사용했던 전형적인 홍보 전략인 "책임감 있게 술을 마시라"와 똑같은 술책이다.[15]

이런 술책에는 작은 희생이 요구된다. 1982년부터 1996년 사이에 당시 세계 최대의 맥주회사인 앤호이저부시Anheuser-Busch는 책임감 있는 음주를 강조하는 메시지에 연간 1,100만 달러 이상을 들였다. 많은 액수로 보이겠지만 제품의 홍보비로는 그 50배의 금액을 지출했다는 사실을 알고 나면 달리 보일 것이다. 수치를 분석한 기업 보고서는 경영진의 모든 조치가 "하나의 최우선적인 목표, 즉 주주 가치를 향상시키는 것을 지향"하는 것임을 보여주었다. 즉, 그 2퍼센트는 기업 이미지를 쇄신하고 정치적 압력을 모면하기 위해 잘한 투자였다.[16]

돈으로 보호를 확보하는 방법은 여러 가지가 있다. 뇌물과 폭력이 일상화된, 고위험 고수익을 노리는 불법 기업들의 방법은 꽤 명쾌하다. 마약사범들이 즐겨 말하듯, 은 아니면 납Plata o plomo, 즉 매수할 수 있는 사람은 매수하고, 안 되면 죽이는 것이다. 더 놓치기 쉬운 것은 변연계 자본주의의 합법적인 분야에서 벌어지는 합법적 형태의 유인책들이다.

가장 좋은 예는 돈세탁의 가장 오래된 형태인 자선이다. 청소부들이 중독자 시체를 낚시용 작살로 찍어 수거하던 하얼빈의 악덕지구 '그랜드 비전의 정원'을 기억하는가? 이 정원의 가장 악명 높은 슬럼가 주인 저우 씨잔Zou Xisan은 하얼빈 도덕 협회Harbin Morals Society를 이끌었고, 거기에 매달 기부를 했다. 경찰서장이 그에게 도덕 협회에 기부하면서 동시에 죄악의 소굴에서 수익을 얻는 것이 잘못되었다고 생각하지 않느냐고 물었을 때, 저우는 "나는 세상 사람들에게 적선하기 때문에 염려하지 않는다"라고 대답했다.[17]

악덕도 자선으로 재활용하면 건전하게 보일 수 있다. 저우 같은 사람들을 몽땅 잡아들여 총살한 중국 공산당 정부조차 결국에는 스포츠와 복지 프로그램을 위한 복권을 승인했다. 복권은 카지노보다 깨끗했고, 도박을 원하는 복권 구매자들에게 가려운 곳을 긁을 기회를 주었다. 복권은 상대적으로 나쁘지 않다는 생각이 퍼져나갔다. 1994년에 영국 정부는 문화유산복권기금Heritage Lottery Fund을 설립했다. 이 기금으로 박물관, 성당, 공원을 운영하면서 관광 산업이 활발하게 유지되었다. 위장된 역진세가 사회적 승리를 거두었다.[18]

퀘이커교도 쇼콜라티에의 경우는 어떠한가? 캐드버리 초콜릿 때문에 제국의 치아가 썩었을지도 모른다. 하지만 그들은 진정한 자선가였다.

J. C.와 칼 야콥센Carl Jacobsen 같은 빅토리아 시대의 맥주 양조업자들도 마찬가지였다. J. C. 야콥센은 코펜하겐 외곽의 양조장에서 고급 라거를 생산하여 큰돈을 벌었다. 그는 절제하는 생활을 설파하며, 독한 증류주의 대안으로 건강에 좋은 맥주를 홍보했다. 그는 칼스버그 재단Carlsberg Foundation을 설립했고, 이 재단은 훗날 그의 아들이자 경쟁자인 칼의 나이 칼스버그 재단Ny Carlsberg Foundation과 병합

했다. 둘 다 기부를 생색내기로만 하지는 않았다. 당시 덴마크의 기준으로 판단했을 때, 둘 다 악덕을 홍보하지도 않았다. 하지만 그들의 자비로운 유산은 기업의 홍보 목적으로 이용되었다. 기업이 국제적으로 번창함에 따라 더욱 그러했다. 칼스버그 재단은 세계적 수준의 예술과 연구 프로그램을 칼스버그 그룹의 세계적인 맥주 판매와 연계시키는 데 주저하지 않았다.[19]

칼스버그는 퍼듀 파마Purdue Pharma에 비하면 건전한 본보기다. 퍼듀의 현대사는 1952년에 뉴욕시의 내과 의사 삼형제인 아서Arthur, 모티머Mortimer, 레이먼드 삭클러Raymond Sackler가 소규모 제약회사인 퍼듀 프레드릭Purdue Frederick을 인수하면서 시작되었다. 삭클러 형제와 후계자들은 말 그대로 '약 세상'이란 뜻의 먼디파마Mundipharma라는 기업 네트워크를 통해 미국과 해외에서 매출을 올렸다. 공식은 간단했다. 제품을 밀어내고 부를 전파하라. 그들은 로비스트를 고용하고, 의학계 오피니언 리더들을 매수했으며, 유망한 처방의사들에게 식사와 컨퍼런스 여행으로 선물 공세를 펼친 후에 자사에서 지원한 신약 연구를 소개하며 약을 팔았다. 신약 중에는 만성 통증 환자들을 위한 마약도 포함되었다.

'환자'라는 꼬리표가 중요하다. 거리의 중독자들은 동정을 얻지 못하지만, 만성질환을 앓는 환자들은 동정을 얻었다. 그들을 돕는 것이나 돕는다고 주장하는 것이 엄격한 규제나 금지를 피하는 가장 확실한 방법이었다. 의료용 마리화나에 대해서도 같은 일이 벌어졌다. 왜 체중 감소와 메스꺼움에 시달리는 에이즈나 암 환자들을 도울 수 있는 치료법을 금지하는가? 이런 인도주의적인 목적에 반대할 수 있는 사람은 거의 없었다. 비록 불치병 환자들보다 대마초 유통업자들이 더 이 약을 탐냈지만 말이다.

퍼듀의 임원들도 비슷한 유혹에 직면했다. 1980년대와 1990년대 동안 그들은 통증을 완화하는 마약 판매에 점점 더 주력했다. 그들은 서방정* 모르핀인 MS 콘틴MS Contin을 시판했고, 그다음에는 헤로인 같은 강력한 효과가 있는 서방정 옥시코돈인 옥시콘틴OxyContin을 시판했다. 대부분의 MS 콘틴은 암 환자들에게 돌아갔다. 그러나 퍼듀는 암이 아닌 통증 환자들의 훨씬 더 큰 시장을 노렸다. 1995년 말에 퍼듀의 로비를 받은 미국 식품의약국FDA은 며칠 이상 지속되는 중등도 내지 중증의 통증에 대해 옥시콘틴을 처방할 수 있도록 승인했다. 퍼듀는 즉시 이런 조치를 수용한 의사들을 찾아 나섰고, 그들을 통해 관절염이나 요통 같은 흔한 질병으로 고생하면서도 오피오이드에 오염되지 않은 환자군의 노다지를 캐러 다녔다. 퍼듀는 대부분의 부작용이 빠르게 줄어들 것이라고 약속했다. 퍼듀의 정제는 '부드럽고 지속적인' 통증 완화 효과를 제공할 것이라고 했다. '통증치료에 합법적으로 사용되는 오피오이드에 대한 의원성 "중독"'에 대해서는 그런 경우가 '극히 드물기' 때문에 걱정할 필요가 없다고 했다.[20]

하지만 그렇지는 않았다. 2000년대 초반에 옥시콘틴의 과잉 처

---

* 유효 성분이 천천히 방출되도록 만든 정제-옮긴이주

방으로 오피오이드의 남용과 중독이 급격히 증가했고 마약의 수요도 증가했다. 합법이든 불법이든 다른 공급업체들도 사업에 뛰어들었다. 제약업계와 유통업체들은 알약 공장의 재고를 계속 충분히 유지시켜 공장들을 유통의 허브로 바꾸었다. 환자들은 이런 시스템을 가동하는 법을 터득했다. 그들은 의사를 쇼핑하고, 처방약을 조제하여, 구매가보다 훨씬 비싼 가격으로 알약을 판매했다. 알약이 비싸지자, 자체적으로 유통망을 구축해온 멕시코 밀매업자들이 고품질 헤로인으로 경쟁에 나섰다. 그들은 나중에 펜타닐을 추가했는데, 이는 아무데나 쉽게 합성되어 밀수하기 쉬운 강력한 오피오이드였다. 퍼듀는 계속 사업을 진행했고, 그로 인해 중독과 과다 복용이 급속히 확산되면서 파국적인 결과를 낳았다. 2016년과 2017년에는 과다 복용 사망이 미국의 평균 수명을 감소시키는 원인이 되었다. 미국의 평균 수명은 1962년과 1963년의 치명적인 독감 유행 이후 최초로 2년 연속 하락했다.[21]

한편 삭클러 형제와 그들의 후계자들은 이익을 세상에 환원하기로 다짐했다. 그들은 유명 대학교에 연구소와 교수직, 강의 시리즈를 만들었다. 그들은 하버드 대학교부터 북경 대학교에 새로운 박물관을 지었다. 또 뉴욕 대학교부터 파리 대학교에 이르기까지 오래된 박물관들을 확장했다. 이런 기부로 삭클러 가문은 수십 년간 명성과 호감을 얻었다. 오피오이드 중독의 심각한 문제가 더 이상 감추기에는 너무 커져버릴 때까지 말이다. 정신의학 교수 앨런 프랜시스Allen Frances는 기자에게 본인은 '삭클러'란 이름이 붙은 강의실에서 프레젠테이션을 하는 데 경력을 바쳤다고 말했다. 그는 삭클러란 이름을 자본주의의 포상금에서 십일조를 얻어 좋은 일을 하는 것과 동의어로 생각했다. 그러자 삭클러 가문이 대중의 중독을 이용해 막대한 부를 얻었다는 사실이 명백해졌다. "그들이 어떻게 나쁜 짓을 하고도 처벌을 안 받았는지가 충격적"이라고 그는 말했다.[22]

충격적이지만, 그것 역시 패턴의 일부다. 대학을 기부한 담배 재벌 제임스 듀크James Duke. 가난한 아이들을 위해 축구장을 건설한 마약사범 파블로 에스코바르Pablo Escobar. 시오니즘의 대의와 암 연구를 지원한 카지노 갑부 셸던 애덜슨. 박물관에 날개를 달아준 제약업계의 삭클러 가문. 엄격한 구분은 아니어도 합법이든 불법이든 변연계 자본가들은 공동체의 패배자뿐 아니라 공동체의 수혜자도 만들어냈다. 당신이 고래를 잡으면 많은 사람이 고래 기름과 고래 지방의 일부를 나눠 받게 된다. 여기서 '고래'란 퍼듀의 임원들이 그들의 제품을 가장 많이 처방하는 의사들을 가리키는 데 썼던 도박 용어다.[23]

변연계 자본주의의 수혜자가 항상 의도된 사람들은 아니었다. 일례로, 사모펀드 회사들은 오피오이드 중독의 급속한 확산과 아무 상관이 없었다. 그렇지만 그들은 2011년부터 2016년까지 모든 새로운 중독자를 기회로 활용하기 위해 사설 약물 치료 시설에 50억 달러 이상을 투자했다. 변연계 자본주의가 공모자들의 느슨한 연합이기보다는 자체적으로 유지되는 시스템이기 때문이다. 조작된 탐닉으로 인해 제품의 실제 가격이나 공급자의 대차대조표에는 반영되지 않는 부작용, 즉 외부효과가 발생하여 이해관계자들이 생겨난다. 미국에서는 18세에서 29세까지의 운전자들 가운데 약 3분의 2가 운전 중에 문자 메시지를 보낸 사실을 인정했다. 오랫동안 감소 추세였던 전체 교통사고 건수가 2011년 이후 증가하기 시작했다. 자동차 보험료도 올랐다. 스마트폰 제조사들이 아니라 운전자들이 돈을 잃게 된 것이다.[24]

빨판상어는 변연계 자본주의의 상어에 올라타 있다. 빨판상어들은 모양도 크기도 다양하다. 장교들을 고용하는 방법을 생각해보라. 어떤 종류의 과잉 소비나 중독도 지원자들을 평가하기에 유용한 지표다. 그런 지표는 계급, 성격, 스트레스에 대해 그리고 충동 조절과 정적으로 연관된 지능에 대해 단서를 제공한다는 점에서 유용하다. 그런 지표를 이용하면 의사 결정이 단순해지고 미래의 손실을 피할 수 있다. 통계적으로 흡연자, 간식 중독자, 불면증에 시달리는 게이머, 마약 양성 반응자들은 고용 내기에서 형편없는 패를 쥐고 있는 셈이다.

어쩌면 개념적으로는 그럴 것이다. 하지만 고용주들이 변연계 자본주의의 피해자들을 피한다고 해서 실제로 얼마나 많은 돈을 절약할 수 있을까?

개별 연구는 그럼으로써 상당한 액수가 절약된다고 보고하지만 그게 얼마인지 종합적으로 말하기는 힘들다. 흡연을 위한 휴식 시간, 늘어나는 건강관리 비용, 결근 일수, 저하된 생산성을 집계하고 거기에 조기 사망으로 절감되는 퇴직금 지출액을 빼보면, 미국의 개인 고용주들이 흡연자 1명당 연평균 약 6천 달러의 비용을 지불하는 것으로 추정된다. 다시 말해 직원을 고용할 때 흡연자를 걸러내면, 1인당 매년 6천 달러를 절약하게 되는 것이다. 이 수치는 물론 의료 서비스 비용이 더 낮은 나라들의 경우 더 줄어든다. 하역장에서 담배를 피우거나 기관지염에 걸려 집에 누워 있을 때 회사를 위해 돈을 벌어주는 사람은 아무도 없다.[25]

'문제적인 이익'을 반영하여 외부효과를 더 낮게 추정할 수도 있다. 의료 기술 회사들은 마약 검사 장비와 서비스를 판매하여 매년 30억 달러 이상의 매출을 올린다. 연매출이 4.5퍼센트씩 증가하고 있다. 한편, 수십억 명의 소비자와 근로자들이 담배를 끊거나 다이어트를 위해 제품을 구입하거나 앞으로 구입할 것이다. 세계 다이어트 산업은 2016년에 2,150억 달러의 매출과 연평균 8.3퍼센트의 성장률을 기록했다. 언젠가는 빨판상어가 상어만큼 커질 것이다.[26]

2차, 3차의 문제적 이익도 있다. 즉 빨판상어에 올라타 있는 빨판상어가 있는 것이다. 폐암 환자에 대한 면역요법이 늘어난다는 것은 (연간 10만 달러 규모) 강한 반응을 일으키는 면역체계가 환자의 건강한 폐 조직까지 공격하는 경우, 호흡기내과 의사들의 일이 더 늘어난다는 의미다. 오피오이드로 인한 사망이 더 늘면 기증된 장기가 더 많아지고 장기 이식팀이 더 바빠진다는 의미다. 비만 수술이 많아진다면 늘어난 피부를 제거하기 위해 후속 수술도 더 많아진다는 의미다. 음식 대신 알코올이나 마약을 남용하는 비만 수술 환자들은 치료비가 더 추가된다. 재활 시설은 자선사업이 아니며, 특히 미국에서는 그렇지 않아서, 반복적인 입원은 힘겹게 살아가는 가족의 남은 저축마저 고갈시킨다. 폭넓게 말하자면, 미국은 의료비의 통제가 부족하다 보니 조작된 탐닉에서 벗어나려는 사람들의 시장이 세계에서 가장 수익성 높은 시장이 되었다. 제약업계는 변연계 자본주의를 사랑한다. 단지 제품의 시장이 확보되기 때문만은 아니다. 대개 나쁜 식습관과 관련 있는 '나쁜' 콜레스테롤을 낮추는 약인 리피토Lipitor도 사회의료보장제도를 갖춘 나라에서보다 미국에서 20배나 더 많이 팔린다.[27]

결국 자세히 들여다보면, 당신이 말하는 세계적인 비극이란 그저 양키의 또 다른 어리석은 짓들로 보인다.

딱히 그렇지는 않다. 미국인들이 유례없는 자유, 부, 권력을 누리면서 변연계 자본주의의 세계화에, 특히 제2차 세계 대전 후에 주도적인 역할을 해온 것은 사실이다. 그리고 미국인들이 악덕의 탐닉에 유난히 많은 대가를 치른 것도 사실이다. 하지만 다른 국가들도 국민 소득이 증가하면서 미국의 선례를 따르게 되었다. 일례로 사우디아라비아는 세계에서 가장 비만이 심한 나라가 되었다. 비만 수술을 받는다면 뉴욕 못지않게 리야드에서 좋은 서비스를 받게 될 것이다.

애당초 미국이 변연계 자본주의의 세계적 '준거 사회'가 될 것이라고 예견할 이유는 하나도 없었다. 18세기와 19세기에 유럽의 쾌락, 악덕, 중독의 역사는 미국과 거의 관련이 없었다. 당시 유럽은 무역, 제국, 도시, 산업, 예술을 통해 생동감 넘치는 쾌락의 창조성을 분출하는 등 모든 요인을 갖추었다. 벨 에포크의 파리는 실리콘 밸리만큼 자연스럽게 이 이야기의 출발점이 될 수 있었다. 미국이 없었더라도, 변연계 자본주의의 세계화는 승승장구하며 발전했을 테고, 아마 좀 더 세련된 억양을 띠었을 것이다.

하지만 노예제나 대량 학살의 세계화도 승승장구하며 발전했을 것이라고 말하진 못할 것이다. 개혁파, 정부, 국제기구들은 약탈이 심한 외부 효과를 초래하는 다른 약탈적인 시스템을 저지시켜왔다. 왜 변연계 자본주의만은 막지 못하는가?

첫째, 변연계 자본주의는 당대 인구 중에 모든 사람을 노예로 만들거나 죽인 적이 없었다. 많은 사람이 비록 위험하기는 해도 해방감을 느끼는 강력한 새로운 쾌락을 발견했다. 이 책의 3장을 참조하라. 둘째, 19세기 후반과 20세기 초반에는 개혁가들과 정부들이 분명히 변연계 자본주의의 발전을 막으려 했고, 특히 그것이 국가 안보와 공공질서에 위협이 되는 경우에 그러했다. 이 책의 4장을 참조하라. 셋째, 개혁가들은 가까스로 만들어낸 모든 장애물에 대해 그들 자신의 장애물을 만났다. 정부들은 재무장과 경제적 침체에 직면하여 세수가 부족해졌다. 제2차 세계 대전 때는 군대의 악덕이 판을 쳤다. 그 후에는 관광 산업이 폭발적으로 발전했다. 자금력이 풍부한 적들은 제품을 무기화하고 다양한 마케팅 수법을 확대해가며 세계화를 꾀했다. 이 책의 5장을 참조하라.

그 결과 반악덕 진보주의자들은 점차적으로, 고르지 않게 지지 기반을 상실했다. 이 문제에 있어서는 다른 진보 진영도 마찬가지였다. 20세기 후반에 자유 시장이 부활하면서 많은 분야의 개혁가들이 암초에 부딪쳤다. 반악덕 운동가들이 가장 큰 영향력을 누렸던 시점은 현대화되는 국가의 지배적 엘리트들이 자유방임주의가 사회적으로 최선의 결과를 내지 못하고, 특히 국가의 안보가 달린 국민의 건강을 위해 좋지 않다고 확신했을 때였다. 악덕을 세습되는 타락과 동일시하던 그때에는 정부의 시장 개입이 필수적이었다. 20세기가 시작할 무렵에는 반악덕 운동가들이 국가 통제주의자들의 순풍을, 때로는 위험한 정권의 순풍을 맞으면서 유유히 순항했다. 20세기가 끝날 무렵 바람의 방향이 바뀌자, 그들은 시장 극대화—효용의 극대화, 국제 교역의 극대화, 주주 가치의 극대화, 자유의 극대화 등—라는 거창한 수사에 가로막혀 배의 침로를 바꾸어야 했다.

물론 자유의지론이라고 해도 실은 원조를 받는 자유의지론이었다. 그 원조는 기업 지원 정책과 주요 이익단체의 보조금으로 쓰였으며, 그들은 국채를 발행하여 그 청구서를 후대에 떠넘겼다. 그렇더라도 자유 시장 근본주의는 이론의 여지가 없는 20세기 후반의 시대정신이었다. 그리고 이론의 여지가 없이 자유 시장 근본주의는 악덕을 통제하는 데 반대했다. 대표적인 자유의지론 경제학자인 밀턴 프리드먼Milton Friedman이 마약의 합법화를 지지하는 지식인들의 대부이기도 했던 것은 우연이 아니다. 그는 마약 합법화의 수호성인으로 남았다.[28]

자유 시장의 부활을 의미하는 신자유주의에 대한 진보적인 비판자들은 글로벌 자본주의와 대중의 중독 사이에 단순한 규제 반대 이상의 사회적 연결고리가 있다고 주장했다. 복지 국가가 후퇴하고, 소비자와 환경의 보호 조치가 사라지고, 값싼 파트타임 노동자들이 착취를 당하고, 투자자들에게 특권을 부여하고, 악착스런 악인들이 나머지를 모두 차지하게 되면서 사회 전반의 불평등과 비참함이 확대되자 중독성 제품의 수요도 증가한 것이다. 실직자들이나 끔찍한 일에 혹사당하는 노동자들이 그 대가를 치렀다. 1990년대에 이르자 뭄바이의 넝마주이들은 대부분 흑설탕 헤로인을 복용하고 있었다. 그들은 완전히 무일푼이 되면 접착제나 가솔린 냄새를 맡았다. 더 충격적인 것은 한때 번영하며 마약 문제가 거의 없었던 미국의 백인 노동계층에서도 오피오이드 중독이 급속히 확산된 것이다. 그들은 문화 전쟁이라는 정치적 미명하에 신자유주의의 세계적 준거 사회가 되어가는 나라에서 그들의 고용 전망, 사기, 가정의 안정성이 침해당하기 전까지는 마약으로 고통받지 않았다.[29]

진보적인 사회비평가들은 실험심리학자 브루스 알렉산더Bruce Alexander의 연구에서 대변인을 발견했다. 알렉산더는 경력 초기에 쥐의 모르핀 중독을 연구했다. 그는 좁은 실험실 우리와 스키너 상자에 갇혀 심리적으로 학대받은 쥐들보다 공원같이 넓은 환경에 살며 만족해하는 쥐들을 중독시키기가 더 어렵다는 사실을 발견했다. 윤리적인 이유로 이 중독성 실험을 인간에게 실시할 수는 없었다. 그래서 알렉산더는 역사적, 사회학적, 인류학적 문헌을 파헤쳤고 2008년에《중독의 세계화-영혼의 빈곤에 대한 연구The Globalisation of Addiction: A Study in Poverty of the Spirit》에서 연구 결과를 발표했다.

알렉산더는 나와 마찬가지로 우리가 중독의 시대에 살고 있다고 전제했다. 그는 중독의 시대를 점점 다양해지는 유해한 마약, 추구, 신념에 대한 지나친 탐닉의 스펙트럼으로 정의했다. 심지어 자유 시장 교리에 대한 믿음을 '중독적인 신념'이라고까지 표현했다. 아마 그것은 부분적으로나 함축적으로 중독에 근거한 믿음이라고 말하는 편이 더 나을 것이다. 물론 평계에 불과하지만 말이다. 진짜 문제는 인과관계다. 알렉산더는 수요에 모든 초점을 맞추었다. 그가 보기에 근본적인 문제는 가차 없이 세계화되는 시장 경제로 야기된 혼란, 경쟁, 소외, 불안이었다. 중독은 결국 개인의 장애가 아니라 세계적인 사회문제였다.[30]

인류 문명 초기의 불평등과 질병 부담 때문에 사람들이 술과 다른 약물에서 위안을 찾게 되었다고 생각하는 사람이라면, 알렉산더의 이런 설명을 부인하기 힘들 것이다. 문제는 그것이 전부가 아니라는 것이다. 뭄바이의 넝마주이들은 싸구려 헤로인이 주변에 널려 있는 도시에 살았다. 중독으로 피폐해진 미국인들은 으리으리한 차를 타고 피자처럼 헤로인을 배달하는 멕시코 판매상들과 퍼듀 파마

가 지배하는 땅에서 살았다. 그냥 단축 다이얼만 누르면 마약이 손에 들어온 것이다.[31]

> 알렉산더는 수요를 강조하고, 당신은 공급을 강조한다. 알렉산더는 아노미로 대중의 중독을 설명할 수 있다고 말한다. 당신은 거기에 접근성, 가격 적절성, 광고, 익명성을 더한다.

그리고 중독 신경과학을 추가한다. 스트레스와 유전으로 정신적 토양이 아무리 잘 다져져 있다고 해도, 누군가가 거기에 뇌 보상과 변형의 씨앗을 뿌리기 전까지는 파괴적인 습관의 잡초가 자라지 않는다. 아무리 뇌질환 모델을 비판하더라도 이런 통찰은 여전히 유효하다. '우아' 하는 짜릿한 순간과 기억이 없고 갈망으로 변하는 강렬한 애호가 없다면 중독이 심해질 가능성은 없다. 이 책의 6장을 참조하라.

신경의 노출과 조건화가 중독에 필수적이라는 이론에는 역설적인 함의가 있다. 좋든 싫든 간에 중독 치료를 추구하는 뇌질환 모델 옹호자들은 악덕 치안대와 공통적인 의견을 공유했다. 공급을 제한하지 않고는 중독을 감소시키려는 어떤 전략도 실현 가능하지 않다는 것이다. 아이러니하게도 이 문제가 알렉산더에 대한 비판에도 적용된다. 선진 자본주의가 수십억 명의 사람들을 중독에 취약해지게 만들었다면, 그럴수록 노출을 최소한으로 줄여야 한다는 것이다.

아니면 선진 자본주의를 타파하는 방법도 있다.

하지만 그런 일은 금방 일어나지는 않을 것이다.

종교는 어떠한가? 자유 시장 이데올로기가 20세기 후반에 다시 생명을 얻었다면 보수적인 종교적 신념도 그랬다. 왜 목사들과 물라들(이슬람교 율법학자)은 변연계 자본주의에 제동을 걸지 않았을까?

그들도 제동을 걸고 싶어 했다. 가톨릭 교리문답서에 나오듯, 절제의 미덕은 신자들에게 모든 종류의 탐닉을 피하라고 요구한다. 변연계 자본주의는 탐닉을 부추기는 것이 핵심이다. 하지만 상업적 악덕에 대한 종교계의 반감은 1세기 전과 같은 초국가적 개혁 운동을 일으키는 데 실패했다. 20세기 후반에는 전성기 때의 세계여성기독교금주연맹WWCTU에 견줄 만한 세력도 없었고, 모한다스 간디나 브렌트 주교처럼 세계적 위상을 가진 종교적 반악덕 운동가도 없었다. 선교사들은 식민지 독립 후에는 세계에서 훨씬 적은 정치적 영향력을 행사했다.[32]

물론 종교 지도자들은 여전히 악덕에 반대하는 캠페인을 벌였다. 그러나 그 캠페인은 보다 내부 성찰적이었고, 신앙인들을 한데 결속시키는 데 더 관심이 있었다. 예를 들어, 복음주의 개신교도들은 오랫동안 물질주의, 상대주의, 개인주의, 성적 자유를 주창하는 상업적이고 세속적인 문화와 대립해왔다. 이제 그들은 인터넷 및 소셜 미디어와도 맞서 싸워야 한다. 그들은 그런 것을 오물의 바다와 파멸시켜야 할 우상으로 여긴다. 그런데 인터넷으로 연결된 젊은이들, 즉 미래 세대는 그런 우상을 습관적으로 숭배하는 경향이 점점 강해지고, 심지어 그런 숭배 때문에 스스로 비참해질 때에도 숭배를 멈추지 않는다. 이는 세트와 세팅의 극치다. 사용을 멈춘다면 우리의 생활이 사라진다는 것이다. 이 책의 7장을 참조하라.[33]

사치의 덫은 소셜 미디어보다 더 많은 사람에게 적용되는 세속의 덫 기능도 겸했다. 성직자들과 사회학자들이 동의한 몇 가지 원칙 중 하나는 부가 축적될수록 사람들이 세속적인 물질에 더 집착하게 된다는 것이다. 이런 원칙에는 필연적인 결과가 따랐다. 어떤 제품이든 사용자들이 제품에 집착하도록 설계하면 세속화의 과정이 강화되었다. 사실 이는 순환 논리였다. 변연계 자본주의는 종교를 약화시킴으로써 변연계 자본주의의 팽창과 혁신을 막는 가장 중요한 역사적 장벽 중 하나를 무너뜨렸다. 만약 신이 죽었다면, 어떤 제품이든 만들어 팔 수 있었다. 만약 어떤 제품이든 만들어 팔 수 있다면, 경건한 사람들은 고용될 기회가 줄어든 셈이다.

그래서 아무것도 변연계 자본주의의 전진을 막을 수 없다. 당신의 비극은 《햄릿Hamlet》처럼 끝이 났고, 무대 여기저기에 시체들이 널브러져 있다.

나는 그렇게 말하지 않았다. 나는 그것이 풍부한 자금력, 기술적 추진력, 역사적 순풍, 그에 따른 이데올로기적 바다를 갖춘 글로벌 자본주의의 위험한 측면이라고 말했다. 그러나 규제는 주기적으로 바뀌고, 위협은 대응을 촉발하며, 정치적 기후는 결국 변한다. 설탕을 빌미로 이런 변화 과정은 이미 시작되었다. 2012년에 뉴욕 시장 마이클 블룸버그Michael Bloomberg는 탄산음료를 급증하는 비만과 당뇨의 주요인으로 지목하며, 대형 탄산음료에 반대하는 캠페인을 시작했다. 소비자자유센터Center for Consumer Freedom와 같은 변연계 자본주의의 위장 단체들은 "뉴욕 시민은 유모가 아니라 시장이 필요하다"며 블룸버그의 노력을 조롱하는 광고를 냈다. 블룸버그 캠페인은 흐지부지되었다. 하지만 그의 생각은 계속 이어졌다. 5년 후 미국의 9개 도시가 설탕이 들어간 음료에 일종의 과세를 시작했다. 라틴 아메리카에서 오세아니아에 이르는 12개 이상의 비만에 시달리는 국가들이 WHO가 2016년에 승인한 유사한 법안을 통과시켰다. 칠레 의회는 세금을 부과하고 정크 푸드에 경고 라벨을 요구했으며, 설탕이 든 시리얼에 대한 만화 광고를 금지했다. 토니 더 타이거*와도 이젠 안녕이었다. 로비스트들이 부당하다고 외치자 소아과 의사 출신의 사회주의자 상원의원 귀도 히라르디Guido Girardi는 이들을 현대판 소아성애자라 일축했다.[34]

악덕에 대한 종교계의 조직적인 반대에 어떤 약점이 있었든지 간에, 세속적인 반대 세력은 여전히 건재하고 활발히 활동하고 있

---

* 켈로그 시리얼의 광고에 나오는 만화 호랑이 캐릭터-옮긴이주

다. 공중 보건 개혁가들은 담배의 통제를 둘러싼 전쟁에서 패기를 보였다. 비록 그들은 다국적 담배기업들을 궤멸하는 데는 실패했어도, 가장 위험한 상품인 가연성 담배를 놓고 그들과 싸워서 꼼짝 못하게 만들었다. 청소년의 흡연이 급격히 증가하면서, 다국적 담배기업들은 덜 위험하다고 주장하는 전자담배에 대해서도 새로운 판매 및 마케팅에 제약을 받게 되었다. 2018년까지 30개국이 전자담배를 전면 금지했다. 이런 성과와 설탕이 잔뜩 들어간 식단에 대해 커지는 반대의 목소리는 과학적 근거가 여전히 사회의 변화를 일으킬 수 있음을 보여준다. 그리고 과학적 근거는 기존의 규제를 보호할 수도 있다. 1984년에 미국 정부는 합법적인 음주 가능 연령을 21세로 올렸다. 당시에 이 조치는 논란이 되었다. 하지만 한 해에 교통사고 사망자가 천 명 이상 줄었다는 연구 결과가 나오자 논란은 수그러들었다. 십대들은 여전히 술을 마셨지만, 음주로 의식을 잃거나 음주 운전으로 사망하는 청소년 수는 상대적으로 줄어들었다. 어떤 제품이 위험하고 특히 젊은이에게 위험해 보일수록, 규제, 과세, 금지의 노력이 성공을 거둘 확률이 높다.[35]

당신은 금지 조치의 위신이 추락했다고 말했다.

치료, 과세, 규제, 교육을 통해 폐해를 줄이는 데 주력하는 세속적 진보주의자들 사이에서는 그렇다. 이런 전략은 시간과 노력이 많이 들고 화려하지는 않아도 비용 효율성이 높다. 치료는 더 안전하고 중독자들의 삶을 개선한다. 하지만 처음부터 그렇지는 않다. 치료에는 많은 돈과 시간이 드는 데다 모두가 이용 가능하려면 정책적 의지도 요구된다.

정책적 의지는 소비를 최소화하는 규제와 세제 정책에도 필요하다. 예를 들어, 술의 단가가 높아지면 로비스트들이 떼를 지어 몰려든다. 단가가 훨씬 더 높아지면 밀주업자와 밀매업자들이 꼬여든다. 하지만 의학계의 연구와 리뷰들은 최저 가격을 올리면 알코올 소비량과 알코올의 유해성이 줄어든다는 것을 일관되게 확인했다. 다른 잠재적 중독성이 있는 제품들도 마찬가지다. 중독성 제품들에 대한 수요는 비교적 비탄력적이지만, 꼭 그렇지만은 않다.[36]

진보주의자들이 강제하기를 원하는 또 다른 방법은 규제다. 광고 아카이브에서 시간을 보내본 사람이면 누구나 규제의 과녁 한복판에 악덕이 아니라 악덕 마케팅이 있다는 사회과학자들의 견해에 공감할 것이다. 2001년에 정책 분석가 겸 경제학자인 로버트 맥컨Robert MacCoun과 피터 로이터Peter Reuter는 과거와 현재의 악덕에 대한 규제를 조사한 뒤, 상업적 판촉 활동이 합법적 이용 가능성만큼, 또는 그 이상으로 중요하다고 결론지었다. 이런 원칙은 대마초 가게뿐만 아니라 도박장에도 적용되었다.[37]

일부 합법적인 제품과 서비스는 너무 위험해서 금지시켜야 마땅하다는 사실을 인정하자. 많은 개혁가들이 내심 가연성 담배가 금지되기를 바란다. 흑색종*이 많은 오스트레일리아의 대부분 지역에서는 이미 많은 태닝숍이 금지되고 있다. 하지만 잠재적으로 중독성이 높은 제품과 서비스는 원칙적으로 법적 제재보다는 높은 가격을 유지하고 광고주들을 저지하여 젊은이들의 접근을 막는 데 더 신경써야 한다. 그런 필요성을 보여주는 대표적인 예가 마리화나다. 꾸준히 마리화나를 흡연하는 십대들은 똑같이 흡연하는 성인들보다 IQ 점수가 더 큰 폭으로 떨어졌다. 이것이 미성년자에게 마리화나 판매를 중단한다면서도 여전히 그 습관을 지나치게 일찍 시작한 마리화나 상용자들에게 의존하고 있는 이 신생업계의 불편한 진실이다.[38]

디지털 중독도 마찬가지다. 디지털 중독이 급속도로 확산된 한 가지 이유는 아무리 좋은 의도의 규제와 업계의 협력을 기대한다고 해도 아이들이 디지털 영역에 접근하는 것을 막기 불가능하기 때문이다. 디지털 기기와 앱은 어디에나 있다. 또래의 압력도 거세다. 중독의 갈고리가 일찌감치 심어질 수밖에 없다.

그러면 마지막 남은 카드는 하나뿐이다. 바로 교육이다. 젊은이든 노인이든 사용자들에게 습관성 제품의 위험을 경고하는 것은 여전히 가능하다. 가장 효과적인 경고는 조롱이다. 1978년에 오스트레일리아 금연 운동가들은 '건강에 해로운 광고에 반대하는 그래피티스트를 이용한 광고판Billboard Utilising Graffitists Against Unhealthy Promotions',

---

* 피부암의 일종-옮긴이주

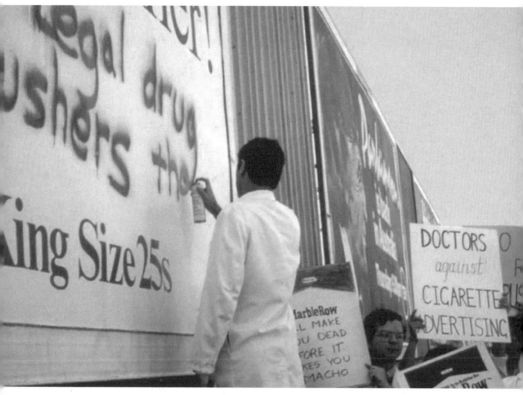

1983년 10월 1일에 외과의사 아서 체스터필드 에반스(Arthur Chesterfield-Evans)가 오스트레일리아 시드니에 있는 광고판 앞에서 저항적인 연설을 했다(그는 얼마 뒤에 유죄 판결을 받았다). "나는 수술을 한 지 6년 만에 사람들이 고통받고 죽는다는 현실을 받아들일 수 있었다. 하지만 나는 흡연으로 인한 질병이 정보가 적은 소비자들을 상대로 자본가 세력이 벌인 냉혈하고 조직적인 사기 캠페인의 결과라는 사실을 받아들이는 데는 정말 어려움을 겪었다." 그는 사다리를 타고 올라가서 간판에 '합법적인 마약 밀매업자들이 진짜 범죄자'라고 스프레이로 썼다. 환호하며 플래카드를 흔들던 군중들이 광고판의 위아래를 스프레이로 뒤덮으며 합세했다.

줄여서 BUGA UP을 세웠다. 이 명칭은 무엇인가를 망친다는 의미의 오스트레일리아 속어를 이용한 말장난인데, 이름 그대로 BUGA UP은 광고판 광고를 그래피티로 '확 뒤집어' 망쳐버리는 식이었다. 예를 들어 담배를 광고하는 간판 여기저기에 물감을 뿌려서 "Have a Winfield(윈필드 담배를 피우세요)"를 "Have a Wank(자위를 하세요)"로 바꾼 것이다. 청교도주의의 어떤 금기에서도 자유로운, 발칙한 포퓰리즘과 시민 불복종의 승리였다. BUGA UP은 1992년에 판매 상점의 광고를 제외한 모든 담배 광고를 불법화하는 국법을 보장하는 캠페인에 착수했다.[39]

> 그렇다면 지하철 에스컬레이터 양옆의 스크린을 라자냐 광고가 아닌 공공 서비스의 풍자적인 공고문으로 가득 채워라. 소비자들을 계몽하고, 규제의 열기를 높여라.

상업적인 언론의 자유라는 명백한 이슈 외에 또 한 가지 문제가 있다. 바로 교육이 가능한 수준의 차이다. 모든 사람이 충고에 따르는 것은 아니다. 충동성, 미래의 가치 폄하, 스트레스로 인한 질병 등 한 사람을 중독에 더 취약하게 만드는 특징은 공중 보건 메시지에도 더 둔감해지게 한다. 담배의 역사를 다시 예로 들자면, 메시지의 취지를 파악한 사람들은 교육 수준이 더 높고 사회적 지위도 더 높은 경향이 있다. 이들이 흡연 습관을 버리거나 피하면 다른 사람들도 그들의 본보기를 따르는데, 보통은 계층에 대한 낙인이 증가하기 때문이다. 하지만 그 반대 논리도 성립한다. 우리는 누가 중독되었는지에 따라 그 중독에 대한 판단을 달리하기 때문에, 해당 중독자 수가 점점 줄어들수록 사회적 동정을 얻지 못하게 된다. 사람들은 그들이 과다 복용을 해서 암과 관상동맥에 걸려도 싼 고집 센 바보들이라고 생각한다.

또는 가난해도 싸다고 생각한다. 누가 그들에게 일자리를 주고 싶겠는가?

또는 그들이 자유나 심지어 목숨을 잃어도 그럴 만하고 생각한다. 역사는 예기치 못한 방향으로 흘러간다. 냉전이 끝날 무렵 아무도 권위주의적인 포퓰리스트 민족주의가 전 세계적으로 부흥할 것을 예견하지 못했다. 그러나 그런 일이 일어났고, 결과적으로 악덕과 중독에 대한 정책에 영향을 미쳤다. 러시아의 블라디미르 푸틴 Vladimir Putin 대통령은 강경한 마약 정책을 추진했고 이 정책은 러시아의 기대 수명을 끌어내리는 알코올 남용과 흡연으로까지 확대되었다. 2017년에 푸틴은 2015년 이후 태어난 사람은 누구도 담배를 사지 못하게 하겠다고 선언했고, 이 조치는 점진적인 금지 선언에 이르렀다. 2016년에 필리핀의 로드리고 두테르테Rodrigo Duterte 대통령은 뇌가 위축되는 크리스탈메스* '좀비'의 유행을 맹렬히 비난하

---

* 메스암페타민 가루-옮긴이주

며, 마약 거래상과 사용자들에 대해 사법 절차에 따르지 않는 초법
적 살인이라는 추악한 캠페인을 승인했다. 같은 해에 도널드 트럼프
Donald Trump는 마약과 이민자를 막기 위해 미국 남서쪽 국경에 장벽
을 세우겠다고 약속하며 미국 대통령 선거에서 승리했다. 한편 거
대한 장벽도 뚫릴 수 있음을 더 잘 아는 중국 보안 경찰은 반체제 인
사뿐 아니라 마약 복용자를 추적하는 데도 첨단 장비를 이용했다.
2018년에 중국의 검열관과 교육 관료들은 디지털 중독을 우려하여
새로 발매되는 비디오게임 수를 제한하고, 미성년자들이 게임을 할
수 있는 시간과 정도를 제한하는 디지털 검증 시스템을 시행하겠다
고 약속했다. 그 후에 벌어진 텐센트의 주가 폭락은 악덕과 반악덕
이 항상 기술적 군비 경쟁에 갇혀 있었다는 사실을 상기시킨다. 빅
토리아 시대의 개혁가들은 당대의 첨단 기술력을 활용했다. 현대판
독재자들도 똑같은 일을 할 수 있다.[40]

결론은 변연계 자본주의가 좌파와 우파 양쪽의 조직적인 반대에
이중으로 시달릴 가능성이 있다는 것이다. 진보주의자들과 부활하
는 민족주의자들은 도덕적 보수주의자들과 함께 예전에도 상업적
악덕에 맞서는 공동의 대의를 세워왔다. 그들은 또다시 그렇게 할
수 있다.

그들이 과연 그럴까?

그들이 어떻게 시작하느냐에 달려 있다. 상업적 악덕의 잠재적

인 중독성과 보다 광범위하게는 대뇌 피질의 단련된 쾌락에서 더 저열한 쾌락으로 뇌를 단순화하려는 유혹이 요즘만큼 강렬했던 적은 없었다. 하지만 도덕적 십자군 운동은 결국 역효과를 낳게 된다. 이것이 역사적으로 악덕의 규제가 억압과 관용의 주기를 계속 오갔던 이유다. 물론 모든 규제는 어느 정도 순환적이다. 공포가 먼저 우위를 점하다가 다음에는 탐욕이 우세해지면 정책의 변화가 촉구된다. 하지만 악덕 관련 정책은 유심히 극심한 변화를 겪었고, 난봉꾼이든 청교도든 간에 적들을 호되게 비난하는 만족감 때문에 부침이 더욱 더 심해졌다. 마약 정책 분석가 마크 클레이먼Mark Kleiman은 법과 프로그램이 결과에 의해 평가되어야지 그것을 만든 사람들의 '따뜻한 감정'에 의해 평가되어서는 안 된다고 말하여 정곡을 찔렀다.

클레이먼의 또 다른 말도 되풀이하여 인용할 가치가 있다. 악덕의 폐해를 최소화하는 악덕 정책은 '마지못한 용인grudging-toleration'인 경우가 많다는 것이다. 냉전 시대처럼, 정책의 목표는 결국 '억제'가 되어야 한다. 똑똑한 억제란 일련의 연속적인 전환점에서 대항 세력—혹독한 세금, 판매와 소비 면허, 엄격한 연령 요건, 마케팅 금지, 풍자적인 선동 등—의 적절한 조합을 계산하여 참을성 있게 적용하는 것을 의미한다. 반면 어리석은 억제는 종종 한 지점에서 무분별하게 징벌을 증가시키는 것이다. 또 다른 베트남을 만드는 것이다. 하지만 우리는 또 다른 계산 때문에 악덕의 베트남들을 만들게 된다. 어떤 노선을 취해야 내 득표수를 극대화하고 내 지지층을 달래줄 것인가? 이런 계산 말이다. 조작된 탐닉은 악덕의 상업뿐 아니라

악덕의 정책에도 적용된다.[41]

당신은 우리가 어떻게 해야 좋을지를 물었다. 내 대답은 인생에서처럼 정치에서도 탐닉에 맞서야 한다는 것이다.

NOTE

들어가며

1. Five years later, when I contacted Berg to verify the accuracy of this account, he noted that he still had friends who were "quite compulsive gamers" (pers. comm., August 28, 2015).

2. Melanie Maier, "Wenn Porno zur Droge wird," *Stuttgarter Zeitung*, June 19, 2017 (translating *Einstiegsdroge* as "gateway drug"); James J. DiNicolantonio and Sean C. Lucan, "Sugar Season. It's Everywhere, and Addictive," *NYT*, editorial, December 22, 2014; Juliet Larkin, "Woman Drank Litres of Coke Every Day before Death," *New Zealand Herald*, April 19, 2012; Tom Phillips, "Chinese Teen Chops Off Hand to 'Cure' Internet Addiction," *Telegraph*, February 3, 2015; Lee Seok Hwai, "Taiwan Revises Law to Restrict Amount of Time Children Spend on Electronic Devices," *Straits Times*, January 24, 2015; Steve Sussman et al., "Prevalence of the Addictions: A Problem of the Majority or the Minority?" *Evaluation and the Health Professions* 34 (2011): 3–56.

3. Jon E. Grant et al., "Introduction to Behavioral Addictions," *American J. of Drug and Alcohol Abuse* 36 (2010): 233–241; Michael M. Vanyukov et al.,

"Common Liability to Addiction and 'Gateway Hypothesis': Theoretical, Empirical, and Evolutionary Perspective," *Drug and Alcohol Dependence* 123S (2012): S3–S17; American Psychiatric Association, *Diagnostic and Statistical Manual of Mental Disorders: DSM-5* (Washington, D.C.: American Psychiatric Publishing, 2013), 585, 795–798; WHO, "6C51 Gaming disorder," *ICD-11 for Mortality and Morbidity Statistics* (2018), https://icd.who.int/browse11/l-m/en#http%3a%2f%2fid.who.int%2ficd%2f entity%2f1448597234.

4. Michael J. Kuhar, *The Addicted Brain: Why We Abuse Drugs, Alcohol, and Nicotine* (Upper Saddle River, N.J.: Pearson, 2012), reviews brain effects, a subject I explore in more detail in Chapter 6.

5. Harry Emerson Fosdick, *The Prohibition Question: A Sermon Delivered . . . October 14, 1928* (New York: Park Avenue Baptist Church, n.d.), 5 (treat); Mark A. R. Kleiman, Jonathan P. Caulkins, and Angela Hawkin, *Drugs and Drug Policy: What Everyone Needs to Know* (New York: Oxford U.P., 2011), 29; Jonathan P. Caulkins, "The Real Dangers of Marijuana," *National Affairs* no. 26 (Winter 2016): 22, 28.

6. David T. Courtwright, *Forces of Habit: Drugs and the Making of the Modern World* (Cambridge, Mass.: Harvard U.P., 2001).

7. Sterling Seagrave, *The Soong Dynasty* (New York: Harper and Row, 1985), 158–160; M. J.-J. Matignon, "À Propos d'un Pied de Chinoise," *Revue Scientifique* 62 (1898): 524.

8. Pathological learning: Steven E. Hyman, "Addiction: A Disease of Learning and Memory," *American J. of Psychiatry* 162 (2005): 1414–1422. Quotation: Markus Heilig, *The Thirteenth Step: Addiction in the Age of Brain Science* (New York: Columbia U.P., 2015), 77.

9. Kenneth Blum et al., " 'Liking' and 'Wanting' Linked to Reward Deficiency

Syndrome (RDS): Hypothesizing Differential Responsivity in Brain Reward Circuitry," *Current Pharmaceutical Design* 18 (2012): 113–118, typifies research on innate susceptibility.

10. Charles P. O'Brien, "With Addiction, Breaking a Habit Means Resisting a Reflex," *Weekend Edition*, NPR, October 20, 2013, http://www.npr.org/2013/10/20/238297311/with-addiction-breaking-a-habit-means-resisting-a-reflex.

11. Robert Weiss, "Sadly, Tech Addicts Have Taken a Page from Drug Abusers," *Huffington Post*, April 28, 2014, http://www.huffingtonpost.com/robert-weiss/tech-addiction_b4808908.html. I have added advertising and anomie to the "Triple-A" formulation Weiss proposed.

12. The phrase is from Natasha Dow Schüll, *Addiction by Design: Machine Gambling in Las Vegas* (Princeton, N.J.: Princeton U.P., 2013).

01. 새로 발견한 쾌락

1. Huw S. Groucutt et al., "*Homo Sapiens* in Arabia by 85,000 Years Ago," *Nature Ecology and Evolution* 2 (2018), https://www.nature.com/articles/s41559-018-0518-2; Yuval Noah Harari, *Sapiens: A Brief History of Humankind* (Toronto: McClelland and Stewart, 2015), chaps. 1, 4.

2. *Oxford English Dictionary*, s.v. "pleasure" (n. 1a), updated June 2006, http://www.oed.com/view/Entry/145578.

3. Andreas Wallberg et al., "A Worldwide Survey of Genome Sequence Variation Provides Insight into the Evolutionary History of the Honeybee *Apis mellifera*," *Nature Genetics* 46 (2014): 1081–1088; Eva Crane, *The World History of Beekeeping and Honey Hunting* (New York: Routledge,

1999), parts 1 and 2.

4. Chris Clarkson et al., "Human Occupation of Northern Australia by 65,000 Years Ago," *Nature* 547 (2017): 306–310; Harari, Sapiens, 63–69; Jared Diamond, *Guns, Germs, and Steel: The Fates of Human Societies* (New York: Norton, 1999), chap. 15; Angela Ratsch et al., "The Pituri Story: A Review of the Historical Literature Surrounding Traditional Australian Aboriginal Use of Nicotine in Central Australia," *J. of Ethnobiology and Ethnomedicine* 6 (2010), http://ethnobiomed.biomedcentral.com/articl es/10.1186/1746-4269-6-26.

5. Peter T. Hurst, *Hallucinogens and Culture* (Novato, Calif.: Chandler and Sharp, 1976), 1–32; Edward F. Anderson, *Peyote: The Divine Cactus* (Tucson: U. of Arizona Press, 1980), 49.

6. Harari, *Sapiens*, chap. 2.

7. Ido Hartogsohn, "The American Trip: Set, Setting, and Psychedelics in 20th Century Psychology," in "Psychedelics in Psychology and Psychiatry," special edition, *MAPS Bulletin* 23, no. 1 (2013): 6–9; Norman E. Zinberg, *Drug, Set, and Setting: The Basis for Controlled Intoxicant Use* (New Haven: Yale U.P., 1984); Bee Wilson, *First Bite: How We Learn to Eat* (New York: Basic Books, 2015), 51–52; Adrian C. North, "Wine and Song: The Effect of Background Music on the Taste of Wine," http://www. wineanorak.com/musicandwine.pdf; Bob Holmes, *Flavor: The Science of Our Most Neglected Sense* (New York: Norton, 2017), 126–127.

8. Cara Feinberg, "The Placebo Phenomenon," *Harvard Magazine* (January–February 2013), http://harvardmagazine.com/2013/01/the-placebo-phenomenon; Fabrizio Benedetti, "Placebo-Induced Improvements: How Therapeutic Rituals Affect the Patient's Brain," *J. of Acupuncture and Meridian Studies* 5 (2012): 97–103; Tamar L. Ben-Shaanan et al., "Activation

of the Reward System Boosts Innate and Adaptive Immunity," *Nature Medicine* 22 (2016): 940–944.

9. Miriam Kasin Hospodar, "Aphrodisiacs," in *The Oxford Companion to Sugar and Sweets*, ed. Darra Goldstein (New York: Oxford U.P., 2015), 20; Hillary J. Shaw, *The Consuming Geographies of Food: Diet, Food Deserts and Obesity* (London: Routledge, 2014), 59; David Stuart, *The Plants That Shaped Our Gardens* (Cambridge, Mass.: Harvard U.P., 2002), 78 (narwhal); Rajesh Nair et al., "The History of Ginseng in the Management of Erectile Dysfunction in Ancient China (3500–2600 BCE)," *Indian J. of Urology* 28 (January–March 2012): 15–20.

10. Wilson, First Bite, xxii, 9, 12, 19, 33; Jean Prescott and Paul Rozin, "Sweetness Preference," and Pascal Gagneux, "Sweets in Human Evolution," *Oxford Companion to Sugar and Sweets*, ed. Goldstein, 715–718, 718–721; Crane, *Beekeeping*, 29–30.

11. Daniel Kahneman, *Thinking, Fast and Slow* (New York: Farrar, Straus, and Giroux, 2011), chaps. 35–36; "Stoned Wallabies Make Crop Circles," *BBC News,* June 25, 2009, http://news.bbc.co.uk/2/hi/asia-pacific/8118257.stm.

12. Daniel E. Moerman, *Native American Ethnobotany* (Portland, Ore.: Timber Press, 1998), 356–357; Alexander von Gernet, "Nicotinian Dreams: The Prehistory and Early History of Tobacco in Eastern North America," in *Consuming Habits: Drugs in History and Anthropology*, 2nd ed., ed. Jordan Goodman et al. (London: Routledge, 2007), 65–85.

13. Fray Bernardino de Sahagún, *Primeros Memoriales: Paleography of Nahuatl Text and English Translation*, trans. Thelma D. Sullivan (Norman: U. of Oklahoma Press, 1997), 288; Crane, *Beekeeping*, 507–512; John Maxwell O'Brien, *Alexander the Great: The Invisible Enemy: A Biography* (New York: Routledge, 1992); Stephen Hugh-Jones, "Coca, Beer, Cigars,

and *Yagé: Meals and Anti-Meals in an Amerindian Community*," in *Consuming Habits*, ed. Goodman et al., 48.

14. Diamond, *Guns, Germs, and Steel*, part 2.

15. Maricel E. Presilla, "Chocolate, Pre-Columbian," in *Oxford Companion to Sugar and Sweets*, ed. Goldstein, 147–152; Deborah Cadbury, *Chocolate Wars: The 150-Year Rivalry between the World's Greatest Chocolate Makers* (New York: Public Affairs, 2010), 27, 135.

16. Andrew Lawler, *Why Did the Chicken Cross the World? The Epic Saga of the Bird That Powers Civilization* (New York: Atria, 2014), chap. 7.

17. Kurt Vonnegut, *Breakfast of Champions* (New York: Delta, 1973), 208.

18. David Carr, *The Night of the Gun: A Reporter Investigates the Darkest Story of His Life. His Own* (New York: Simon and Schuster, 2008), 106. Carr ended up dying of another addiction, to cigarettes.

19. Sarah Zielinski, "The Alcoholics of the Animal World," Smithsonian .com, September 16, 2011, http://www.smithsonianmag.com/science-nature/the-alcoholics-of-the-animal-world-81007700/; W. C. McGrew, "Natural Ingestion of Ethanol by Animals: Why?" *Liquid Bread: Beer and Brewing in Cross-Cultural Perspective*, ed. Wulf Schiefenhövel and Helen Macbeth (New York: Berghahn, 2011), 18.

20. Robert J. Braidwood et al., "Symposium: Did Man Once Live by Beer Alone?" *American Anthropologist* n.s. 55 (1953): 515–526; Michael Pollan, *Cooked: A Natural History of Transformation* (New York: Penguin, 2013), 385. I follow Harari, *Sapiens*, chap. 4, in dating the Neolithic Transition.

21. Greg Wadley and Brian Hayden, "Pharmacological Influences on the Neolithic Transition," *J. of Ethnobiology* 35 (2015): 568; Pollan, *Cooked*, 385 ("eating").

22. Wadley and Hayden, "Pharmacological Influences," 566–584.

23. Ibid.; Adam Kuper, *The Chosen Primate: Human Nature and Cultural Diversity* (Cambridge, Mass.: Harvard U.P., 1994), 93–96.

24. J. W. Purseglove, "The Origins and Migrations of Crops in Tropical Africa," in *Origins of African Plant Domestication*, ed. Jack R. Harlan et al. (The Hague: Mouton, 1976); Ian Hodder, *Entangled: An Archaeology of the Relationships between Humans and Things* (Chichester: Wiley-Blackwell, 2012), 18; Harari, *Sapiens*, 87. David T. Courtwright, *Forces of Habit: Drugs and the Making of the Modern World* (Cambridge, Mass.: Harvard U.P., 2001), chap. 3, explains why some plant-drugs spread more rapidly than others.

25. Michael Pollan, *The Botany of Desire: A Plant's-Eye View of the World* (New York: Random House, 2001).

26. M. E. Penny et al., "Can Coca Leaves Contribute to Improving the Status of the Andean Population?" *Food and Nutrition Bulletin* 30 (2009): 205–216; Daniel W. Gade, "Inca and Colonial Settlement, Coca Cultivation and Endemic Disease in the Tropical Forest," *J. of Historical Geography* 5 (1979): 263–279; Joseph A. Gagliano, *Coca Prohibition in Peru: The Historical Debates* (Tucson: U. of Arizona Press, 1994), chaps. 1–3; Steven A. Karch, *A Brief History of Cocaine*, 2nd ed. (Boca Raton: Taylor and Francis, 2006), chap. 1. The next wave of conquerors, the Spanish, discovered other imperial uses. Despite ambivalence about the idolatrous "herb," they taxed coca to pay clerical salaries and grew rich from the commercial trade, which sustained exhausted workers in the Potosí mines. See, in addition to Gagliano and Karch, Garcilaso de la Vega, *Royal Commentaries of the Incas and General History of Peru*, part 1, trans. Harold V. Livermore (Austin: U. of Texas Press, 1966), 509.

27. Patricia L. Crown et al., "Ritual Black Drink Consumption at Cahokia,"

PNAS 109 (2012): 13944–13949; Keith Ashley, pers. comm., November 17, 2016.

28. Mark Nathan Cohen, *Health and the Rise of Civilization* (New Haven: Yale U.P., 1989), chap. 3; J. M. Roberts, *The New History of the World* (New York: Oxford U.P., 2003), chap. 2; and J. R. McNeill and William H. McNeill, *The Human Web: A Bird's-Eye View of World History* (New York: Norton, 2003), chap. 3.

29. *The Golden Age of King Midas* (Philadelphia: Penn Museum, 2016), 22–43.

30. Herodotus, *The Histories*, trans. Aubrey de Sélincourt, rev. by John Marincola (London: Penguin, 1996), 39; Suetonius, *The Twelve Caesars*, trans. Robert Graves, rev. by Michael Grant (London: Penguin, 1989), 94, 136.

31. Bert L. Vallee, "Alcohol in the Western World," *Scientific American* 278 (June 1998): 83; Mary Beard, *SPQR: A History of Ancient Rome* (New York: Liveright, 2015), 432–434, 455–459; Juvenal, *The Sixteen Satires*, trans. Peter Green (Harmondsworth, Middlesex: Penguin, 1967), 95; Suetonius, *Twelve Caesars*, trans. Graves, 206. Gambling bore a similar taint in Han China, yet remained irrepressibly popular among both the hoi polloi and top imperial officials. Desmond Lam, *Chopsticks and Gambling* (New Brunswick, N.J.: Transaction, 2014), 13–14.

32. Gina Hames, *Alcohol in World History* (London: Routledge, 2012), 9, 11, 20; Rod Phillips, *Alcohol: A History* (Chapel Hill: U. of North Carolina Press, 2014), 36; Sherwin B. Nuland, *Medicine: The Art of Healing* (New York: Macmillan, 1992), 70. The sweetened wines beloved of Roman aristocrats may also have been contaminated with lead, which aggravated gout and other health problems. Jerome O. Nriagu, "Saturnine Gout among Roman Aristocrats—Did Lead Poisoning Contribute to the Fall of

the Empire?" *NEJM* 308 (1983): 660–663.

33. Owen Jarus, "Ancient Board Game Found in Looted China Tomb," *Scientific American*, November 18, 2015, http://www.scientificamerican.com/article/ancient-board-game-found-in-looted-china-tomb1/.

34. David Parlett, *The Oxford History of Board Games* (Oxford: Oxford U.P., 1999), chap. 2; Herodotus, *Histories*, 40.

35. Object B16742, http://www.penn.museum/collections/object/22759;Beard, *SPQR*, 459.

36. David G. Schwartz, *Roll the Bones: The History of Gambling* (New York: Gotham, 2006), 19–21.

37. Nick Haslam and Louis Rothschild, "Pleasure," in *Encyclopedia of Human Emotions*, ed. David Levinson et al., vol. 2 (New York: Macmillan, 1999), 517.

38. Mihaly Csikszentmihalyi, *Beyond Boredom and Anxiety: Experiencing Flow in Work and Play* (San Francisco: Josey-Bass, 2000), quotations on p. 129; John Powell, *Why You Love Music: From Mozart to Metallica—The Emotional Power of Beautiful Sounds* (New York: Little, Brown, 2016), chap. 8.

39. "A Dialogue on Oratory," *The Complete Works of Tacitus*, trans. Alfred John Church and William Jackson Brodribb, ed. Moses Hadas (New York: Modern Library, 1942), 738–739.

40. Alison Gopnik, "Explanation as Orgasm," *Minds and Machines* 8 (1998): 101–118; Read Montague, *Why Choose This Book? How We Make Decisions* (New York: Dutton, 2006), 110–113; Teofilo F. Ruiz, *The Terror of History: On the Uncertainties of Life in Western Civilization* (Princeton, N.J.: Princeton U.P., 2011), part 4.

41. Vinod D. Deshmukh, "Neuroscience of Meditation," *TSW Holistic Health*

and Medicine 1 (2006): 275–289.

42. Rob Iliffe, *Priest of Nature: The Religious Worlds of Isaac Newton* (New York: Oxford U.P., 2017), 66; Stefan Zweig, *Chess: A Novella*, trans. Anthea Bell (London: Penguin, 2011), 58 ("poisoning"), 65–76.

43. *Rig Veda*, X:34.

44. Schwartz, *Roll the Bones*, chap. 1; Deuteronomy 21:20–21; Plutarch, *Lives*, vol. 9, trans. Bernadotte Perrin (Cambridge, Mass.: Harvard U.P., 1920), 159–161.

45. Joseph Needham, *Science and Civilisation in China*, vol. 5, part 2 (Cambridge: Cambridge U.P., 1974), 287–294.

46. Phillips, *Alcohol*, 42–44, 187–191; Herodotus, *Histories*, 40; Mark David Wyers, *"Wicked" Instabul: The Regulation of Prostitution in the Early Turkish Republic* (Istanbul: Libra Kitapçılık ve Yayınçılık, 2012).

47. Margarete van Ess, "Uruk: The World's First City," in *The Great Cities in History*, ed. John Julius Norwich (London: Thames and Hudson, 2009), 20.

48. Peter Frankopan, *The Silk Roads: A New History of the World* (New York: Knopf, 2016), chaps. 1–12; Frances Wood, *The Silk Road: Two Thousand Years in the Heart of Asia* (Berkeley: U. of California Press, 2002), chaps. 1–4; Harari, *Sapiens*, 184; Mary Beard, *The Fires of Vesuvius: Pompeii Lost and Found* (Cambridge, Mass.: Harvard U.P., 2008), 24, 216–217.

49. Pierre-Arnaud Chouvy, *Opium: Uncovering the Politics of the Poppy* (Cambridge, Mass.: Harvard U.P., 2010), chap. 1; N. C. Shah and Akhtar Husain, "Historical Perspectives," in *The Opium Poppy*, ed. Akhtar Husain and J. R. Sharma (Lucknow: Central Institute of Medicinal and Aromatic Plants, 1983), 25–26; Frankopan, *Silk Roads*, 268.

50. Parlett, *Board Games*, chap. 16; Schwartz, *Roll the Bones*, chap. 3.

51. Robert Temple, *The Genius of China: 3,000 Years of Science, Discovery, and Invention* (New York: Simon and Schuster, 1986), 101 (quotation); Pollan, *Botany of Desire*, 21–23; Crane, *Beekeeping*, 358–361.

52. Phillips, *Alcohol*, chap. 6.

53. Fernand Braudel, *Civilization and Capitalism, 15th–18th Century*, vol. 1, trans. Siân Reynolds (New York: Harper and Row, 1982), 241–249; Mac Marshall and Leslie B. Marshall, "Opening Pandora's Bottle: Reconstructing Micronesians' Early Contacts with Alcoholic Beverages," in *Drugs and Alcohol in the Pacific*, ed. Juan F. Gaella (Aldershot, Hamphsire: Ashgate, 2002), 269.

54. Sander L. Gilman and Zhou Xun, "Introduction," in *Smoke: The Global History of Smoking*, ed. Gilman and Zhou (London: Reaktion, 2004), 9–15; David J. Linden, *The Compass of Pleasure* (New York: Viking, 2011), 50–51.

55. David Phillipson, *Band of Brothers: Boy Seamen in the Royal Navy* (Sutton: Stroud, Gloucestershire, 2003), 105; L. K. Gluckman, "Alcohol and the Maori in Historical Perspective," *New Zealand Medical J.* 79 (1974): 555.

56. Charles C. Mann, *1493: Uncovering the New World Columbus Created* (New York: Knopf, 2011), 17–19; John M. Riddle, *Quid Pro Quo: Studies in the History of Drugs* (Aldershot, Hampshire: Variorum, 1992), II-196 and XV-12.

57. Richard Evans Schultes et al., "Cannabis: An Example of Taxonomic Neglect," in *Cannabis and Culture*, ed. Vera Rubin (The Hague: Mouton, 1975), 22; Peter Maguire and Mike Ritter, *Thai Stick: Surfers, Scammers, and the Untold Story of the Marijuana Trade* (New York: Columbia U.P., 2014), 28; Isaac Campos, *Home Grown: Marijuana and the Origins of Mexico's War on Drugs* (Chapel Hill: U. of North Carolina Press, 2012),

chap. 2; John Charles Chasteen, *Getting High: Marijuana through the Ages* (Lanham, Md.: Rowman and Littlefield, 2016), 50–58.

58. *Interwoven Globe: The Worldwide Textile Trade, 1500–1800*, ed. Amelia Peck (New York: Metropolitan Museum of Art, 2013), 177–178.

59. Lorna J. Sass, "Religion, Medicine, Politics and Spices," *Appetite* 2 (1981): 9; John Myrc, *Instruction for Parish Priests*, ed. Edward Peacock (London: Early English Text Society, 1868), 44; Jack Turner, *Spice: The History of a Temptation* (New York: Knopf, 2004), chap. 5. For examples of adulteration, see Shaw, *Consuming Geographies*, 65–67, and J. C. Drummond and Anne Wilbraham, *The Englishman's Food: A History of Five Centuries of English Diet*, rev. ed. (London: Jonathan Cape, 1957), chap. 17.

60. Sidney Mintz, *Sweetness and Power: The Place of Sugar in Modern History* (New York: Viking), 123; Drummond and Wilbraham, *Englishman's Food*, 54; Courtwright, *Forces of Habit*, 28; Johann Gottlob Krüger, *Gedancken vom Caffee, Thee, Toback und Schnuftoback* (Halle: Verlegt von Carl Hermann Hemmerde, 1746), 2–3; Hames, *Alcohol*, 67; Russell R. Menard and John J. McCusker, *The Economy of British America, 1607–1789* (Chapel Hill: U. of North Carolina Press, 1985), 121.

61. Niall Ferguson, *The Ascent of Money: A Financial History of the World* (New York: Penguin, 2008), 24–27; Mann, 1493, chaps. 1, 4; Henry Hobhouse, *Seeds of Change: Five Plants That Transformed Mankind* (New York: Harper and Row, 1986), 116–119; Rudi Matthee, "Exotic Substances," in *Drugs and Narcotics in History*, ed. Roy Porter and Mikuláš Teich (Cambridge: Cambridge U.P., 1995), 45–47.

62. Harari, *Sapiens*, chap. 10.

02. 대중의 쾌락

1. Pierre Louÿs, *Biblys, Leda, A New Pleasure*, trans. M. S. Buck (New York: privately printed, 1920), 119–122.

2. Though "A New Pleasure" appeared in 1899, its opening refers to the Paris of "four years ago, perhaps five." A subsequent reference to Friday, June 9, dates the year more exactly to 1893. See also H. P. Clive, *Pierre Louÿs (1870–1925): A Biography* (Oxford: Clarendon Press, 1978), 212–213, 216. Shopping: Michael B. Miller, *The Bon Marché: Bourgeois Culture and the Department Store, 1869–1920* (Princeton, N.J.: Princeton U.P., 1981), chap. 5.

3. *Who's Who of Victorian Cinema*, ed. Stephen Herbert and Luke McKernan (London: BFI Publishing, 1996), 80, 106, 111–112; Patrick Robertson, *Robertson's Book of Firsts: Who Did What for the First Time* (New York: Bloomsbury, 2011), 9.

4. Edmondo de Amicis, *Studies of Paris*, trans. W. W. Cady (New York: G. P. Putnam's Sons, 1887), 16–17; Robertson, *Book of Firsts*, 227; Gina Hames, *Alcohol in World History* (London: Routledge, 2012), 70; Doris Lanier, *Absinthe: The Cocaine of the Nineteenth Century* (Jefferson, N.C.: McFarland, 1995), 21.

5. Ernest Hemingway, *The Sun Also Rises* (New York: Charles Scribner's Sons, 1926), 136, and *A Moveable Feast* (New York: Charles Scribner's Sons, 1964), 1, 14, 50.

6. Peter Stearns, "Teaching Consumerism in World History," http://worldhistoryconnected.press.illinois.edu/1.2/stearns.html.

7. *Autobiography of Mark Twain*, vol. 1, ed. Harriet Elinor Smith et al. (Berkeley: U. of California Press, 2010), 64–65.

8. George Rogers Taylor, *The Transportation Revolution, 1815–1860* (New York: Harper and Row, 1951), 136.

9. Ian R. Tyrrell, *Sobering Up: From Temperance to Prohibition in Antebellum America, 1800–1860* (Westport, Conn.: Greenwood, 1979), 26; W. J. Rorabaugh, *The Alcoholic Republic: An American Tradition* (New York: Oxford U.P., 1979), 69–75; Henry G. Crowgey, *Kentucky Bourbon: The Early Years of Whiskeymaking* (Lexington: U.P. of Kentucky, 1971), chap. 3; Henry H. Work: *Wood, Whiskey and Wine: A History of Barrels* (London: Reaktion, 2014), chap. 12; Reid Mitenbuler, *Bourbon Empire: The Past and Future of America's Whiskey* (New York: Viking, 2015), chaps. 7, 9; Robert Somers, *The Southern States since the War, 1870–71*, ed. Malcolm C. McMillan (University, Ala.: U. of Alabama Press, 1965), 79, 245.

10. Chantal Martineau, *How the Gringos Stole Tequila: The Modern Age of Mexico's Most Traditional Spirit* (Chicago: Chicago Review Press, 2015), 27, 59–60; George E. Snow, "Alcohol Production in Russia," in *The Supplement to the Modern Encyclopedia of Russian, Soviet and Eurasian History*, vol. 1, ed. George N. Rhyne (Gulf Breeze, Fla.: Academic International Press, 1995), 194; Mark Lawrence Schrad, *Vodka Politics: Alcohol, Autocracy, and the Secret History of the Russian State* (New York: Oxford U.P., 2014), 79.

11. Rod Phillips, *Alcohol: A History* (Chapel Hill: U. of North Carolina Press, 2014), chap. 9, statistics at p. 177.

12. Ulbe Bosma, *The Sugar Plantation in India and Indonesia: Industrial Production, 1770–2010* (New York: Cambridge U.P., 2013), chap. 5.

13. Niall Ferguson, *Empire: How Britain Made the Modern World* (London: Penguin, Allen Lane, 2002), 166; S. Robert Lathan, "Dr. Halsted at Hopkins and at High Hampton," *Baylor U. Medical Center Proceedings* 23 (January

2010): 35; Charles Ambler, "The Specter of Degeneration: Alcohol and Race in West Africa in the Early Twentieth Century," in *GAA*, 106.

14. H. G. Wells, *The World of William Clissold*, vol. 1 (New York: George H. Doran, 1926), 100, 101.

15. John Maynard Keynes, *The Economic Consequences of the Peace* (New York: Harcourt, Brace, 1920), 9, 11.

16. Jeffrey D. Sachs, "Twentieth-Century Political Economy: A Brief History of Global Capitalism," *Oxford Review of Economic Policy* 15 (Winter 1999): 90–101 (phases); "Morphin [sic] from Mail Order Houses," *JAMA* 48 (1907): 1280.

17. Arthur C. Verge, "George Freeth: King of the Surfers and California's Forgotten Hero," *California History* 80 (Summer–Fall 2001): 82–105.

18. Jürgen Osterhammel, *The Transformation of the World: A Global History of the Nineteenth Century*, trans. Patrick Camiller (Princeton, N.J.: Princeton U.P., 2014), 42, 911–912 (reference societies, quotation); Maria Misra, *Vishnu's Crowded Temple: India since the Great Rebellion* (New Haven: Yale U.P., 2008), 58, 175–176.

19. Andrei S. Markovits and Steven L. Hellerman, *Offside: Soccer and American Exceptionalism* (Princeton, N.J.: Princeton U.P., 2001), and Andrei S. Markovits and Lars Rensmann, *Gaming the World: How Sports Are Reshaping Global Politics and Culture* (Princeton, N.J.: Princeton U.P., 2010), explain the pecking order and why American favorites like baseball only partially penetrated global "sports spaces," which were largely filled during the crucial period of 1870–1930. However, in other respects—movies, popular music, radio, theme parks, and fast food—the United States assumed a vanguard role in the consumer pleasure revolution.

20. "Harvard in the 17th and 18th Centuries," http://hul.harvard.edu/lib/

archives/h1718/pages/highlights/highlight10.html; Peregrine Fitzhugh letter of solicitation, February 23, 1793, American Historical Manuscript Collection, New-York Historical Society, New York City. This section draws on David G. Schwartz, *Roll the Bones: The History of Gambling* (New York: Gotham, 2006), parts 2–6, and David T. Courtwright, "Learning from Las Vegas: Gambling, Technology, Capitalism, and Addiction," *UNLV Center for Gaming Research: Occasional Paper Series*, no. 25 (May 2014).

21. Reprinted in the *New York Times*, April 23, 1873, as "Monaco. Nice and Its Neighbors—The New Gambling-Place of the Old World."

22. Harry Brolaski, *Easy Money: Being the Experiences of a Reformed Gambler* (Cleveland: Searchlight Press, 1911), 116.

23. William F. Harrah, "My Recollections of the Hotel-Casino Industry . . ." (TS oral history, 2 vols., 1980), 175, SC-UNLV.

24. Utagawa Toyohiro, *Summer Party on the Bank of the Kamo River* (ca. 1800), Minneapolis Institute of Art, http://artstories.artsmia.org/#/o/122189; "Monte-Carlo's Most Prestigious Palatial Hotel," Monte-Carlo Legend, http://www.montecarlolegend.com/monte-carlos-most-prestigious-palace-the-hotel-de-paris/(Blanc); Warren Nelson, "Gaming from the Old Days to Computers" (TS, 1978), 61–62, and Harrah, "Recollections," 343–344, both SC-UNLV.

25. David J. Linden, *The Compass of Pleasure* (New York: Viking, 2011), 84; *General Catalogue of Noyes Bros. and Cutler, 1911–12* (St. Paul, Minn.: Pioneer Co., n.d.), 914; Susan Cheever, *My Name Is Bill* (New York: Washington Square Press, 2004), 73–75.

26. *Music, Sound, and Technology in America: A Documentary History of Early Phonograph, Cinema, and Radio*, ed. Timothy D. Taylor, Mark Katz, and Tony Grajeda (Durham: Duke U.P., 2012), part 2.

27. Gary S. Cross and Robert N. Proctor, *Packaged Pleasures: How Technology and Marketing Revolutionized Desire* (Chicago: U. of Chicago Press, 2014); John Pruitt, "Between Theater and Cinema: Silent Film Accompaniment in the 1920s," American Symphony Orchestra, http://americansymphony. org/between-theater-and-cinema-silent-film-accompaniment-in-the-1920s/. From a different angle, Robert J. Gordon's *The Rise and Fall of American Growth: The U.S. Standard of Living since the Civil War* (Princeton, N.J.: Princeton U.P., 2016) singled out the late nineteenth and early twentieth centuries as a unique period of technological innovation. Though Gordon argues that fewer transformative innovations occurred after 1970, he exempts "the sphere of entertainment, communications, and information technology" (p. 8)—which is precisely where the radical changes in digitized pleasure, vice, and addiction occurred. Whatever became of the *productivity* revolution, the *pleasure* revolution kept marching forward.

28. Cross and Proctor, *Packaged Pleasures*, chap. 3; Joseph Conrad to John Galsworthy, July 20, 1900, *The Collected Letters of Joseph Conrad*, vol. 2, ed. Frederick R. Karl and Laurence Davies (Cambridge: Cambridge U.P., 1986), 284; John Bain Jr. with Carl Werner, *Cigarettes in Fact and Fancy* (Boston: H. M. Caldwell, 1906), 132, 138–139.

29. Kerry Segrave, *Vending Machines: An American Social History* (Jefferson, N.C.: McFarland, 2002), chap. 1; George Akerlof and Robert J. Shiller, *Phishing for Phools: The Economics of Manipulation and Deception* (Princeton, N.J.: Princeton U.P., 2015), viii.

30. "A Crying Evil," *Los Angeles Times*, February 24, 1899, p. 8. Linden, *Compass of Pleasure*, chap. 5, describes how gambling uncertainty produces brain reward.

31. Robertson, *Book of Firsts*, 95, and Gary Krist, "The Blue Books," Wonders

and Marvels, http://www.wondersandmarvels.com/2014/10/the-blue-books-guides-to-the-new-orleans-red-light-district.html.

32. James Harvey Young, *Pure Food: Securing the Federal Food and Drugs Act of 1906* (Princeton, N.J.: Princeton U.P., 1989), 117; Glenn Sonnedecker, "The Rise of Drug Manufacture in America," *Emory University* Q. 21 (1965): 80; Thomas Dormandy, *Opium: Reality's Dark Dream* (New Haven: Yale U.P., 2012), 120 (Pravaz).

33. David T. Courtwright, Herman Joseph, and Don Des Jarlais, *Addicts Who Survived: An Oral History of Narcotic Use in America before 1965* (Knoxville: U. of Tennessee Press, 2012), 237.

34. Melvin Wevers, "Blending the American Taste into the Dutch Cigarette," conference paper, American Historical Association, New York City, January 3, 2015; Nicolas Rasmussen, *On Speed: The Many Lives of Amphetamine* (New York: NYU Press, 2008), chap. 4.

35. Brad Tolinksi and Alan di Perna, *Play It Loud: The Epic History of the Style, Sound, and Revolution of the Electric Guitar* (New York: Doubleday, 2016), chap. 1.

36. Thomas Gage, *A New Survey of the West-Indies* (London: M. Clark, 1699), 247; Hesther Lynch Piozzi, *Anecdotes of the Late Samuel Johnson . . .* , ed. S. C. Roberts (repr., Westport, Conn.: Greenwood, 1971), 68. This section also draws on *The Oxford Companion to Sugar and Sweets*, ed. Darra Goldstein (New York: Oxford U.P., 2015), 105–107, 142–158; Wolfgang Schivelbusch, *Tastes of Paradise: A Social History of Spices, Stimulants, and Intoxicants*, trans. David Jacobson (New York: Pantheon, 1992), chap. 3; and Cross and Proctor, *Packaged Pleasures*, chap. 4.

37. Deborah Cadbury, *Chocolate Wars: The 150-Year Rivalry between the World's Greatest Chocolate Makers* (New York: Public Affairs, 2010),

chaps. 4–5. Import data: Dauril Alden, "The Significance of Cacao Production in the Amazon Region during the Late Colonial Period: An Essay in Comparative Economic History," *Proceedings of the American Philosophical Society* 120 (1976): 132.

38. "Conching and Refining," Chocolate Alchemy, http://chocolatealchemy.com/conching-and-refining/.

39. Michael D'Antonio, *Hershey: Milton S. Hershey's Extraordinary Life of Wealth, Empire, and Utopian Dreams* (New York: Simon and Schuster, 2006); Cadbury, *Chocolate Wars*, parts 2 and 3; Samuel F. Hinkle, *Hershey: Farsighted Confectioner, Famous Chocolate, Fine Community* (New York: Newcomen Society, 1964), 13–14.

40. U.S. Department of Commerce, Bureau of the Census, *Historical Statistics of the United States: Colonial Times to 1970*, part 1 (Washington, D.C.: Government Printing Office, 1975), 331; "Prohibition's Effect on Sugar," *Facts about Sugar* 15 (July 1, 1922): 8.

41. Ashley N. Gearhardt and William R. Corbin, "Interactions between Alcohol Consumption, Eating, and Weight," in *Food and Addiction: A Comprehensive Handbook*, ed. Kelly D. Brownell and Mark S. Gold (New York: Oxford U.P., 2012), 250; "Prohibition and Sugar Consumption," *New York Medical J.* 110 (1919): 724 (quotation); Cross and Proctor, *Packaged Pleasures*, 40–41, 126.

42. S. Dana Hubbard, "The New York City Narcotic and Differing Points of View on Narcotic Addiction," *Monthly Bulletin of the Department of Health, City of New York* 10 (February 1920): 36; David J. Mysels and Maria A. Sullivan, "The Relationship between Opioid and Sugar Intake: Review of Evidence and Clinical Applications," *J. of Opioid Management* 6 (2010): 445–452; Daniel M. Blumenthal and Mark S. Gold, "Relationships between

Drugs of Abuse and Eating," in *Food and Addiction*, ed. Brownell and Gold, 256–257; H. Richard Friman, "Germany and the Transformation of Cocaine," conference paper, Russell Sage Foundation, New York City, May 9–11, 1997, p. 6.

43. Stephan Guyenet, "By 2606, the US Diet Will Be 100 Percent Sugar," Whole Health Source, February 18, 2012, http://wholehealthsource. blogspot.com/2012/02/by-2606-us-diet-will-be-100-percent.html.

44. "Going Up in Smoke," NYT, September 24, 1925; Cassandra Tate, *Cigarette Wars: The Triumph of "The Little White Slaver"* (New York: Oxford U.P., 1999), 28–29, 49, 51, 56; Toine Spapens, "Illegal Gambling," in *The Oxford Handbook of Organized Crime*, ed. Letizia Paoli (New York: Oxford U.P., 2014), 405; *The White Slave Traffic: Speech of Hon. E. W. Saunders of Virginia* (Washington, D.C.: n.p., 1910), 4; Mike Alfred, *Johannesburg Portraits: From Lionel Phillips to Sibongile Khumalo* (Houghton, South Africa: Jacana, 2003), 12.

45. Kathryn Meyer, *Life and Death in the Garden: Sex, Drugs, Cops, and Robbers in Wartime China* (Lanham, Md.: Rowman and Littlefield, 2014).

46. Victor Fernández, "El burdel que inspiró a Picasso . . . ," *La Razón*, August 10, 2012; Brian G. Martin, *The Shanghai Green Gang: Politics and Organized Crime, 1919–1937* (Berkeley: U. of California Press, 1996), 32; Hans Derks, *History of the Opium Problem: The Assault on the East, ca. 1600–1950* (Leiden: Brill, 2012), 411–412.

47. Philip Thomas, "The Men's Quarter of Downtown Nashville," *Tennessee Historical Q.* 41 (Spring 1982): 48–66.

48. C. A. Bayly, *The Birth of the Modern World, 1780–1914: Global Connections and Comparisons* (Oxford: Blackwell, 2004), 180–189. The rounded, mid-range figure for 1600 is from "Historical Estimates of World

Population," https://www.census.gov/data/tables/time-series/demo/international-programs/historical-est-worldpop.html.

49. Friedrich Engels, *The Condition of the Working Class in England*, trans. W. O. Henderson and W. H. Chaloner (New York: Macmillan, 1958), 115–116 (quotation), 143–144. Continental writers similarly tied alcoholism to joyless proletarian drudgery, e.g., Alfred Delrieu, *L'Alcoolisme en France et en Normandie* (Rouen: Julien Leclerf, 1900), 18–19.

50. Virginia Berridge, *Demons: Our Changing Attitudes to Alcohol, Tobacco, and Drugs* (Oxford: Oxford U.P., 2013), 46–48, 165–166; Gina Hames, *Alcohol in World History* (London: Routledge, 2012), 88–89.

51. Georg Simmel, "The Metropolis and Mental Life," in *The Blackwell City Reader*, ed. Gary Bridge and Sophie Watson (Malden, Mass.: Blackwell, 2002), 11–19; Hames, *Alcohol*, 73; Mayor LaGuardia's Committee on Marihuana, in *The Marihuana Problem in the City of New York* (repr., Metuchen, N.J., Scarecrow, 1973), 18; John C. Burnham, *Bad Habits: Drinking, Smoking, Taking Drugs, Gambling, Sexual Misbehavior, and Swearing in American History* (New York: NYU Press, 1993), 176; Stefan Zweig, *The World of Yesterday: Memories of a European*, trans. Anthea Bell (London: Pushkin Press, 2011), 97, 105; Meyer, *Life and Death*, 138.

52. Phillips, *Alcohol*, 174; State of New York, *Second Annual Report of the Narcotic Drug Control Commission* (Albany: J. B. Lyon, 1920), 5; Burnham, *Bad Habits*, 175–177; Abraham Flexner, *Prostitution in Europe* (repr., Montclair, N.J.: Patterson Smith, 1969), 5; David T. Courtwright, *Violent Land: Single Men and Social Disorder from the Frontier to the Inner City* (Cambridge, Mass.: Harvard U.P., 1996), chaps. 3–9; Derks, *History of the Opium Problem*, chap. 17.

03. 해방과 노예화의 쾌락

1. Ernest Hemingway, *A Moveable Feast* (New York: Charles Scribner's Sons, 1964), 210.

2. Marshall Sahlins, "The Original Affluent Society," in *The Politics of Egalitarianism: Theory and Practice*, ed. Jacqueline Solway (New York: Berghahn, 2006), 79–98, quotations p. 80.

3. Debate: David Kaplan, "The Darker Side of the 'Original Affluent Society,'" *J. of Anthropological Research* 56 (2000): 301–324. Disease burden: Spencer Wells, *Pandora's Seed: The Unforeseen Cost of Civilization* (New York: Random House, 2010), height and longevity p. 23; Yuval Noah Harari, *Sapiens: A Brief History of Humankind* (Toronto: McClelland and Stewart, 2015), part 2, population figures p. 98; Mark Nathan Cohen, *Health and the Rise of Civilization* (New Haven: Yale U.P., 1989); A. R. Williams, "8 Mummy Finds Revealing Ancient Disease," *National Geographic News*, March 21, 2013, https://news.nationalgeographic.com/news/2013/03/130321-mummies-diseases-ancient-archaeology-science/.

4. Steven Pinker, *The Better Angels of Our Nature: Why Violence Has Declined* (New York: Viking, 2011), chap. 1 (violence); Robert W. Fogel, *Explaining Long-Term Trends in Health and Longevity* (Cambridge: Cambridge U.P., 2012), 141.

5. Wells, *Pandora's Seed*, 22; Harari, *Sapiens*, 79; Jared Diamond, "The Worst Mistake in the History of the Human Race," *Discover Magazine*, May 1987, 64–66.

6. Michael V. Angrosino, "Rum and Ganja: Indenture, Drug Foods, Labor Motivation, and the Evolution of the Modern Sugar Industry in Trinidad," in *Drugs, Labor, and Colonial Expansion*, ed. William Jankowiak and

Daniel Bradburd (Tucson: U. of Arizona Press, 2003), 106; John Charles Chasteen, *Getting High: Marijuana through the Ages* (Lanham, Md.: Rowman and Littlefield, 2016), 56–57, 66, 69, 76, 84, 102, 109–110, 133–134.

7. Kātib Chelebi [also called Hajji Kalfa], *The Balance of Truth* [1656], trans. G. L. Lewis (London: George Allen and Unwin, 1957), 52.

8. Timothy Brook, *Vermeer's Hat: The Seventeenth Century and the Dawn of the Global World* (New York: Bloomsbury, 2008), 122–123, 140, 144 (quotation).

9. Chelebi, *Balance*, 52; Geoffrey Parker, *Global Crisis: War, Climate Change and Catastrophe in the Seventeenth Century* (New Haven: Yale U.P., 2013), 599–603; David T. Courtwright, *Forces of Habit: Drugs and the Making of the Modern World* (Cambridge, Mass.: Harvard U.P., 2001), 58–59; *Voices from the Ming-Qing Cataclysm: China in Tigers' Jaws*, ed. and trans. Lynn A. Struve (New Haven: Yale U.P., 1993), 1, 159–161.

10. Aldous Huxley, "Drugs That Shape Men's Minds," *Saturday Evening Post* 231 (October 18, 1958), 28 (quotation).

11. Daniel Lord Smail, *On Deep History and the Brain* (Berkeley: U. of California Press, 2008), de la Boétie on p. 173, and Smail, "An Essay on Neurohistory," in *Emerging Disciplines: Shaping New Fields of Scholarly Inquiry in and beyond the Humanities*, ed. Melissa Bailar (Houston: Rice U.P., 2010), 201–228; Simon Montefiore, *Jerusalem: The Biography* (New York: Knopf, 2011), 111–113 (crucifixion).

12. Jimmie Charters, *This Must Be the Place: Memoirs of Montparnasse*, as told to Morrill Cody (repr., New York: Collier, 1989), 12.

13. Thomas W. Laqueur, *Solitary Sex: A Cultural History of Masturbation* (New York: Zone Books, 2003), 238.

14. Ibid., figures 5.8a and 5.8b; Lawrence Stone, *The Family, Sex, and Marriage in England, 1500–1800* (New York: Harper and Row, 1977), 253–255; Stephen Greenblatt, "Me, Myself, and I," *NYRB* 51 (April 8, 2004), http://www.nybooks.com/articles/2004/04/08/me-myself-and-i/.

15. Pinker, *Better Angels of Our Nature*, chap. 4 (humanitarian revolution). Though Pinker uses different terminology, *Better Angels* amounts to a detailed account of the waning of the teletropic order, with striking parallels to *Deep History*.

16. *The Diaries of Evelyn Waugh*, ed. Michael Davie (London: Weidenfeld and Nicolson, 1976), 415.

17. Smail, *On Deep History*, 184–185; George Orwell, *The Collected Essays, Journalism, and Letters*, vol. 2, ed. Sonia Orwell and Ian Angus (New York: Harcourt, Brace and World, 1968), 14.

18. Stalin to Viacheslav [sic] Molotov, September 1, 1930, *Stalin's Letters to Molotov, 1925–1936*, ed. Lars T. Lih et al. (New Haven: Yale U.P., 1995), 208–209; Frank Dikötter, Lars Laamann, and Zhou Xun, *Narcotic Culture: A History of Drugs in China* (Chicago: U. of Chicago Press, 2004), 209.

19. Acts 12:23; George Whitefield, *The Heinous Sin of Drunkenness: A Sermon Preached on Board the* Whitaker (London: James Hutton, 1739), 5 and 6 (quotes), 16–18.

20. William Prynne, *The Unlovelinesse of Love-Lockes* (London: n.p., 1628), quotation p. A3; *The Diary of Ralph Josselin, 1616–1683*, ed. Alan Macfarlane (Oxford: Oxford U.P., 1991), 114; M. L. Weems, *God's Revenge against Gambling*, 4th ed. (Philadelphia: the author, 1822), 22–24. As recently as 2016 Grand Mufti Sheikh Abdulaziz Al-Sheikh issued a fatwa against chess as a waste of time and source of enmity. Ben Hubbard, "Saudi Arabia's Top Cleric Forbids Chess, but Players Maneuver," *NYT*, January

21, 2016.

21. "Chinese in New York," *NYT*, December 26, 1873; Samuel Hopkins Adams, "On Sale Everywhere," *Collier's* 68 (July 16, 1921): 8.

22. Prynne, *Unlovelinesse*, A3.

23. Didier Nourrisson, "Tabagisme et Antitabagisme en France au XIXe Siècle," *Histoire, Economie, et Société* 7 (1988): 545; Richard Leakey, "Past, Present, and Future of Life on Earth," lecture, University of North Florida, April 21, 2015 (pariahs).

24. Samuel Tenney, "Whiskey Triumphant over Turner" (MS, 1778), New-York Historical Society, Mss Collection; Schrad, *Vodka Politics*, chap. 11, quotation p. 168.

25. H. J. Anslinger to Secretary of the Treasury, September 3, 1936, "Heroin—History," VF; Adam Derek Zientek, "Affective Neuroscience and the Causes of the Mutiny of the French 82nd Infantry Brigade," *Contemporary European History* 23 (2014): 518–519.

26. "Society for the Suppression of Vice," *The Leisure Hour*, no. 1046 (January 13, 1872), 32.

27. Craig Heron, *Booze: A Distilled History* (Toronto: Between the Lines, 2003), chap. 4, quotation p. 103; John Walruff to L. W. Clay, May 22, 1882, History—Prohibition, MS 138, and William P. Ferguson to J. E. Everett, February 12, 1902, History—Temperance, MS 645, Kansas Historical Society, Topeka; Harry Emerson Fosdick, *The Prohibition Question: A Sermon . . . October 14, 1928* (New York: Park Avenue Baptist Church, 1928), 7 (quotation), 11–12; Virginia Berridge, *Demons: Our Changing Attitudes to Alcohol, Tobacco, and Drugs* (Oxford: Oxford U.P., 2013), 45.

28. Cigarette girls: Photograph in Edward James Parrish Papers, box 3, Rubenstein Library, Duke University, Durham, North Carolina. Google

Ngram searches show phrases like *"tráfico de licores"* and *"trafic d'alcool"* appearing with much greater frequency in the early twentieth century than in the mid-nineteenth.

29. H. A. Depierris, *Physiologie Sociale: Le Tabac . . .* (Paris: E. Dentu, 1876), chap. 21; Auguste Forel, *La Question Sexuelle: Exposée aux Adultes Cultivés* (Paris: G. Steinheil, 1906), 292–298; "Relation of Alcohol to Insanity," *JAMA* 13 (1889): 816; James Nicholls, *The Politics of Alcohol: A History of the Drink Question in England* (Manchester: Manchester U.P., 2009), 171–173; Nikolay Kamenov, "A Question of Social Medicine or Racial Hygiene: The Bulgarian Temperance Discourse and Eugenics in the Interwar Period, 1920–1940," GAA, 129–138, "idiot" p. 137; Lawson Crowe, "Alcohol and Heredity: Theories about the Effects of Alcohol Use on Offspring," *Social Biology* 32 (1985): 146–161; Victor Cyril and E. Berger, *La "Coco": Poison Moderne* (Paris: Ernest Flammarion, 1924), 93.

30. Claude Quétel, *History of Syphilis*, trans. Judith Braddock and Brian Pike (Baltimore: Johns Hopkins U.P., 1990), French percentage p. 199, "machine-gun" p. 219; Christian Henriot, "Medicine, VD and Prostitution in Pre-Revolutionary China," *Social History of Medicine* 5 (1992): 106–107.

31. Andrew Roberts, *Napoleon: A Life* (New York: Viking, 2014), 597–598; Leonard F. Guttridge, *Icebound: The Jeannette Expedition's Quest for the North Pole* (Annapolis: Naval Institute Press, 1986), 329; Nienke Bakker et al., *On the Verge of Insanity: Van Gogh and His Illness* (Amsterdam: Van Gogh Museum, 2016), 97–98, 125; Michael D'Antonio, *Hershey: Milton S. Hershey's Extraordinary Life of Wealth, Empire, and Utopian Dreams* (New York: Simon and Schuster, 2006), 93–94; "Hershey, Catherine Sweeney; 1871–1915," Hershey Community Archives, http://www.hersheyarchives. org/essay/printable.aspx?EssayId=11; V. Lerner, Y. Finkelstein, and E.

Witztum, "The Enigma of Lenin's (1870–1924) Malady," *European J. of Neurology* 11 (2004): 371–376; C. J. Chivers, "A Retrospective Diagnosis Says Lenin Had Syphilis," *NYT,* June 22, 2004.

32. Warren S. Walker, "Lost Liquor Lore: The Blue Flame of Intemperance," *Popular Culture* 16 (Fall 1982): 17–25, and John Allen Krout, *The Origins of Prohibition* (New York: Russell and Russell, 1967), 232.

33. Carole Shamas, "Changes in English and Anglo-American Consumption from 1550 to 1800," in *Consumption and the World of Goods,* ed. John Brewer and Roy Porter (London: Routledge, 1993), 185; Elizabeth Abbott, "Slavery," in *The Oxford Companion to Sugar and Sweets,* ed. Darra Goldstein (New York: Oxford U.P., 2015), 617–618; John E. Crowley, "Sugar Machines: Picturing Industrialized Slavery," *American Historical Review* 121 (2016): 436.

34. Courtwright, *Forces of Habit,* chap. 7; Jay Coughtry, *The Notorious Triangle: Rhode Island and the African Slave Trade, 1700–1807* (Philadelphia: Temple U.P., 1981), 85–86; S. T. Livermore, *A History of Block Island* (Hartford, Conn.: Case, Lockwood, and Brainard, 1877), 60; Frederick H. Smith, *Caribbean Rum: A Social and Economic History* (Gainesville: U.P. of Florida, 2005), 103.

35. Juan de Castro, *Historia de las Virtudes y Propiedades del Tabaco* (Córdoba: Salvador de Cea Tesa, 1620), 19; *The Diary of Colonel Landon Carter of Sabine Hall, 1752–1778,* ed. Jack P. Greene, vol. 2 (Richmond: Virginia Historical Society, 1987), 870; [Anthony Benezet,] *Serious Considerations on Several Important Subjects* (Philadelphia: Joseph Crukshank, 1778), 42; Nathan Allen, *An Essay on the Opium Trade* (Boston: John P. Jewett, 1850), 25.

36. *Oxford English Dictionary,* s.v. "addiction," updated November 2010,

http://www.oed.com/view/Entry/2179; John Lawson, *A New Voyage to Carolina* . . . (London: n.p., 1709), 172, 202; Samuel Johnson, *A Dictionary of the English Language*, vol. 1 (London: W. Strahan, 1755), http://johnsonsdictionaryonline.com/?page_id=7070&i =80, italics in original.

37. Jessica Warner, " 'Resolv'd to Drink No More': Addiction as a Preindustrial Construct," *J. of Studies on Alcohol* 55 (1994): 685–691; Reshat Saka, *Narcotic Drugs* (Istanbul: Cumhuriyet, 1948), TS translation in "Marijuana—History," VF; Matthew Warner Osborn, *Rum Maniacs, Alcoholic Insanity in the Early American Republic* (Chicago: U. of Chicago Press, 2014), chap. 1, Rush quotation p. 34; Brian Vale and Griffith Edwards, *Physician to the Fleet: The Life and Times of Thomas Trotter, 1760–1832* (Woodbridge, Suffolk: Boydell, 2011), chap. 13, quotations p. 169.

38. Harry Gene Levine, "The Discovery of Addiction: Changing Conceptions of Habitual Drunkenness in America," *J. of Studies on Alcohol* 39 (1978): 143–174; Hasso Spode, "Transubstantiations of the Mystery: Two Remarks on the Shifts in the Knowledge about Addiction," *SHAD* 20 (2005): 125; Friedrich-Wilhelm Kielhorn, "The History of Alcoholism: Brühl-Cramer's Concepts and Observations," *Addiction* 91 (1996): 121–128; Jean-Charles Sournia, *A History of Alcoholism*, trans. Nick Hindley and Gareth Stanton (Oxford: Basil Blackwell, 1990), 44–48. The special issue of *SHAD* 28 (Winter 2014) provides an overview and country-specific analyses of changing European addiction terminology.

39. Edwin Van Bibber-Orr, "Alcoholism and Song Literati," in *Behaving Badly in Early and Medieval China*, ed. N. Harry Rothschild and Leslie V. Wallace (Honolulu: U. of Hawai'i Press, 2017), 135–153.

40. "Walnut Lodge Hospital," *Geer's Hartford City Directory*, no. 63 (July

1900): 777; U.S. census schedule, Hartford County (MS, June 5, 1900), roll 137, Connecticut Historical Society, Hartford; Leslie E. Keeley, *The Non-Heredity of Inebriety* (Chicago: Scott, Foresman, 1896), 191 ("education"); T. D. Crothers, "The Significance of a History of Alcoholic Addiction," *Medical Record* 79 (1911): 770 (crucifix).

41. Berridge, *Demons*, chap. 4; David T. Courtwright, "Mr. ATOD's Wild Ride: What Do Alcohol, Tobacco, and Other Drugs Have in Common," *SHAD* 20 (2005): 105–124, "social" p. 111. Although Google Ngram searches reflect medical as well as informal usages, it is noteworthy that the frequency of "inebriety" peaked in American English in 1894, and in British English in 1912.

42. Arthur Hill Hassall, "The Great Tobacco Question: Is Smoking Injurious to Health," *Lancet*, part 1 (1857): 198; Depierris, *Le Tabac,* chap. 20; Harvey W. Wiley, "The Alcohol and Drug Habit and Its Prophylaxis," *Proceedings of the Second Pan American Scientific Congress*, vol. 9 (Washington, D.C.: Government Printing Office, 1917), 159; "Smokers' Palates Painted in Court," NYT, January 22, 1914; R. M. Blanchard, "Heroin and Soldiers," *Military Surgeon* 33 (1913): 142; David T. Courtwright, Herman Joseph, and Don Des Jarlais, *Addicts Who Survived: An Oral History of Narcotic Use in America before 1965* (Knoxville: U. of Tennessee Press, 2012), 174; Robert N. Proctor, "The Nazi War on Tobacco: Ideology, Evidence, and Possible Cancer Consequences," *Bulletin of the History of Medicine* 71 (1997): 435–488, quotation p. 441.

43. Keith McMahon, *The Fall of the God of Money: Opium Smoking in Nineteenth-Century China* (Lanham, Md.: Rowman and Littlefield, 2002), 36; Zheng Yangwen, *The Social Life of Opium in China* (Cambridge: Cambridge U.P., 2005), 87–92; Sander L. Gilman, "Jews and Smoking,"

in *Smoke: A Global History of Smoking*, ed. Sander L. Gilman and Zhou Xun (London: Reaktion, 2004), 282–283; J. B. Jeter, "The Evils of Gaming," *Virginia Baptist Preacher* 1 (March 1842): 48.

44. Robert Bailey, *The Life and Adventures of Robert Bailey* . . . (Richmond: J. & G. Cochran, 1822), 216; Patricia C. Glick, "The Ruling Passion: Gambling and Sport in Antebellum Baltimore, Norfolk, and Richmond," *Virginia Cavalcade* 39 (Autumn 1989): 62–69; Weems, *God's Revenge against Gambling*, 11; Charles Dickens, *The Old Curiosity Shop* (London: Chapman and Hall, 1841).

45. *Letters from Liselotte*, trans. and ed. Maria Kroll (London: Victor Gollancz, 1970), 69; Lorne Tepperman et al., *The Dostoevsky Effect: Problem Gambling and the Origins of Addiction* (Don Mills, Ontario: Oxford U.P., 2013), chaps. 2–3; Mike Dash, "Crockford's Club: How a Fishmonger Built a Gambling Hall and Bankrupted the British Aristocracy," Smithsonian .com, November 29, 2012, http://www.smithsonianmag.com/history/ crockfords-club-how-a-fishmonger-built-a-gambling-hall-and-bankrupted- the-british-aristocracy-148268691/.

46. Ira M. Condit, *The Chinaman as We See Him* (Chicago: Fleming H. Revell, 1900), 60; Markus Heilig, *The Thirteenth Step: Addiction in the Age of Brain Science* (New York: Columbia U.P., 2015), 139; Ernest Poole, *The Village: Russian Impressions* (New York: Macmillan, 1918), 154.

47. Linda Carroll, "Fetal Brains Suffer Badly from Effects of Alcohol," *NYT*, November 4, 2003; Nathalie E. Holz et al., "The Long-Term Impact of Early Life Poverty on Orbitofrontal Cortex Volume in Adulthood: Results from a Prospective Study over 25 Years," *Neuropsychopharmacology* 40 (2015): 996–1004; Natalie H. Brito and Kimberly G. Noble, "Socioeconomic Status and Structural Brain Development," *Frontiers in Neuroscience* 8 (2014):

1–11; Pilyoung Kim et al., "Effects of Childhood Poverty and Chronic Stress on Emotion Regulatory Brain Function in Adulthood," *PNAS* 110 (2013): 18442–18447; W. K. Bickel et al., "A Competing Neurobehavioral Decision Systems Model of SES-Related Health and Behavioral Disparities," *Preventive Medicine* 68 (2014): 37–43; Warren K. Bickel et al., "Behavioral and Neuroeconomics of Drug Addiction: Competing Neural Systems and Temporal Discounting Processes," *Drug and Alcohol Dependence* 90S (2007): S85–S91; Jim Orford, *Power, Powerlessness and Addiction* (Cambridge: Cambridge U.P., 2013), chaps. 4–5; Harold Winter, *The Economics of Excess: Addiction, Indulgence, and Social Policy* (Stanford: Stanford U.P., 2011), 4, 44, 57–59, 125, 146–147; Dan I. Lubman et al., "Cannabis and Adolescent Brain Development," *Pharmacology and Therapeutics* 148 (2015): 1–16; and Heilig, *Thirteenth Step*, chaps. 9, 12.

48. Richard P. Feynman, *"Surely You're Joking, Mr. Feynman!": Adventures of a Curious Character* (New York: Norton, 1985), 204; David E. Johnson, *Douglas Southall Freeman* (Gretna, La.: Pelican, 2002), 218–219; Orford, *Power*, 110–113; Robert A. Caro, *The Years of Lyndon Johnson: Master of the Senate* (New York: Knopf, 2002), 631; Gene M. Heyman, *Addiction: A Disorder of Choice* (Cambridge, Mass.: Harvard U.P., 2009), 85–86.

49. Bruce K. Alexander, *The Globalisation of Addiction: A Study in the Poverty of Spirit* (Oxford: Oxford U.P., 2008), 131–137, and related web site, http://www.brucekalexander.com/; Orford, *Power*, 106–110; Courtwright, *Forces of Habit*, 147–148; Peter C. Mancall, *Deadly Medicine: Indians and Alcohol in Early America* (Ithaca: Cornell U.P., 1995); Benjamin Rush, *Essays, Literary, Moral and Philosophical* (Philadelphia: Thomas and Samuel F. Bradford, 1798), 258; Kimberly Johnston-Dodds, *Early California Laws and Policies Related to California Indians* (Sacramento:

California Reference Bureau, 2002), 8. "Bootlegger" has other possible origins, described in *The Encyclopedia of Alcoholism*, ed. Robert O'Brien and Morris Chafetz (New York: Facts on File, 1982), 52–53.

50. Jeanne Schaver, "Nurse's Narrative Report" (TS, April 1952), M / V Health Collection, Anchorage Museum, Anchorage, Alaska.

04. 악덕에 반대하는 행동주의

1. Anon., *The Skilful Physician*, ed. Carey Balaban, Jonathon Erlen, and Richard Siderits (1656; repr., Amsterdam: Harwood, 1997), 5 (quotation); Thomas Short, *Discourses on Tea, Sugar, Milk, Made-Wines, Spirits, Punch, Tobacco*, &c. (London: T. Longman and A. Millar, 1750), 165.

2. Ian Tyrrell, *Reforming the World: The Creation of America's Moral Empire* (Princeton, N.J.: Princeton U.P., 2010), 76.

3. George A. Akerlof and Robert J. Shiller, *Phishing for Phools: The Economics of Manipulation and Deception* (Princeton, N.J.: Princeton U.P., 2015), vii–11.

4. Wilbur F. Crafts, *Familiar Talks on That Boy and Girl of Yours: Sociology from Viewpoint of the Family* (New York: Baker and Taylor, 1922), 374 (famines, quoting J. J. Davis).

5. Doris Kearns Goodwin, *The Bully Pulpit: Theodore Roosevelt, William Howard Taft, and the Golden Age of Journalism* (New York: Simon and Schuster, 2013), 193 (Lease).

6. Steven Pinker, *The Better Angels of Our Nature: Why Violence Has Declined* (New York: Viking, 2011), 174–177.

7. Charles S. Maier, "Consigning the Twentieth Century to History:

Alternative Narratives for the Modern Era," *American Historical Review* 105 (2000): 807–831; Johan Edman, "Temperance and Modernity: Alcohol Consumption as a Collective Problem, 1885–1913," *J. of Social History* 49 (2015): 20–52; S. G. Moore, "The Relative Practical Value of Measures against Infant Mortality," *Lancet* 187, no. 4836 (1916): 944; Josephus Daniels, *Men Must Live Straight If They Would Shoot Straight* (Washington, D.C.: Navy Department Commission on Training Camp Activities, 1917), 1, 15.

8. Rod Phillips, *Alcohol: A History* (Chapel Hill: U. of North Carolina Press, 2014), 214–215.

9. Wennan Liu, " 'No Smoking' for the Nation: Anti-Cigarette Campaigns in Modern China, 1910–1935" (Ph.D. diss., U. of California, Berkeley, 1999); Sherman Cochran, *Big Business in China: Sino-Foreign Rivalry in the Cigarette Industry, 1890–1930* (Cambridge, Mass.: Harvard U.P., 1980), 28; David T. Courtwright, "Global Anti-Vice Activism: A Postmortem," *GAA*, 317 (addiction authority); Norman Ohler, *Blitzed: Drugs in Nazi Germany*, trans. Shaun Whiteside ([London]: Allen Lane, 2016), 23 (quotation); Hasso Spode, "The 'Alcohol Question' in Central Europe between Science and Civic Religion," ADHS conference, Buffalo, N.Y., June 24, 2011 (30,000). Spode adds that the total number of German alcoholics subjected to all forms of coercion is not known.

10. Nolan R. Best, Yes, *"It's the Law" and It's a Good Law* (New York: George H. Doran, 1926), 22; U.S. Dept. of Justice, Bureau of Prohibition, *The Value of Law Observance: A Factual Monograph* (Washington, D.C.: Government Printing Office, 1930), 34.

11. David M. Fahey and Padma Manian, "Poverty and Purification: The Politics of Gandhi's Campaign for Prohibition," *The Historian* 67 (2005):

503; Chantal Martineau, *How the Gringos Stole Tequila: The Modern Age of Mexico's Most Traditional Spirit* (Chicago: Chicago Review Press, 2015), 10; Ronny Ambjörnsson, "The Honest and Diligent Worker" (Skeptron Occasional Papers 5, Stockholm, 1991), http://www.skeptron.uu.se/broady/sec/ske-5.htm; Annemarie McAllister, "The Alternative World of the Proud Non-Drinker: Nineteenth-Century Public Displays of Temperance," *SHAD* 28 (2014): 168; "A Counter-Attraction," *Brotherhood of Locomotive Engineers Monthly J.* 8 (1874): 627; Edward C. Leonard Jr., "The Treatment of Philadelphia Inebriates," *American J. on Addictions* 6 (1997): 3.

12. *Municipal Drink Traffic* (London: Fabian Society, 1898), 18; Remarks of William Storr, *The Official Report of the Church [of England] Congress, Held at Portsmouth . . . 1885*, ed. C. Dunkley (London: Bemrose and Sons, 1885), 581 (quotation).

13. Courtwright, "Global Anti-Vice Activism."

14. Crafts, *Familiar Talks*, 376–377 (Sunday); Gaines M. Foster, "Conservative Social Christianity, the Law, and Personal Morality: Wilbur F. Crafts in Washington," *Church History* 71 (2002): 799–819; Tyrrell, *Reforming the World*, 25 ("international"), 33–34; "Dr. Wilbur F. Crafts, Crusader, Dies at 73," *NYT*, December 28, 1922.

15. Harald Fischer-Tiné, "Eradicating the 'Scourge of Drink' and the 'Unpardonable Sin of Illegitimate Sexual Enjoyment': M. K. Gandhi as Anti-Vice Crusader," *Interdisziplinäre Zeitschrift für Südasienforschung* 2 (2017), http://www.hsozkult.de/journals/id/zeitschriften-748?title=interdisziplinaere-zeitschrift-fuer-suedasienforschung-2-2017; "Introduction," *GAA*, 1–9 ("peripatetic" p. 1); Stephen Legg, "Anti-Vice Lives: Peopling the Archives of Prostitution in Interwar India," *GAA*, 253; M. K. Gandhi, *Key to Health*, trans. Sushila Nayar, http://www.mkgandhi.org/

ebks/key_to_health.pdf, 21–24; *The Collected Works of Mahatma Gandhi*, vol. 27 (New Delhi: India Ministry of Information and Broadcasting, 1968), 347 ("women," "power"); Joseph Lelyveld, *Great Soul: Mahatma Gandhi and His Struggle with India* (New York: Knopf, 2011), 30, 48, 51 (filth). Native leaders, missionaries: John Abbey, *The Church of God and the Gates of Hell* (London: R. J. James, 1911), 33–35; *Temperance and Prohibition in New Zealand*, ed. J. Cocker and J. Malton Murray (London: Epworth Press, 1930), chap. 10.

16. "'Gandhi Cigarettes'!" *Young India*, January 12, 1921.

17. Josiah P. Rowe Jr., *Letters from a World War I Aviator*, ed. Genevieve Bailey Rowe and Diana Rowe Doran (Boston: Sinclaire, 1986), 25–26.

18. Charles Bamberger memoirs (TS, 1943), box 14, Ralph Ginzburg Papers, State Historical Society of Wisconsin, Madison, Wisc.; John C. Burnham, *Bad Habits: Drinking, Smoking, Taking Drugs, Gambling, Sexual Misbehavior, and Swearing in American History* (New York: NYU Press, 1993), 197; David T. Courtwright, Herman Joseph, and Don Des Jarlais, *Addicts Who Survived: An Oral History of Narcotic Use in America before 1965* (Knoxville: U. of Tennessee Press, 2012), 174–175, 180.

19. Algot Niska, *Over Green Borders: The Memoirs of Algot Niska*, trans. J. Jerry Danielsson (New York: Vantage, 1953), vii.

20. W. L. Treadway to Lyndon Small, September 22, 1932, correspondence 1929–1955, Lyndon Frederick Small Papers, National Library of Medicine, Bethesda, Maryland (burglary).

21. William Cabell Bruce, "Is Prohibition a Success after Five Years? No!" *Current History* reprint (August 1925): 11 (cloakroom); Jeffrey A. Miron and Jeffrey Zwiebel, "Alcohol Consumption during Prohibition," *American Economic Review* 81 (1991): 242–247; Jack S. Blocker Jr., "Did Prohibition

Really Work? Alcohol Prohibition as a Public Health Innovation," *American J. of Public Health* 96 (2006): 233–243, breweries p. 236; Lisa McGirr, *The War on Alcohol: Prohibition and the Rise of the American State* (New York: Norton, 2016), 50 (beer prices).

22. W. J. Rorabaugh, *Prohibition: A Concise History* (New York: Oxford U.P., 2018), 61–62 (half); McGirr, *War on Alcohol, 50* (wife); Foreign Policy Association, "Prohibition and Drug Addiction" (TS, 1925), 3, "Addiction— Incidence—[to] 1959," VF (Bellevue); Mark H. Moore, "Actually, Prohibition Was a Success," *NYT*, October 16, 1989; Austin Kerr, "American Dream," *New Scientist* 164 (November 1999): 94–95.

23. Holly M. Karibo, *Sin City North: Sex, Drugs, and Citizenship in the Detroit-Windsor Borderland* (Chapel Hill: U. of North Carolina Press, 2015), 37; Mabel Willebrandt, " 'It Can't Be Done' " (TS speech, September 24, 1928), 8, Willebrandt Papers, LCMD.

24. Blocker, "Prohibition," 240.

25. "36 Individuals and 6 Corporations Indicted in Largest Bootleg Ring since Prohibition," *NYT*, July 16, 1937; "A Survey of Illegal Distilling in the U.S. Today" (TS, 1951), John W. Hill Papers, folder 11, box 96, State Historical Society of Wisconsin. The WHO estimated that, in 2005, illicit manufacturing accounted for 29 percent of global alcohol consumption, with bootlegging most common in poorer countries. *Global Status Report on Alcohol and Health* (Geneva: WHO, 2011), 5.

26. Fahey and Manian, "Poverty and Purification," 489–506, "easy" p. 503; Fischer-Tiné, "Eradicating" (champagne); David T. Courtwright, *Forces of Habit: Drugs and the Making of the Modern World* (Cambridge, Mass.: Harvard U.P., 2001), 156–159; Peter Evans and Sean McLain, "Diageo Makes $1.9 Billion Offer for Control of India's United Spirits," *WSJ*, April

15, 2014.

27. Gerald Posner, *God's Bankers: A History of Money and Power at the Vatican* (New York: Simon and Schuster, 2015), 17; Thembisa Waetjen, "Poppies and Gold: Opium and Law-Making on the Witwatersrand, 1904–1910," *J. of African History* 57 (2016): 391–416; "Use of Narcotics in Siam," *Boston Medical and Surgical J.* 31 (1844): 341; Thaksaphon Thamarangsi, "Thailand: Alcohol Today," *Addiction* 101 (2006): 783; W. A. Penn, *The Soverane Herbe: A History of Tobacco* (London: Grant Richards, 1902), 213–214.

28. Mary C. Neuburger, *Balkan Smoke: Tobacco and the Making of Modern Bulgaria* (Ithaca: Cornell U.P., 2013), 143 (German statistics).

29. Ibid., quotation p. 200.

30. "Meeting in Richmond," *Richmond Enquirer, November 1, 1833; Report of the Committee of Twenty-Four . . . for the Purpose of Devising Means to Suppress the Vice of Gambling in This City* (Richmond: T. W. White, 1833), "taxed" p. 25.

31. *Report of the Minority of the Committee of Twenty-Four, on the Subject of Gambling in the City of Richmond* (Richmond: T. W. White, 1833), "moralists" p. 4. The dissenters were German-born merchant Gustavus Lucke, Episcopalian attorney Henry L. Brooke, and newspaper editor Edward V. Sparhawk.

32. Harry M. Ward, *Children of the Streets of Richmond, 1865–1920* (Jefferson, N.C.: McFarland, 2015), 109.

33. T. D. Crothers, "A Review of the History and Literature of Inebriety . . . ," *J. of Inebriety* 33 (1912): 143; Crafts to Wesley Jones, January 16, 1922, U. of Washington Digital Collections, http://digitalcollections.lib.washington. edu/cdm/ref/collection/pioneerlife/id/19937; Jacob M. Appel, " 'Physicians

Are Not Bootleggers': The Short, Peculiar Life of the Medicinal Alcohol Movement," *Bulletin of the History of Medicine* 82 (2008): 355–386.

34. A. E. Moule, "The Use of Opium and Its Bearing on the Spread of Christianity in China," in *Records of the General Conference of the Protestant Missionaries in China Held at Shanghai, May 10–24, 1877* (Shanghai: Presbyterian Missionary Press, 1878), 353.

35. C. Vann Woodward, *Origins of the New South, 1877–1913* (Baton Rouge: Louisiana State U.P., 1971), 389–391; Boyd P. Doty, ed., *Prohibition Quiz Book*, 2nd ed. (Westerville, Ohio: Anti-Saloon League, 1929), map p. 78 (Louisiana); Walter J. Decker to Mrs. E. W. Root, January 13, 1933, and Earle K. James to Mrs. E. W. Root, January 7, 1933, box 1, Women's Organization for National Prohibition Reform, LCMD (Bolivia and Chile).

36. Meta Remec, "Sexual Diseases between Science and Morality," paper, Global Anti-Vice Activism conference, Monte Verità, Switzerland, April 2, 2012.

37. Mark Lawrence Schrad, *The Political Power of Bad Ideas: Networks, Institutions, and the Global Prohibition Wave* (New York: Oxford U.P., 2010), 33; Samuel Hopkins Adams, "On Sale Everywhere," *Collier's* 68 (July 16, 1921): 8 (class).

38. Petre Matei, "De la 'Iarba Dracului' la Drog. Aspecte ale Condamnării Tutunului în Spaţiul Românesc," *Archiva Moldaviae* 8 (2016): 29–50.

39. Elizabeth Dorn Lublin, "Controlling Youth and Tobacco in Meiji-Period Japan," ADHS conference, London, June 21, 2013.

40. "America and the Living Death" (TS, n.d.), box 56, and Hobson to Rockefeller, April 23, 1928, box 56, Hobson Papers, LCMD. Similar shifts away from religious and moral arguments and toward individual and collective health, order, efficiency, and preparedness occurred in West

Africa, Europe, and Latin America. See *GAA*, chaps. 5–9.

41. "AHR Conversation: Religious Identities and Violence," *American Historical Review* 112 (2007): 1465 (Miles); George Creel, *Rebel at Large: Recollections of Fifty Crowded Years* (New York: G. P. Putnam's Sons, 1947), 52; Ethel S. Ellis, "Valentine Note of 37 Years Ago," *Topeka Journal*, February 14, 1940; Alexandra Popoff, *Sophia Tolstoy: A Biography* (New York: Free Press, 2010), 135, 176 ("crime").

42. Anthony Taylor, " 'Godless Edens': Surveillance, Eroticized Anarchy, and 'Depraved Communities' in Britain and the Wider World, 1890–1930," GAA, 53–73, "marriages" p. 62, "Edens" p. 65.

43. Alexander C. Zabriskie, *Bishop Brent: Crusader for Christian Unity* (Philadelphia: Westminster Press, 1948), 41; Brent diary, August 17 and 18, 1923, box 3, Charles Henry Brent Papers, LCMD ("mess").

44. William B. McAllister, *Drug Diplomacy in the Twentieth Century: An International History* (London: Routledge, 2000), 28; Lida Thornburgh to Elizabeth Jessup, October 29, 1929, box 55 ("saint") and Brent diary ("too full"), March 11, 1929, box 3, Brent Papers; "Bishop Brent Defends Right of Dry Law Opponents 'With Clean Hands' to Seek Modification of Prohibition," *Buffalo Courier*, February 8, 1926. This sketch also draws on the biographical materials in boxes 54–55 of the Brent Papers; Zabriskie, Bishop Brent; and "Bishop Brent Dies at 66 in Lausanne," *NYT*, March 28, 1929.

45. Zabriskie, *Bishop Brent*, 196.

46. Donald Day, "Whoopee Spree; Prohibition Ends," *Chicago Tribune*, April 5, 1932.

47. J. Buks to Mrs. E. W. Root, December 5, 1932, box 1, Women's Organization for National Prohibition Reform, LCMD.

48. Phillips, *Alcohol*, 274 (quotation), 275; Corinne Pernet, "The Limits of Global Biopolitics: The Question of Alcoholism and Workers' Leisure at the League of Nations," paper, Global Anti-Vice Activism conference, Monte Verità, Switzerland, April 2, 2012.

49. David G. Schwartz, *Roll the Bones: The History of Gambling* (New York: Gotham, 2006), chap. 10; Ernest Hemingway, *A Moveable Feast* (New York: Charles Scribner's Sons, 1964), 201.

50. Schwartz, *Roll the Bones*, 316–319; S. Jonathan Wiesen, *Creating the Nazi Marketplace: Commerce and Consumption in the Third Reich* (New York: Cambridge U.P., 2011), 48–49.

51. Treasury Department, "In re: Alphonse Capone" (TS, December 21, 1933), comp. Frank J. Wilson, https://www.irs.gov/pub/irs-utl/file-2-report-dated-12211933-in-re-alphonse-capone-by-sa-frank-wilson.pdf.

52. Jessica R. Pliley, "The FBI's White Slave Division," *GAA*, 233–234; Tyrrell, *Reforming the World*, 138–139.

53. Laurie Bernstein, *Prostitutes and Their Regulation in Imperial Russia* (Berkeley: U. of California Press, 1995), 46; Abraham Flexner, *Prostitution in Europe* (repr., Montclair, N.J.: Patterson Smith, 1969), chap. 1.

54. Vern Bullough and Bonnie Bullough, W*omen and Prostitution: A Social History* (Buffalo: Prometheus, 1987), chap. 13; W. T. Stead, "The Maiden Tribute of Modern Babylon . . . I," *Pall Mall Gazette*, July 6, 1885.

55. Joel Best, *Controlling Vice: Regulating Brothel Prostitution in St. Paul, 1865–1883* (Columbus: Ohio State U.P., 1998).

56. Andrew Roberts, *Napoleon: A Life* (New York: Viking, 2014), 685–686.

57. Catherine Carstairs, *Jailed for Possession: Illegal Drug Use, Regulation, and Power in Canada, 1920–1961* (Toronto: U. of Toronto Press, 2006); Isaac Campos, *Home Grown: Marijuana and the Origins of Mexico's War on*

Drugs (Chapel Hill: U. of North Carolina Press, 2012); Vera Rubin and Lambros Comitas, *Ganja in Jamaica: A Medical Anthropological Study of Chronic Marijuana Use* (The Hague: Mouton, 1975); Howard Padwa, *Social Poison: The Culture and Politics of Opiate Control in Britain and France, 1821–1926* (Baltimore: Johns Hopkins U.P., 2012); "History of Heroin," *Bulletin on Narcotics* 5 (1953): 8–10 (Egypt); Anton Werkle, "French-Speaking Countries of Africa South of the Sahara" (TS, 1974), "Laws and Legislation—Countries," VF; Alisher B. Latypov, "The Soviet Doctor and the Treatment of Drug Addiction: 'A Difficult and Most Ungracious Task,' " *Harm Reduction J.* 8 (2011), https://harmreductionjournal. biomedcentral.com/articles/10.1186/1477-7517-8-32. McAllister, *Drug Diplomacy*, describes key international treaties.

58. Bullough and Bullough, *Women and Prostitution*, chap. 14; Louis Berg, *Prison Doctor* (New York: Brentano's, 1932), 64 ("dunghill").

59. Pavel Vasilyev, "Medical and Criminological Constructions of Drug Addiction in Late Imperial and Early Soviet Russia," GAA, 189 (quoting Aleksandr Sholomovich); Thomas Gleaton, "A Man of Our Time: Gabriel G. Nahas" (TS, n.d.), biographical file, Gabriel G. Nahas Papers, Archives and Special Collections, A. C. Long Health Sciences Library, Columbia University (reference to Dr. Selim Nahas, Gabriel's uncle); Rodrigues Doria, "The Smokers of *Maconha*: Effects and Evils of the Vice" (TS translation, n.d.), 2, "Marijuana Effects—[to] 1950," VF; Carlos Gutiérrez Noriega, "El Hábito de la Coca en Sud América," *América Indígena* 12 (1952): 117; Kazuo Kenmochi, *Devilish Drug: Narcotic Photographic Document* (Tokyo: n.p., 1963), 124–125.

60. Li Zhisui, *The Private Life of Chairman Mao: The Memoirs of Mao's Personal Physician*, trans. Tai Hung-chao (New York: Random House,

1994), 67–68, 108; Courtwright, *Forces of Habit*, 183–185; Miriam Kingsberg, *Moral Nation: Modern Japan and Narcotics in Global History* (Berkeley: U. of California Press, 2014), 186; Andrew G. Walder, *China under Mao: A Revolution Derailed* (Cambridge, Mass.: Harvard U.P., 2015), 2, 7, 8, 62, 64, 67–69; Dan Washburn, *The Forbidden Game: Golf and the Chinese Dream* (London: Oneworld, 2014), xi, 5. Though they seldom filled the full death quotas, officials everywhere carried out high-profile executions following mass rallies and public trials. The killing peaked in late 1952. Zhou Yongming, *Anti-Drug Crusades in Twentieth-Century China: Nationalism, History, and State Building* (Lanham, Md.: Rowman and Littlefield, 1999), chap. 6, quotation p. 107.

05. 악덕을 지지하는 행동주의

1. John C. Burnham, *Bad Habits: Drinking, Smoking, Taking Drugs, Gambling, Sexual Misbehavior, and Swearing in American History* (New York: NYU Press, 1993), "everybody" p. 139; David G. Schwartz, *Roll the Bones: The History of Gambling* (New York: Gotham, 2006), 378 (bingo); Pat Frank, *The Long Way Round* (Philadelphia: J. B. Lippincott, 1953), 19 (Friday); "Chesterfield" (TS, November 13, 1961), Liggett and Myers Minutes, box 19, Review Board Records, JWT (*Playboy* readership).

2. David T. Courtwright, *No Right Turn: Conservative Politics in a Liberal America* (Cambridge, Mass.: Harvard U.P., 2010), chaps. 2, 5, 10–11; Dave Palermo, "Slot Machines Big Business for Military," *Las Vegas Review-Journal / Sun*, October 18, 1992.

3. *Civilization: The West and The Rest with Niall Ferguson*, part 2,

documentary produced by Chimerica Media Limited, the BBC and Channel 13 in association with WNET, aired on PBS in May 2012 (quote); Tibor Frank, "Supranational English, American Values, and East-Central Europe," *Publications of the Modern Language Association of America* 119 (2004): 80–91; Michael Anderson, "China's 'Great Leap' toward Madison Avenue," *J. of Communication* 31 (Winter 1981): 11; Wolf Lieschke, "Winston-Spain Briefing" (TS, May 29, 1984), n.p., box 36, Burt Manning Papers, JWT.

4. "World War II Fast Facts," CNN, http://www.cnn.com/2013/07/09/world/world-war-ii-fast-facts/(70 million); Burnham, *Bad Habits*, 220 ("not polite"); Mary Louise Roberts, *What Soldiers Do: Sex and the American GI in World War II France* (Chicago: U. of Chicago Press, 2013), 61–63, 122.

5. Stephen G. Fritz, *Frontsoldaten: The German Soldier in World War II* (Lexington: U.P. of Kentucky, 1995), 79; Sönke Neitzel and Harald Welzer, *Soldaten: On Fighting, Killing, and Dying*, trans. Jefferson Chase (New York: Knopf, 2012), 171 (quotes).

6. Vincent Milano, "Wehrmacht Brothels," Der Erste Zug (2005), http://www.dererstezug.com/WehrmachtBrothels.htm.

7. Norman Ohler, *Blitzed: Drugs in Nazi Germany*, trans. Shaun Whiteside ([London]: Allen Lane, 2016), "delight" p. 43; Nicolas Rasmussen, *On Speed: The Many Lives of Amphetamine* (New York: NYU Press, 2008), chap. 3; Łukasz Kamieński, *Shooting Up: A Short History of Drugs and War* (New York: Oxford U.P., 2016), chap. 7, Finns pp. 137–138, "holiday" p. 139.

8. J. H. Reid, *Heinrich Böll: A German for His Time* (Oxford: Oswald Wolff, 1988), 32; Neitzel and Welzer, Soldaten, 160; Peter Steinkampf, "Zur Devianz-Problematik in der Wehrmacht: Alkohol-und

Rauschmittelmissbrauch bei der Truppe" (Ph.D. dissertation, Albert-Ludwigs-Universität Freiburg, 2008), chap. 2 (a third); Andreas Ulrich, "The Nazi Death Machine: Hitler's Drugged Soldiers," *Spiegel Online*, May 6, 2005, http://www.spiegel.de/international/the-nazi-death-machine-hitler-s-drugged-soldiers-a-354606.html ("blind eye").

9. Phil Richards and John J. Banigan, *How to Abandon Ship* (New York: Cornell Maritime Press, 1942), 101–102; Ohler, *Blitzed*, 49–51, and Ohler recounting his interview with Böll's son, *Fresh Air*, NPR, March 7, 2017, http://www.npr.org/programs/fresh-air/2017/03/07/519035318/fresh-air-for-march-7-2017; Kamieński, *Shooting Up*, 128–132; Akihiko Sato, "Narrative on Methamphetamine Use in Japan after World War II," ADHS conference, University of Guelph, August 10–12, 2007; Mark Gayn, *Japan Diary* (Rutland, Vt.: Charles E. Tuttle, 1981), 13, 47, 49; John W. Dower, *Embracing Defeat: Japan in the Wake of World War II* (New York: Norton, 1999), 62–63, 107–108.

10. Esteban Ortiz-Ospina et al., "Trade and Globalization" (2018), Our World in Data, https://ourworldindata.org/international-trade; David T. Courtwright, *Sky as Frontier: Aviation, Adventure, and Empire* (College Station: Texas A&M U.P., 2004), 125–131, 196–201, 130.

11. James H. Mills, *Cannabis Nation: Control and Consumption in Britain, 1928–2008* (Oxford: Oxford U.P., 2013), quotation p. 76.

12. David Owen, "Floating Feasts," *New Yorker* 90 (Nov. 3, 2014): 52–57; "Viking Cruises: History," https://www.vikingcruises.com/about-us/history.html#noscroll.

13. Courtwright, *Sky as Frontier*, 142, 154, 202; Carl Solberg, *Conquest of the Skies: A History of Commercial Aviation in America* (Boston: Little, Brown, 1979), 378–379; Aimée Bratt, *Glamour and Turbulence—I Remember Pan*

Am, 1966–91 (New York: Vantage, 1996), 102.

14. Mike Brunker, "In-flight Gambling Ready for Takeoff," ZDNet, November 14, 1997, http://www.zdnet.com/article/in-flight-gambling-ready-for-takeoff/; Jenifer Chao, "From Gambling to Retail, Airports Competing for Profits," *Las Vegas Review-Journal*, January 27, 1997 ("time"); Nicole Winfield, "Redefining the Secret Shopper," *Florida Times-Union*, December 24, 2012.

15. John D. Kasarda and Greg Lindsay, *Aerotropolis: The Way We'll Live Next* (New York: Farrar, Straus and Giroux, 2011), 264.

16. Jim Krane, *City of Gold: Dubai and the Dream of Capitalism* (New York: St. Martin's Press, 2009), 215, 220, 253–254; Jad Mouawad, "Dubai, Once a Humble Refueling Stop, Is Crossroad to the Globe," *NYT*, June 18, 2014; Ashraf Dali, "Arabian 'Sex' Nights in the Gulf States," Asian Next News Network, January 23, 2017, http://www.theasian.asia/archives/97883; Misha Glenny, *McMafia: A Journey through the Global Criminal Underworld* (New York: Vintage, 2009), chap. 6.

17. Philip Jacobson, "Saudi Men Flout Muslim Laws in Bars of Bahrain," *Telegraph*, March 4, 2001; Yaroslav Trofimov, "Upon Sober Reflection, Bahrain Reconsiders the Wages of Sin," *WSJ*, June 9, 2009 (quote); "Tactful Solutions Cure Liquor Advertisers' Ailments," *Advertising Age*, August 18, 1980; Joost Hiltermann and Toby Matthiesen, "Bahrain Burning," *NYRB* 58 (August 18, 2011), 49–51.

18. Jonathan Rabinovitz, "Can the Man Who Made Sun City Make It in Atlantic City?" *NYT*, September 21, 1997; Paul Vallely, "The Great Casino Cash-In: The Sun King (and His Shady Past)," *Independent*, February 1, 2007; Graham Boynton, "Mandela's Favourite Multi-Billionaire," *Telegraph*, August 23, 2005 (quote).

19. Tim Walker, "Walt Disney's Chain-Smoking Habit," *Independent*, November 18, 2013; Dewayne Bevil, "Disney's Magic Kingdom Will Serve Beer, Wine in New Fantasyland Restaurant," *Orlando Sentinel*, September 13, 2012 (quote); Lauren Delgado, "Four More Magic Kingdom Restaurants to Serve Wine, Beer," *Orlando Sentinel*, December 16, 2016. Like Disney, Viking Cruises avoided gambling for reasons of branding.

20. Charles Passy, "Gay Orlando Steps Out," *NYT*, May 13, 2005; Scott Powers, "Mickey Welcomes Gay Ceremonies," *Florida Times-Union*, April 7, 2007 ("money").

21. Schwartz, *Roll the Bones*, 354–355; Sam Boyd, oral history interview (TS, 1977), 8 (Honolulu), Airlines Vertical File, and Jimmy Newman, oral history interview (TS, 1978), 19, SC-UNLV; Phillip I. Earl, "Veiling the Tiger: The Crusade against Gambling, 1859–1910," *Nevada Historical* Q. 29 (1985): 175–204.

22. Schwartz, *Roll the Bones*, 420. The specs are from Stern's 1968 proposal, *Las Vegas International Hotel*, available at http://d.library.unlv.edu/digital/collection/sky/id/1945/rec/3. Stern's career is documented at http://digital.library.unlv.edu/skyline/architect/martin-stern. I have also consulted Stern's wartime correspondence at SC-UNLV and interviewed his son, Leonard Stern.

23. Author interview with Leonard Stern, May 1, 2013.

24. Mark H. Haller, "Bootleggers as Businessmen: From City Slums to City Builders," in *Law, Alcohol, and Order: Perspectives on National Prohibition*, ed. David E. Kyvig (Westport, Conn.: Greenwood Press, 1985), 153; John Handley, "Las Vegas: A Posh Playground for Adults, a Wagering Wonderland," *Chicago Tribune*, June 13, 1976 (Hope); Larry Gragg, *Bright Light City: Las Vegas in Popular Culture* (Lawrence: U.P. of

Kansas, 2013); Bob Colacello, *Holy Terror: Andy Warhol Close Up* (New York: HarperCollins, 1990), 333.

25. Author interview with John Acres, May 3, 2013; Dave Palermo and Warren Bates, "Prostitution Often Linked to Casinos," *Las Vegas Review-Journal*, June 6, 1995; Gragg, *Bright Light City*, 2.

26. Schwartz, *Roll the Bones*, 482, and "The Conjuring of the Mirage," Vegas Seven, April 23, 2014, http://vegasseven.com/2014/04/30/the-conjuring-of-the-mirage/; Howard Stutz, "Wynn Las Vegas: The Unveiling," *Las Vegas Gaming Wire*, April 27, 2005.

27. "Steve Wynn: The Biggest Winner," *60 Minutes*, CBS News, April 12, 2009, http://www.cbsnews.com/videos/steve-wynn-the-biggest-winner/; *Tales from the Pit: Casino Table Games Managers in Their Own Words*, ed. David G. Schwartz (Las Vegas: UNLV Gaming Press, 2016), 209 ("adult"), 223 ("amenities"); Bob Shemeligian, "Recalling Old Vegas," *Las Vegas Sun*, November 1, 1993; Christina Almeida, "Vegas's Safe Bet: Visitors Will Drop Money in Stores," *WP*, January 2, 2005; Josh Eells, "Night Club Royale," *New Yorker* 89 (September 30, 2013), 36–41; Chris Kirkham, "In Las Vegas, Drinks Flow a Little Less Freely," *WSJ*, April 19, 2017 (gambling revenue).

28. Quotes: Kirkham, "In Las Vegas"; Marc Cooper, *The Last Honest Place in America: Paradise and Perdition in the New Las Vegas* (New York: Nation Books, 2004), 10.

29. Dave Palermo, "Crossing the World's Borders: Gaming Not Only in U.S.," *Las Vegas Sun and Review-Journal*, April 10, 1994; Barry Chamish, "Israel Likely to Approve Casinos," *Euroslot* 5 (January 1995): 101.

30. Steve Friess, "A Vegas-Size Bet on China," *Newsweek* 148 (September 4, 2006): 52; Kasarda and Lindsay, *Aerotropolis*, 378–379.

31. Muhammad Cohen, "Sands Macao: The House that Built Sheldon

Adelson," Forbes Asia, May 15, 2014, https://www.forbes.com/sites/
muhammadcohen/2014/05/15/sands-macao-the-house-that-built-
sheldon-adelson/#35a415ac5d1c; "Fact Sheet: The Sands Macao" (TS,
2004), Gambling Vertical File—Foreign: Macau, SC-UNLV; Desmond
Lam, *Chopsticks and Gambling* (New Brunswick: Transaction, 2014),
133–134 (6 percent); "Macau 2015 Annual Research: Key Facts," World
Travel and Tourism Council, https://www.wttc.org/-/media/files/reports/
economic%20impact%20research /countries%202015 /macau2015.pdf;
Kate O'Keeffe, "China Tightens Reins on Macau," *WSJ*, December 4, 2012;
Kelvin Chan, "Asian Casino Boom Aims to Lure Region's New Rich,"
Inquirer.Net, September 13, 2012, http://business.inquirer.net/81896/asian-
casino-boom-aims-to-lure-regions-new-rich.

32. George A. Akerlof and Robert J. Shiller, *Phishing for Phools: The
Economics of Manipulation and Deception* (Princeton, N.J.: Princeton
U.P., 2015), xi; Cass R. Sunstein, "Why Free Markets Make Fools of Us,"
NYRB 62 (October 22, 2015): 40–42; "BofA Pulls Out of Nevada's Brothel
Business," *Las Vegas Sun*, November 3, 1993.

33. "Population Pyramids of the World from 1950 to 2100," http://www.
populationpyramid.net/world/1960/; Ulrike Thoms, "The Contraceptive
Pill, the Pharmaceutical Industry and Changes in the Patient-Doctor
Relationship in West Germany," and Agata Ignaciuk, Teresa Ortiz-Gómez,
and Esteban Rodriguez-Ocaña, "Doctors, Women and the Circulation of
Knowledge of Oral Contraceptives in Spain, 1960s–1970s," in *Gendered
Drugs and Medicine: Historical and Socio-Cultural Perspectives*, ed. Teresa
Ortiz-Gómez and María Jesús Santesmases (Farnham: Ashgate, 2014),
respectively 153–174 and 133–152.

34. Burnham, *Bad Habits*, 162; Matthew Vaz, " 'We Intend to Run It': Racial

Politics, Illegal Gambling, and the Rise of Government Lotteries in the United States, 1960–1985," *J. of American History* 101 (2014): 88–89, 95.

35. Henry M. Stevens, "The Position of Beer in American Life" (TS, 1950), 1–4, box 33, Writings and Speeches Collection, JWT; "Beer Marketing" (TS, 1984), 9, Miller Brewing—General, box 12, "The Everyday Hero" (TS, 1984), n.p., Scripts and Proposals—1984, box 14, and "The Million Dollar Minute" (TS, 1985), Super Bowl XIX, box 46, all in Burt Manning Papers, JWT; "Special Report: Beer on College Campuses," undated clipping, and Robert McBride, "Competition, Marketing, and Regulatory Issues in the Beer Industry," draft paper, National Council on Alcoholism, Detroit, Michigan, April 12–15, 1984, pp. 7, 19–20, both in box 26, JKP; Murray Sperber, *Beer and Circus: How Big-Time College Sports Is Crippling Undergraduate Education* (New York: Henry Holt, 2000), 172–174, 184–185; Leonard Shapiro, "This Bud Bowl Is Not for You," WP, January 1, 1991; William L. White, "Taking on Alcohol, Pharmaceutical, and Tobacco Advertising: An Interview with Dr. Jean Kilbourne" (2014), 10, Selected Papers of William L. White, http://www.williamwhitepapers.com/pr/2014%20Dr.%20Jean%20 Kilbourne.pdf; Henry M. Stevens, "Alcohol Ads Increase Drinking," Marin Institute, n.v. (August 1997), 1–3.

36. Teoh Mei Mei, "High Point in Liquor Promotion Raises Ire," *New Straights Times*, July 27, 1995; David Jernigan, "Global Alcohol Is Big, Profitable and Powerful," *Institute of Alcohol Studies*, no. 1 (1997), http://www.ias.org.uk/What-we-do/Alcohol-Alert/Issue-1-1997/Global-alcohol-is-big-profitable-and-powerful.aspx; David Jernigan and James O'Hara, "Alcohol Advertising and Promotion," in *Reducing Underage Drinking: A Collective Responsibility*, ed. Richard J. Bonnie and Mary Ellen O'Connell (Washington, D.C.: National Academies Press, 2004), 631.

37. "Underage Drinking Rampant in Delhi: Survey," *India Today*, February 1, 2009; Sally Casswell, "Alcohol Harm—The Urgent Need for a Global Response," *Addiction* 106 (2011): 1205–1206; Peter Mehlman, "A Fan Throws in the Towel and Hangs Up His Spikes," *NYT*, January 4, 2004 (rethinking); Peter Evans, "Thirsty for Growth, Liquor Giant Taps Africa," *WSJ*, July 31, 2015; Olabisi A. Odejide, "Alcohol Policies in Africa," *African J. of Alcohol and Drug Studies* 5 (2006): 27–39.

38. WHO, *Global Status on Alcohol and Health, 2014* (Geneva: WHO, 2014), figure 12, http://apps.who.int/iris/bitstream/10665/112736/1/97892406927 63_eng.pdf; Ogochukwu Odeigah et al., "Nigeria: A Country in Need of an Alcohol Strategy," *JSAD* 79 (2018): 318.

39. Casswell, "Alcohol Harm," 1206.

40. David T. Courtwright, "Mr. ATOD's Wild Ride: What Do Alcohol, Tobacco, and Other Drugs Have in Common," *SHAD* 20 (2005): 118–120 sketches the history of "gateway" drug literature, to which controlled studies were subsequently added, e.g., Michael T. Lynskey, Jacqueline M. Vink, and Dorret I. Boomsma, "Early Onset Cannabis Use and Progression to Other Drug Use in a Sample of Dutch Twins," *Behavior Genetics* 36 (2006): 195–200. "Enormous": Malcolm C. Hall, "Illicit Drug Abuse in Australia—A Brief Statistical Picture," *J. of Drug Issues* 7 (1977): 316.

41. Virginia Berridge, *Demons: Our Changing Attitudes to Alcohol, Tobacco, and Drugs* (Oxford: Oxford U.P., 2013), 143, 145, 150; William F. McDermott, "McDermott on Smoking," *Cleveland Plain Dealer*, June 23, 1954 (snatched); Larry Collins and Dominique Lapierre, *Is Paris Burning?* (New York: Simon and Schuster, 1965), 324; Diego Armus, "Cigarette Smoking in Modern Buenos Aires," GAA, 205; Andrew Lycett, *Ian Fleming: The Man behind James Bond* (Atlanta: Turner Publishing, 1995),

172, 442.

42. Michael Schwalbe, *Smoke Damage: Voices from the Front Lines of America's Tobacco Wars* (Madison, Wisc.: Borderland Books, 2011), 1–7, 67.

43. Robert Proctor, *Golden Holocaust: Origins of the Cigarette Catastrophe and the Case for Abolition* (Berkeley: U. of California Press, 2011), chaps. 21, 25.

44. Nick Sim, "5 Elements of the Original Disneyland That Would Look Weirdly Out of Place Today," *Theme Park Tourist*, December 9, 2014, http://www.themeparktourist.com/features/20141209/29726/5-elements-original-disneyland; Allan M. Brandt, *The Cigarette Century: The Rise, Fall, and Deadly Persistence of the Product That Defined America* (New York: Basic, 2007), 496.

45. Barbara Forey et al., *International Smoking Statistics Web Edition: United Kingdom* (March 17, 2016), 21, http://www.pnlee.co.uk/Downloads/ISS/ISS-UnitedKingdom_160317.pdf; Patricia A. Mahan to Salem, July 10, 2000, Truth Tobacco Industry Documents, https://www.industrydocumentslibrary.ucsf.edu/tobacco/docs/#id =kgkn0083.

46. Patrick Peretti-Watel et al., "Cigarette Smoking as Stigma: Evidence from France," *International J. of Drug Policy* 25 (2014): 285; Nicholas A. Christakis and James H. Fowler, "The Collective Dynamics of Smoking in a Large Social Network," *NEJM* 358 (2008): 2249–2258; Keith J. Winstein, "Ability to Quit Smoking Is Affected by Friendships," *WSJ*, May 22, 2008 (Christakis); Ronald Bayer and Jennifer Stuber, "Tobacco Control, Stigma, and Public Health: Rethinking the Relations," *American J. of Public Health* 96 (2006): 47–50; Daniel Buchman, "Tobacco Denormalization and Stigma," Neuroethics at the Core, May 2, 2010, https://neuroethicscanada.

wordpress.com/2010/05/02/tobacco-denormalization-and-stigma/; Laura D. Hirschbein, *Smoking Privileges: Psychiatry, the Mentally Ill, and the Tobacco Industry in America* (New Brunswick, N.J.: Rutgers U.P., 2015). Those with psychiatric disorders are also significantly likelier to be prescription opioid users. Matthew A. Davis et al., "Prescription Opioid Use among Adults with Mental Health Disorders in the United States," *J. of the American Board of Family Medicine* 30 (July–August 2017): 407–414.

47. Heather Wipfli, *The Global War on Tobacco: Mapping the World's First Public Health Treaty* (Baltimore, Md.: Johns Hopkins U.P., 2015), chap. 2; Neil Carrier and Gernot Klantschnig, *Africa and the War on Drugs* (London: Zed Books, 2012), 28; Thomas Bollyky and David Fidler, "Has a Global Tobacco Treaty Made a Difference?" *Atlantic*, February 28, 2015.

48. Marie Ng et al., "Smoking Prevalence and Cigarette Consumption in 187 Countries, 1980–2012," *JAMA* 311 (2014): 186; Proctor, *Golden Holocaust*, 53–54, 540 (4 billion); The Tobacco Atlas: Consumption, https://tobaccoatlas.org/topic/consumption/(5 .7 trillion); Paul Geitner, "EU Signs Deal to Resolve Cigarette Smuggling," *Florida Times-Union*, July 10, 2004.

49. United Nations, Department of Economic and Social Affairs, "World Urbanization Prospects, 2018 revision," May 16, 2018, https://www.un.org/development/desa/publications/2018-revision-of-world-urbanization-prospects.html.

50. Anqi Shen, Georgios A. Antonopoulos, and Klaus Von Lampe, " 'The Dragon Breathes Smoke': Cigarette Counterfeiting in the People's Republic of China," *British J. of Criminology* 50 (November 2010): 239–258; Michael Eriksen et al., *The Tobacco Atlas*, 5th rev. ed. (Atlanta: American Cancer Society, 2015), 30–31.

51. Wipfli, *Global War*, 132 (Uruguay); Mike Esterl, "America's Smokers: Still

40 Million Strong," *WSJ*, July 16, 2014; Sabrina Tavernise, "A Hot Debate over E-Cigarettes as a Path to Tobacco, or from It," *NYT*, February 22, 2014, and "Use of E-Cigarettes Rises Sharply among Teenagers, Report Says," *NYT*, April 16, 2015. Some companies also developed heat-don't-burn cigarettes, ideal for those who wanted (or needed) tobacco vapor but wished to shun carcinogen-rich smoke. Tripp Mickle, "Reynolds's New Cigarette Will Heat, Not Burn, Tobacco," *WSJ*, November 18, 2014.

52. Jennifer Maloney and Saabira Chaudhuri, "Tobacco's Surprise Rebound," *WSJ*, April 24, 2017; *Credit Suisse Global Investment Returns Yearbook 2015* (Zurich: Credit Suisse AG, 2015), 20, available at https://psc. ky.gov/pscecf/2016-00370/rateintervention%40ky.gov/03312017050856/ Dimson_et_al_-_Credit_Suisse_-_2015_Investment_Returns_Yearbook. pdf. The figure of $300 million is the inflation-adjusted estimate of the cost of a minimum-efficient-scale plant, from Kim Warren, "A Strategic Analysis of BAT's Tobacco Business" (TS, 1993), 5, Truth Tobacco Industry Documents, https://www.industrydocumentslibrary.ucsf.edu/tobacco/ docs/#id =nhxc0039.

53. Casswell, "Alcohol Harm," 1206; Orville Schell, *Discos and Democracy: China in the Throes of Reform* (New York: Pantheon, 1988), 380; Daniel Southerl, "Capitalist Chicken Goes to Beijing," *WP*, November 13, 1987.

54. George Wehrfritz, "Joining the Party," *Newsweek* 127 (April 1, 1996): 46–49; David Eimer, "The Sexual Revolution Sweeps across China," *The Independent*, December 11, 2005; "Nation Becomes World's Biggest Sex-Toy Producer," *People's Daily Online*, July 10, 2010, http://en.people. cn/90001/90778/90860/7060276.html; Mian Mian, *Candy*, trans. Andrea Lingenfelter (New York: Little, Brown, 2003).

55. Rebecca MacKinnon, "Flatter World and Thicker Walls? Blogs, Censorship

and Civic Discourse in China," *Public Choice* 134 (2008): 32 (Deng); Liu Qian, "Guangdong Declares War against Drugs," *Hong Kong Liaowang Overseas Edition*, September 9, 1991, and "Casinos, Brothels Prohibited in Shenzhen," *Hong Kong Hsin Wan Pao*, June 27, 1985, both in FBIS; Shaozhen Lin and Yong-an Zhang, "Risk Control and Rational Recreation: A Qualitative Analysis of Synthetic Drug Use among Young Urbanites in China," *International J. of Drug Policy* 25 (2014): 772–773 (Shanghai).

56. Austin Ramzy, "China Cracks Down on Golf, the 'Sport for Millionaires,' " *NYT*, April 18, 2015; Simon Zekaria and Ruth Bender, "Liquor Makers Warn of Drier Sales in Asia," *WSJ*, April 19, 2013.

57. "68 Drug Traffickers Hanged Nationwide," IRNA news bulletin, February 14, 1989, FBIS.

58. Nazila Fathi, "As Liquor Business Booms, Bootleggers Risk the Lash," *NYT*, April 4, 2006 ("hard"); D. Khatinoglu, "Three Consuming Alcohol Iranians Sentenced to Death [sic]," Trend News Agency (Azerbaijan) brief, June 24, 2012; Marketa Hulpachova, "Tehran—The Secret Party Town," *Guardian*, April 17, 2014 ("life"). Islamists fared just as poorly in Tunisia, a country with ancient traditions of viticulture and brewing and the highest per capita alcohol consumption in the Maghreb. "WHO: Tunisians, Heaviest Alcohol Drinkers in the Region," *Morocco World News*, December 24, 2014, https://www.moroccoworldnews.com/2014/12/148071/who-tunisians-heaviest-alcohol-drinkers-in-the-region/.

59. N. Umid, "Iran to Inaugurate Alcohol Addiction Treatment Centre," Trend News Agency (Azerbaijan) brief, August 25, 2013; Youssef M. Ibrahim, "Iran Puts Addicts in Its Labor Camps," *NYT*, July 22, 1989; Ramita Navai, "Breaking Bad in Tehran: How Iran Got a Taste for Crystal Meth," *Guardian*, May 13, 2014; "The Latest Scourge Plaguing Iran's Youth—Meth

Addiction," *Jerusalem Post*, April 10, 2017; United Nations Office on Drugs and Crime, *Transnational Organized Crime in East Asia and the Pacific: A Threat Assessment* (April 2013), 68, http://www.unodc.org/res/cld/bibliography/transnational-organized-crime-in-east-asia-and-the-pacific-a-threat-assessment_html/TOCTA_EAP_web.pdf. Iran's pseudoephedrine imports rose from five metric tons in 2006 to fifty-five in 2012.

60. Jeffrey D. Sachs, "Twentieth-Century Political Economy: A Brief History of Global Capitalism," *Oxford Review of Economic Policy* 15 (Winter 1999): 90–101; Ortiz-Ospina and Roser, "International Trade," using upper-bound estimates.

61. Christopher Walker, "Opponents Unite to Outlaw Sex-Aid Pill," *The Times*, May 27, 1998; Monica Rohr, "Nearly Undetectable Cocaine Found," *Chicago Tribune*, June 27, 1991; Valentina Pop, "Busy Belgian Port Becomes Cocaine Gateway," *WSJ*, March 2, 2018; Misha Glenny, *McMafia: A Journey through the Global Criminal Underworld* (New York: Vintage, 2009), "Route" p. xviii; "DEA Sensitive: Pakistan" (TS, 1999), 21–22, "Pakistan," VF; John F. Burns, "Heroin Becomes Scourge for 1.5 Million in Pakistan," *NYT*, April 5, 1995; Sam Quinones, *Dreamland: The True Tale of America's Opiate Epidemic* (New York: Bloomsbury, 2015), 103–104; Mark Schoofs, "As Meth Trade Goes Global, South Africa Becomes a Hub," *WSJ*, May 21, 2007. Glenny estimated that criminal transactions accounted for 15 to 20 percent of global GDP. Judging from the fact that the number of $100 bills in circulation rose 79 percent between 2009 and the end of 2016, the criminal share of GDP may well have increased since Glenny published. Adam Creighton, "Despite Global Curbs, Cash Still Rules," *WSJ*, April 10, 2017.

62. Johannes P. Jütting and Juan R. de Laiglesia, "Forgotten Workers," *OECD*

Observer, no. 274 (October 2009), http://oecdobserver.org/news/
archivestory.php/aid/3067/Forgotten_workers.html (half); "Troops
Quit Rio Drug Slums after Weekend of Searches," *International Herald
Tribune*, November 22, 1994; William Finnegan, "Silver or Lead," *New
Yorker* 86 (May 31, 2010): 39–51; *Cartel Land*, documentary directed by
Matthew Heineman, 2015 (quotes).

63. U.S. State Department, *Trafficking in Persons Report* (June 2012), 7–10,
https://www.state.gov/documents/organization/210737.pdf; International
Labour Organization, "Forced Labour, Modern Slavery and Human
Trafficking," March 2017, http://www.ilo.org/global/topics/forced-labour/
lang—en /index.htm; United Nations Office on Drugs and Crime, *Global
Report on Trafficking in Persons* (New York: United Nations, 2012), 7,
https://www.unodc.org/documents/data-and-analysis/glotip/Trafficking_
in_Persons_2012_web.pdf; Carolyn Nordstrom, *Global Outlaws: Crime,
Money, and Power in the Contemporary World* (Berkeley: U. of California
Press, 2007), 186–187; Harold Heckle, "Spanish Police Arrest 'Bar Code
Pimps' Gang," *Oakland News*, March 24, 2012; "Sex Trafficker Used
African Witchcraft to Smuggle Children for Prostitution," *Telegraph*,
October 29, 2012.

64. Iain Gately, *Tobacco: The Story of How Tobacco Seduced the World* (New
York: Grove, 2001), 358 (one-third); Albert Stridsberg to Ellen Gartrell,
January 29, 2001, letters folder, box 4, Albert B. Stridsberg Papers, JWT
(blue seal); Nordstrom, *Global Outlaws*, xv–24.

65. Nuria Romo-Avilés, Carmen Meneses-Falcón, and Eugenia Gil-García,
"Learning to Be a Girl: Gender, Risks, and Legal Drugs amongst Spanish
Teenagers," in *Gendered Drugs and Medicine*, ed. Ortiz-Gómez and
Santesmases, 224 (quotes); Nadja Vietz, "Marijuana in Spain: Our On

the Ground Report," Canna Law Blog, March 10, 2016, http://www.cannalawblog.com/marijuana-in-spain-our-on-the-ground-report/.

66. Toine Spapens, "Illegal Gambling," in *The Oxford Handbook of Organized Crime*, ed. Letizia Paoli (New York: Oxford U.P., 2014), 408; Phil Williams, "Organizing Transnational Crime: Networks, Markets and Hierarchies," in *Combating Transnational Crime: Concepts, Activities and Responses*, ed. Phil Williams and Dimitri Vlassis (London: Frank Cass, 2001), 66–67.

06. 음식 중독
....

1. Alan I. Leshner, "Addiction Is a Brain Disease, and It Matters," *Science* 278 (1997): 45–47.

2. Bill Snyder, "Nora Volkow: Two Paths to the Future," *Lens* (February 2006), http://www.mc.vanderbilt.edu/lens/article/?id=129&pg =0; John Gregory, "Dr. Nora Volkow of the National Institute on Drug Abuse," Kentucky Educational Television, May 9, 2016, https://www.ket.org/opioids/dr-nora-volkow-of-the-national-institute-on-drug-abuse/(alcoholism); Stanton Peele, "Why We Need to Stop Nora Volkow from Taking Over the World," *Substance.com*, January 17, 2015, http://www.substance.com/stop-nora-volkow-late/2720/.

3. Nora Volkow, "Why Do Our Brains Get Addicted?" TEDMED 2014, https://www.tedmed.com/talks/show?id=309096. For a formal review of the evidence, see Volkow et al., "Addiction: Beyond Dopamine Reward Circuitry," *PNAS* 108 (2011): 15037–15042.

4. Paul Bloom, *How Pleasure Works: The New Science of Why We Like What We Like* (New York: Norton, 2010), chap. 6, "lite" p. 169; Fyodor

Dostoevsky, *The Gambler*, trans. Victor Terras (Chicago: U. of Chicago Press, 1972), 188; Martin Lindstrom, *Buyology: Truth and Lies about Why We Buy* (New York: Doubleday, 2008), 14–15 (labels); Alfred R. Lindesmith, *Addiction and Opiates* (1968; repr., New Brunswick, N.J.: Aldine, 2008), 34–38; Peter Gzowski, "How to Quit Smoking in Fifty Years or Less," in *Addicted: Notes from the Belly of the Beast*, ed. Lorna Crozier and Patrick Lane, 2nd ed. (Vancouver: Greystone, 2006), 81.

5. Volkow, "Why Do Our Brains Get Addicted?"

6. Mark Lawrence Schrad, *Vodka Politics: Alcohol, Autocracy, and the Secret History of the Russian State* (New York: Oxford U.P., 2014), 218 (Trotsky).

7. Judit H. Ward et al., "Re-Introducing Bunky at 125: E. M. Jellinek's Life and Contributions to Alcohol Studies," *JSAD* 77 (2016): 375–383; Nancy Campbell, *Discovering Addiction: The Science and Politics of Substance Abuse Research* (Ann Arbor: U. of Michigan Press, 2007), chap. 3.

8. Solomon H. Snyder, "Historical Review: Opioid Receptors," *Trends in Pharmacological Sciences* 24 (2003): 198–205; Teresa Pollin and Jack Durell, "Bill Pollin Era at NIDA (1979–1985)," *Drug and Alcohol Dependence* 107 (2010): 88–91; David T. Courtwright, "The NIDA Brain Disease Paradigm: History, Resistance, and Spinoffs," *BioSocieties* 5 (2010): 137–147; Campbell, *Discovering Addiction*, 211 (Kuhar).

9. Campbell, *Discovering Addiction*, 213 ("beyond"); Michael J. Kuhar, *The Addicted Brain: Why We Abuse Drugs, Alcohol, and Nicotine* (Upper Saddle River, N.J.: Pearson, 2012), 74–77.

10. Adrian Meule, "Back by Popular Demand: A Narrative Review of the History of Food Addiction Research," *Yale J. of Biology and Medicine* 88 (2015): 296–297; Emily Aronson, "Renowned Psychologist Bart Hoebel . . . Dies," press release, Princeton University, June 14, 2011, https://www.

princeton.edu/news/2011/06/14/renowned-psychologist-bart-hoebel-who-studied-addiction-behavior-dies; Linda Bartoshuk, "Addicted to Food: An Interview with Bart Hoebel," APS *Observer* (November 2009), https://www.psychologicalscience.org/observer/addicted-to-food-an-interview-with-bart-hoebel; "Yale Hosts Historic Conference on Food and Addiction," Yale News, July 9, 2007; F*ood and Addiction: A Comprehensive Handbook*, ed. Kelly D. Brownell and Mark S. Gold (New York: Oxford U.P., 2012).

11. David A. Kessler, *The End of Overeating: Taking Control of the Insatiable American Appetite* (New York: Rodale, 2009); Michael Moss, *Salt Sugar Fat: How the Food Giants Hooked Us* (New York: Random House, 2013); Cécile Bertrand, "Êtes-vous 'Addict' au Sucre? Les Signes qui Doivent Vous Alerter," *Madame Figaro*, January 25, 2017, http://madame.lefigaro.fr/bien-etre/etes-vous-addict-au-sucre-les-signent-qui-doivent-vous-alerter-230117-129301; Mark S. Gold, "Introduction," in *Eating Disorders, Overeating, and Pathological Attachment to Food: Independent or Addictive Disorders?* ed. Mark S. Gold (Binghamton, N.Y.: Haworth Press, 2004), 3; Oprah Winfrey, "How Did I Let This Happen Again?" *Oprah .com* (January 2009), http://www.oprah.com/spirit/Oprahs-Battle-with-Weight-Gain-O-January-2009-Cover/2.

12. "Food Addicts in Recovery Anonymous," Shaw TV Lethbridge, January 16, 2014, https://www.youtube.com/watch?v=t0CIbYqYdVk; "A Conversation with Margaret Bullitt-Jonas about Her Memoir, *Holy Hunger*," Reviving Creation, http://revivingcreation.org/holy-hunger/; Caitlin Moran, "I Know Why the Fat Lady Sings," WSJ, June 16–17, 2012. There are at least two other AA-style food addiction organizations: Overeaters Anonymous, founded in 1960, and Food Addicts Anonymous, founded in 1987.

13. Béatrice Lauby-Secretan et al., "Body Fatness and Cancer—Viewpoint of the IARC Working Group," *NEJM* 375 (2016): 794–798; Markku Peltonen and Lena M. S. Carlsson, "Body Fatness and Cancer," *NEJM* 375 (2016): 2007–2008; Rory Jones, "Diabetes 'Disaster' Jolts Persian Gulf," WSJ, February 11, 2014; Jesus Alegre-Díaz et al., "Diabetes and Cause-Specific Mortality in Mexico City," *NEJM* 375 (2016): 1961–1971; The GBD 2015 Obesity Collaborators, "Health Effects of Overweight and Obesity in 195 Countries over 25 Years," *NEJM* 377 (2017): 13–27.

14. "Obesity among Adults . . . ," NCHS Data Brief, December 4, 2007, https://www.cdc.gov/nchs/data/databriefs/db01.pdf; Eric A. Finklestein et al., "Annual Medical Spending Attributable to Obesity: Payer-and Service-Specific Estimates," *Health Affairs* 28 (2009): 822–831 (using price-adjusted 2008 dollars). The one-quarter estimate is explained at the end of this chapter.

15. Kevin Helliker, "Food May Be Addicting for Some," *WSJ*, April 5, 2011; Gene-Jack Wang et al., "Similarity between Obesity and Drug Addiction as Assessed by Neurofunctional Imaging," *J. of Addictive Diseases* 23 (2004): 39–53; Marcia Levin Pelchat, "Food Addiction in Humans," *J. of Nutrition* 139 (2009): 620–662; Scott Vrecko, " 'Civilizing Technologies' and the Control of Deviance," *BioSocieties* 5 (2010): 36–51; Kessler, *End of Overeating*, 31–41, 143.

16. Mark S. Gold, Kimberly Frost-Pineda, and William S. Jacobs, "Overeating, Binge Eating, and Eating Disorders as Addictions," *Psychiatric Annals* 33 (February 2003): 117–122; Katie Kleiner et al., "Body Mass Index and Alcohol Use," *J. of Addictive Diseases* 23 (2004): 105–117; Mark S. Gold, "From Bedside to Bench and Back Again: A 30-Year Saga," *Physiology and Behavior* 104 (2011): 157–161; "Jelly Belly Jelly Beans and Ronald

Reagan," Ronald Reagan Presidential Library and Museum, January 2013, https://www.reaganlibrary.gov/sreference/jelly-belly-jelly-beans-and-ronald-reagan; David Carr, *The Night of the Gun: A Reporter Investigates the Darkest Story of His Life. His Own* (New York: Simon and Schuster, 2008), 196.

17. Bill Moyers's interview of George Koob from "The Hijacked Brain," *Moyers on Addiction: Close to Home*, March 29, 1998, edited transcript at http://www.thetherapist.com/PBS_Article_03.html; Roy A. Wise and George F. Koob, "The Development and Maintenance of Drug Addiction," *Neuropsychopharmacology* 39 (2014): 254–262; Markus Heilig, *The Thirteenth Step: Addiction in the Age of Brain Science* (New York: Columbia U.P., 2015), chap. 8.

18. Wendy C. King et al., "Prevalence of Alcohol Use Disorders before and after Bariatric Surgery," *JAMA* 307 (2012): 2516–2525; Gold, "From Bedside to Bench," 157–158.

19. Abigail Zuger, "A General in the Drug War," *NYT*, June 13, 2011 (move together); Kenneth Blum et al., " 'Liking' and 'Wanting' Linked to Reward Deficiency Syndrome (RDS): Hypothesizing Differential Responsivity in Brain Reward Circuitry," *Current Pharmaceutical Design* 18 (2012): 113–118; Heilig, *Thirteenth Step*, 73; David J. Linden, *The Compass of Pleasure* (New York: Viking, 2011), 78–82; Gene-Jack Wang, Nora D. Volkow, et al., "Brain Dopamine and Obesity," Lancet 357 (2001): 354–357. Melissa A. Munn-Chernoff et al., "A Twin Study of Alcohol Dependence, Binge Eating, and Compensatory Behaviors," *JSAD* 74 (2013): 664–673, found heritability estimates for alcoholism and eating disorders ranging from 38 to 53 percent.

20. Caroline Davis, "Maternal Diet and Offspring Development," *Addiction*

106 (2011): 1215–1216; G. H. Gudjonsson et al., "An Epidemiological Study of ADHD Symptoms among Young Persons and the Relationship with Cigarette Smoking, Alcohol Consumption and Illicit Drug Use," *J. of Child Psychology and Psychiatry* 53 (2012): 304–312; Ju-Yu Yen et al., "The Comorbid Psychiatric Symptoms of Internet Addiction: Attention Deficit and Hyperactivity Disorder (ADHD), Depression, Social Phobia, and Hostility," *J. of Adolescent Health* 41 (2007): 93–98. For a detailed discussion of genetic and epigenetic factors, see *Food and Addiction*, ed. Brownell and Gold, chaps. 3–4. In an April 25, 2013, interview with the author, Gold speculated that early exposure to addictive foods and drugs has become a peculiarly unhealthful aspect of modern life. The problem is not so much parental genes but "genes that are changed in the intrauterine environment and early childhood environment" through exposure to mass-produced substances like fructose and nicotine.

21. Davis, "Maternal Diet," 1216. Recent evidence suggests that the original fetal spectrum disorder, alcohol, may also be more widespread and damaging than supposed. Philip A. May et al., "Prevalence of Fetal Alcohol Spectrum Disorders in 4 US Communities," *JAMA* 319 (2018): 474–482.

22. I have drawn the arguments from the food addiction proponents cited above and such thoughtful critics and commentators as Gene M. Heyman, *Addiction: A Disorder of Choice* (Cambridge, Mass.: Harvard U.P., 2009), chap. 6; Bennett Foddy, "Addiction and Its Sciences—Philosophy," *Addiction* 106 (2010): 25–31; Howard I. Kushner, "Historical Perspectives of Addiction," in *Addiction Medicine: Science and Practice*, ed. Bankole A. Johnson, vol. 1 (New York: Springer, 2011), 75–93; Sally Satel and Scott O. Lilienfeld, *Brainwashed: The Seductive Appeal of Mindless Neuroscience*

(New York: Basic Books, 2013), chap. 3, and Satel and Lilienfeld, "Calling It a 'Brain Disease' Makes Addiction Harder to Treat," *Boston Globe*, June 22, 2017; Rachel Hammer et al., "Addiction: Current Criticism of the Brain Disease Paradigm," *American J. of Bioethics Neuroscience* 4 (2013): 27–32; Suzanne Frazer, David Moore, and Helen Keane, *Habits: Remaking Addiction* (New York: Palgrave Macmillan, 2014), chaps. 6–7; Wayne Hall, Adrian Carter, and Cynthia Forlini, "The Brain Disease Model of Addiction: Is It Supported by the Evidence and Has It Delivered on Its Promises?" *Lancet Psychiatry* 2 (2015): 105–110; and Maia Szalavitz, *Unbroken Brain: A Revolutionary New Way of Understanding Addiction* (New York: St. Martin's Press, 2016). An earlier version of the dialogue appears in "Food as a Drug: How Good Is the Analogy?" Addictions Old and New Conference, University of Richmond, October 23, 2015, https://www.youtube.com/watch?v=QOfYwHkCIZA.

23. In addition to the sources cited above, I have drawn illustrations, statistics, and quotations from Tara Parker-Pope, "Craving an Ice-Cream Fix," *NYT*, September 20, 2012 (Cheetos); Victorino Matus, "Taste the Science in Every Bite," *WSJ*, May 23–24, 2015 (Doritos); Robert Lustig, "The Sugar-Addiction Taboo," *Atlantic*, January 2, 2014 (fructose); Charles Duhigg, *The Power of Habit: Why We Do What We Do in Life and Business* (New York: Random House, 2014), 92–93 (overcome); Maia Szalavitz, "Can Food Really Be Addictive?" *Time*, April 5, 2012 (20 percent); Mark A. R. Kleiman, Jonathan P. Caulkins, and Angela Hawkin, *Drugs and Drug Policy: What Everyone Needs to Know* (New York: Oxford U.P., 2011), 29 (10 percent); Ashley Gearhardt, "Addiction," in *The Oxford Companion to Sugar and Sweets*, ed. Darra Goldstein (New York: Oxford U.P., 2015), 1–4 (subclinical); "Obesity and Overweight," WHO Fact Sheet, February 16, 2018, http://www.who.

int/news-room/fact-sheets/detail/obesity-and-overweight (more than half); John E. Blundell and Graham Finlayson, "Food Addiction Is Not Helpful: The Hedonic Component—Implicit Wanting—Is Important," *Addiction* 106 (2011): 1216–1217 (culture); Warren Belasco, *Food: The Key Concepts* (Oxford: Berg, 2008), 88–96 (multiple sources of obesity); Stanton Peele, "The Meaning of Addiction: Is Eating Addictive?" *Huffington Post*, September 12, 2011 ("fulfill"); A. Agrawal et al., "The Genetics of Addiction—A Translational Perspective," *Translational Psychiatry* 2 (2012), e140, doi:10.1038 / tp.2012.54; Jacqueline M. Vink, "Genetics of Addiction: Future Focus on Gene x Environment Interaction," JSAD 77 (2016): 684–687; Jesse J. Prinz, *Beyond Human Nature: How Culture and Experience Shape the Human Mind* (New York: Norton, 2012), 24–29 (genes and environment); Timothy P. Condon, "Reflecting on 30 Years of Research . . . ," *Behavioral Healthcare* 26, no. 5 (2006): 14, 16; Xiaoyun Shen et al., "Anti-Addiction Vaccines," *F1000 Medicine Reports* 3 (2011), https://f1000.com/prime/reports/m/3/20, and Douglas Quenqua, "An Addiction Vaccine, Tantalizingly Close," *NYT*, October 3, 2011 (limitations); Kent C. Berridge and Morten L. Kringleback, "Pleasure Systems in the Brain," *Neuron* 86 (2015): 646–664, and Aldo Badiani et al., "Addiction Research and Theory: A Commentary on the Surgeon General's Report on Alcohol, Drugs, and Health," *Addiction Biology* 23 (2017): 3–5 (etiological debates); and "Definition of Addiction," April 12, 2011, American Society of Addiction Medicine, https://www.asam.org/quality-practice/definition-of-addiction, emphasis added.

24. For a summary and review of the critical literature, see David T. Courtwright, "Addiction and the Science of History," *Addiction* 107 (2012): 486–492, with rejoinders in "Addiction, History, and Historians:

A Symposium," Points blog, March 2, 2012, https://pointsadhsblog. wordpress.com/2012/03/02/addiction-and-historians-a-symposium/. Colors: Timothy A. Hickman, "Target America: Visual Culture, Neuroimaging, and the 'Hijacked Brain' Theory of Addiction," *Past and Present* 222, suppl. 9 (2013): 213.

25. Nora D. Volkow and George Koob, "Brain Disease Model of Addiction: Why Is It So Controversial?" *Lancet Psychiatry* 2 (2015): 677–679.

26. Richard A. Rawson et al., "The Globalization of Addiction Research: Capacity Building Mechanisms and Selected Examples," *Harvard Review of Psychiatry* 23 (2015): 147–156; Leshner, "Addiction," 46; Griffith Edwards, *Matters of Substance: Drugs—And Why Everyone's a User* (New York: St. Martin's Press, 2004), xxxvii–xxxviii; Judit H. Ward and William Bejarno, "Broad Thinking: An Interview with Harold Kalant," *JSAD* 78 (2017): 161.

27. Michelle M. Mello, Eric B. Rimm, and David M. Studder, "The McLawsuit: The Fast-Food Industry and Legal Accountability for Obesity," *Health Affairs* 22 (2003): 207–216; Kessler, *End of Overeating*, 242 (Puck); Bart Hoebel, "Sugar Addiction: Bingeing, Withdrawal, and Craving," conference presentation, Obesity and Food Addiction Summit, Bainbridge Island, Washington. April 25, 2009, http://foodaddictionsummit.org/webcast/ hoebel.html; Moss, *Salt Sugar Fat*, "mouthfeel" 154, burst, 287; Annie Gas-parro and Jesse Newman, "The New Science of Taste: 1,000 Banana Flavors," *WSJ*, October 31, 2014.

28. Steve Steinberg, "Industry Turns Flavor into a Science," *Chicago Tribune*, January 30, 1986 (one in ten); Moss, *Salt Sugar Fat*, 311 (Lin). Genetically modified yeast cells have also been used to turn sugar into opioids, further blurring the food / pharma line. Stephanie Galanie et al., "Complete

Biosynthesis of Opioids in Yeast," *Science* 349 (2015): 1095–1100.

29. Michael Pollan, *The Botany of Desire: A Plant's Eye View of the World* (New York: Random House, 2001), chap. 4, and Daniel Akst, *We Have Met the Enemy: Self-Control in an Age of Excess* (New York: Penguin, 2011), 23 (potatoes); Moss, *Salt Sugar Fat*, 60 (Mortimer); Michael Specter, "Freedom from Fries," *New Yorker* 91 (November 2, 2015): 56–65 (cheap food); Sarah Tracy, pers. comm., September 14, 2017 (Lay's). Addictiveness has since become a common food-marketing gambit, e.g., Firehouse Subs' slogan, "One bite. One taste. You're hooked."

30. Charles Spence, "Auditory Contributions to Flavour Perception and Feeding Behaviour," *Physiology and Behavior* 107 (2012): 507–508.

31. Nicola Twilley, "Accounting for Taste," *New Yorker* 91 (November 2, 2015): 50–55 (coffee, sodas); Moss, *Salt Sugar Fat*, 320, and "25 Unique Potato Chip Flavors from around the World You Probably Never Heard Of," October 12, 2014, http://list25.com/25-unique-potato-chip-flavors-from-around-the-world-you-probably-never-heard-of/; Harry Rothschild, pers. comm., September 18, 2017 (extensions).

32. Bert C. Goss confidential memorandum, January 10, 1956, p. 4, folder 4, box 93, John W. Hill Papers, State Historical Society of Wisconsin, Madison (Coca-Cola); "New Croissan'wich TV Scripts and Storyboards" (TS, 1984), "general" folder, box 2, Burt Manning Papers, JWT; David Segal, "Grilled Chicken, That Temperamental Star," *NYT*, October 8, 2011 ("Pavlovs").

33. Charles Spence, "From Instagram to TV Ads: What's the Science behind Food Porn?" *Guardian*, March 19, 2017.

34. Kessler, *End of Overeating*, 243 ("happy," citing unpublished Heath McDonald paper); Hal Friedman to Burger King Creative Team, December 17, 1986, "general" folder, box 2, Burt Manning Papers, JWT ("music");

Rumy Doo, "Silent Mukbang Brings Focus Back to Food," *Korea Herald*, August 18, 2016; " 'Meokbang' Emerges as New Way to Relieve Stress," *Korea Times*, February 17, 2017; Euny Hong, "Why Some Koreans Make $10,000 a Month to Eat on Camera," *Quartz*, January 16, 2016, https://qz.com/592710/why-some-koreans-make-10000-a-month-to-eat-on-camera/. The sources differ slightly over when *mukbang* first emerged.

35. "Creative Direction: Children's Advertising" (TS, 1976), 1, 4, Advertising to Children, box 2, Burt Manning Papers, JWT; Paul M. Fischer et al., "Brand Logo Recognition by Children Aged 3 to 6 Years," *JAMA* 266 (1991): 3145–3148; Amanda S. Bruce et al., "Branding and a Child's Brain: An fMRI Study of Neural Responses to Logos," *Social Cognitive and Affective Neuroscience* 9 (2014): 118–122; Harry Varley, "Dealing in Futures," *Printer's Ink* 108 (August 14, 1919): 162–172; Moss, *Salt Sugar Fat*, 77–80.

36. John Willem to Robert Urban et al., August 8, 1955, Anheuser-Busch, box 18B, Dan Seymour Papers (Budweiser); "Thompson T-Square" (TS, 1966), 5, Miscellaneous Reports, box 4, Albert B. Stridsberg Papers, JWT (heavy users). Representative product analyses and surveys are in Chunky Chocolate Corp. (whence "gustatory"), box 18; Mrs. Butterworth's Syrup minutes and attachments, box 19; Liggett and Meyers—Chesterfield, box 19 ("full satisfaction"); and United States Brewers Association, box 32, Review Board Records, all in JWT. "Lift" from Goss confidential memorandum, p. 3, box 93, John W. Hill Papers, State Historical Society of Wisconsin, Madison.

37. David W. Ellwood, *The Shock of America: Europe and the Challenge of the Century* (Oxford: Oxford U.P., 2012), 404–405; Albert Stridsberg, "The Next Thirty Years of American Advertising . . ." (TS, December 18, 1969), 1, 4, international marketing folder, box 4, Stridsberg Papers, JWT (Kraft,

quotation); Lawrence Wallack and Kathryn Montgomery, "Advertising for All by the Year 2000: Public Health Implications for Less Developed Countries," *J. of Public Health Policy* 13 (1992): 205; Barbara Sundberg Baudot, *International Advertising Handbook* (Lexington, Mass.: Lexington Books, 1989), 11, 15–16n20 (percentages).

38. Andrew Jacobs and Matt Richtel, "How Big Business Got Brazil Hooked on Junk Food," *NYT*, September 16, 2017; Michele Simon, "Nestle Stoops to New Low, Launches Barge to Peddle Junk Food on the Amazon River to Brazil's Poor," *Alternet*, July 8, 2010, http://www.alternet.org/story/147446/nestle_stoops_to_new_low,_launches_barge_to_peddle_junk_food_on_the_amazon_river_to_brazil's_poor/.

39. April Fulton, "McDonald's Goes Vegetarian—In India," NPR, September 4, 2012, http://www.npr.org/sections/thesalt/2012/09/04/160543754/mcdonalds-goes-vegetarian-in-india; Ronald A. Lukens-Bull, "Ronald McDonald as a Javanese Saint and an Indonesian Freedom Fighter: Reflections on the Global and the Local," *Crossroads* 17 (2003): 114–117.

40. *McDonaldization: The Reader*, 2nd edition, ed. George Ritzer (Thousand Oaks, Calif.: Pine Forge, 2006), provides an introduction and representative studies.

41. Coca-Cola, "Per Capita Consumption of Company Beverage Products," https://www.coca-colacompany.com/annual-review/2011/pdf/2011-per-capita-consumption.pdf; Amy Guthrie et al., "Companies Brace for Mexican Food Fight," *WSJ*, October 19–20, 2013; Margot Sanger-Katz, "Sales Fall Again in Mexico's Second Year of Taxing Soda," *NYT*, February 22, 2017; Bartow J. Elmore, *Citizen Coke: The Making of Coca-Cola Capitalism* (New York: Norton, 2015), 187.

42. Victoria de Grazia, *Irresistible Empire: America's Advance through*

Twentieth-Century Europe (Cambridge, Mass.: Harvard U.P., 2005), 469–471 (McDonald's) and Mark Bittman, "The True Cost of a Burger," *NYT*, July 15, 2014 (emissions). Elmore, *Citizen Coke*, and James Walvin, *Sugar: The World Corrupted: From Slavery to Obesity* (New York: Pegasus, 2018) survey environmental and other externalities.

43. Ashley N. Gearhardt, William R. Corbin, and Kelly D. Brownell, "Preliminary Validation of the Yale Food Addiction Scale," *Appetite* 52 (2009): 430–436. One quarter or more / 150 million: Caroline Davis et al., "Evidence That 'Food Addiction' Is a Valid Phenotype of Obesity," *Appetite* 57 (2011): 711–717; Nicole M. Avena et al., "Tossing the Baby Out with the Bathwater after a Brief Rinse? The Potential Downside of Dismissing Food Addiction on Limited Data," *Nature Reviews Neuroscience* 13 (2012): 514; and WHO, "Obesity and Overweight." Steve Sussman, *Substance and Behavioral Addictions: Concepts, Causes, and Cures* (Cambridge: Cambridge U.P., 2017), 115, proposes a figure of 2 percent of the general adult population, which would yield a 2014 total closer to 100 million. Sussman warns, however, that the percentage is tentative and "it is possible that the prevalence of food addiction is much higher."

07. 디지털 중독

1. Carol Cling, "Slot Machines City's Most Popular Form of Gaming," *Las Vegas Review-Journal*, April 5, 1994 ("excited"); Marc Cooper, *The Last Honest Place in America: Paradise and Perdition in the New Las Vegas* (New York: Nation Books, 2004), 134 ("trendy").

2. Cooper, *Last Honest Place*, 95, 140 (quotation), 141–142.

3. Lynn Waddell, "Do Locals Gamble? You Bet!" *Las Vegas Sun*, April 9, 1991; Andrés Martinez, *24 / 7: Living It Up and Doubling Down in the New Las Vegas* (New York: Villard, 1999), 239–240.

4. Natasha Dow Schüll, *Addiction by Design: Machine Gambling in Las Vegas* (Princeton, N.J.: Princeton U.P., 2012), quotation p. 2.

5. Ibid., 1–19, 223–226, quotation p. 226, original italicized.

6. Gary Rivlin, "The Chrome-Shiny . . . Bandit," *NYT Magazine*, May 9, 2004, 81 ("losers"); Schüll, *Addiction by Design*, 21 ("creative"), 295 ("bomb"), italics in original.

7. M. P. Davis, "A 'Virtual' Success," *Gaming and Wagering Business* 5 (October 1984): 14.

8. Mark Maremont and Alexandra Berzon, "The Real Odds on Gambling," *WSJ*, October 12–13, 2013; Schüll, *Addiction by Design*, 16–18, 69, 293; Patrick Roberts, "Table Dances," *RD&E: Retail, Dining and Entertainment in the Gaming and Hospitality Industry 2* (2008): 15.

9. Schüll, *Addiction by Design*, 119–120 (Australia), 300–302 (globalization); "What Is Pachinko?" (n.d., ca. 1992–1993), Gambling Vertical File—Games: Pachinko, SC-UNLV; Misha Glenny, *McMafia: A Journey through the Global Criminal Underworld* (New York: Vintage, 2009), 308; Pablo Gorondi, "Hungary's Gambling Issue," *Florida Times-Union*, October 5, 2012; Victoria Coren Mitchell, "A Stupid Gamble on Evil Machines," *Guardian*, August 19, 2017.

10. Schüll, *Addiction by Design*, 119–120; Alexandra Berzon and Mark Maremont, "Researchers Bet Casino Data Can Identify Gambling Addicts," *WSJ*, August 3–4, 2013; Adam Baidawi, "Australians Are the World's Biggest Gambling Losers . . . ," *NYT*, April 4, 2018; Sean Nicholls, "Account Limit Lift to $5000 'Dangerous' for Gamblers," *Sydney Morning Herald*,

June 9, 2015.

11. Natasha Dow Schüll, "Addiction by Design: From Slot Machines to Candy Crush," Addictions Old and New Conference, University of Richmond, October 23, 2015, https://www.youtube.com/watch?v=TazssD6L7wc.

12. Hilarie Cash et al., "Internet Addiction: A Brief Summary of Research and Practice," *Current Psychiatry Reviews* 8 (2012): 294. For drug language parallels (e.g., "It was the most intense nothingness there ever was"; "It anesthetizes the whole damn ugly world") see Gene M. Heyman, *Addiction: A Disorder of Choice* (Cambridge, Mass.: Harvard U.P., 2009), 46–52.

13. Cash et al., "Internet Addiction," 292–298; Aviv Weinstein and Michel Lejoyeux, "Internet Addiction or Excessive Internet Use," *American J. of Drug and Alcohol Abuse* 36 (2010): 277–283; Tiffany Hsu, "Video Game Addiction Tries to Move from Basement to Doctor's Office," *NYT*, June 17, 2018.

14. Excerpts with minor format changes from International Center for Media and Public Agenda and Salzburg Academy on Media and Global Change, "Going 24 Hours without Media," The World Unplugged, 2011, https://theworldunplugged.wordpress.com/. U.S. (23 percent) and Chinese students (22 percent) were the most likely to mention addiction, Argentinian (12 percent) and Ugandan (14 percent) students the least likely, findings that suggest that internet accessibility affected self-perceptions of media addiction.

15. Hormesis ordinarily applies to the biphasic dose response of an environmental agent like ionizing radiation or a chemical compound. But the concept has been extended to such behaviors as eating and exercise, and I see no reason why it should not also cover autotropic

digital behaviors, which are beneficial if infrequent but injurious and teletropic (others gain control over your emotions and beliefs) if frequent and habitual. On hormesis, see Mark P. Mattson, "Hormesis Defined," *Ageing Research Reviews* 7 (2008): 1–7. On beneficial digital use, see Greg Wadley, "Mood-Enhancing Technology," in *OzCHI '16: Proceedings of the 28th Australian Conference on Computer-Human Interaction* (Launceston, Australia, 2016), https://dl.acm.org/citation.cfm?id=3010954.

16. Kimberly S. Young, "A Therapist's Guide to Assess and Treat Internet Addiction," http://www.netaddiction.com/articles/practitioners.pdf; Amanda Lenhardt, "Teens, Social Media and Technology: Overview 2015," *Pew Research Center Report*, April 9, 2015, http://www.pewinternet. org/2015/04/09/teens-social-media-technology-2015/; Donald W. Black, "A Review of Compulsive Buying Disorder," *World Psychiatry* 6 (2007): 1–18.

17. Eric Bellman, "Internet's Next Users: More Video, Less Typing," *WSJ*, August 8, 2017.

18. John C. Burnham, *Bad Habits: Drinking, Smoking, Taking Drugs, Gambling, Sexual Misbehavior, and Swearing in American History* (New York: NYU Press, 1993), chap. 8; "Trolling," Urban Dictionary, http://www. urbandictionary.com/define.php?term=trolling.

19. Adam Alter, *Irresistible: The Rise of Addictive Technology and the Business of Keeping Us Hooked* (New York: Penguin, 2017), 3 (Harris); Steve Henn, "How Video Games Are Getting Inside Your Head—and Wallet," *Morning Edition*, NPR, October 29, 2013, http://www.npr.org/sections/alltechcons idered/2013/10/30/241449067/how-video-games-are-getting-inside-your- head-and-wallet; Sarah E. Needleman, "Game Developers Are Making It Hard for Players to Stop," *WSJ*, August 21, 2018; David Barboza, "Ogre to Slay? Outsource It to Chinese," *NYT*, December 9, 2005; Sarah E.

Needleman, "Mobile-Game Makers Hunt for 'Whales,' " *WSJ*, May 11, 2015. By the 2010s casino owners and gambling machine designers feared that their internet rivals, unencumbered by brick-and-mortar facilities, would succeed in monopolizing young gamers' time or, worse yet, in moving gambling online, leaving half-empty casinos to aging baby boomers and rock-and-roll nostalgia acts. What to do about the trend divided the industry. Innovators proclaimed adapt or die, while stand-patters like Sheldon Adelson threatened to spend whatever it took to stop internet gambling. Hannah Dreier, "Gambling Industry Fights Self on Internet Gambling," *Washington Examiner*, February 10, 2014.

20. Nancy Jo Sales, *American Girls: Social Media and the Secret Lives of Teenagers* (New York: Knopf, 2016), 10 (self-reported addiction), 192 ("no life"), 271 ("porn all day").

21. "Going 24 Hours without Media"; Emily Rauhala, "These Viral Selfie Apps with 1 Billion Downloads Are Shaping China's Start-Up Culture," *WP*, August 3, 2016; Heather Chen, "Asia's Smartphone Addiction," BBC News, September 7, 2015, http://www.bbc.com/news/world-asia-33130567; "Net Addiction a Growing Problem," *Japan Times*, September 3, 2013. I draw also on Ian Hodder, *Entangled: An Archaeology of the Relations between Human and Things* (Chichester: Wiley-Blackwell, 2012), 103–105, whose account of "taut" material and social entanglements leading to human entrapment fits smartphones and social media perfectly.

22. Amanda Lenhart, "Teens, Social Media and Technology Overview 2015," Pew Research Center, April 9, 2015, http://www.pewinternet. org/2015/04/09/teens-social-media-technology-2015/.

23. Sales, *American Girls*, 240. Brian Y. Park et al., "Is Internet Porn Causing Sexual Dysfunctions? A Review with Clinical Reports," *Behavioral*

Sciences 6, no. 3 (2016), https://doi.org/10.3390/bs6030017, reviews the international literature and provides case studies. Gary Wilson's TEDx talk, "The Great Porn Experiment," May 16, 2012, https://www.youtube.com/watch?v=wSF82AwSDiU, offers a primer on pornography addiction and argues for neuropathological commonalities with food and drug addiction.

24. Norbert Elias, *The Civilizing Process: Sociogenetic and Psychogenetic Investigations*, rev. ed., trans. Edmund Jephcott (Oxford: Blackwell, 2000); Steven Pinker, *The Better Angels of Our Nature: Why Violence Has Declined* (New York: Viking, 2011), chap. 3; Mark Regnerus, "Cheap Sex and the Decline of Marriage," *WSJ*, September 29, 2017; Sales, *American Girls*, 197.

25. Anna North, review of *American Girls*, by Nancy Jo Sales, *NYT*, March 25, 2016; Zoë Heller, " 'Hot' Sex and Young Girls," *NYRB* 63 (August 18, 2016): 22–23; Pinker, *Better Angels*, 477.

26. Alter, *Irresistible*, 4.

27. According to the WHO, 16.2 million adults die annually as a result of tobacco, alcohol, salty diets, and physical inactivity. To this sum I have added another 2.7 million 2014 deaths from four sources: (1) distracted driving (estimated as 10 percent of total road accident deaths); (2) infections that originated from unprotected extramarital sex or drug injection (estimated, very conservatively, as 50 percent of all HIV / AIDS, syphilis, and hepatitis C deaths); (3) drug overdose deaths; and (4) deaths directly caused by diabetes, such as kidney failure. Result: In 2014 approximately 18.9 million persons died, the vast majority prematurely, from conditions caused or exacerbated by "bad habits." That same year "bad blood"—wars and homicides—claimed the lives of 0.624 million

persons, yielding a ratio of 30 to 1. The calculation has limits. Neither the WHO's data nor my assumptions are sacrosanct, and the ratio varies from year to year as wars begin or end. But the exercise makes the point that unhealthful habits, encouraged and facilitated by legal and illegal global enterprises, have come to exact a far higher annual toll than the world's armies, tyrants, banditti, and brawlers. WHO, *Noncommunicable Diseases*, fact sheet, June 2017 edition, http://www.who.int/mediacentre/factsheets/fs355/en/; "World Rankings—Total Deaths," 2014, http://www.worldlifeexpectancy.com/world-rankings-total-deaths (WHO data); WHO, *Diabetes*, fact sheet, November 2017 edition, http://www.who.int/mediacentre/factsheets/fs312/en/.

28. Kit Smith, "47 Incredible Facebook Statistics and Facts for 2016," *Brandwatch*, May 12, 2016, https://www.brandwatch.com/blog/47-facebook-statistics-2016/; Alter, *Irresistible*, 5, 7, 10; Nir Eyal with Ryan Hoover, *Hooked: How to Build Habit-Forming Products* (New York: Portfolio / Penguin, 2014), 131 ("tribe"); Tamara Lush, "At War with World of Warcraft: An Addict Tells His Story," *Guardian*, August 29, 2011. School teachers who read a draft of this chapter remarked on the similarities between digital reinforcement and effective pedagogy. SRA Reading Labs, for example, rely on the same six principles. Limbic capitalists appropriate more than addicts' brains. They appropriate the learning process itself.

29. Nick Bilton, "Instagram Quickly Passes 1 Million Users," *NYT*, December 21, 2010 ("hooked"); Josh Constine, "Instagram's Growth Speeds Up as It Hits 700 Million Users," *TechCrunch*, April 26, 2017, https://techcrunch.com/2017/04/26/instagram-700-million-users/; Ellen McCarthy, "Breaking Up with Your Smartphone . . . ," *WP*, February 8, 2018 (quotation).

30. Eyal with Hoover, *Hooked*, 17, 39 ("unleashed"), 48 ("quell").

31. Kashmir Hill, "10 Reasons Why Facebook Bought Instagram," *Forbes*, April 11, 2012, https://www.forbes.com/sites/kashmirhill/2012/04/11/ten-reasons-why-facebook-bought-instagram/#7366140bd1b1; David Batty, "Instagram Acts after BBC Finds Site Users Are Advertising Illegal Drugs," *Guardian*, November 7, 2013; "1 Million Porn Videos on Instagram Hidden in Arabic Hashtags: Report," *Times of India*, March 15, 2016.

32. Sherry Turkle, *Alone Together: Why We Expect More from Technology and Less from Each Other* (New York: Basic Books, 2011); Nicholas Carr, *The Shallows: What the Internet Is Doing to Our Brains* (New York: Norton, 2010); Nicholas Carr, "How Smartphones Hijack Our Minds," *WSJ*, October 7–8, 2017; Tamar Lewin, "If Your Kids Are Awake, They're Probably Online," *NYT*, January 20, 2010; Matt Richtel, *A Deadly Wandering: A Tale of Tragedy and Redemption in the Age of Attention* (New York: William Morrow, 2014); Leonard Sax, *Boys Adrift: The Five Factors Driving the Growing Epidemic of Unmotivated Boys and Underachieving Young Men* (New York: Basic Books, 2007), chaps. 2–3; "Mexico," The World Unplugged, https://theworldunplugged.wordpress.com/countries/mexico/.

33. Zadie Smith, "Generation Why?" *NYRB* 57 (November 25, 2010): 58; Carl Wilkinson, "Shutting Out a World of Digital Distraction," *Telegraph*, September 6, 2012 (Franzen); Adrian F. Ward et al., "Brain Drain: The Mere Presence of One's Own Smartphone Reduces Available Cognitive Capacity," *J. of the Association for Consumer Research* 2 (2017): 140–154.

34. "Time suck," Urban Dictionary, https://www.urbandictionary.com/define.php?term=time%20suck; Jean M. Twenge, "Have Smartphones Destroyed a Generation?" *Atlantic* (September 2017), https://www.theatlantic.com/magazine/archive/2017/09/has-the-smartphone-destroyed-a-

generation/534198/; Melinda Beck, "The Effects of Chronic Heavy Drinking on Brain Function Are Underdiagnosed," *WSJ*, December 21, 2015 (Koob).

35. Pinker, *Better Angels*, chaps. 3, 5, 9, and 10.

36. Ibid., 673, 682; Steven Pinker, *Enlightenment Now: The Case for Reason, Science, Humanism, and Progress* (New York: Viking, 2018), 12–13, 83–84; Robert Wright, "Progress Is Not a Zero-Sum Game," TED talk, February 2006, https://www.ted.com/talks/robert_wright_on_optimism#t -524840.

37. Nir Eyal, "Opening Remarks," 2014 Habit Summit, https://www.youtube.com/watch?v=QxD3LQrJpBw; Haley Sweetland Edwards, "The Masters of Mind Control," *Time* 191 (April 23, 2018): 36.

38. Nir Eyal, "The Promise and Peril of Persuasive Technology," 2017 Habit Summit, https://www.youtube.com/watch?v=EuAYOhSKOwk.

39. "Tencent Announces 2016 Fourth Quarter and Annual Results," March 22, 2017, pp. 1, 3–4 (quotations), https://www.tencent.com/en-us/articles/15000591490174029.pdf; Timothy McDonald, "Honour of Kings: China's Most Vilified Online Game," BBC News, July 7, 2017, http://www.bbc.com/news/business-40516125.

40. Paul Lewis, " 'Our Minds Can Be Hijacked': The Tech Insiders Who Fear a Smartphone Dystopia," *Guardian*, October 5, 2017; "Chamath Palihapitiya . . . on Money as an Instrument of Change," Stanford Graduate School of Business, November 13, 2017, https://www.youtube.com/watch?v=PMotykw0SIk&feature =youtu.be&t =21m21s.

41. Nick Bilton, "Steve Jobs Was a Low-Tech Parent," *NYT*, September 10, 2014; Alter, *Irresistible*, 2; "Chamath Palihapitiya"; Lewis, "Our Minds Can Be Hijacked."

42. Author interview with Leonard Stern, May 1, 2013.

43. Murray Melbin, *Night as Frontier: Colonizing the World after Dark* (New York: Free Press, 1987); Jane Brox, *Brilliant: The Evolution of Artificial Light* (Boston: Houghton Mifflin Harcourt, 2010), 30; "Crimes Related to Awakening Drugs a Worry," *Mainichi Shimbun*, TS translation in "Addiction—Incidence, Countries, 1976–1977," VF.

44. "Fly TWA Las Vegas" ad, "Facts about McCarran" (TS news release, n.d.), and "Aviation History in the Las Vegas Valley" (TS news film transcript, n.d.), p. 3, Aviation Vertical File, SC-UNLV.

45. David T. Courtwright, *No Right Turn: Conservative Politics in a Liberal America* (Cambridge, Mass.: Harvard U.P., 2010), 117–119, 252–256.

46. Bill Tancer, *Click: What Millions of People Are Doing Online and Why It Matters* (New York: Hyperion, 2008), 19–26, 110–114.

47. David T. Courtwright, Herman Joseph, and Don Des Jarlais, *Addicts Who Survived: An Oral History of Narcotic Use in America before 1965* (Knoxville: U. of Tennessee Press, 2012), 257 ("life"); Pinker, *Enlightenment Now*, 260 (Caravaggio, Callas); Google search April 2018.

48. Susan E. Foster et al., "Alcohol Consumption and Expenditures for Underage Drinking and Adult Excessive Drinking," *JAMA* 289 (2003): 989–995 (20 percent); John Carroll, "DOE Symposium" (TS, September 9, 1995), 5, box 1, JKP; Center for Media Education, "ABSOLUTe Web: Tobacco and Alcohol Industries Launch Into Cyberspace," *InfoActive* (Winter 1997): 1–16; Sarah Mart, Jacob Mergendoller, and Michele Simon, "Alcohol Promotion on Facebook," *J. of Global Drug Policy and Practice* 3, no. 3 (2009), http://www.eatdrinkpolitics.com/wp-content/uploads/AlcoholPromotionFacebookSimon.pdf; "How Alcohol Brands Are Advertising with Social Media Influencers," Mediakix, March 17, 2016, http://mediakix.com/2016/03/alcohol-advertising-social-media-

influencers/#gs .HwTAiQU; Patricia A. Cavazos-Rehg et al., " 'Hey Everyone, I'm Drunk.' An Evaluation of Drinking-Related Twitter Chatter," *JSAD* 76 (2015): 635–639; Sarah A. Stoddard et al., "Permissive Norms and Young Adults' Alcohol and Marijuana Use: The Role of Online Communities," *JSAD* 73 (2012): 968–975; Craig MacAndrew and Robert B. Edgerton, *Drunken Comportment: A Social Explanation* (Chicago: Aldine, 1969).

49. "Commentator [sic] on Pornography, Illegal Publications," *Beijing Renmin Ribao*, November 24, 1995, FBIS; Dan Levin, "In China, Illegal Drugs Are Sold Online in an Unbridled Market," *NYT*, June 21, 2015.

50. Michael Flood and Clive Hamilton, "Youth and Pornography in Australia: Evidence on the Extent of Exposure and Likely Effects," discussion paper no. 52, Australia Institute, February 2003, 53, http://www.tai.org. au/sites/default/files/DP52_8.pdf; "Iceland Considers Pornography Ban," *Telegraph*, February 13, 2013; Jeremiah Kiplangat, "Internet Unlocks a World of Sexual Fantasy," *Standard Digital*, February 9, 2009, https:// www.standardmedia.co.ke/article/1144006137/internet-unlocks-a-world-of-sexual-fantasy ("craved").

51. Kit R. Roane, "Prostitutes on Wane in New York Streets but Take to Internet," *NYT*, February 23, 1998; John D. McKinnon, "Web Freedom's Role in Sex Trafficking," *WSJ*, July 12, 2016 (quotations).

52. Robert Weiss, "Hyperstimulation and Digital Media: Sex and Tech Addictions," Addictions Old and New Conference, University of Richmond, October 23, 2015, https://www.youtube.com/watch?v=0HTtuewZePE; Gardiner Harris, "Cellphones Reshape Prostitution in India, and Complicate Efforts to Prevent AIDS," *NYT*, November 24, 2012.

53. Sabrina Tavernise, "F.D.A. Warns 5 Producers of Powdered Caffeine," *NYT*,

September 1, 2015; Zolan Kanno-Youngs and Jeanne Whalen, "Gangs Cut Out Middlemen," *WSJ*, June 9, 2017; Jeff Elder, "Icann, Regulators Clash over Illegal Online Drug Sales," *WSJ*, October 27, 2014 (estimate); Anna Lembke, *Drug Dealer, M.D.* (Baltimore: Johns Hopkins U.P., 2016), 78.

54. Bari Weiss, "Thank You for Smoking—Marijuana," *WSJ*, March 15–16, 2014 (Hartfield). When checked in November 2017, both Amazon.de and Amazon.fr offered Screeny Weeny refills.

55. David Weinberger, "Criminal Networks and Indoor Cannabis in Europe: Has the Phenomenon Reached France?" *Drugs, International Challenges*, no. 1 (May 2011): 1–5; National Drug Intelligence Center, *Indoor Cannabis Cultivation Operations: An Intelligence Brief* (Washington, D.C.: U.S. Department of Justice, 2000), v, 1–13.

56. Yuval Noah Harari, *Homo Deus: A Brief History of Tomorrow* (New York: Harper-Collins, 2017).

08. 탐닉에 맞서다

1. Lydia Leavitt, "69gadget's OhMiBod Freestyle Review," TechCrunch, October 24, 2009, https://techcrunch.com/2009/10/24/69gadgets-ohmibod-freestyle-review/.

2. William B. McAllister, pers. comm.

3. Charles E. Rosenberg, "Disease in History: Frames and Framers," *Millbank Memorial Fund Q.* 67 suppl. 1 (1989): 1. The criticisms and questions were raised by several readers listed in the Acknowledgments.

4. Robin L. Hornung and Solmaz Poorsattar, "Tanning Addiction: The New Form of Substance Abuse," Skin Cancer Foundation, August 2, 2013,

https://www.skincancer.org/prevention/tanning/tanning-addiction.

5. Jerod L. Stapleton, Elliot J. Coups, and Joel Hillhouse, "The American Suntanning Association: A 'Science-First Organization' with a Biased Scientific Agenda," *JAMA Dermatology* 149 (2013): 523–524; Steven Reinberg, "1 in 5 Young Women Who Tan Indoors Get Addicted," WebMD, October 19, 2017, https://www.webmd.com/skin-problems-and-treatments/news/20171019/1-in-5-young-women-who-tan-indoors-get-addicted#1 (quotation).

6. "Metallurgy," *London Q. Review* [American ed.] 120 (July 1866): 53–54; Douglas Alan Fisher, *The Epic of Steel* (New York: Harper and Row, 1963), chaps. 11–12.

7. Jan Sundin and Sam Willner, *Social Change and Health in Sweden: 250 Years of Politics and Practice* (Solna: Swedish National Institute of Public Health, 2007), 25, https://www.diva-portal.org/smash/get/diva2: 17729 / FULLTEXT01.pdf.

8. Sully Ledermann, *Alcool, Alcoolisme, Alcoolisation, vol. 1: Données Scientfiques de Caractère Physiologique, Économique et Social and vol 2: Mortalité, Morbidité, Accidents du Travail* (Paris: Presses Universitaires de France, 1956, 1964); M. Craplet, "Policies and Politics in France: 'From Apéritif to Digestif,' " in *From Science to Action? 100 Years Later—Alcohol Policies Revisited*, ed. Richard Müller and Harald Klingemann (New York: Kluwer, 2004), 127; Virginia Berridge, *Demons: Our Changing Attitudes to Alcohol, Tobacco, and Drugs* (Oxford: Oxford U.P., 2013), 190–191; Alex Mold, " 'Everybody Likes a Drink. Nobody Likes a Drunk': Alcohol, Health Education and the Public in 1970s Britain," *Social History of Medicine* 30 (2017): 612–636.

9. Ana Regina Noto et al., "The Hidden Role of the Alcohol Industry in

Youth Drinking in Brazil," *JSAD* 76 (2015): 981; Jean Kilbourne to Ace Bushnell, August 7, 1986, box 26, JKP (annuities).

10. Richard H. Thaler and Cass R. Sunstein, *Nudge: Improving Decisions about Health, Wealth, and Happiness*, rev. ed. (New York: Penguin, 2009), introduction and part 1.

11. Ibid., 49; Khushbu Shah, "How Cinnabon Tricks You with Its Cinnamon Smells," Eater, May 21, 2014, https://www.eater.com/2014/5/21/6220567/how-cinnabon-tricks-you-with-its-cinnamon-smells.

12. Robert N. Proctor, *Golden Holocaust: Origins of the Cigarette Catastrophe and the Case for Abolition* (Berkeley: U. of California Press, 2011), 398–403; Alix M. Freedman, " 'Impact Booster': Tobacco Firm Shows How Ammonia Spurs Delivery of Nicotine," *WSJ*, October 18, 1995; "Expert: Ammonia Added to Cigarettes," CNN, February 4, 1998, http://www.cnn.com/US/9802/04/minnesota.tobacco/index.html?s=PM: US (10 million); Anonymous, "Response to Wall Street Journal on Ammonia and Nicotine" (TS, October 13, 1995), Truth Tobacco Industry Documents, https://www.industrydocumentslibrary.ucsf.edu/tobacco/docs/#id=kndy0082 ("flavorants," "naturally").

13. National Center for Responsible Gaming, *1998 Annual Report*, Gambling Vertical File—Associations: National Center for Responsible Gaming, SC-UNLV (checks); Brett Pulley, "Study Finds Legality Spreads the Compulsion to Gamble," *NYT*, December 7, 1997; Eliza Strickland, "Gambling with Science," *Salon*, June 16, 2008, https://www.salon.com/2008/06/16/gambling_science/.

14. Cristin E. Kearns, Laura A. Schmidt, and Stanton A. Glantz, "Sugar Industry and Coronary Heart Disease Research: A Historical Analysis of Internal Industry Documents," *JAMA Internal Medicine* 176 (2016): 1680–1685.

15. Amanda Reiman, Mark Welty, and Perry Solomon, "Cannabis as a Substitute for Opioid-Based Pain Medication: Patient Self-Report," *Cannabis and Cannabinoid Research* 2 (2017): 160–166.

16. "Anheuser-Busch Company Profile" (TS, 1997), box 1, JKP.

17. Kathryn Meyer, *Life and Death in the Garden: Sex, Drugs, Cops, and Robbers in Wartime China* (Lanham, Md.: Rowman and Littlefield, 2014), 55.

18. "Investors Win Big with Bet on Chinese Lottery Firm's Shares," *South China Morning Post,* updated ed., January 7, 2014, http://www.scmp.com/business/china-business/article/1399019/investors-win-big-bet-chinese-lottery-firms-shares.

19. *Pursue Perfection* (Copenhagen: Carlsberg Foundation, 2014), 25, 28.

20. "OxyContin Press Release, 1996," TS, reproduced in Los *Angeles Times,* May 5, 2016, http://documents.latimes.com/oxycontin-press-release-1996/, 1, 2, 8, scare quotes in original.

21. This account draws on Barry Meier, *Pain Killer: An Empire of Deceit and the Origin of America's Opioid Epidemic* (New York: Random House, 2018); Sam Quinones, *Dreamland: The True Tale of America's Opiate Epidemic* (New York: Bloomsbury, 2015); Christopher Glazek, "The Secretive Family Making Billions from the Opioid Crisis," *Esquire,* October 16, 2017, http://www.esquire.com/news-politics/a12775932/sackler-family-oxycontin/; Andrew Kolodny et al., "The Prescription Opioid and Heroin Crisis: A Public Health Approach to an Epidemic of Addiction," *Annual Review of Public Health* 36 (2015): 559–574; Harriet Ryan, Lisa Girion, and Scott Glover, "OxyContin Goes Global—'We're Only Just Getting Started,' " *Los Angeles Times,* December 18, 2016; Jeanne Whalen, "U.S. Lifespans Fall Again," WSJ, December 21, 2017; and Keith Humphreys, Jonathan P.

Caulkins, and Vanda Felbab-Brown, "Opioids of the Masses: Stopping an American Epidemic from Going Global," *Foreign Affairs* 97 (May / June 2018): 118–129.

22. Patrick Radden Keefe, "Empire of Pain," *New Yorker* 93 (October 30, 2017): 34–49, quotation p. 36.

23. Ibid., 43 (whales).

24. Jeanne Whalen and Laura Cooper, "Private Equity Invests in Rehab Centers," *WSJ*, September 6, 2017; Leslie Scism and Nicole Friedman, "Smartphone Use Lifts Car-Insurance Rates," *WSJ*, February 21, 2017.

25. Micha Berman et al., "Estimating the Cost of a Smoking Employee," *Tobacco Control* 23 (2014): 428–433.

26. Jon Evans, "Drug Testing: Technologies and Global Markets," *BCC Research*, May 2017, https://www.bccresearch.com/market-research/pharmaceuticals/drug-testing-technologies-markets-report-phm013g.html; "Weight Management Market Analysis," *Grand View Research* (February 2017), https://www.grandviewresearch.com/industry-analysis/weight-management-market.

27. Denise Grady, "Lung Cancer Patients Live Longer with Immune Therapy," *NYT*, April 16, 2018 ($100,000); C. M. Durmand et al., "The Drug Overdose Epidemic and Deceased-Donor Transplantation in the United States: A National Registry Study," *Annals of Internal Medicine* 168 (2018): 702–711; Jeanne Whalen, "After Addiction Comes Families' Second Blow: The Crushing Cost of Rehab," *WSJ*, March 8, 2018; Elisabeth Rosenthal, "The $2.7 Trillion Medical Bill," *NYT*, June 1, 2013.

28. Ronald P. Formisano, *The Tea Party: A Brief History* (Baltimore, Md.: Johns Hopkins U.P., 2012), 87 ("benefits").

29. Salil Panchal, "Ragpickers—Biggest Drug Addicts' Group," *Times of India*,

August 20, 1990.

30. Bruce Alexander, *The Globalisation of Addiction: A Study in Poverty of the Spirit* (Oxford: Oxford U.P., 2008), "addictive faith" p. 258. Alexander elaborates and illustrates his views at http://www.brucekalexander.com/.

31. Quinones, *Dreamland*.

32. *Catechism of the Catholic Church* (Ligouri, Mo.: Ligouri Press, 1994), 551–552.

33. Laurie Goodstein, "Evangelicals Fear the Loss of the Teenagers," *NYT*, October 6, 2006. Ultra-Orthodox Jews face a similar challenge. Yair Ettinger, "Gerrer Hasidim Declare War on Computers," *Haaretz*, May 21, 2007.

34. Ron Dicker, " 'Nanny Bloomberg' Ad . . . ," *Huffington Post*, December 6, 2017, https://www.huffingtonpost.com/2012/06/04/nanny-bloomberg-ad-in-new_n_1568037.html; Lester Wan, Elaine Watson, and Rachel Arthur, "Sugar Taxes: The Global Picture in 2017," Beveragedaily .com, December 20, 2017, https://www.beveragedaily.com/Article/2017/12/20/Sugar-taxes-The-global-picture-in-2017; Mike Esterl, "Coca-Cola Deepens Its Push into Africa," *WSJ*, February 1, 2016; Andrew Jacobs, "In Sweeping War on Obesity, Chile Slays Tony the Tiger," *NYT*, February 7, 2018.

35. Dusita Maneemuang, "Call to Overturn Ban on E-cigarettes in Thailand," *Asia Times*, http://www.atimes.com/article/call-to-overturn-ban-on-e-cigarettes-in-thailand/(thirty); William DeJong and Jason Blanchette, "Case Closed: Research Evidence on the Positive Public Health Impact of the Age 21 Minimum Legal Drinking Age in the United States," *JSAD* supplement no. 17 (2014): 108–115.

36. Representative studies of the effectiveness of treatment and minimum unit pricing are Institute of Medicine, *Treating Drug Problems*, ed. Dean

R. Gerstein and Henrick J. Harwood, 2 vols. (Washington, D.C.: National Academy Press, 1990, 1992), and Sadie Boniface, Jack W. Scannell, and Sally Marlow, "Evidence for the Effectiveness of Minimum Pricing of Alcohol: A Systematic Review and Assessment Using the Bradford Hill Criteria for Causality," *BMJ Open* 7 (2017), http://bmjopen.bmj.com/content/bmjopen/7/5/e013497.full.pdf.

37. Robert J. MacCoun and Peter Reuter, *Drug War Heresies: Learning from Other Vices, Times, and Places* (Cambridge: Cambridge U.P., 2001).

38. Substance Abuse and Mental Health Services Administration, *TEDS Report*, August 13, 2013, https://www.samhsa.gov/data/sites/default/files/MarijuanaAdmissionsAged18to30EarlyVsAdult /MarijuanaAdmissionsAged18to30EarlyVsAdult/Marijuana%20AdmissionsAged18to30EarlyVsAdult .htm; Jonathan P. Caulkins, "The Real Dangers of Marijuana," *National Affairs*, no. 26 (Winter 2016): 21–34.

39. Simon Chapman, "Civil Disobedience and Tobacco Control: The Case of BUGA UP," *Tobacco Control* 5 (1996): 179–185. On the power of ridicule, see Steven Pinker, *The Better Angels of Our Nature: Why Violence Has Declined* (New York: Viking, 2011), 163–165, 247–248, 633–634.

40. Peter Orszag, "Putin's Other War: Fighting Russian Binge Drinking," *Chicago Tribune*, August 12, 2015; Jon Rogers, "Putin's Plan to Stub Out Smoking," *Express*, January 10, 2017; Mike Ives, "Methamphetamine Abuse Colors Politics in the Philippines," *NYT*, October 13, 2016 ("zombies"); Maya Wang, "China's Dystopian Push to Revolutionize Surveillance," *WP*, August 18, 2017; Shan Li, "Beijing Tightens Screws on Makers of Videogames," "Game Freeze Stretches On," and "Tencent Tells Young Gamers to Hit 'Pause,'" *WSJ*, September 1–2, October 25, and November 6, 2018.

41. Mark A. R. Kleiman, *Against Excess: Drug Policy for Results* (New York: Basic Books, 1992), 19, 69, 387.

감사의 말

≋

2001년에 나는 향정신성 마약의 사용, 상업, 규제에 대한 세계사를 다룬《습관의 힘》을 출간했다. 그 후 17년 동안 연구하면서 마약의 역사가 뇌 보상과 습관성 제품 산업의 더 큰 역사의 일부라고 확신하게 되었다. 대니얼 로드 스마일의《심층 역사와 뇌에 관하여》와 게리 크로스와 로버트 프록터의《우리를 중독시키는 것들에 대하여-병, 캔, 상자에 담긴 쾌락Packaged Pleasures: How Technology and Marketing Revolutionized Desire》을 읽으면서 이런 확신은 더욱 강해졌다. 나타샤 다우 슐의《계획적인 중독-라스베이거스의 기계 도박Addiction by Design: Machine Gambling in Las Vegas》과 마이클 모스의《배신의 식탁-우리는 식탁 앞에서 하루 세 번 배신당한다Salt Sugar Fat: How the Food Giants Hooked Us》를 읽고 나서도 마찬가지였다. 이런저런 연구 결과들은 디지털화된 도박과 입에 자꾸 당기는 음식이 마약과 유사한 효과를 낼 수 있음을 분명히 입증했고, 이런 통찰은 신경과학 및 행동경제학의 연구와도 일치했다. 조지 애커로프와 로버트 쉴러의《호구를 위한 피싱-조작과 사기의 경제학Phishing for Phools: The Economics of Manipulation and Deception》과 애덤 알터의《멈추지 못하는 사람들-무엇이 당신을 끊임없이 확인하고 검색하게 만드는가Irresistible: The Rise of Addictive Technology and the Business of Keeping Us Hooked》같은 심리학 기반의 연구들은 기본적인 구도가 변연계 자본주의자들 대 소비자들의 복잡하게 뒤얽힌 뇌 이야기라는 내 신념을 더욱 강화시켰다.

그 이야기를 하기 위해 나는 쾌락, 악덕, 중독에 관한 학제적인 역사를 쓰기로 결심했다. 나는 문명의 시작점부터 근대 후기의 조건하에서 좀 더 인위적이고 불길한 양상을 띠게 된 인간의 상태를 개선하려는 자연스럽고 점점 빨라지는 시도들까지를 내 연구 범위로 정했다. 그 과정에서 나는 유발 노아 하라리의《사피엔스-유인원에서 사이보그까지, 인간 역사의 대담하고 위대한 질문Sapiens: A Brief History of Humankind》을 읽으면서 많은 생각에 잠겼고, 거기에서 사치의 덫이란 개념을 발견했다. 이안 호더의 《뒤얽힘-인간과 사물 간의 관계의 고고학Entangled: An Archaeology of the Relationships between Humans and Things》은 내가 쾌락의 해방적 속성과 노예화의 속성을 더 충분히 이해하는 데 도움이 되었다. 스티븐 핑커의 인간의 진보에 관한 두 역사서 《우리 본성의 선한 천사-인간은 폭력성과 어떻게 싸워 왔는가》와 《다시 계몽의 시대로-이성, 과학, 휴머니즘, 진보에 대한 옹호Enlightenment Now: The Case for Reason, Science, Humanism, and Progress》도 마찬가지였다. 3장과 7장에서 언급했듯, 내 이야기를 핑커의 이야기에 남아 있는 오점의 관점으로 보게 되었다. 우리 본성의 나쁜 천사들은 우리 본성의 선한 천사들에 업혀 있는 상태였다.

역사가 존 번햄은 또 다른 종류의 업혀 있는 상태에 영감을 주었다. 《나쁜 습관-미국 역사에서의 음주, 흡연, 약물 복용, 도박, 잘못된 성행위, 욕설》에서 번햄은 부제에 있는 악덕들의 정치적 몰락과 상업적 부활에 대해 설명했다. 하지만 그는 오직 미국에 국한하여 설명했고 가공식품과 디지털 기술에 대한 중독이 논의되기 전에 책을 출간했다. 나는 번햄의 연구를 업데이트하고 세계화할 기회를 발견하여, 이 책을 《습관의 힘》뿐만 아니라 내 부제에서 경의를 표하는 대학자의 《나쁜 습관》 후속편으로 만들기로 결심했다.

또 다른 기회는 역사가인 제시카 플릴리Jessica R. Pliley, 로버트 크람Robert Kramm, 하랄드 피셔-틴Harald Fischer-Tiné이 시의적절한 선집 《1890~1950년의 글로벌 반악덕 행동주의-음주, 흡연, '부도덕'과의 투쟁Global Anti-Vice Activism, 1890–1950: Fighting Drinks,

Drugs, and "Immorality"》을 펴내면서 등장했다. 이 책의 4장은 이 저자들에게 많은 빚을 지고 있다. 5장에서는 제2차 세계 대전 동안과 그 이후의 친악덕 행동주의를 설명함으로써 그들의 연구를 확장했다. 나는 반론이 없는 논문은 없다고 생각하고, 그 반론이 우세한 상황이라면 특히 그렇다고 생각한다.

6장과 7장은 술과 마약 역사학회Alcohol and Drugs History Society, ADHS의 범주를 넘어선다고 나는 진심으로 믿는다. 1979년에 술과 금주의 역사 연구 단체로 설립된 ADHS는 이제 합법적이고 불법적인 마약까지 아우르는 국제 학술 단체로 발전했다. 여기에 나는 다른 습관성 물질과 행동들을 추가했고, ADHS 회의에서 발표한 논문에서 이 주장을 펼쳤으며, 이 책에서는 더 큰 쾌락, 악덕, 중독의 역사 속에 술과 마약을 재정립해 주장을 발전시켰다.

8장 '탐닉에 맞서다'에 대해서는 마크 클레이먼에게 감사의 인사를 해야 한다. 나는 그의 《탐닉에 맞서다-결과를 얻기 위한 마약 정책Against Excess: Drug Policy for Results》을 다시 읽으면서 이제 무엇을 해야 할 것인가란 질문과 씨름했다. 나는 그가 권고한 마약 정책의 '마지못한 용인' 방법 중에 상당수가 상업적인 악덕과 계획적인 중독이라는 더 큰 이슈에 적용된다는 사실을 발견했다. 이런 통찰에 아마 로버트 맥컨과 피터 로이터는 놀라지 않았을 것이다. 그들은 《마약 전쟁의 이단자들-다른 악덕, 시대, 장소에서 배운다Drug War Heresies: Learning from Other Vices, Times, and Places》에서 마약 규제와 도박, 매춘 등의 규제 사이에서 유사점을 탐구했다. 역사적 시각으로 접근한 또다른 분석가 조나단 콜킨스Jonathan Caulkins에게서 한 구절을 빌리자면, 우리는 마약 문제 이상에 직면하고 있다. 우리는 '습관적인 성향이 있는 유혹의 상품들'이란 문제에 직면하고 있는 것이다. 이런 상품들이 학제 간 질의와 이해의 단일한 분야를 형성한다는 것이 이 책의 핵심 주장이다.

나는 내가 이 주장을 누구에게든 설득하는 데 성공했다고는 말할 수 없다. 그런 시도에 도움이 되었다고만 말할 수 있다. 마이클 에이코드Michael Acord, 피터 안드레아스Peter Andreas, 다니엘 베르그, 앨리슨 브루어Alison Bruey, 클레어 클라크Claire Clark, 앤드류 코트라이트Andrew Courtwright, 키스 험프리스, 데이비드 재피David Jaffee, 차우 켈리Chau Kelly, 제니퍼 리버먼Jennifer Lieberman, 윌리엄과 데이비드 맥칼리스터William and David McAllister, 셸비 밀러, 에릭 몰러Eric Moller, 제임스 올슨James P. Olsen, 해리 로스차일드Harry Rothschild, 데보라 루다실, 대니얼 로드 스마일, 그렉 웨들리는 나의 여러 초고에 대해 논평해주었고, 대학원생 카라 바커Kara Barker, 닉 이오리오Nick Iorio, 빅토리아 존스Victoria Jones, 로베르타 밀러Roberta Miller, 카일 모간Kyle Morgan, 코트니 파프친스키Courteney Papczynski, 윌 페이트Will Pate, 이매니 필립스Imani Phillips, 카일 레이건Kyle Reagan, 제이미 스미스Jamie Smith, 스테파니 스미스Stephanie Smith, 테일러 영링Taylor Youngling, 안드레아 자발라Andrea Zabala 등도 마찬가지였다. 내 편집자 캐슬린 맥더모트Kathleen McDermott는 집필 과정의 모든 단계에서 도움을 주었다. 루이스 로빈스Louise E. Robbins는 꼼꼼하게 교열을 봐줬고, 마이클 러셈Michael Russem은 이 책의 내부 디자인을 감독했다.

이 프로젝트를 위한 외부 지원은 미국 인문학 연구기금National Endowment for the Humanities의 공공 학자상Public Scholar Award과 UNLV 게임연구센터UNLV Center for Gaming Research의 펠로우십에서 얻었다. 대니얼 색Daniel Sack은 내가 전자에 지원하는 연

501

구를 도와주었고, 데이비드 슈와르츠David G. Schwartz는 후자에 지원하는 연구를 도와주었다. 2, 5, 6장의 내용은 나의 UNLV 논문인 〈라스베이거스로부터의 학습-도박, 기술, 자본주의, 그리고 중독Learning from Las Vegas: Gambling, Technology, Capitalism, and Addiction〉에서 처음 제시했던 아이디어에 기반을 두었다. 이 논문은 《UNLV 게임연구센터 연구 총서UNLV Center for Gaming Research: Occasional Paper Series》25권(2014년 5월)에 수록되었다. 나는 이 출판물에서 이런 개념들에 대한 연구를 시작할 기회가 주어진 데 감사한다.

또 리치몬드 대학교의 더글러스 사우스올 프리먼 교수들Douglas Southall Freeman Professorship로부터 추가적인 지원을 받았다. 여기에는 2015년 10월 22일부터 23일까지 〈중독의 과거와 현재Addictions Old and New〉 컨퍼런스에 참여할 수 있는 후한 자금 지원도 포함되었다. 나는 몇 가지 프레젠테이션 자료와 휴 웨스트Hugh West, 데보라 고보루크Deborah Govoruhk, 마크 크월렉Mark Kwolek의 도움을 받아 발표 자료를 만들었다. 이 자료는 https://history.richmond.edu/addiction-conference/에서 찾아볼 수 있다.

내가 몸담고 있는 노스 플로리다 대학교도 연구 자금과 연구 보조금을 제공해주었다. 데이비드 페너David Fenner(찰스 클로즈만Charles Closmann, 데이비드 쉐플러David Sheffler, 조지 레인볼트George Rainbolt)는 장기 휴가를 내서 나를 도와주었고, 마리안 로버츠Marianne Roberts는 먼 거리를 오가며 도와주었다. 엘리자베스 커리Elizabeth Curry와 제니퍼 비브Jennifer Bibb는 카펜터 도서관Carpenter Library에서 내 작업을 지원해주었고, 알리사 크라독Alisa Craddock은 멀리 떨어진 곳에서 연구 자료를 수집했다. 마이클 보일

Michael Boyles은 삽화 찾는 일을 도와주었다. 나는 이들과 다른 많은 운영자, 동료, 기록 관리자, 사서, 그리고 학생에게 나의 탐구에 도움을 준 데 감사한다.

쾌락의 역사를 쓰는 일에는 놀라울 만큼 적은 쾌락이 따랐다. 하지만 타인의 친절과 관대함을 받아들일 때마다 느껴지는 순수한 감사의 마음을 만끽할 수 있었다.